山东大学儒学高等研究院教授自选集

生活儒学与现象学

黄玉顺 著

山东大学出版社
SHANDONG UNIVERSITY PRESS
·济南·

图书在版编目(CIP)数据

生活儒学与现象学/黄玉顺著. —济南:山东大学出版社,2023.6
(山东大学儒学高等研究院教授自选集)
ISBN 978-7-5607-7719-1

Ⅰ.①生... Ⅱ.①黄... Ⅲ.①儒学-关系-现象学-研究 Ⅳ.①BB222.05②81-06

中国国家版本馆 CIP 数据核字(2023)第 002154 号

责任编辑　傅　侃
封面设计　王秋忆

生活儒学与现象学
SHENGHUO RUXUE YU XIANXIANG XUE

出版发行　山东大学出版社
社　　址　山东省济南市山大南路 20 号
邮政编码　250100
发行热线　(0531)88363008
经　　销　新华书店
印　　刷　山东新华印务有限公司
规　　格　880 毫米×1230 毫米　1/32
　　　　　20 印张　459 千字
版　　次　2023 年 6 月第 1 版
印　　次　2023 年 6 月第 1 次印刷
定　　价　98.00 元

总 序

山东大学素以文史见长，人文学科为山东大学学术地位和学术声誉的铸就做出了极为重要的贡献。而在目前山东大学的人文学科集群中，2012年重组的儒学高等研究院当之无愧地位于第一方阵，是打造“山大学派”的一支生力军。山东大学儒学高等研究院已成为目前国内规模最大、实力突出的国学研究机构。而儒学高等研究院的前身和主体是2002年成立的文史哲研究院。如此说来，儒学高等研究院已然走过了20年的岁月，恰如一个刚刚走出懵懂、朝气蓬勃的青年。

在这20年的生命历程中，儒学高等研究院锻造形成了鲜明的学术特色，即以中国古典学术为重心，以古文、古史、古哲、古籍为主攻方向。本院学者在中国古典学术领域精耕细作，取得了一批具有时代高度的标志性成果，受到学术界广泛赞誉。这一学术特色使儒学高等研究院积极融入了当代学术主流。20世纪90年代以降，中国人文学术发展的大趋势是从西方化向本土化转型，而古典学术是实现本土化的一项重要资源。儒学高等研究院顺应时势，合理谋划，全力推进，因此成为近20年来中国古典学术研究复兴与前行的重要参与者和推动者。

儒学高等研究院的另一特色是横跨中文、历史、哲学、社会学(民俗学)四个一级学科,并致力于打破学科壁垒,在合理分工的基础上力求多学科协同融合。儒学高等研究院倡导和推行的儒学研究实质上是广义的国学,不以目前通行的单一学科为限。在这种开放多元的学术空间中,本院学者完全依据自身的兴趣和能力进行自主探索、自由创造,做到术业有专攻。目前,本院在史学理论、文献学、民俗学、先秦两汉文学、杜甫研究等若干领域创获最丰,居于海内外领先地位。今后的工作重点是在学科协同和学科整合上做进一步探索尝试,通过以问题为轴心的合作研究产生新的学术优势和学术生长点。

在20年的发展中,儒学高等研究院一方面继承前辈山大学者朴实厚重、精勤谨严的学风,一方面力图贯彻汉宋并重、考据与义理并重、沉潜与高明并重、传世文献与出土文献并重、国学与西学并重、历史与现实并重、基础研究与开发应用并重、个人兴趣与团队合作并重、埋头做大学问与形成大影响并重的科研方针,致力于塑造一种健康、合理、平衡的新学风。本院学者中,既有人沉潜于古籍文献的整理考释,也有人从事理论体系的创构发明,他们能够得到同等的尊重和支持。古典学术研究的学派或机构具有自身特色或专长无可厚非,但必须克服偏颇和极端倾向,摒弃自大排他心态。唯有兼顾各种风格、路向的平衡,才能更好地契合学术发展规律,更大限度地释放学术创造力。

当下，古典学术研究正面临五四以来百年未有的历史机缘。中央高度重视中华优秀传统文化的创造性转化、创新性发展，注重发挥传统文化在提升国家文化软实力、推动世界文明交流互鉴、为社会治理提供历史智慧等方面的独特功用。儒学高等研究院将顺势而为，与时俱进，将现有的学术优势与国家重大需求相对接，在古典文献整理研究、儒家思想理论阐释、传统文化精华推广普及等领域齐头并进，努力为古典学术研究的全面繁荣做出新的贡献。

2005年的"山东大学文史哲研究院专刊"第一辑出版说明中曾提出："'兴灭业，继绝学，铸新知'，是本院基本的科研方针；重点扶持高精尖科研项目，优先资助相关成果的出版，是本院工作的重中之重。"这是当年我们这项学术事业"筚路蓝缕，以启山林"时的初心。而今机构名称虽已更易，但初心不变。"山东大学儒学高等研究院教授自选集"即是这一事业的赓续和拓延。这套书是本院33位专家学者历年学术成果的集中盘点和展示，有的甚至是毕生心血之结晶。这同时也是对文史哲研究院成立20周年暨儒学高等研究院重组10周年的一个纪念。期待学界同行的检阅和批评。

山东大学儒学高等研究院
教授自选集编辑委员会
2022年10月

自 序

本书是作者近20年来关于“生活儒学与现象学”的文章的选集。

所谓“生活儒学”(Life Confucianism),是作者所创构的当代儒家思想体系,迄今已出版专著2部,发表文章200多篇。① 这些著述涉及:(1)生活儒学的问题意识;(2)生活儒学与现象学的关系;(3)生活儒学的三大观念层级:本源观念(生活感

---

① 参见黄玉顺:《面向生活本身的儒学——黄玉顺“生活儒学”自选集》(文集),四川大学出版社2006年版;《爱与思——生活儒学的观念》(专著),四川大学出版社2006年版(增补本,四川人民出版社2017年版;英文版 *Love and Thought: Life Confucianism as a New Philosophy*, Encino: Bridge 21 Publications, 2019);《儒家思想与当代生活——“生活儒学”论集》(文集),光明日报出版社2009年版;《儒学与生活——“生活儒学”论稿》(文集),四川大学出版社2009年版;《生活儒学讲录》(文集),安徽人民出版社2012年版;《中国正义论的重建——儒家制度伦理学的当代阐释》(文集),安徽人民出版社2013年版(英文版 *Voice From The East: The Chinese Theory of Justice*, Paths International Ltd, 2016);《中国正义论的形成——周孔孟荀的制度伦理学传统》(专著),东方出版社2015年版;《从“生活儒学”到“中国正义论”》(文集),中国社会科学出版社2017年版;《生活儒学与现代性问题》(文集),四川人民出版社2019年版;《哲学断想:“生活儒学”信札》,四川人民出版社2019年版;《生活儒学与当代思想》(文集),四川人民出版社2020年版。

悟)，形上学(变易本体论、超越本体论)，形下学(中国正义论、儒家知识论、诗学)；(4)生活儒学的其他维度(诠释观、时间观、历史观、宗教观)；等等。

书名“生活儒学与现象学”，将“儒学”与“现象学”(phenomenology)并列，意在标明：“生活儒学”既非“以西释中”，亦非“以中释西”，而是中国儒学与西方现象学融通的结果；而这种融通之所以可能，其根据既非儒学，亦非现象学，而是以当代中西的“共同生活”为大本大源。

全书分为五部分，各部分的文章，按照发表时间先后顺序排列，以呈现作者思想观念上的变化。

黄玉顺

2023年2月4日

目　录

生活儒学与现象学综论

生活儒学与胡塞尔现象学

生活儒学与舍勒现象学

生活儒学与海德格尔现象学

生活儒学与伽达默尔诠释学

生活儒学与现象学综论

复归生活，重建儒学*

——儒学与现象学比较研究纲领

本文意在提出这样一个初步的研究纲领：通过儒学与现象学的比较研究，在当代思想前沿的观念上，复归生活，重建儒学。这个课题的提出，出于以下几点关注。

一、几个关注问题

（一）我们今日是否需要重建形而上学？

我们身处所谓“后现代”，据说这是一个“后形而上学”时代，意在摧毁任何一种建立形而上学的企图。这里所谓“形而上学”是指所谓“纯粹哲学”，即一般的传统存在论。按照海德格尔的说法，哲学就是形而上学，意在为一切存在者寻求最终

---

* 原载《人文杂志》2005 年第 6 期；中国人民大学复印报刊资料《中国哲学》2006 年第 1 期转载；*Frontiers of Philosophy in China*, Vol.2, No.3, 2007；收入作者文集《儒学与生活——“生活儒学”论稿》，四川大学出版社 2009 年版，第 87—109 页。文章收入本书时有改动，以下各篇同，不再一一注明。

的根据，故表现为探求“存在者整体”或“存在者之为存在者”。[①] 这种“反形而上学”的“时代潮流”是不无道理的，因为传统形而上学确实缺乏作为源始的“存在之领会与解释”的基础。但在我看来，这种拒绝“形而上学”的做法不仅是不应当的，也是不可能的：

(1)从学理上来看，形而上学不仅是科学建构的基础，也是伦理建构的基础。根据现象学的观念，作为纯粹哲学存在论的形而上学，虽然本身尚需纯粹先验意识（胡塞尔）或者源始的存在之领会与解释（海德格尔）的奠基，但它本身是科学建构与伦理建构的基础。胡塞尔说：“形而上学的任务在于，对那些未经考察、甚至往往未被注意、然而却至关重要的形而上学前提进行确定和验证，这些前提通常是所有探讨实在现实的科学的基础。”[②]海德格尔在一定意义上继承了这个思想，在这个基础上提出了“形而上学本身是如何被奠基的”问题。他区分了两个层面的奠基：基础存在论是为传统存在论奠基的，而传统存在论“哲学”又为“科学”奠基。他说：“存在问题的目标不仅在于保障一种使科学成为可能的先天条件，而且也在于保障那使先于任何研究存在者的科学且奠定这种科学的基础的存在论本身成为可能的条件。”[③]这就表明，海德格尔实际上认为存在着这样一种奠基关系：生存论（基础存在论）→哲学存

① 海德格尔：《哲学的终结和思的任务》，《面向思的事情》，陈小文、孙周兴译，商务印书馆 1999 年版，第 76 页。

② 胡塞尔：《逻辑研究》第一卷，倪梁康译，上海译文出版社 1994 年版，第 7 页。

③ 海德格尔：《存在与时间》（修订译本），陈嘉映、王庆节合译，生活·读书·新知三联书店 1999 年版，第 13 页。

在论（形而上学）→科学与伦理学。（按照海德格尔的看法，伦理学作为对某种存在者领域的“有所论证的揭示”①，同样是一种科学。）因此，假如我们自行放弃了形而上学的企图，那么：科学仍会不予理会地自行发展，但却会是一匹脱缰的野马；伦理生活仍会进行，但却会是一种动物的“伦理”。

（2）从现实问题来看，形而上学的坍塌确实不仅导致了科学主义的更加肆无忌惮地为所欲为，而且导致了伦理生活的相对主义的泛滥成灾。西方现代伦理生活，本来是在两种伦理精神的协调之下：一是动物伦理，二是宗教伦理。所谓宗教伦理，具体地讲是基督教传统伦理。所谓动物伦理，基于现代主义的基本精神：人是有欲望和理性的动物，他能理智地趋利避害。这种观念的一种典型表达，是社会达尔文主义的丛林伦理。而在中国，自从严复翻译《天演论》以来，在传统形而上学、伦理体系被摧毁的同时，中国人把自己理解为“生存竞争”的动物。那么，动物的“生存”是否存在着“伦理”生活？儒家认为，动物的“生存”只有在与人的生存“共在”（Mitsein）时，才是伦理的。所以，思想者在今日的重任，不是反形而上学，而是为形而上学奠基。②

（3）事实上，差不多所有的“反形而上学”的思潮，包括某些“后现代”思潮，也有自己的“宏大叙事”，也有自己的形而上学。比如，“反形而上学”是从当初作为实证主义的分析哲学的“拒斥形而上学”就开始了的，但是分析哲学仍有自己的形

① 海德格尔：《现象学与神学》，《路标》，孙周兴译，商务印书馆 2000 年版。

② 参见海德格尔：《康德和形而上学问题・导论》，邓晓芒译，孙周兴选编：《海德格尔选集》，上海三联书店 1996 年版。

而上学，这一点，最后终于被奎因以"本体论承诺"的方式羞羞答答地承认了。①

（二）我们今日是否还需重建儒学？

说到为形而上学奠基或重建形而上学，我们作为中国的思想者，自然而然地就会想到儒学的重建。当然，这里存在着一个问题：虽然儒学的重建肯定是形而上学的重建，因为儒学显然是有自己的形而上学传统的；但是，对于中国人来说，形而上学的重建是否必定是儒学的重建？重建形而上学，能否抛开儒学？这个问题其实基于这样一个问题：形而上学有没有民族性？

事实是：形而上学至少曾经历史地就是民族性的东西。这又牵涉另一个问题，即"历史性视域"问题。鉴于这是下文将要讨论的问题，这里只简单地说：此在的生存的"时间性"奠基着"历史性"视域的无可逃逸，而历史性又奠基着"历史学"观念的无可逃逸。儒学作为中国人的传统，不是某种"现成在手"（vorhanden）的东西，因而不是历史博物馆的陈列品；儒学作为中国人的传统，作为中国人的被抛的"所是"，当下化于我们的现实生活。所以，儒学的重建倒恰恰是作为中国人的我们的"能在"。

而说到民族性，还有一个我一再强调的观念：现代性乃至于当代性的问题，本质上是一个民族性问题。所谓现代性乃至当代性，它所关涉的就是近代以来的"民族"或者"国家"观念，

---

① 参见奎因：《从逻辑的观点看》，江天骥等译，上海译文出版社1987年版，第8页。

两者是一个词——nation。在这个意义上,民族性乃是现代性的基本涵项。所谓民族性,在观念上首先关涉的就是民族主体性,这就指向民族文化传统。我曾指出:西方的现代化在观念上虽经转换,但毕竟是继承了“二希传统”(古希腊、希伯来传统);而中国自由主义之所以总是失败,就因为他们是反其道而行之,全盘反传统、全盘西化。[①]

(三)如何重建儒学?

如果重建儒学是我们的“天命”,那么,问题就在于:如何重建儒学?上文其实已经表明:我选择了现象学作为参照。所以我首先须着力说明的是:儒学的重建为什么选择现象学作为参照?为此,我想讨论三点:

(1)“当代哲学主流”问题。当代哲学包括三大运动:分析哲学运动、现象学运动、后现代运动。就西方思想的参照来说,这些就是我们所有的“选言肢”。但后现代思潮是为我们所不取的,上文已有所说明:它是“反形而上学的”,正好与我们的意图相左。分析哲学也不为我所取,因为它不仅同样有“反形而上学”的(形而上学)倾向,而且有科学主义的性质。分析哲学以数学、逻辑、科学——经验主义、逻辑主义——作为自己的根基,而这些东西恰恰是尚待被奠基的。所以我们别无选择:那就是现象学,尤其是胡塞尔、舍勒、海德格尔的现象学,但不是作为“哲学”,而是作为“方法”的现象学。

(2)“中西比较哲学”问题。上面一点讨论,已经扯出了另

---

① 以上参见黄玉顺:《“自由”的歧路——“五四”自由主义的两大脱离》,《学术界》2001年第3期。

外一个问题：中国儒学的重建，何以需要参照西方的现象学？这是一个严峻的话题，它不断地刺痛着我们的某些民族主义者的神经。这个话题很大，我这里只能简单谈几点思考：

第一，假定我们完全拒绝任何所谓“西方观念”（谁都明白，对于当今中国人来说这是不可能的），那么我们就要试图“自行解释”传统文本。这意味着什么呢？这显然意味着一个解释学境遇。而根据当今时代的哲学诠释学的基本观念，这又意味着什么呢？意味着：传统不是某种“现成在手”的东西，传统就在我们的解释之中。那么，我们凭什么去解释？我们据以解释传统文本的源头活水在哪里？就在我们当下的生存、生活感悟当中。

第二，不仅中国传统文本如此，西方文本又何尝不是如此。在谈到所谓“中国人‘失语’论”的时候，我曾说过：

> 按当代哲学解释学的观念，所谓“失语”根本就是不可能的。因为显而易见，“失语说”的一个基本前提是：我们可以在与外来语言的接触中接受纯粹的原汁原味的外语及其观念，同时可以在与传统文本的接触中接受纯粹的原汁原味的传统语言及其观念。在前一种情况下，我们才可能“失语”；在后一种情况下，我们才可能“避免失语”。但我们知道，“失语”论者所持的这样一种观念本身恰恰是一种陈旧的传统观念。而按照当代哲学解释学的观念，那种纯粹的原汁原味的接受根本是不可能的。①

---

①　黄玉顺：《我们的语言与我们的生存——驳所谓“现代中国人‘失语’”说》，《南京师范大学文学院学报》2004年第4期。

我们既不可能接受所谓原汁原味的中国传统,也不可能接受所谓原汁原味的西方观念。当我们翻译时,我们已在解释;甚至当我们尚未翻译式地阅读"原版"时,我们也已经在解释。解释的源头活水,仍在我们当下的生存,在我们当下的那种作为"原始经验"的生活感悟中。因此,所谓"中西哲学比较"这样的提法——包括我的题目"儒学与现象学比较研究"——已经是很陈腐的说法,似乎有所谓客观存在的一个"中"和一个"西"现成地摆在那里,然后容我们去比较它们。

(3)所谓"儒学与现象学的比较",并不等于说这里只是简单地拿现象学的观念来裁剪儒学,而是说让儒学与现象学在当下的"交往"中展开对话。这种对话的成果,作为一种"视域融合",肯定既非现成的西方现象学,也不是现成的传统古典儒学。儒学在这里作为被诠释的传统,必将因为现象学的到场而发生视域的转换;而现象学在这里同样也作为某种被诠释的传统,同样会因为儒学的到场而发生视域的转换。所以,"儒学的重建"或许同时也就是"现象学的重建"。于是,我们或可期望一种"现象学儒学"乃至"儒学现象学"的诞生。

现在正式进入我的话题本身。这个话题的展开依赖于以下几个先行观念。

二、几个先行观念

(一)现象学的观念

当然,对于所谓"现象学的观念"并没有一致认同的说法;即便说"面向事情本身"(Zu den Sachen selbt!),但对于何为

“事情本身”，也没有一致的看法。我以下的陈述，将主要涉及三个德国现象学家，他们是胡塞尔、舍勒、海德格尔。他们之间理论观点相去甚远，我力图把他们这样“统一”起来：海德格尔帮助我解构某种儒学，具体地讲就是解构孔孟之后、轴心时期以后的儒家的传统形而上学，并还原到一种更为“原始”的儒学，也就是还原到海德格尔所谓某种源始的生存经验，我称之为“本源的生活感悟”。在这个大本大源上，胡塞尔的某种进路可以作为参照，帮助我重建儒家形而上学。这种重建，以儒家“心学”为核心资源。但是，他们之间还需要舍勒作为中介，我们才能够切中儒家思想的要领，这个要领，就是“仁爱”。

那么，海德格尔为我们提供了一个总体的参照性架构；而对胡塞尔和舍勒的参照，不过是这个架构中的环节：

1. 解构：解构形而上学的儒学（后轴心期）（参照海德格尔）。

2. 还原：还原到生存论的原始儒学（轴心时期）（参照海德格尔）。

3. 重建：重建儒学。

（1）儒家生存论——生活感悟（与海德格尔比较）

（2）儒家仁爱论——（与舍勒比较）

（3）儒家存在论——（与胡塞尔比较）

关于现象学是“解构→还原→重建”，我参照了孙周兴的一种说法：“海氏认为，现象学乃是存在论的方法，这种现象学方法有三个基本环节：‘现象学的还原（Reduktion）’、‘现象学的建构（Konstruktion）’、‘现象学的解构（Destruktion）’。”[①]这

① 参见孙周兴：《海德格尔选集·编者引论》，孙周兴选编：《海德格尔选集》，上海三联书店1996年版，第3页。

里需要说明：海德格尔的解构（Destruktion）不同于德里达的解构（deconstruction）。海德格尔所谓解构，是说的把形而上学还原为生存的原始经验；但从学理上来讲，这不是抛弃任何形而上学，而是要为形而上学奠基。①

显然，对于儒学的重建来说，海德格尔的思想具有特别重要的参照价值。但这并不等于说，重建起来的儒学不过是海德格尔思想的翻版。这就涉及另外一个重要的问题：儒家思想与海德格尔思想之关系。② 谁都知道，海德格尔提出了一个著名的区分"存在论区别"（der ontologische Unterschied），即对"存在"（Sein）和"存在者"（Seiendes）的区分；但他还有另外一个区分几乎同等重要，那就是"存在"与"生存"（Existenz）的区分。在他的前期思想中，一方面，我们只能通过"此在"（Dasein）、"此在的生存"这条进路，去切入"存在"本身，但是，无论如何也不能说："生存"就是"存在本身"。这就是说，在海德格尔那里，"生存"和"存在"毕竟并不是一回事。惟其如此，才有可能发生海德格尔的后期"转向"，即抛弃"生存"进路而试图直接切入"存在"。这不仅涉及海德格尔的"转向"问题，而且涉及儒学与海德格尔的一个基本区别所在：在儒家思想

---

① 海德格尔：《存在与时间》，第 27 页。海德格尔在谈到自己的"解构"时，明确反对那种在存在论问题上导致相对主义的解构，反对"把存在论立场恶劣地加以相对化"。海德格尔明确指出：自己"这种解构工作也没有要摆脱存在论传统的消极意义。这种解构工作倒是要标明存在论传统的各种积极的可能性"；"这个分析任务不是否定地对待过去，它的批判针对'今天'，针对存在论历史上占统治地位的处理方式"；"这一解构工作并不想把过去埋葬在虚无中，它有积极的目的"。

② 关于这个问题，可以参看拙文：《论生活儒学与海德格尔思想——答张志伟教授》，《四川大学学报》2005 年第 4 期。

中，区别于“生存”的那个所谓“存在本身”，不过是子虚乌有、没有意义的东西；“天地之大德曰生”“生生之谓易”[①]意味着：生活即是存在，生活之外别无所谓“存在”。后期海德格尔放弃了由“此在的生存”来突入“存在”的进路，而我们却恰恰更加看重他前期的此在的生存论。

（二）历史学的观念

以上关于“解构”的分析，实际上已经涉及了一种历史学的观念。按照通常理解的海德格尔的说法，这种历史学只不过是一种“流俗的时间概念”的表现。但是，问题并不这么简单。海德格尔实际的思想却是这样的：要理解“历史学”观念，就必须理解此在生存的“历史性”；要理解历史性境遇，就必须理解此在的“时间性”。然而，也可以反过来说：此在的时间性为历史性奠基，而生存的历史性又为历史学奠基。所以“历史学何以可能”这个问题的最终回答就是：此在的时间性。惟其如此，海德格尔才强调历史学的重要性：虽然“从哲学上讲首要的事情就不是构造历史学概念的理论，也不是历史学知识的理论，而且也不是历史学对象的历史理论；首要的事情倒是阐释历史上本真的存在者的历史性”，“但这个存在者（指此在——引者注）本身是‘历史的’，所以，以最本己的方式从存在论上对这一存在者透彻进行解说就必然成为一种‘历史学的’解释”；所以，“对存在的追问其本身就是以历史性为特征的。这一追问作为历史的追问，其最本己的存在意义中就包含有一种

---

① 《周易·系辞传》。

指示：要去追究这一追问本身的历史，也就是说，要成为历史学的”。[1] 惟其如此，海德格尔才有他的所谓“返回的步伐”（der Schritt zurück），就是历史学地回到古希腊，回到康德问题、笛卡尔问题、亚里士多德问题，这成为《存在与时间》的“纲目构思”的先行观念。[2]

（三）轴心期的观念

于是，雅斯贝尔斯的历史哲学就可以进入我们的视野。海德格尔在批评他的朋友雅斯贝尔斯时，也给予了他颇高的赞许。[3] 但是就我的阅读范围来看，海德格尔的生存论思想没有跟雅斯贝尔斯的“轴心期”（Axial Period）观念明确地结合起来。然而在我看来，这种结合很有意思。结合中国和西方的观念史，海德格尔与雅斯贝尔斯的对应关系大致如下：

前轴心期—西周以前　　——古希腊哲学以前—前形而上学

轴心时期—西周春秋战国——古希腊罗马哲学—形而上学建构

后轴心期—秦汉以来　　——中世纪以来—形而上学时代

右栏是“历史”时代，而左栏则是观念之间的“奠基关系”（Fundierungsverhaeltnis），其实根本不是时代问题，它如何能与右栏相对应呢？这就是海德格尔现象学的一个重要思想：时代问题是一个历史学问题，奠基问题是一个生存论问题，而它们

---

① 海德格尔：《存在与时间》，第 13、46、25 页。

② 参见海德格尔：《存在与时间》，第 47 页。

③ 参见海德格尔：《评卡尔·雅斯贝尔斯〈世界观的心理学〉》，《路标》。

之间勾连的中介是,此在的时间性→历史性→历史学。这也是一种奠基关系。要理解历史学观念,就必须理解生存的历史性;要理解历史性境遇,就必须理解此在的时间性。因此,对于一个文本的作者来说,他只是一个当下的存在者,但是由于他作为此在的生存的时间性、历史性,他同时是一个历史学的存在者。所以,他的思想观念并不是那么纯粹、单一的。这一点,对于身处轴心时期的人们来说是尤其显著的。海德格尔在分析柏拉图尤其是亚里士多德时,就是这样把握他们的:他们既是源始的存在之领会与解释的言说者,又是后来的形而上学的奠立者。对于儒家的孔子、孟子,也应作如是观。从比较的角度看,就其在思想历史上的地位而言,如果说西方的赫拉克利特极其类似中国的老子,那么,西方的苏格拉底、柏拉图、亚里士多德之间的谱系,就极其类似孔子、孟子、荀子之间的谱系。当然,这种"类似"只是观念层级上的对应性。

三、儒学形而上学的解构

参照以上现象学—历史学的观念架构,我才提出了以下问题:

(一)新"儒学三期"说

现代新儒家提出了一个"儒学三期"说,我这里提出一个新的"儒学三期"说:

1. 原始的儒学(先秦时代)(轴心时期)

(1)西周时期:五经原典

(2)春秋时期：孔子思想

(3)战国时期：曾思孟荀

2. 蜕变的儒学(古代、现代)

(1)古代的儒学

(2)现代的儒学

3. 重建的儒学(当代、未来)

这个分期意味着：孔孟之后，亦即轴心时期以后的儒学，大体上属于应该被解构的形而上学儒学；我们必须回到孔孟，看看他们是如何在本源的生活感悟上去建构儒学的。这样，我们才知道如何在我们当下的生活样式的本源上来重建儒学。

(二)古代现代儒学的形而上学性质

显然，宋明新儒学、现代新儒学都是形而上学儒学。这里存在着两个基本的标志：作为所有存在者的最后根据的那个存在者整体，或者“存在者之为存在者”，表象为作为终极实体的绝对主体性。① 在西方，黑格尔的著名命题“实体即是主体”是其最为经典的表达；而这个实体或主体，正是作为所有存在者的最后根据的存在者整体，亦即“绝对观念”。② 而在中国儒家，所有存在者之根据，在宋明新儒学那里主要是“心”“性”“理”之类，在现代新儒学那里则主要是——如牟宗三——“道德主体”。③

---

① 参见海德格尔：《哲学的终结和思的任务》，《面向思的事情》，第68、76页。

② 黑格尔：《精神现象学》，贺麟、王玖兴译，商务印书馆1979年版，第15页。

③ 牟宗三：《心体与性体》，(台北)正中书局1968年版。

（三）作为形而上学的儒学何以可能？

儒学的形而上学建构，本身也是“有本有源”的，问题在于我们是不是意识到了这种本源？这就是孔孟儒学和轴心时期以后的儒学的根本区别所在。

在当代语境中，它是这样一个问题：“形而上学何以可能？”这本来是康德提出的问题，亦即“形而上学奠基”问题[①]，但康德仍然是在形而上学视域内解决这个问题，即把它归结为“理性”的能力、主体“心灵”的能力。而海德格尔的问法是：主体性本身又何以可能？哲学形而上学把主体性设定为“自明的”前提，但这个主体性仍然是“晦暗不明的”。[②] 对于儒学来说，我们也可以问：“心”“性”和“理”这些东西何以可能？对于这个问题，历史上有两种回答：(1)“天命之谓性”[③]，“道之大原出于天”[④]。这是一个外在的“天”。但“天”仍然是一个“存在者整体”“终极根据”的观念，我们仍可以问：“天”是如何可能的？答曰：天是“自然”——自己如此。(2)性即是天，是一个内在的“天”，即是作为“自己如此”的“自然”。这就是从子思到孟子的观念转变过程。

但是，这里仍然面临着问题，就是如何理解这个“自己如此”的“自然”。这里又有两种可能的解释：(1)先验论的解释。

---

① 康德：《纯粹理性批判》，蓝公武译，商务印书馆 1960 年版，第 41—42 页。

② 海德格尔：《康德和形而上学问题》，邓晓芒译，孙周兴选编：《海德格尔选集》。

③ 《礼记·中庸》。

④ 董仲舒：《举贤良对策》。

例如胡塞尔的“自身所予性”（Selbstgegebenheit）。这个观念是从笛卡尔发展来的：观念的原初性来自自明性（笛卡尔），自明性来自自身所予性。而这其实也是从孟子到阳明，一直到牟宗三的心学正宗的解释模式。（2）生存论的解释。例如海德格尔所说的对于“此在”的存在者化的把握。自然并不是一个存在者、一个东西，但作为实体性和主体性的“性”“理”却是一个存在者、一个东西。这是如何可能的？海德格尔认为：表示“存在”（eon）的另一个词是 physis（一般译作“自然”，在中文中可译为“原在”），它的含义是：“出于自身的开放，自身打开着的展现，以及那在此展开中显现自身并保持在那里，经受住它的状态。”[①]这就是说的“存在本身”。而对于儒学来说，存在本身也就是生活本身。

四、原始儒学的还原

以上讨论意味着：我们必须进行儒学的“还原”；或者用海德格尔的说法：必须采取一种“返回步伐”。我们必须从后轴心期返回到轴心时期，甚至从轴心时期返回到前轴心期。就轴心时期而言，我们必须从《易传》、荀子返回到孟子、子思，再返回到孔子。

（一）荀子的性学：伦理学的确立、知识论的奠基

孔子以后，“儒分为八”，其中最重要的，无疑是孟子和荀

① 海德格尔：《形而上学导论》，熊伟、王庆节译，商务印书馆 1996 年版，第 11 页。

子这两支，他们各自分别实现了孔子思想当中所蕴含的某些可能性。其共同点在于他们都对“礼”即伦理规范问题非常重视，但是，这种伦理规范的人性论基础预设却似乎截然相反，那就是“性善”与“性恶”的分歧。孟子的特点是直接把形而下的道德主体性提升为形而上的绝对主体性，建构了儒家的道德本体论。而荀子则不然，道德主体不是被形上化而是被形下化了，成为“化性起伪”①“教”“学”的结果。

但是，荀子的“性论”却远不止于此。人们只注意到他的伦理学意义上的“性”观念，而忽略了其知识论意义上的“性”观念。其实，在儒家思想当中，是荀子首次给出了一个知识论意义上的“主—客”架构：“凡以知，人之性也；所以知，物之理也。”②“人性—物理”这样的观念架构，正是典型的知识论的“主—客”架构。而我们知道，这样的“主—客”架构是一切知识论得以成立的根本所在。

我们首先回到荀子那里，是要搞清这样的问题：儒家知识论何以成立？何以无须乎牟宗三式的“良知自我坎陷”？它的形而上的、本体论的根据是什么？究竟是怎样的“性”观念？而尤其要紧的是：这样的形而上的“性”观念，在荀子那里是怎样被大本大源——生活感悟——所给出的？

（二）孟子的心学：主体性的确立、伦理学的奠基

孟子比荀子的时代要早，他有比荀子更具本源性的观念。孟子或者说“思孟学派”建构了“心性论”或者“心学”的形而

① 《荀子·性恶》。
② 《荀子·解蔽》。

上学体系,但是,这不同于轴心时期以后的儒家形而上学,而是“有本”的[1],而非无本之木、无源之水。

孟子的思想,最为充分地体现了在轴心时期,儒家思想从本源的现象观念向流俗的现象观念的递转。他最终建构起了儒家的一种形而下学,就是儒家伦理学的规范化体系。这里,“仁性”是形而下的道德主体性,这是基于他所建构的儒家“心学”形而上学的;这里,“仁性”是形而上的绝对主体性[2],而这一切却是源于他把“仁”领悟为“恻隐之心”“不忍之心”这样的在生活本身的本源情境中的生活情感。

比如,按照孟子的分类,仁爱作为“原现象”(Urphaenomen),有着这样三种显现样式:亲亲、仁民(爱人)、爱物。[3]过去的理解,都仅仅把这理解为所谓“推己及人”“推人及物”的“外推”的逻辑。其实,这里有两点是我们应该注意的。

第一,作为这种“外推”的“根据”的,不是现成的存在者化的“家庭伦理”“宗法伦理”之类的东西,而是在生活本身的那样一种显现样式中的生活感悟。后世攻击儒家“封建伦理”的那些人,是典型的“遗忘存在”——遗忘了生活本身。

第二,孟子那里还有更其本源的,或者说更“普世”的“仁爱”观念,而跟血亲毫无关系,这种观念更渊源于生活本身。比如,孟子给出了这样一种本源情境:

> 今人乍见孺子将入于井,皆有怵惕恻隐之心。……由

---

① 《孟子·离娄下》。

② 关于“哲学形而上学的事情也就是主体性的事情”,参见海德格尔:《面向思的事情》,第76页。

③ 《孟子·尽心上》。

> 是观之,无恻隐之心非人也,无羞恶之心非人也,无辞让之心非人也,无是非之心非人也。恻隐之心,仁之端也;羞恶之心,义之端也;辞让之心,礼之端也;是非之心,智之端也。……凡有四端于我者,知皆扩而充之矣,若火之始然、泉之始达。苟能充之,足以保四海;苟不充之,不足以事父母。①

这里具有这样的观念层级:其一,"泉之始达"的本源观念,就是作为生活情感的、先行于任何存在者的"怵惕恻隐之心",这是"仁义礼知"这些概念的"发端";其二,在这种本源上,主体性的"人"才被给出,进而才有可能通过"扩充"进行形而上学的建构;其三,最后才有可能进行作为形而下存在者的事情的伦理、政治活动——"事父母""保四海",等等。

(三)孔子的仁学:本源性——可能性

回到孔子,就是回到儒学的最本源性的言说。我们可以说:在儒家形而上学、形而下学的建构上,孔子是不"完备"、不"纯粹"的。这是因为孔子更多地言说着大本大源。比如,关于"仁爱",孔子没有固定的说法,这恰恰是因为他还没有把"仁爱"存在者化、物化,还没有把"仁爱"对象化、概念化、专题化。所以,我的看法是:孔子之伟大,既不在于他是一个纯粹的形而上学家,所以我们绝不能像过去的"中国哲学史"研究那样把孔子形而上学化,也不在于他是一个纯粹的存在哲学家,所以我们绝不能像当今某些学者那样把孔子海德格尔化。孔

① 《孟子·公孙丑上》。

子之伟大，就在于他的不“纯粹”，在于他的思想观念的丰富的层级性：在生活本源上，给出了形而上学建构和形而下学（包括伦理学、知识论）建构的可能性。正因为如此，才有后来的孟子和荀子那样的建构的可能。

五、儒学的重建

以上进行的观念史的“解构—还原”，意义不在于历史学，而在于中国的“生存论”——儒家的“生活论”。我们的意图在于复归生活，重建儒学。在观念史的历史学阐释中，我们获得一种启示：究竟应该怎样从我们当下的生活出发来重建儒学，重建形而上学、形而下学，乃至重建所有一切规范、制度。

（一）儒家生活论：仁爱何以可能？

毫无疑问，仁爱是儒家思想的出发点，但现有的对“仁爱”的理解存在着巨大的理论困难。比如，如果说仁爱是一种情感，那么它就不是本体范畴，因为按照儒家形而上学的“性体情用”观念，本体是“性”，而不是“情”；如果说仁爱是本体，那么它就不是情感，但这样一来，又如何理解“恻隐之心”“不忍之心”这样的显然是情感性的表述？

实际上，这样的所谓“矛盾”是出于不理解儒家“仁爱”观念的内在奠基关系：作为本体的仁爱乃是形而上学建构的初始范畴，是儒家形而上学的主体性观念的确立，然而它奠基于作为生活感悟的仁爱情感，这种情感本是一种“生存现象”。因此，正确地诠释儒家思想的关键，在于回答这个问题：作为本体或主体性的仁爱何以可能？

作为生存现象的仁爱这种情感，不仅区别于现代性的“动物伦理学”，而且区别于海德格尔的“烦”“畏”之类的“现身情态”（Befindlichkeit，情绪）；不特如此，儒家的“仁爱”观念也区别于舍勒的“爱”的情感现象学，因为舍勒的“爱的共同体”是由对上帝的人格主义设定来保障的①，而儒家的仁爱则是作为“原始现象”或“原现象”的生活情感。无论如何，仁爱作为“事情本身”，不是实体性的存在者，而是一种本源地发生的境域。对此，孔孟均有丰富的言说。

所以，重建儒学首先意味着：回归生活本身，回归生活情感，回归本源性的爱本身。

（二）儒家形而上学：性理何以可能？

儒家形而上学的建构是基于“性理学”的。宋明新儒家的程朱理学和陆王心学的共同点，就是对“性之理”的认同。所以，“性理”乃是儒家形而上学建构中的奠基性观念。但上文已表明，它远不是最原初的奠基性观念，不是“原初所予”。作为形而上学本体范畴的“性理”有时也被表达为“仁”，这样的“仁”或“性理”何以可能？对于儒家来说，“原初所予”（primordial given）的事情本身，乃是作为原始的生存现象、生活情感的仁爱。“性理”观念的成立，不过是把作为原始现象的仁爱情感加以对象化、客观化、存在者化、本体论化的结果。

① 舍勒：《伦理学中的形式主义与质料的价值伦理学》，倪梁康译，生活·读书·新知三联书店2004年版。参见《爱的秩序》《爱与认识》《基督教的爱理念与当今世界》，林克译，刘小枫选编：《舍勒选集》，上海三联书店1999年版。

这对于形而上学建构来说是必要的，但它同时可能遮蔽仁爱的"自己如此"、自己显现这件"事情本身"。而在孔子那里，仁爱情感的本源地发生这个维度却是存在的。

而我们今天来重建儒学，绝不是要回到或者重新拾起轴心时期以后的儒家形而上学的那些现成固有的观念。否则，我们不过是"儒家原教旨主义"而已。我们固然必须反对"全盘西化论"，因为它不切合当今中国的民族性的生活样式，但我们也必须反对儒家原教旨主义，因为它不符合当今中国的现代性的生活样式。

重建儒家形而上学，首先就意味着重建主体性。问题在于：重建怎样的主体性呢？那是集体主义的主体性还是个体主义的主体性？还是另有一种新的主体性建构的可能？这些都是我们必须考虑的基本问题，但这种考虑首先仍然是回到"事情本身"——回到生活本身。这就涉及"现代性"问题乃至"后现代状况"问题，更涉及这种生活样式中的"源始"的、本源的生活情感、生活领悟。

（三）儒家形而下学：伦理、科学何以可能？

依照海德格尔的奠基思想，不仅科学而且伦理学都是奠基于哲学形而上学的。[①] 传统意义上的伦理学，其实也是一门科学。科学之所以奠基于哲学，是因为哲学以范畴表的形式划定了存在者的基本领域（"存在畿域"）；科学以这种存在者领域

---

① 海德格尔：《现象学与神学》，《路标》；《〈今日神学中一种非客观化的思与言问题〉的神学谈话中主要观点的若干提示》，孙周兴译，刘小枫选编：《海德格尔与有限性思想》，华夏出版社 2002 年版。

作为自己的前提，即把某个存在者领域执定为自己的对象（“事质领域”）。① 因此，形而上学存在论是科学的前提。在这个意义上，任何“反形而上学”的科学主义，或者后现代主义思想，都不可能没有自己的形而上学。

那么，儒家形而上学如何？在历史上，儒家形而上学建构的完成，是在思孟学派；更具体地说，是在孟子那里。孟子从“仁”出发，建构了“仁—义—礼—智”的形而上学基本架构。只要我们不遗忘仁爱的情感显现这个层级，那么孟子这个形而上学架构就是极有意义的。

前面谈到，作为本源现象的仁爱情感被形而上学地把握为本体，于是形而上学得以发生。作为本体的仁爱，在儒家的话语中有过许多表达：性、诚、心、理、气、道，等等。如果借用弗雷格的话来说，这些不同的指号，指称着同一的对象，但是传达着不同的涵义。② 这里，我们简单列举把这些符号规定为本体的最具有代表性的经典文本：性——思孟学派；诚——《中庸》；心——陆王心学；理——程朱理学；气——张载；道——几乎所有文本。若加上现代新儒家，还有更多的符号，例如“心灵”（唐君毅）、“道德主体”（牟宗三）等。它们指称着同样一个东西，那就是作为所有存在者的最后根据的那个“存在者之为存

---

① 参见海德格尔：《存在与时间》，第 11 页。

② 弗雷格（Gottlob Frege）：《论涵义和指称》（*üeber Sinn und Bedeutung*），原载《哲学和哲学批评》（*Zeitschrift für Philosophie und philosophische Kritik*），100 卷，1892 年，第 25—50 页。肖阳的汉译文《论涵义和所指》（*On Sense and Reference*），见马蒂尼奇（A. P. Martinich）主编《语言哲学》（*The Philosophy of Language*, Oxford University Press, 1985），牟博等译，商务印书馆 1998 年版。

在者”。是它，保证着所有存在者的在场性。例如，在宇宙论模式中的“本原”保证着“本末”关系的成立，在本体论模式中的“本质”保证着“体用”关系的成立。无论科学还是伦理，都是由这种保证来建立的。

1. 仁、义、礼：伦理学

（1）仁：儒家人性论

人性论在今天是被视为形而上学的观念而被抛弃的，但事实上伦理学的成立却总是依赖于人性论。因此，有必要重建人性论。在哲学上，人性论的问题实质上就是从形而上的绝对主体性向形而下的相对主体性的下贯落实。但对于事情本身，首先是厘清这样一个问题：这种道德主体性，是怎样在本源性的生活情感中被给出的？在儒家，这是“仁”的问题。

儒家的“仁”有着三个不同观念层级的用法，它们之间具有奠基关系：其一，作为本源性的生活情感的爱本身；其二，作为形而上学建构的初始范畴的“性”，亦即绝对主体性；其三，作为道德情感、道德原则的“善”，亦即价值论意义上的相对的“善”（不是作为本体的绝对的“至善”）。

这种被设定为人性的善性，在现代汉语中称做“爱心”。对于儒学的重建来说，伦理学的重建是这样的事情：“爱心”作为人性，既不是荀子式的经验论所给出的，也不是孟子式的先验论给出的，而是在生活本身的本源情境中显现出来的。

（2）义：儒家正义论

我们知道，规范构造、制度设计是由某种正义原则规定的，因此，正义论是规范论、制度论的基础。儒家正义论的核心观念就是“义”。然而，“义”是一个纯粹形式的伦理原则，它仅仅告诉我们：我们的行为应该是正义的、正当的、公正的、公平的、恰当的、适宜的,等等。这对应于西语的 justice。至于我们的行为何以能够如此这般,那取决于这样一种奠基关系:一方面,是被它所奠基的规范构造加以充实的,也就是说,“义”的形式原则是由“礼”的实质内容落实下来的;另一方面,追本溯源,“义”本身是奠基于“仁”的,换句话说,它奠基于生活本身、生活情感。

这后一个方面,自然而然地带出了儒家正义观念的一个极其重要的内涵:“时义”性——时宜性。“义”的时宜性,被表达为“与时偕行”的命题。① 孟子称孔子为“圣之时者”②,就是这个意思。孔子之所以提出“礼”之“损益”的原则③,便基于此:“君子之于天下也,无适也,无莫也,义之与比。”④这是“义以为质”“义以为尚”⑤的观念。

(3)礼:儒家规范论制度论

在儒家,“礼”是一个极为宽泛的名目,它泛指一切社会规范,诸如道德规范、政治规范、经济规范、法律规范,等等。这种规范构造,乃是制度设计的前提,但是,这种规范本身却奠基于正义原则。如此看来,如果说正义原则本身是源于生活情感的,那么规范构造同样也是源于生活情感的。这就是说,“礼”之规范构造也要遵循“时义”性——时宜性的原则。这也就是孔子提出的“礼有损益”的原则。

不仅如此,而且如果“义”是纯粹形式的原则,那么“礼”作

① 《周易·损卦·彖传》。
② 《孟子·万章下》。
③ 《论语·为政》。
④ 《论语·里仁》。
⑤ 《论语·卫灵公》《论语·阳货》。

为规范，就既是形式的，也是实质的。这就产生一个问题：“礼”既然奠基于“义”的纯粹形式原则，那么它的实质性从何而来？显然，“礼”的实质性源于更先行的“仁”。而“仁”——如上所说——不仅仅是形而上、形而下的东西，而首先是本源的生活情感。“仁”作为爱的生活情感，既是形式的，更是实质的（其实无所谓是形式的还是实质的），是一切形式的、实质的东西的本源所在。

因此，儒家规范论、制度论的重建，既区别于西方近代启蒙思想的规范、制度观念，也区别于中国轴心时期以后的既有的传统观念。

2. 智：知识论

儒家知识论的奠立，上文说过，可以追溯到荀子。对于儒学的重建来说，就知识论这一块而言，荀子的思想是一个资源宝库。知识论奠基于“主—客”二元架构，而这个二元架构又是奠基于主体性的。这个主体性，就是儒家所谓的“性”。

（1）“性”的两重性

一提到荀子，人们立即想到所谓“性恶论”。上文说过，这其实是一种极大的误解。荀子在两种意义上谈“性”：一是伦理学意义上的，这就是性恶论；另一则是知识论意义上的，可以叫做“性无善恶论”。在后一意义上，荀子给出了作为知识论之基础的“主—客”架构，其具体的给出方式，就是给出了一个认知意义的而非伦理意义的“性”：“所以知之在人者，谓之知；知有所合，谓之智。所以能之在人者，谓之能；能有所合，谓之能。”①“在人”是说的主体，“所合”是说的对象。主体方面，这

---

①《荀子·正名》。

就是“性”——“知能”(智能)。所以他说:“凡以知,人之性也;可以知,物之理也。”①这就是他给出的“主—客”架构:人性—物理。这样一个架构,对于任何知识论建构来说,都具有普遍永恒的根本意义。

(2)“知”的两重性

在孟子的“仁—义—礼—智”架构中,这个“智”具有两重性:一是对象性的“智”,这跟荀子的观念一样,是知识论建构的前提;二是“反身”性的“知”,是一种儒家式的“反思”——反思“礼”,反思“义”,乃至反思“仁”。这就叫做“反身而诚,乐莫大焉”②。这样的“知”是一种直观,但并不是经验的直观,而是仅就反身于“仁”而言,从形而下的“礼”的存在者,返回到形而上的“仁”的存在者,这就是“万物皆备于我矣”③,这可以说是一种“先验直观”;而更进一步的返回,则是返回到生活情感、生活本身的本源情境之中,这可以叫做“本源直观”。这样的反身性的知,谓之“良知”。

以上内容,可一言以蔽之:复归生活,重建儒学。

---

① 《荀子·解蔽》。

② 《孟子·尽心上》。

③ 《孟子·尽心上》。

“生活儒学”导论*

生活儒学在总体的致思进路上，是在与现象学——胡塞尔、舍勒，尤其是海德格尔——的平等对话中展开的。这种对话既非“以西说中”，也非“以中说西”，因为按照生活儒学的想法，任何现成地摆在那里的“中”（如所谓“中国哲学”）或者“西”（如所谓“西方哲学”）都是子虚乌有的东西。这种对话实质上是我们自己的生活的展开，亦即生活本身的一种显示形态。

这个总体致思进路分为三大步骤：破解——回归——构造。

生活儒学这种致思进路，表面看来似乎相当于胡塞尔、海德格尔那样的“奠基”（Fundierung / Gründen）。然而实际上，现象学的所谓“奠基”具有两种截然不同的观念：海德格尔接着康德讲的“形而上学的奠基”①，对于形而上学②本身来说乃

---

* 本文作于 2004 年 6 月；原载陈明主编：《原道》第十辑，北京大学出版社 2005 年版，第 95—112 页；收入作者文集《面向生活本身的儒学——黄玉顺“生活儒学”自选集》，四川大学出版社 2006 年版，第 29—52 页。

① 海德格尔：《康德和形而上学问题》，邓晓芒译，孙周兴编：《海德格尔选集》上卷，上海三联书店 1996 年版。

② 本文所谓“形而上学”，取其中西共通的意蕴。汉语“形而上学”与西语 metaphysics 共通之处在于：它们都致力于寻求所有的物、所有的存在者的最后根据，并将这个根据作为某种先验设定，然后以之为终极原则，去解释和构造所有的物、所有的存在者。

是外在的，亦即是从而上学之外的生存论分析中去寻求“形而上学何以可能”[①]这个问题的答案，我们把大约对应于这种奠基的工作称为“形而上学的本源”问题；而在胡塞尔，“奠基”却是形而上学的内在的奠基，亦即是从形而上学之内的先验意识之中来寻求解决“形而上学何以可能”问题，我们把大约对应于这种奠基的工作称为“形而上学的基石”问题。对于生活儒学来说，这两种“奠基”处在完全不同的层级上：基石作为基础，本身就是形而上学这座建筑的一个组成部分；而本源则是在形而上学之外、之下，支持着整个形而上学建筑的地基。这就是说，胡塞尔的意识现象学，将形而上学奠基于纯粹先验意识的本质直观，其实跟康德一样，是在用形而上学来为形而上学奠基，但我们知道，房子是不能为房子自身奠基的[②]；而海德格尔所谓“基础存在论”的生存论分析，归根结底奠基于作为一种存在者的“此在”（Dasein），实质上仍然是一种主体性的设定，也就是说，实质上仍然还是一种形而上学[③]。此在之为主体性设定，是因为此在乃是“人”这样的“存在者”（Seiende），而非“存在”（Sein）本身。此在固然向来与存在本身发生着交涉，可是所有形而上学的主体性都与存在本身发生着交涉，这能说明什么呢？它能说明此在的本源性吗？显然不能。此在向来不是“向来”的，而是“后来”的。海德格尔之所以必须将此在设定为“向来”领先的，是因为他不可能从源始的存在本身推出此在；而这又是因为存在本身被设定为异在于

① 康德：《纯粹理性批判》，蓝公武译，商务印书馆 1960 年版。

② 参见黄玉顺：《形而上学的奠基问题：儒学视域中的海德格尔及其所解释的康德哲学》，《四川大学学报》2004 年第 2 期。

③ 对此，后现代思想家已经多有批评。

生存的东西,即本来就是与此在无关的东西。这样一来,海德格尔的奠基观念在根本上就没有超越胡塞尔。

有别于此,生活儒学把自己的类似“奠基”的工作理解为这样一种更为彻底的致思进路:通过破解传统儒学,而回归作为大本大源的生活本身(这里,生活本身并不以“此在”、人的主体性为前提);并在作为源头活水的生活感悟的地基上,重新构造儒家形而上学。这样一来,生活儒学遵循着这样一条“中道”:既克服旧的传统形而上学的“无本”性①,也反对后现代主义的“反形而上学”立场。换句话说,生活儒学是要在一种崭新的地基上——从真正的本源上——重建儒家形而上学。

一、破解

所以,生活儒学将从破解入手。

生活儒学的破解,表面上看起来似乎略相当于通常所谓“解构”。但生活儒学所说的破解,既不是德里达解构主义那样的解构(deconstruction),也不是海德格尔现象学那样的解构(Destruktion)。这两种解构的共同点在于:它们都宣称形而上学的哲学存在论的终结,它们以“反形而上学”的立场来论证所谓“后形而上学时代”的到来。而生活儒学则认为,形而上学本身就是为生活所涵摄的事情。在这个问题上,海德格尔陷入了一种自相矛盾而不自知:一方面,他正确地揭示出科学必定奠基于哲学存在论,而哲学存在论必定奠基于生存论乃至生

---

① 《孟子·离娄下》。“无本”乃孟子语,意谓缺乏生活本源的。

存本身，这确实是他的真知灼见；另一方面，他却宣称哲学的终结，即宣称一般存在论的终结，这实际上等于宣称科学的终结，甚至是宣称伦理学的终结，因为即便在海德格尔自己的思想中，形而上学的伦理学也属于科学。[①] 但生活的事实是，科学仍将发展下去。然而，假如没有形而上学，如何可能给出存在者领域？进而如何可能奠定以这种存在者领域为前提的科学的基础？甚至伦理规范也是以这种存在者领域为前提的，伦理学也是一门科学；但是，我们仍将伦理地生活下去，假如没有形而上学的基础，这又如何可能？所以，生活儒学认为，问题并不在于是否应该构造形而上学，而在于形而上学构造是否以生活本身作为自己的大本大源。儒家形而上学是在孔子那里开始确立的，然而这种形而上学正是以生活本身为自己的本源的。

说到本源，这里需要阐明：本源并不同于根据。

何为根据？我倒愿意部分地借用海德格尔的"根据"（Grund）观念：根据是个形而上学的范畴，是说的支持着某个存在者的另外一个存在者。生活儒学不同于海德格尔之处是，他仅仅把在形而上学构造中的支持着所有的存在者的那个终极的存在者称做根据；而在生活儒学看来，如果一个存在者的存在支持着另外一个存在者的存在，那么，前者就是后者的根据。例如在孟子确立的"仁（性）—义—礼—知（智）"那种形而上学构造的关系中，仁是义的根据，义是礼的根据，礼是知的根据。所以，根据之为根据，就是支持着某物的另一个物；而支持着所有"万物"的那个物，则是终极根据。例如，形而上学的

① 海德格尔另有所谓"伦理学"，但并不是科学的伦理学，而是"生存论的伦理学"，实质上并不是伦理学，而仍然是"基础存在论"。

“道”作为支持着所有的“器”的那个东西，就是一种终极根据。器是物、存在者；而道也是物、存在者。对此，《老子》明言“道之为物”，因为尽管它“惟恍惟惚”，但毕竟“惚兮恍兮，其中有象；恍兮惚兮，其中有物”①。“道”作为这样的“物象”，又被称之为“器物”。《老子》接着说：“自古及今，其名不去，以阅众甫。吾何以知众甫之状哉？以此。”所谓“众甫”就是说的众多的存在者；我们以“道”而知“众甫”，表明了“道”就是众多存在者的最后根据。②

而本源则不然，本源不是一个物，不是一个存在者。本源之为本源，在于它先行于任何形而上学构造。这种本源，在儒家话语中叫做“大本大源”“源头活水”。对于儒家的形而上学构造来说，问题在于：“问渠那得清如许？为有源头活水来。”③如果说，终极根据支持着其他根据，并且最终支持着所有的存在者、所有的物，那么，本源则支持着终极根据本身，从而也就支持着所有的存在者、所有的物。例如在孟子的思想中，如果说，作为“性”（主体性、实体性）的“仁”是根据，甚至是终极根据，那么，作为生活感悟的“爱”（前主体性、前实体性）的“仁”才是本源。这种本源，就是作为生活情感的“恻隐之心”“不忍之心”，就是本源的“爱”。作为儒家形而上学的本源的“爱”，

---

① 《老子》第二十一章。

② 海德格尔将《老子》的“道”等同于他自己的 Ereignis，那只是他的一厢情愿。实际上，《老子》文本与《论语》文本一样，作为中国轴心时期中期乃至后期的产物，具有观念上的层级性：有时是本源层级上的言说，而有时则是形而上学层级上的言说。

③ 这是借用朱熹的说法。此诗虽是朱熹所作，但他所说的“源头活水”并非我们这里所说的真正的“源头活水”——生活、生活感悟本身。

支持着作为终极根据的“性”。如果说根据说的是形而上学这棵树的根系,那么本源说的就是维持着这个根系的水土。根据说的是形而上学建筑的“基础”或者“基石”,而承载整个建筑的那些支柱都被放置在这种“基石”上;然而这些基石本身却又被放置在“地基”上,这个地基就是我们所说的本源。本源是说的地基,而不是说的基础或者基石。康德当年就是以这样的比喻来表述“形而上学何以可能”问题的,他说:“当人们看到一门科学经过长期努力之后得到长足发展而惊叹不已时,有人竟想到要提出象这样的一门科学究竟是不是可能的以及是怎样可能的这样的问题,这本来是不足为奇的,因为人类理性非常爱好建设,不只一次地把一座塔建成了以后又拆掉,以便察看一下地基情况如何。”①但他误把基石当作了地基本身:他找到了形而上学的根据(作为主体的心灵能力的理性),但是根本没有意识到形而上学的本源。② 然而事情本身却是:正是本源支持着根据。因此,“形而上学何以可能”的问题,在生活儒学中就表述为形而上学的本源问题。

生活儒学认为:本源就是生活本身。

所以,生活儒学的破解工作,不过就是从传统形而上学向生活本身的探本溯源,从而说明形而上学,包括儒家形而上学何以可能。破解乃是一种“开解”——开塞解蔽。开塞说的是打开茅塞,孟子说过:“山径之蹊间介然,用之而成路;为间不

---

① 康德:《任何一种能够作为科学出现的未来形而上学导论》,庞景仁译,商务印书馆 1978 年版,第 4 页。

② 参见黄玉顺:《形而上学的奠基问题:儒学视域中的海德格尔及其所解释的康德哲学》,《四川大学学报》2004 年第 2 期。

用，则茅塞之矣。今茅塞子之心矣！”①茅塞其心，故须开塞。解蔽说的是解去蒙蔽，荀子说过：“凡人之患，蔽于一曲，而暗于大理”；“欲为蔽，恶为蔽，始为蔽，终为蔽，远为蔽，近为蔽，博为蔽，浅为蔽，古为蔽，今为蔽。凡万物异，则莫不相为蔽，此心术之公患也”；“圣人知心术之患，见蔽塞之祸，故无欲、无恶、无始、无终、无近、无远、无博、无浅、无古、无今，兼陈万物而中县（悬）衡焉”。② 蒙蔽其心，故须解蔽。茅塞蒙蔽，合而言之，谓之“蔽塞”；在《解蔽》中，荀子已有“蔽塞”的说法。既有蔽塞，则须开解。但必须注意的是，孟子所谓“开塞”是要回复到德性主体，荀子所谓“解蔽”是要回复到知性主体，它们本身仍然还是必须接受破解的形而上学设定；而生活儒学的破解，则是要回复到先行于任何形而上学构造的生活本源。生活本源犹如山蹊，“空空如也”③，并无所谓现成的“道”，而是“用之而成路”；而一旦“茅塞之”，则是蔽塞了生活本源。蔽塞了生活本源，于是乎有“万物异”的分别相；解蔽就是去除这种分别相，而复归作为生活感悟的“无分别智”。

因此，生活儒学所说的“开塞解蔽”并非海德格尔那样的“解蔽”，所以我们不称“解构”，而称“破解”。这是因为，生活儒学没有海德格尔那样的“遮蔽”观念。在海德格尔看来，存在是自身遮蔽着而解蔽着的。这本来是一种极富意义的想法，可惜它是由“此在的生存”，即人的有限性来说明的。众所周知，海德格尔的生存论分析是承接着康德关于“人的有限性”

---

① 《孟子·尽心下》。

② 《荀子·解蔽》。

③ 《论语·子罕》。

观念的，所谓“此在”正是暗度陈仓地在说“人的有限性”。所以，海德格尔的“解蔽”至少依赖着两个观念前提：存在与生存的区分，此在的优先性。然而生活儒学一开始就拒绝这两个前提，因为“人的有限性”这个话题本身已经是以“人”这个主体性为前提的了，即已经是在形而上学之内的事情了，它怎么可能作为形而上学的本源奠基的出发点呢？在这个问题上，海德格尔实质上并没有超出康德。所以，生活儒学所说的破解，是要回到那先行于此在的生活本源。这种生活本源，就是存在本身。

这种破解直接指向如今被人们所津津乐道的“传统儒学”或者“儒学传统”：生活儒学的破解，就是拆除传统的儒家形而上学的大厦，让其地基暴露出来，并且重新夯实这个地基。破解之为破解，当然是一种“破坏”；但它是一种积极的建设性的破坏，即是说，它是一种在“破坏”中的“解释”，意在说明传统儒家形而上学是如何可能的，从而为儒家形而上学的重建清理场地。这种“解释”就是通过“解开”而“释放”：释放出儒家形而上学的新的可能性。因此，破解乃是一种“解放”：儒学的解放。

二、回归

这就是说，破解是为了回归。

从某种意义上可以说，回归类似于现象学所谓“还原”(Reduktion)。但是胡塞尔所谓“还原”，是说的回到“纯粹先验意识领域”，然而这正是生活儒学所要破解的先验性；而海德格尔所谓“还原”,则是说的回到“此在”的生存的“原始经验”,而这也是生活儒学所要破解的主体性设定(上文说过,此在实质上还是一种主体性)。生活儒学所要回归的,乃是非先验性的、前主体性的本源情境,亦即生活本身。而此所谓生活本身,也不是胡塞尔所谓“生活世界”(Lebenswelt),因为依照胡塞尔先验论的进路,“生活世界”观念面临着这样的两难困境:假如它是经验的现实,那么它就是首先应该被“悬搁”的“超越物”(Transzendenz);而假如它就是纯粹意识本身,那么它就是无关乎现实生活的麻木不仁的东西,因为根据胡塞尔所承认的“认识论困境”,这样的内在的“生活世界”是不可能“切中”外在的现实世界的。

而生活儒学之所谓回归,则是通过破解,回到生活这个本源。而此生活本身既非经验主义的经验生活,也非理性主义的先验生活,甚至也不是海德格尔生存论分析那样的“此在”的生存。海德格尔所谓此在的“生存”区别于“存在本身”,然而区别于生存的存在本身不过是巴门尼德以来的西方哲学的一种虚构,而儒家并没有这样的虚构。固然,海德格尔所谓“生存”是在说“去存在”,这是不错的;但不要忘了,更确切地说,他是在说“此在的去存在”。而生活儒学将讲到的作为生活本身的本源结构的一个方面的“去生活”,却不是说的“此在的去生活”,亦即仍然不以此在或任何存在者为前提。“在生活并且去生活”乃是生活本身的本源结构,是先行于此在的,此在恰恰是被这种本源结构造就的,或者说是这种本源结构的一种显示形态。假如一定要用“现象”这个词,那么在生活儒学这里,真正本源的现象与此在无关:真正在本源层级上的现象不是此在的生存领会,而是先行于此在及一切存在者的生活感悟，此在本身倒是在这种感悟中生成的。于是，海德格尔“此在”那样的观念也是首先必须接受破解的。

破解指示我们：回归生活本身。陶渊明有诗云：“归去来兮，田园将芜胡不归？”[①]破解就是回归：回归我们的真正的田园。回归作为一种向某种“目的地”的进发，亦即从最近的地方向最远的地方进发。以历时的眼光看，这个最近的地方无疑是现代新儒家，而最远的地方则是战国儒家；但是从共时的眼光看，这个最远的地方其实正是最近的地方，因为回归就是“回家”，就是回归我们自己的生活。现代新儒家作为我们回归的出发点，乃是最近的地方；然而它恰恰是最远的地方：现代新儒家是一种离家最远的儒家形而上学。我们当初离家出走，正如孟子所谓“居仁由义”[②]：我们原本居住在生活中，居住在生活感悟中，居住在作为生活感悟的仁爱中；我们由此出发，遵“义”循“道”而去。“居仁由义”是在作为原创时代的轴心时期[③]形而上学确立起来以后的事情，此时我们已经开始离家出走。这样一来，家被抛在了身后：我们所“居”之“仁”本是生活感悟，但我们却抽身而去。我们之所以抽身而去，必定是因为我们有所算计：我们要去追逐某种东西，并把这种东西与自己的家园相比较而不满于家园。于是，家就被对象化了，我们所“居”之“仁”被对象化了。而家被对象化，是因为我们把自己设为主体：我们“先立乎其大者”[④]，亦即确立了“本心”，确立

① 陶渊明：《归去来兮辞》。

② 《孟子·尽心上》。

③ 中国的轴心时期、原创时代，大致包括西周、春秋、战国时期三个阶段。详见下文。

④ 《孟子·告子上》。

了人的主体性。一言以蔽之,我们构造出了某种形而上学。因此,我们必须首先破解这种形而上学。只有破解了传统儒家形而上学,我们才有可能回归生活的田园。

这里,我们应该讨论一下“轴心时期”(Axial Period)这个观念。这个概念是德国哲学家雅斯贝尔斯(Karl Jaspers)在其历史哲学的代表作《历史的起源与目标》中提出的。其中这段话是人们非常熟悉的:

> 直至今日,人类一直靠轴心期所产生、思考和创造的一切而生存。每一次新的飞跃都回顾这一时期,并被它重燃火焰。自那以后,情况就是这样。轴心期潜力的苏醒和对轴心期潜力的回忆,或曰复兴,总是提供了精神动力。对这一开端的复归是中国、印度和西方不断发生的事情。①

而轴心时期究竟创造了什么?一言以蔽之:创造了形而上学。“直至今日”,我们的全部“创造”不过是向轴心时期的某种“复归”而已;这就是说,我们直至今日还在轴心时期所构造的形而上学的藩篱中。

雅斯贝尔斯对历史的理解多少具有一些现象学意味:他通过“现存”(Present)来凝聚历史。一方面,“现存通过我们使自己内部的实际活动获得历史基础而得到实现”;另一方面,“现

---

① 雅斯贝斯:《历史的起源与目标》,魏楚雄、俞新天译,华夏出版社1989年版,第14页。

存通过它内部潜伏的未来而获得实现”。[①] 因此,“理解的根源是我们自己的现存,是此时此地我们唯一的现实”[②]。这是不难理解的,因为此时海德格尔的《存在与时间》(1927)已问世22年。对此,我愿意这样来表达:历史就是现实生活;或者说,历史不过是现实的生活感悟的一种样式。惟其如此,“轴心时期”这个概念颇有意义。实际上,海德格尔“解构传统存在论”的工作与这个观念是颇为吻合的:他以其“历史学的”“返回步伐”(der Schritt zurück)首先回到康德,然后回到笛卡尔,最后回到亚里士多德乃至前苏格拉底[③],实质上就是回到前轴心期。回到前轴心期这个最远的地方,意味着回到最近的地方;不过,这个最近的地方在海德格尔那里是此在的生存,而在生活儒学这里则是不以此在那样的存在者为前提的生活本身。

但雅斯贝尔斯仍然错过了现象学的视野,这表现在:他一方面在生活—历史之上设置了一个人性,以为“对人类历史的掠视,把我们引入人性的神秘之中”[④];另一方面在生活—历史之外设置了一个标准,以为“我们的时代使人类生活变得具有广度和深度,因此意义最为深刻。它要求整个人类历史提供给我们藉以估量目前所发生事情之意义的标准”[⑤]。前者是历史的起源,后者是历史的目标:“我的纲要以一条信念为基础:人

---

① 雅斯贝斯:《历史的起源与目标》,第1页。

② 雅斯贝斯:《历史的起源与目标》,第18页。

③ 这是海德格尔《存在与时间》未完成的第二部的三篇内容,但他实际上一直在进行着这项工作。参见海德格尔:《存在与时间》,第47页。

④ 雅斯贝斯:《历史的起源与目标》,第3页。

⑤ 雅斯贝斯:《历史的起源与目标》,第3页。

类具有唯一的共同起源和共同目标。"①这个起源直接地是"轴心时期",而根本上是共同的人性;而这个目标就是"历史的意义",或所谓"至高无上的全面综合理解(the comprehensive)"②。总之,"轴心时期"概念仍然还是一个形而上学的观念。

再者,雅斯贝尔斯没有看到,恰恰是在"今日",人类精神生活正在突破轴心时期所确立的某些根本观念。这种突破发轫于20世纪,发生在现象学运动和后现代主义运动中。我们正在进入一个伟大的时代,这个时代是迄今为止唯一可以与轴心时期相媲美的伟大时代。但是,我们切不可以误读了这个伟大时代的开端,误以为它所导向的是所谓"后形而上学"或"后哲学"时代。

为了区别于雅斯贝尔斯的概念,我们把轴心时期称做"原创时代",而把我们正在开启的这个时代称做"再创时代",此时,人类正在再次地原创,这种再创远不止于复归轴心时期,而是进一步复归前轴心期、前原创期。在原创时代,人类第一次创造了形而上学;在再创时代,人类将重建形而上学。这种重建区别于原创时代之后的形而上学构造,它首先回归前原创期,实质上是回归本源的生活本身。

回到生活本身,就是回归我们即将荒芜的田园。长期以来,我们一直是形而上学的打工仔:我们建造了形而上学这座富丽堂皇的大厦,但却阔别了我们自家的田园;我们甚至遗忘了自己的家园,连一封家书也没有。我们对田园的呼唤充耳不闻:"归去来兮,田园将芜胡不归?"现在我们终于听见了这个

① 雅斯贝斯:《历史的起源与目标》,第6页。
② 雅斯贝斯:《历史的起源与目标》,第2页。

呼声:游子归来! 魂兮归来!

三、构造

但是,回归生活并不必然意味着拒绝形而上学构造。生活儒学仍将栽种自己的形而上学的参天大树,而回归不过是预先进行的一种“水土保持”的工作。生活儒学的破解工作是为了重新构造,而回归则是为了夯实这种构造的地基。生活儒学在破解传统那种“无本的”(孟子语)和“无家可归的”(海德格尔语)形而上学的同时,拒绝“后现代主义”的“反形而上学”倾向,主张积极的形而上学重建,并自始至终把这种重建工作建立在生活感悟的地基上。

形而上学不是别的,而只是一种观念构造:在人类的全部观念构造中,形而上学是其主干部分。如果说儒学是一棵树,那么主体性、实体性观念就是它的根,从这个根系上生长出形而上学观念这个主干,然后从这个主干上生长出“形而下学”的枝叶花果——科学、伦理、技术、制度等等。这显然是一种层级构造。任何形而上学都是这样的层级构造,分为三个基本的构造层级:形而上学的本源,在这种本源地基上的形而上学构造本身,在这种形而上学基石上的“形而下学”的构造。

生活儒学的构造,同样包含着这样三个基本的层级。

(一)生活本源

形而上学的本源,就是生活本身。生活本身作为形而上学的本源,当然是“前形而上学的”事情:它是先行于主体性观念、实体性观念的事情，先行于对象化、客观化的事情。

事实上，任何形而上学的构造都有其生活的本源，区别仅仅在于：这个形而上学本身是否意识到了它自己的生活本源？实际上，在轴心时期之后，传统形而上学，包括传统的儒家形而上学，都没有意识到自己的本源；它们遗忘了生活，蔽塞了本源。它们不知道自己从何而来，于是便以某种先验的预设来作为自己的根据。这种根据包括：或者是作为存在者整体的世界（理念世界、物质世界），或者是作为所有存在者之造物主的上帝，或者是作为人之主体性的某种人性（自身所予的先验理性、直观所予的经验感知）。在儒家的传统形而上学中，这种根据被理解为作为“圣人心传”的“道统”“道心”“本心”“天理”。他们自以为这些东西是“自明的”（self-proved，笛卡尔），因为它们都是“自身所予的”（self-given，胡塞尔）。然而这样的物、存在者不可能是自身所予的、自明的东西，它们必有自己的生活本源。

（二）形而上学

通过对“思”的层级分析，我们找到了一条从生活本源而通向形而上学的路径，而这条路径本身仍然是生活的事情。

所谓“形而上学”，是指的所谓“纯粹哲学”：在历史上最初表现为宇宙论（Cosmology），后来表现为本体论（Ontology，或译为“存在论”）。关于形而上学，海德格尔那里给予了一种迄今为止最为透彻的说明：

> 哲学即形而上学。形而上学着眼于存在，着眼于存在中的存在者之共属一体，来思考存在者整体——世界、人

> 类和上帝。形而上学以论证性表象的思维方式来思考存在者之为存在者。因为从哲学开端以来,并且凭借于这一开端,存在者之存在就把自身显示为根据。……它是实在的存在者状态上的原因(亚里士多德),是使对象之对象性得以成立的先验可能性(笛卡尔),是绝对精神运动和历史产生过程的辩证中介(黑格尔),是那种价值设定的强力意志(尼采)。①

这就是说,在他看来,形而上学具有两个基本特征:在内容上,它是对作为所有存在者的终极根据的那个存在者的思考;在形式上,它是采取的论证性表象的思维方式。但实际上,"论证性表象的思维方式"并非形而上学所独有的方式,作为"形而下学"的科学同样采取这种方式。因此,形而上学的唯一特征在于:形而上学所思考者,是作为全部存在者之最后根据的那个存在者。科学仅仅思考部分存在者的根据,而哲学则思考所有存在者的终极根据。纯粹哲学就是形而上学,它是这样一种努力:说明如何确立作为其他所有存在者的最后根据的那个存在者,并说明如何根据这个终极存在者来安排其他所有存在者。因此,哲学就是:给出一个可能世界,并由此而展示一种可能生活。

那么,什么是存在者呢?我们知道,海德格尔提出了著名的"存在论区别"(der ontologische Unterschied),即存在(Sein)与存在者(Seiende)的区别。这个著名的区别对当代哲学之影响是决定性的,但也因此造成了某种严重的后果。这个后果就

---

① 海德格尔:《面向思的事情》,第68—69页。括号内为引者所加。

是:生活本身反倒变成了某种次要的事情。何以见得？因为存在论区别实质上还蕴含着另外一个方面的区分,即存在与生存(Existenz)的区分:在海德格尔的话语中,我们绝不能说“生存即是存在”或者“存在即是生存”;我们只可以说:此在的存在即是生存。然而,此在的存在并不等于存在本身。海德格尔之所以关注此在(Dasein)的生存,那仅仅因为在他前期看来,只有通过对此在的生存的生存论分析,我们才可能把握存在本身;也正因为如此,他才可能在其后期放弃此在的生存论分析这条进路,试图直接追寻存在本身。这就意味着:存在本身是比此在更为源始的事情,当然也就是比生存更为源始的事情。而在生活儒学看来正好相反:唯有生活是最本源的事情。生活之外并无所谓存在,生活之外一无所有。

因此,在我们的话语中,当我们说到“存在”时,它就是说的生活本身,而当我们说到“存在者”时,它是说的“物”。在儒学话语中,存在者被称做“物”“器”或者“器物”。按照儒家的说法,生活不是“物”,而是“事”;在现代汉语中,“事”即“事情”。但这事情不是西语所谓“事情”:在西语中,“事”与“物”是同一个词——thing。这是因为,在西方形而上学中,一切事情都已经被器物化、客观化、对象化、实体化了。甚至海德格尔所谓“此在”,它作为一种存在者,尽管是一种特殊的存在者,也不过是一“物”而已。然而生活儒学认为,事作为存在本身,也就是生活本身;所以,事不是物,即不是存在者。事情本身,就是生活本身;而器物不过是生活中的存在者,它们本源于生活,隶属于生活。

然而传统形而上学所思考的不过就是一个物而已,尽管它是可以支持所有的物的那个物。形而上学思考这样一个“大物”,但它忘记了一件“大事”:忘记了作为事情本身的存在本身,亦即生活本身。形而上学所思考的那个大物,哲学上叫做“本体”:在宇宙论的模式中,它是本原,是“本末”之本;在严格本体论的模式中,它是本质,是“体用”之体。[①] 总之,它是所有的存在者、所有的物的最后根据。这个本体乃是一个“实体”(Substance),一个“第一实体”(亚里士多德语)。这个实体本质上就是主体性。所以海德格尔指出:“什么是哲学研究的事情呢? ……这个事情就是意识的主体性”;这个主体性同时就是实体性,所以,“作为形而上学的哲学之事情乃是存在者之存在,乃是以实体性和主体性为形态的存在者之在场状态”。[②] 但是,海德格尔未能说明为什么说实体就是主体。对此,或许有人会反驳道:海德格尔不是“未能说明为什么实体就是主体”,而是从根本上就把这种工作看作笛卡尔之后主体哲学建构者们的徒劳。然而我们的看法却是:首先,即便我们承认笛卡尔之后主体哲学建构者们的工作是一种“徒劳”,海德格尔仍然必须说明何以“实体即是主体”。因为这正是“解构”与“还原”的题中应有之义:这种形而上学的徒劳何以可能? 何况,这种建构竟然是徒劳的吗? 非也! 它在某种意义上造就了,至少以哲学的方式说明了一个历经数百年,至今仍然是我们的生活际遇的伟大历史运动:现代性。所以,我们将要说明这样一个重大问题:“实体以主体为前提”;形而上学的构造不是始于实体性观念,而是始于主体性观念。那将会是针对亚里

① 对于西语 Ontology 来说,新的译法“存在论”反倒不如旧的译法“本体论”更切近于中国哲学的实际:中国哲学的狭义形而上学部分,讨论的正是本末之“本”、体用之“体”这样的问题。

② 海德格尔:《面向思的事情》,第 76 页。

士多德的《范畴篇》的，即针对西方哲学的一个根本传统的。从对“实体的观念何以可能”的阐明中，我们就可以揭示西方哲学的一个根本传统：一切皆从“主—客”架构出发。

所以，生活儒学认为：并非实体就是主体，而是实体意味着主体，亦即意味着实体以主体为前提。这是因为，当我们思考作为存在者的实体时，这个实体已经被对象化、客体化，这就意味着此时主体本身已经先行确立起来了。这就意味着实体的观念是以“主—客”这样的架构作为自己的前提的。如果说实体以“主—客”架构为前提，这就意味着实体的主体性，也就是说，这个实体已经具有了被主体所规定的这样一种性质。这就表明，形而上学的构造是从主体性的确立开始的，这就是孟子所说的“先立大体”；由这种主体性，我们才能获得实体的观念；由这种实体性，我们才能获得本体的观念。

这就是全部传统的形而上学构造的秘密所在。但这也不仅仅是传统的形而上学的事情。生活儒学所要重建的形而上学，仍然必须思考这样的主体性、实体性，仍然必须思考作为所有存在者的最后根据的那个存在者；否则，我们无法构造作为形而下学的知识论、科学，无法构造作为形而下学的道德论、伦理，无法构造任何规范、制度。生活儒学区别于传统形而上学之处仅仅在于：生活儒学的形而上学构造意识到它自己的生活本源，并在形而上学构造的每个环节上，首先对这种本源加以阐明。这就是说，生活儒学的形而上学构造工作，就是在生活本源的地基上，重建主体性，重建实体性，重建本体论，重建范畴表。

读者可能产生一种疑问：这里似乎存在着某种循环，因为作为形而上学的本源的生活，似乎恰恰就是形而下的东西，而它们却又是以形而上的东西为基础的？这确实是一种“循环”，但它却不是逻辑的循环论证意义上的循环，而是生活本身的“循环”：它是生活情境的本源结构。形而下学在两层意义上是本源于生活的：其一，形而下的东西根据于形而上的东西，而形而上的东西本源于生活。其二，所谓“形而下”的东西，一方面作为本源结构的“去生活”方面，它是我们的构造；而另一方面作为本源结构的“在生活”方面，却正好是我们的生活际遇。我们遭遇形而下的东西并且在重构中超越这些形而下的东西。本源意义的超越，正是这种本源情境的本源结构。

（三）形而下学

在这种形而上学构造的基石上，我们可以更进一步构造出作为“形而下学”的道德论及伦理、知识论及科学、规范建构、制度安排等来。

所谓“形而下学”，语出《易传》：“形而上者谓之道，形而下者谓之器。”①《易传》作为中国哲学的“群经之首”，乃是早期形而上学构造的典型文本之一。前面谈到，“道”之为“物”乃是支持着所有存在者的那个存在者，在这个意义上，关于“形而上”的“道”的言说就是典型的传统形而上学：所有的“器”都是由这个“道”给出的，所有的存在者都是由这个终极存在者给出的。这就是说，在这种形而上学的基础上，我们拥有了

① 《周易·系辞传》。

“形而下学”的构造。[1] 道作为本体,是一;器作为现象,是多。这就是前现象学的“现象”观念:道是器的本原、本质,而器是道的现象。康德所谓“现象与物自身”便属于这样的“现象”观念。《易传》的“天垂象,见吉凶”[2]也是这样的“现象”观念:“吉凶”只是现象,而“天”是其本体。而这种现象不是现象学的“现象”观念,因为在现象学,特别是海德格尔现象学看来,“现象背后一无所有”,现象即是本质。[3] 当然,海德格尔在前期把此在的原始生存经验视为现象,后期则把存在本身或者Ereignis视为现象,而这并不符合生活儒学的想法,因为如前所说,生活儒学并不承认“此在”或“存在本身”在本源层级上的优先性;但是无论如何,现象学的“现象”观念具有本源层级上的意义,这是应该加以肯定的。

但是,任何形而上学的构造,包括生活儒学的形而上学构造,必然进入前现象学的“现象”观念,也就是说,必然有本质与现象的区分、道与器的区分、存在者整体与存在者领域的区分。这实质上就是重新进入常识的“现象”观念。否则,在形而上学基础上的形而下学构造就是不可能的,从而科学也就是不可能的,伦理学也同样是不可能的。此所谓“常识”类似于海德格尔所谓“平均的日常状态”,我们在“常识”中可以发现此在或主体性。然而,这不是恰恰说明了常识是以此在(主体性)为前提的吗?这样一来,海德格尔所谓“平均的日常状态”还有什么本源意义呢?常识也是基于某些形而上学的观念的,

---

① 参见黄玉顺:《拒斥“形而下学”:论哲学及其与科学的关系》,(台北)《鹅湖》2000年第2期。

② “见”读为“现”,《周易·系辞传》。

③ 海德格尔:《面向思的事情》,第80页。

或者说,常识是某种与形而上学平行的东西;在这个意义上,我们愿意承认康德的一种说法:人天生就是形而上学的存在者;否则,人不可能拥有常识。但是我们必须从本源上阐明:常识何以可能?因此,我们必须首先破解常识。然而常识却与形而上学一样,乃是一切科学的根据。所以,对常识的阐明是一项意义重大的工作;否则,我们无以进入形而下学的构造。

所谓形而下学是说:不是关于存在者整体的形而上学构造,而是关于某个存在者领域的构造。形而上学以范畴表的形式给出若干最大的存在者领域,而形而下学则把其中的某个存在者领域执定为自己的对象,正是在这种意义上,形而上学才是形而下学的基础。这些存在者领域就是关于器物的范畴划分,可以简称为"物域"。所谓物域,就是对所有的物、"万物"进行最大的划分所得的区域。

这些物域的一种最常见的划分,就是"人"与"物"的区分,或者"心"与"物"的区分,或者"人"与"自然界"的区分。其实,自然界是物,人同样是物。正因为形而上学把人也理解为一种器物,孔子才希望做到"君子不器"①。"君子不器"的意思是说:人要警惕自己将自己器物化。这是因为,在本源的层级上,根本无所谓"人",也就是说,此时作为主体的人还根本没有"诞生"。但事实上人是不可能不物化自身的:一旦人把自己形而上学地理解为"人"的时候,就已经把自身物化了。人不可能不物化,这是"思"本身的事情。人的主体性本身就是物化的结果。然而我们一旦试图说明"人不可能不物化",便正好是在说明"人是如何在本源的地基上物化的",这件事

---

① 《论语·为政》。

本身不就表明了我们没有忘记本源吗？所以，孔子所谓“君子不器”不过是说：我们即便总在物化着自身，但我们绝不能忘记了本源，这样我们才能“毋固”[①]，才不至于“固化”，我们才能总是不仅“在生活”而且“去生活”，我们才能拥有在本源层级上的自由。否则，物化将会导致我们将“人”与“自然界”的对待关系固化，导致我们在“征服自然”中将自然界异己化、敌对化。

另外一种常见的划分，则是“知、意、情”的区分。在这种划分的基础上，才有所谓“真、善、美”的区分，进而才可能有作为形而下学的“知识学”“伦理学”“美学”之类的“基础科学”。康德的“三大批判”加固了这种划分，却没有意识到真正的生活本源：情本源于生活情感，知本源于生活领悟，而意则根据于意欲，而最终本源于生活感悟。

还有一种常见的划分，涉及“超越性存在者”(Transcendence)。宗教神学即是以这种划分为前提的，它们把存在者区分为此岸的世俗的存在者和彼岸的超越的存在者。在这个意义上，海德格尔把神学视为科学乃至实证科学，是完全正确的。[②] 但是，生活儒学却无意于重建任何宗教神学。

---

① 《论语·子罕》。

② 参见海德格尔：《现象学与神学》，《路标》。

从“西方哲学”到“生活儒学”*

诸位好！很高兴能有这样的机会跟大家就哲学问题进行交流。

一般来说，我们在谈到哲学的时候，脑袋里立刻就会有中哲、西哲、马哲之分。那是学科建制上的一种划分，本身就是一种形而上学的观念。而今天我所要讲的，却是这样三层意思：首先讲一下我所理解的西方哲学；然后再通过对西方哲学的批判，而引入中国哲学，尤其是儒家哲学；最后我想说的是，在今天的诠释学观念下，根本就没有所谓“中国哲学”“西方哲学”之分。总之，我想讲的是一种普适的哲学观念：“生活儒学”的观念——这是我对儒家哲学的理解。

先从西方哲学讲起。人们对从古到今的西方哲学，有各种各样的概括。我想着重讲讲西方近代以来的哲学。

一般来讲，哲学作为一种彻底的思想，作为一种系统完整的理论构造，一定首先寻求一个初始的观念，由此出发，进行哲学形而上学的建构。这里有一个词语，是一个关键词，却是研

---

* 本文是作者 2004 年 12 月 8 日在清华大学人文学院的讲演；原载《北京青年政治学院学报》2005 年第 1 期；收入作者文集《面向生活本身的儒学——黄玉顺“生活儒学”自选集》，四川大学出版社 2006 年版，第 93—105 页。

究哲学的人们所一向忽略的。这个词就是 the given ——“所予”,或者胡塞尔所说的“the primordial given”——原初所与。这是因为,哲学作为一种建构,是观念的构造,是发生在意识当中的事情。而在一系列的观念中,有一个初始的观念,整个哲学的全部建构由此开始。这个观念之所以是“原初的”,是因为它是无条件的——至少哲学家自己认为是如此的——它既不是逻辑推导的结果,也不是经验给予的东西。因为,如果它是逻辑推导的结果,它就必须有逻辑上的前提;如果它是经验产生的,它就有事实上的条件。——在这两种情况下,它都不再是原初的。而彻底的哲学思考从原初的观念开始,这个原初观念是“自身所予”(the self-given)的;或者用中国人的话说,它是“自然”的——自己如此的。

西方近代哲学有两条基本的进路,其共同点首先就是寻找一个原初观念。一条是经验主义的进路,一条是理性主义的进路。

经验主义认为,所有的认识都发源于感觉。这里,感觉似乎就是一个原初的观念。但事实上未必如此。近代从培根开始,一直有一个问题,使经验论陷入困境,那就是:当说到感知的时候,感觉不是原初的,感觉仍有其前设、预设。那是因为,在通常朴素的观念中,感觉的发生意味着:由一个主体碰到了一个对象、客体,于是产生感觉。显然,这里存在着感觉的先行条件:“心—物”架构,亦即“主—客”架构。这是感知的先行观念。这样一来,感觉就不再是原初的观念了。不仅如此,这种经验主义进路势必会陷入“认识论困境”,这是西方近代以来哲学发展的一大动力。比如我手里这支粉笔,你怎么证明它是客观存在的?你会说:我看见它了,摸到它了。但是看见它、摸到它都是感觉,而感觉不过是意识的一种形式。五官感觉,都只能说明它们在你的意识中存在。认识论困境有两层意思:第一,你如何能够确证客观实在?第二,即使能够确证,主观的意识又如何能够穿透“真空”去达到那个客观实在?所以,作为大物理学家的马赫,他并不认为自己是在研究什么客观的物理现象,而认为自己所研究的不过是感知本身,从而提出了“物是感觉的复合体”的命题。所谓客观的实在,借用佛教的说法,叫做“不可思议”:所谓“不以人的主观意识为转移的客观实在”是不可思议的。设想一下,你怎么可能走出你的皮肤?结果我们发现,经验主义发展到贝克莱的“存在即被感知”,才能保证感觉的原初性;或者就是休谟的“不可知论”,表明所谓客观实在是不可知的,原初的东西,唯有感觉而已。但是,这样一来,我们又会陷入另外一种困境:感觉是经验性的、个体性的,可是,我们如何能够保证不同个体之间的感觉的共同性?甚至,我们如何能够保证个体性本身?亦即,我们如何能够确证其他个体的客观存在?用胡塞尔的话说,我们如何能够保证“主体间性”?更严重的问题是:我们明明白白地领悟着客观存在;我们的生存、生活本身,我们的一切视听言动,都是以这样的“存在信念”为前提的。比如,待会儿大家要去吃饭,你总不能一边走向食堂,一边却心里想:那个食堂只不过是子虚乌有的东西!所以,假如没有关于客观实在的信念,我们无法生存。所以,经验主义不能解决我们的生存问题、生活问题。

因此,近代西方哲学又有另外一条进路:从笛卡尔、康德到胡塞尔的先验的理性主义。笛卡尔先怀疑一切,胡塞尔提出悬搁“超越物”,即凡是超出意识以外的东西,我们都把它“放入括弧”、存而不论。笛卡尔要寻求原初的自明的观念,他的思路是:我虽然能怀疑一切,但却唯独不能怀疑“我在怀疑”这件事情本身。这种怀疑本身叫做“思”,是理性的事情。但这是纯粹的思,而并不是某个人的思,例如不是笛卡尔个人的思,而是胡塞尔式的“纯粹先验意识”。这样一来,他们找到的原初观念,不是感觉,而是理性。但是,这种理性主义也有问题。比如说,在胡塞尔那里,要达到先验意识,必须先悬搁超越物;要悬搁超越物,又必须先采取“现象学的态度”。但是,这里面临着两难:如果我还没有现象学态度,那么,是什么东西、什么人足以让我采取现象学态度?而如果我已经具有了现象学态度,那么,我难道不是已经达到了纯粹意识领域了吗?可是,我是怎么达到纯粹先验意识领域的?这个困境也同样适合于作为形而上学的儒家心学。例如,孟子提出“先立乎其大者”,所谓“大者”指的是心性,亦即先验的主体性、本体性。孟子讲“良心发现”,良心是先验意识。可是,是什么东西、什么人足以让我产生“先立乎其大者”这种态度?如果我已经有了这种态度,说明我已经良心发现了,既然这样,那又何必再行“先立其大”?可是,我是如何获得这种态度的?不仅如此,这种先验理性主义进路同样不能解决我们的生存问题。以胡塞尔为例,他提出了“生活世界”的概念,却同样陷入了两难困境:如果生活世界本来就是外在的经验世界,它就是首先应该被悬搁的外在超越物;如果生活世界本来就是内在的先验世界,它如何可能切中外在的经验世界?它甚至不能确证他人的实在性。为此,胡塞尔提出了“主体间性”问题。但他却不可能在先验论框架内解决这个问题。比如,你们大家坐在这里听我讲,可我心里却在犯嘀咕:你们是在经验世界还是先验世界?假如我在先验世界,你们却在经验世界,咱们只好“老死不相往来”了!

这样一来,先验理性主义进路就会成为无关现实生活的痛痒的玄思,儒家把它叫做“麻木不仁”。

所以,无论经验主义还是理性主义,这两条进路都会使我们陷入悖谬,不能解决我们的生存问题、生活问题。

于是,出现了海德格尔那样的思想。他的想法是:从根本上把“认识论困境”这个问题本身消解掉。认识论困境是形而上学思维方式的产物,因此,海德格尔就要“解构”形而上学。

为此,我先得解释一下什么叫“形而上学”。形而上学就是所谓“纯粹哲学”,尤其是所谓“本体论”(ontology),或译为“存在论”。海德格尔要把这种传统形而上学解构掉,叫“哲学的终结”。海德格尔认为,从古希腊哲学开始,形而上学哲学就误入了歧途,因为他们都是在思考“存在者”,而忘记了“存在”本身。这里,海德格尔提出了著名的“存在论区别”,即存在与存在者的区分。存在者是某种“东西”,中国人称之为“物”,西方人叫“实体”。以前全部哲学思考的,都是这样的“东西”,亦即作为全部存在者的终极根据的那个存在者:物质、上帝、理念,等等。这个终极存在者是本体,而其他存在者都是现象。例如中国哲学的“道”与“物”的关系,或“道”与“器”的关系,就是本质与现象的关系。(这里的“道”是狭义的理解,并不包括作为存在本身的本源之道,而仅指形而上学的道:“形而上谓之道,形而下谓之器。”)在这种形而上学思维模式下,我们都会说:“透过现象看本质。”这就意味着:现象背后有个“东西”。这个东西,我们把它叫做本质、本体,它是一个实体,是一个存在者。而在海德格尔这里,这种形而上学被解构掉了。海德格尔借用歌德的话说:“现象背后没有东西,现象就是最好的指南。”这种现象学意义上的“现象”,就是存在本身。

形而上学执着于存在者,遗忘了存在本身。那么,存在本身是什么?这种问法是不合法的,因为当我们这样发问的时候,这个“什么”就已经意味着一个东西、一个物,即一个存在者。而存在本身不是任何物。“……是什么”这样的发问方式只能针对存在者,比如,我们说某个人“不是东西”,其实他确确实实是一个东西,亦即是一个存在者。而存在本身却不是东西。我们只能这样发问:存在如何?这不是在问一个物如何,而是在问这个物的“在场性”何以可能,即在问存在者何以可能。一个物之所以成其为一个物,成其为一个存在者,首先是因为它存在着——to be。这就是说,是存在本身给出了存在者,而不是相反。我自己所理解的儒学——“生活儒学”,承认海德格尔的这个思想观念。举个例子,母亲、儿子这样的“人”,主体性的人,都是存在者;而母爱,作为生活情感,却是存在本身、生活本身。我们通常以为,先有一个母亲、一个儿子,然后他们之间发生了一种感情,叫做“母爱”。我们总是习惯于这样的形而上学的思维方式。但事情本身正好相反:如果没有母爱的到场,那么,那个母亲根本不成其为母亲,而那个儿子也根本不成其为儿子。他们作为人,不存在!他们 not to be。

那么,“to be”是什么意思呢?就是存在本身。但是人们会说,在科学的思维方式中,例如在现代符号逻辑中,“to be”即“是”,表示三种关系:一是“ $\in$ ”,表示一个个体变元属于一个集合;二是“ $\subset$ ”,表示一个子集合属于另一个更大的集合;三是“ $\equiv$ ”或者“ $=$ ”,表示定义关系——两个集合等值,或者表示两个个体的同一关系——相等。这三种关系的一致性在于:

它们都表示存在者之间的连接。个体变元是一个存在者,集合是一个存在者领域。大家想想普通逻辑学教科书上画的那些圈圈吧。谓词逻辑中的标准形式——三段式,就是三个圈圈之间的关系。每一个圈圈都是存在者。这就是说,这些都属于形而上学思维方式对 to be 的理解,亦即都是对存在者的理解,而不是对存在本身的理解。在生活本身、存在本身的层级上,我们不能这么理解。我们不能对生活作一种形而上学的或者科学的把握。千万不要把生活对象化,千万不要把生活情感对象化。你千万不能问:"你为什么爱我?"你不能问:"你爱我哪一点? 眼睛、鼻子还是嘴巴?"因为这样一来,爱人就被你对象化了,你就开始打量他、判断他、权衡他、计算他,他就变成了一个客体、一个"东西"! 他被物化了。当然,to be 可以用来表示存在者之间的连接,例如 A 是 B。但这恰恰表明:A 和 B 的存在乃是由 to be 亦即存在本身给出的。我们之所以能够正确地使用"是",使用 to be,那是因为我们事先已经对存在本身有了一种先行的领会,这绝不是逻辑推出的、经验给予的,而是"生存领会",是最本真的领会,它先行于我们的所有其他观念。我们如何知道存在本身? 因为我们在生存中领悟着。因此,海德格尔认为,唯有一条途径可以去接近存在本身,那就是生存领会。

所以,我们必须"还原",回到"事情本身"——用生活儒学的话来说,回归生活。为此,我们要采取"返回步伐",回到轴心期乃至前轴心期,即回到"前形而上学"时代。形而上学是从轴心时期开始的,中国也从诸子百家开始进入了理性觉醒时期。生活儒学就要回到"孔孟之道",回到"三代"的精神生活。但是,回到轴心期、前轴心期,并不是要我们回到古代的那种生活方式中去,而只是要回到我们自己当下的生活本身。这就是我经常所说的,“最远的就是最近的”。那是因为,这个轴心时期恰恰展示了我们是如何从源始本真的生存、本源的生活感悟,走向形而上学的构造的,这个过程启示我们如何重建形而上学。

西方哲学发展到这里,达到了它的极致。现在,我要批判海德格尔,由此引入中国哲学,尤其儒家哲学——生活儒学。怎么批判海德格尔呢?

第一,我讲“生活”,而海德格尔讲“生存”——Existenz。他认为,我们只有通过此在(Dasein)的生存去领会存在,或者说,存在只有通过此在的生存领会才可能绽现出来,所以,我们就只有通过对某种特殊的存在者,亦即此在的生存特加阐释这样一条途径,去突入存在概念。显然,这里存在着一种区分:虽然任何存在者都存在着,但是并非任何存在者都生存着。唯有此在生存着。这就意味着:生存虽然是一种存在,但仅仅是存在之一种,并不等于存在本身。在海德格尔那里,我们绝对不能说:生存即是存在。然而我们要问:难道生存之外,还有所谓“存在本身”吗?如果存在本身只有通过生存领会才能“存在出来”,那么存在本身难道不就是归属于生存的吗?所以,生活儒学不说海德格尔那样的“生存”,而说“生活”。我们不能设想:生活之外还有所谓“存在本身”!所以,我的口号是:“生活即是存在,生活之外别无所谓存在。”对于我们来说,生活就是一切。存在即是生活,在者即是生者。那么,生活是什么呢?这样的问法也是不合法的,因为生活不是“什么”——生活不是东西,不是物。生活并不是存在者,而是存在本身。我们不能说生活是什么,我们只能感悟生活。然而感悟生活,正是生活本身的事情。

第二,即便真如某些学者所说,海德格尔所谓“生存”就是说的“存在”,那也有问题。因为在他看来,生存乃是此在的生存,也就是说,此在乃是生存的先行观念:没有此在,哪来此在的生存?但此在是什么?是一种存在者——纵然是一种特殊的存在者。这样一来,存在者便成为存在的先行观念。这跟他的存在论观念自相矛盾,而重新落入了传统形而上学的窠臼中。所以,生活儒学只讲生活。生活不是此在的生活,此在倒是生活的此在。生活先行于任何生活者,存在先行于任何存在者。而生活显示为生活感悟——生活情感、生活领悟。生活情感先行于人——先行于主体性。所以,庄子才说:我们要修炼到“有人之形,无人之情”;虽无“人之情”,但有“事之情”。简单说,人是被情给出的,而不是相反。举个例子吧,关于生活情感先行于人的例子。在座的谈过恋爱吧?通常以为,先有一个男人、一个女人(他们是存在者),然后他们偶然遭遇了,于是发生了爱情(爱情便是生活情感本身、存在本身)。这样一来,似乎男人、女人这样的主体性的人是先行于爱情的。这是典型的形而上学的思维模式。我想告诉各位:事情正好相反!在恋爱里,作为存在者的主体不是抽象的“人”——男人、女人,而是具体的作为恋爱者的人——恋人。但是,假如没有爱情的到场,这个男人和这个女人都不成其为恋人。不是恋人产生了恋爱,而是恋爱本身生成了恋人。没有爱情的涌流,恋人是不存在的!

第三,海德格尔虽然无意于重建西方形而上学,我却有意于重建儒家形而上学。海德格尔区分了观念的三个层级,很了不起:一是科学(传统伦理学,甚至神学也属于科学),我称之为“形而下学”;二是形而上学;三是存在本身—生存领会。他揭示了这三个层级之间的奠基关系:生存领会为形而上学奠基,而形而上学又为形而下学奠基。作为形而下学的科学,思考众多存在者当中的某个存在者领域;而形而上学却思考亚里士多德之所谓“存在者之为存在者”,亦即存在者整体、作为众多存在者的终极根据的那个存在者,如物质、理念、人、上帝等。中国哲学亦然。“形而上者谓之道,形而下者谓之器。”道是形而上的“一”,是本体,是本质;器是形而下的“多”,是现象,是器物,以及科学、伦理、制度安排等。形而上学以范畴表的形式给出存在者领域的划分,科学把其中的某个存在者领域执定为自己的对象、不加思索的前提条件。中国的《尚书·洪范》的“五行”观念,就相当于亚里士多德的范畴表,它在一定意义上决定了中国人的思维方式,成为中国古代科学的基础。但是,海德格尔虽然正确地给出了“生存领悟→形而上学→科学”这种奠基关系,却无意于重建形而上学。其结果是,如今人们都以为我们这是一个“后形而上学”时代,似乎形而上学确实“终结”了,不再可能了。可是,海德格尔所给出的那个奠基关系,难道不正意味着重建形而上学的可能性吗?显然,我们的未来只有这样两种可能:或者是,未来的科学发展与形而上学“终结”之后的哲学之思无关,但根据海德格尔所给出的奠基关系,这是不可能的,因为科学不可能没有形而上学根据,而形而上学也不可能没有生活本源;或者是,我们毅然决然地重建形而上学。所以,生活儒学就是这样的儒家形而上学重建工作:“生活感悟→形而上学→形而下学”。

那么,我们如何重建儒家形而上学呢?首先必须回归生活。否则,我们就会陷入“儒家原教旨主义”的危险中。唯有生活才是我们的大本大源、源头活水。我在前面说过，我们要回到中国的轴心时期，因为在那里，孔孟圣贤启示着我们，儒家形而上学是如何导源于生活的。这里，我们且以儒家形而上学建构中最正宗的“心学”，即思孟学派的“心性论”为例。我们知道，孟子最基本的建构是“四端”结构：仁、义、礼、知（“知”读作“智”）。这是一种奠基关系：仁→义→礼→知。

先说“知”。知有两种维度：一个是孟子的进路，一个是荀子的进路。荀子的一个维度是对象性的，它可以导向知识论的建构。例如，他说：“凡以知，人之性也；可以知，物之理也。”这句话是很重要的，因为它给出了一切知识论的最根本的架构——“主—客”架构：“所以知”的根据是“人之性”，即认知主体性；“可以知”的根据是“物之理”，即客体对象性。这就成就了一个“人性—物理”的基本架构，亦即“主—客”架构。所以，儒家的“学统”“内圣开出新外王”之开出科学，并不需要牟宗三那样的“良知自我坎陷”。而且，荀子所谓“性”并不限于认知主体性，也有道德主体性，这才可能导出他的“隆礼重法”的伦理学向度。而孟子的一个维度则是反身性的，所谓“反身而诚，乐莫大焉”，它导向伦理学的架构。这样的反身性的知，便是所谓“良知”。良知发现良心，良心发挥良能，良能发动良知：这是一个“循环”，庄子所谓“得其环中”。而说到底，他们两人的根本架构——不论知识论架构，还是伦理学架构——都是同样的“主—客”架构，这恰恰是任何形而上学建构的根本架构。

再说“礼”。不论是知识论，还是伦理学的建构，都以规范建构为前提：既有伦理的规范，也有知识的规范。知识也有规范，类似于康德所说的“人为自然界立法”。这就要讲“礼”，礼就是规范。在这个意义上，礼是先行于知的，知是由礼奠基的。显然，礼属于形而下的规范建构，包括知识规范、行为规范，诸如：道德规范、法律规范、政治规范、行业规范，等等，而最终体现为制度安排。另外，礼作为规范，是实质性的——material。更重要的是，说到礼，我们要注意：在儒家这里，任何规范都是暂时性的，这就是孔子所提出的“礼有损益”的原则。“殷因于夏礼，所损益可知也；周因于殷礼，所损益可知也；其或继周者，虽百世可知也。”在我们今天的生活样式的条件下，礼制规范的建构必须以我们自己的生活本身为大本大源。可是，儒家原教旨主义者却要求我们回到历史上曾经存在过的某一种规范，这就违反了“礼有损益”的原则，蔽塞了生活本源，是行不通的。比如今天在座的女同学，按照古代的礼，你们根本没有资格坐在这里，否则就破坏了“男女有别”“男女之大防”。还有，你们应该把你们的脚缠起来，缠成“三寸金莲”！

然后说“义”。礼的规范既然是历史地变动的，那么，礼之变动、规范的改造，其根据是什么？这就是“义”。义即“正义”——Justice。“义”与“Justice”大致是一样的意思，不信你们回去翻翻词典，它的基本语义是正义的、公正的、正当的、适当的、合适的、适宜的，等等。这是儒家训诂的基本解释：“义者，宜也。”这里有一个时间性原则：合乎时宜。所谓“时宜”，又叫“时义”，见于《周易》。孔子提出“礼有损益”的原则，根据的就是儒家的正义原则：我们之所以要进行某种规范建构、制度安排，是因为我们认为这样做才是正义的、合乎时宜的。比如中国古代的专制制度，“五四”以来争论不休。其实，按照“知人论世”的原则，专制制度对于当时的生活方式来说无疑是正义的、合乎时宜的，我们用不着为之惭愧；当然，这也表明它对于今天的生活方式来说已是不正义的、不合乎时宜的，我们用不着为之辩护。时宜的实质，就是我们当下的生活。这就表明，义作为儒家的正义原则，是纯粹形式的——formal，没有具体内容；它的实质内容是由礼，亦即规范充实的，追本溯源是由我们当下的生活充实的。

最后说“仁”。上面对“礼”和“义”的讨论产生了一个问题：既然礼是纯粹实质性的，义是纯粹形式性的，那么，我们怎么能从纯形式的东西导出纯实质的东西？这就意味着：必定有那样一个更加先行的原则，它既是形式的，也是实质的。这个先行的原则，即“仁”。仁是形式的，又是实质的，换句话说，它根本就无所谓是形式的还是实质的。那么，仁究竟是什么？联系到作为形而上学根本架构的“主—客”架构，这种意义上的仁，就是作为主体性的“性”的设定。性就是人之性。但却又不止于此，在孟子心学的形而上学建构中，仁，既是主体性，又是实体性；简而言之，就是本体，也就是我前面说过的作为所有存在者的最后根据的那个存在者。这也就是孟子所说的“万物皆备于我”，《中庸》所说的“不诚无物”，而诚则能“成己、成物”。

这种意义上的仁，我称之为“形上之仁”。于是，在今天“形而上学奠基问题”的语境下，我们要问：这样的仁，这样的主体性，本身何以可能？这是我想特意说明的。在儒家话语中，“仁”有三种用法：(1)形下之仁，亦即被理解为道德原则的仁，也就是道德意义上的“善”——是“善恶”之善，而不是“无善无恶”的“至善”。通常所说的“志士仁人”，就是这种用法。这种形下之仁的根据，乃是(2)形上之仁，亦即被理解为本体的仁，也就是本体意义上的“性”。孟子的“仁→义→礼→知”

建构,就是这种用法。然而这种形上之仁的源头活水,却是(3)本源之仁,亦即被理解为生活情感的仁,也就是作为生活情感的“爱”。在本源层级上,儒家就是一个字——爱。爱,作为本源的生活情感的“仁爱”,先行于任何东西并且生成任何东西。这里不是笛卡尔式的“思,所以在”,而是儒家的“爱,所以在”。我说过,“人天然是儒家”,并且仅仅是在这个意义上来说的:一方面,人人皆有这种作为生活情感的仁爱;另一方面,唯有儒家言说着这样本源的仁爱。

所以,儒学的重建,首先就是要回到这样的作为生活情感的仁爱,也就是回到我们的生活本身——这是我们的大本大源、源头活水。

我就讲这些吧,时间差不多了,谢谢各位!

认识论困境与现象学*

在汉语中，在中国人的观念中，“思”是一个非常复杂的问题。要讲清楚这个问题，我不能一开始就讲汉语的“思”，因为西学东渐以来，我们对汉语“思”的本源意义已经久违了。我先从西方哲学谈起，由此引出一个问题来，然后通过对这个问题做出中国式的解答，来切入我们的“思”的问题。

我要引出的这个问题，其实是大家非常熟悉的，就是西方哲学的“认识论困境”问题。对这个问题的明确的意识，我通常是用这样两句话来表达。第一句是：内在意识如何可能确证外在实在？第二句是：即便我们承认了这个外在实在，我们的内在意识如何可能切中这个外在实在？这里的这个“切中”(treffen)，是胡塞尔的术语。我们也可以用汉语来说：内在意识如何可能“通达”外在实在？

我说认识论困境可以用这两句话来表达，实际上是蕴含了认识论困境所涉及的两个层面的问题：

---

* 本文为专著《爱与思——生活儒学的观念》第三讲第一节《西方哲学的“思”：认识论困境》，四川大学出版社 2006 年版，第 89—94 页；增补本，四川人民出版社 2017 年版，第 100—106 页；英文版，*Love and Thought: Life Confucianism as a New Philosophy*, Encino: Bridge 21 Publications, 2019, pp. 129-177。

第一句话,内在意识如何可能确证外在实在?这实质上是一个存在论、本体论问题。胡塞尔就是从这个问题切入现象学观念的。[①] 这意味着,外在实在是一个“超越物”,它超出了我们的内在意识。所以,胡塞尔首先就把它“放入括弧”“悬搁”掉。庄子说“六合之外,存而不论”[②],胡塞尔则是“意识之外,存而不论”。胡塞尔的意思是:当我们把超越物悬搁掉了以后,我们就达到了最纯粹的“存在”。在他看来,“纯粹先验意识”就是这样的存在,除此之外别无存在;或者说,纯粹意识之外的存在是放入括弧、存而不论的。这就是胡塞尔的观念。那么,后来发生的一切事情,无非就是纯粹先验意识的内在建构。

第二句话是说,即便我们承认这个外在实在,内在意识怎么可能通达这个外在实在呢?这就是我自己经常说的一句话:“我们怎么可能想象走出我们自己的皮肤呢?”这实质上是一个认识论层面上的问题。只有承认了“内在意识—外在实在”这样的“主—客”架构,才有所谓认识问题。这才落实到了“认识论困境”。这就是说,即便我们假设了这么一个“客观实在”,我们仍然无法解决“真理”问题。我们知道,这个问题实际上是休谟提出来的,只不过他说的是:原初的感知之外的外在实在是“不可知”的。在某种意义上可以这么讲:休谟之后,我们可以说,在某种意义上,“认识论困境”问题成为西方哲学后来发展的强大动力,就是说,大家都在致力于解决这个问题。

---

① 参见胡塞尔:《现象学的观念》,倪梁康译,上海译文出版社 1986 年版。

② 《庄子·齐物论》。

但是,在哲学形而上学的观念框架内,这是一个不可解决的问题。为什么呢?西方哲学之“思”的历史已经证明了这一点。

我们现在谈到的胡塞尔,他也是要解决这个问题。如果外在超越物我们没法确证它,那我们就干脆把它“括起来”算了。这意思是说,哲学就不必再去考虑这个问题了。这就是胡塞尔的解决方案:试图干脆把这个问题勾销掉。在胡塞尔那里,“思”意味着纯粹意识的思。我们发现,近代以来,西方哲学面对这个问题,要么是试图正面地解决这个问题,但却未必如愿;要么就是试图干脆把它勾销掉,结果还是没法勾销它。

特别是后者,在德国哲学里是比较典型的。比如黑格尔。一般人在谈黑格尔的时候,从来没有从这个角度来谈。但我们回想起来,黑格尔说——后来恩格斯也这样说,全部哲学(当然是指的西方哲学了)的基本问题,特别是近代哲学的基本问题,就是思维与存在的关系问题。这个关系,其实就是我刚才所表述的认识论困境中的两个方面,就是主观意识和客观实在或者内在意识和外在实在的统一性问题。它确确实实就是西方哲学,特别是近代以来的哲学的一个大问题。那么,黑格尔是怎么解决这个问题的呢?就是把它勾销掉。他的思路,其实是非常简单的,他的意思是:当你提出“主观”和“客观”这样的问题的时候,你已经有了一个前设,这个前设就是“主—客”对立。只有在这个前设下,你才可能提出这样的问题。但黑格尔指出:这个前设本身就是不能成立的,因为主观和客观、思维和存在,本来是一回事,它们原来都是内在于“绝对观念”的。它们本来就是“同一”的,而不仅仅是“统一”的。这就是黑格尔的解决方案。就此而言,其实胡塞尔的方案在根本上未必超越了黑格尔。

我曾经在我的一篇论文[1]里面谈到黑格尔这个思想是有来头的,可以追溯到巴门尼德。那就是说:可以存在的东西和可以被思考的东西是一回事。[2] 黑格尔有很多类似的表达。比如,我们通常对黑格尔的把握,“实体就是主体”[3],也就是在说这个意思:实体是存在者,但它同时也是思维者,并且在反思中,它也就是被思维者。一个东西! 在认识论层级上,认识论困境中所说的主体,是与客体相对的主体,至多是一个相对的主体。但在黑格尔看起来,这归属于一个绝对的主体,就是“绝对观念”这个绝对实体。因此,在黑格尔那里,“思”就意味着这个绝对主体的自我“反思”。所以,我的一个看法是:相对主体和绝对主体,这是我们首先要加以区分的。

这个绝对的主体性是一个很有意思的观念。在黑格尔那里,那当然就是“绝对观念”。而在孟子那里,那就是“性”——“性—情”架构中的“性”。这个“性”,在存在论、本体论意义上,不是与“物”相对的,而是“万物皆备”[4]的。所以,这个“性”作为绝对的主体性,就是绝对实体,就是本体。因此,我们必须注意:海德格尔所讲的“哲学的事情就是主体的事情”[5],并不是

---

① 黄玉顺:《语言的牢笼——西方哲学根本传统的一种阐明》,《四川大学学报》2002 年第 1 期。

② 参见《西方哲学原著选读》上卷,商务印书馆 1981 年版,第 31 页。原文为:“能被思维者和能存在者是同一的。”

③ 黑格尔:《精神现象学》,贺麟、王玖兴译,商务印书馆 1979 年版,第 15 页。

④ 《孟子·尽心上》。

⑤ 海德格尔:《哲学的终结和思的任务》,《面向思的事情》,陈小文、孙周兴译,商务印书馆 1999 年版,第 76 页。

说的相对主体,而是说的绝对主体。最典型的就是,在他看来,从康德的“理性”,到黑格尔的“绝对观念”,再到他的老师胡塞尔的“纯粹意识”,其实都是这样的绝对主体性。这不是“主—客”架构下的主体性。这个绝对主体实质上是一个存在论、本体论层级上的东西。将客观与主观“同一”于这种绝对主体性,这就是黑格尔的解决方案。但是,按照海德格尔的判定,这仍然是主体性的思、存在者的思,也就是形而上学的思。

其实,马克思也在解决这个问题。我在几年前就写了一篇文章,试图把马克思的思想存在哲学化、存在主义化,提出了“实践主义”的说法[①];我还为此杜撰了一个英文词:Practicism或者Practicalism[②]。在我个人看来,马克思一生最伟大的著作,是他早期的一个写作提纲,很短的东西,被恩格斯偶然发现的几页手稿,就是《关于费尔巴哈的提纲》。一上来他就说:关于我们思维的此岸性、真理性,这根本就不是一个理论问题。他这实际上也是在取消认识论困境问题的前提。在他看来,认识论困境那样的问题,是一个纯粹经院哲学的问题,换句话说,是一个很无聊的问题。他说,诸如认识论困境之类的问题,并不是一个理论问题,而是一个实践问题。[③] 这跟黑格尔的思路

---

① 黄玉顺:《实践主义——马克思哲学论》,《学术界》2000年第4期。

② 在英文里,并没有Practicism这个词。Practicalism这个词本来是“务实主义”的意思。

③ 马克思:《关于费尔巴哈的提纲》,《马克思恩格斯选集》第1卷,人民出版社1972年版,第16页。原文为:“人的思维是否具有客观的真理性,这并不是一个理论的问题,而是一个实践的问题。人应该在实践中证明自己思维的真理性,即自己思维的现实性和力量,亦即自己思维的此岸性。关于离开实践的思维是否具有现实性的争论,是一个纯粹经院哲学的问题。”

是一样的:勾销。只不过,他跟黑格尔的立场是根本不同的。我们可以把马克思的思想存在主义化。因为:我们可以对“实践”做出另外一种诠释,那就是存在哲学那样的诠释。但对于黑格尔的“绝对观念”来说,这是不可能的。可惜,在马克思那里,他的思想是有一种内在紧张的:既强调实践,又强调唯物主义。我跟李德顺先生讨论过这个问题,他是“实践唯物主义”的代表之一。我的意思是:“唯物主义”和“实践主义”,这两者是不能自洽的。

在某种意义上可以说,到了海德格尔这里,他实际上还是在解决这个问题。这是很简单的:他没事就去翻看他老师的还没有发表的手稿,而胡塞尔正是从这个问题切入他的现象学的。这难免对海德格尔有影响,他自觉不自觉地就会去解决这个问题。他的解决方案,跟黑格尔、马克思的有所不同,但也有一致之处。按海德格尔的思路,他也会首先把这个问题勾销掉:认识论困境问题完全是一个“伪问题”。为什么呢?你发问的方向一开始就错了。你在问:主体如何能够通达对象?但是,你这样问的时候,就已经有了一个前设。而且这不仅是一个“主—客”架构的问题,海德格尔更彻底,他会说:这两个都是存在者,而我们应该问的是:主体、客体这些存在者,本身是怎么可能的?当这么问的时候,整个问题都变了。真正要紧的在于发问的方向。用海德格尔的话来说,这种发问方向“指示”了存在本身。这跟传统的认识论的发问方向是完全不同的。

海德格尔的发问方式其实是“形而上学的奠基”这个问题。这个问题其实是接着康德的问题来讲的,是“形而上学何以可能”的问题。这是海德格尔终身思考的问题,但他的思路却跟康德的截然不同。[①] 但是——我第一次就讲了,海德格尔解决这个问题的方式,实际上仍然还是在西方形而上学背景下来解决的。他前期、后期有两种不同的解决方式。

前期的方式就是:当我们的发问指向存在本身的时候,我们首先是追问存在本身。这样一来,就不再是“主体如何通达客体”的问题了,而是:我们作为一个存在者,如何能通达存在本身?问题完全变了。但是——我上一次分析了的,前期海德格尔的这种发问方式仍然是有问题的。我们作为存在者,如何才能够通达存在本身?这样一来,就已经是以一种存在者为先行条件了,这种特殊的存在者,就是“此在”。所以他才会大谈特谈“此在”这样的特殊的存在者具有如何如何“与众不同”的“优先地位”。[②] 但我们要问:“此在”是一种存在者,它怎么能先行于存在本身呢?这就是他前期思想的问题所在。所以,他后期放弃了这条进路。

至于他后期的思想如何,我们就暂时可以不去管他了。因为:他抛弃了“此在的生存”这条进路,而试图直接诉诸“存在本身”,但是,在儒学看来,那个在“生存”之外、生活之外的“存在本身”,完全是子虚乌有的东西。我们要回到的,仍然是“生活”,虽然这种“生活”不以“此在”或者任何一种存在者为先行观念,但是这么一种“生活”仍然还是作为“存在本身”的“生存”。这是我第一次讲过的话题了。海德格尔后期的“思”,是去思那个在“生存”、生活之外的“存在本身”,这在儒家看来是

---

① 参见黄玉顺:《形而上学的奠基问题——儒学视域中的海德格尔及其所解释的康德哲学》,《四川大学学报》2004 年第 2 期。

② 参见海德格尔:《存在与时间》,陈嘉映、王庆节合译,生活·读书·新知三联书店 1999 年版,第 14 页。

一件荒谬的事情。

那么,我们现在应该怎样从西方的认识论困境问题来切入中国的、儒家的“思”这个话题呢？在我看来,这个问题是这样的:假如我一开始就把自己作为“此在”之类的一个主体性的存在者,而把存在本身、生活本身作为一个“专题对象”[①],作为一个“概念”[②],那么,我就永远无法通达存在本身。显然,我也会陷入一种认识论困境。这也正是老子所说的“道可道,非常道”的意思。[③] 这就意味着:必须找到一种方式,或者一种观念,这种方式、这种观念并不是我这样一个存在者去通达另外一个存在者。必须找到这样一种“活动”,这种“活动”本身就是存在本身,也就是生活本身,而不是任何意义上的存在者的事情。

我现在就告诉大家:这就是“思”的事情。但这种“思”绝

---

① 海德格尔:《存在与时间》。海德格尔竟然认为:专题化是一切理论活动的前提。即便是他自己的基础存在论——生存论分析,也是专题化的。因为源始的存在之领会的解释(Auslegung)并不足以提供存在论、包括基础存在论的理论阐释(Interpretation):“对这种存在者(此在)的阐释面临着独特的困难,这些困难的根源在于这一专题对象的存在方式本身,在于专题化活动的存在方式本身。”(第19页)这就是说,生存论的阐释作为存在论的事情,是专题化的,是一种“存在论的专题思考”(第18页)。

② 海德格尔:《存在与时间》。海德格尔令人诧异地明确表示:“迄今为止的一切存在论当然都把‘存在’‘设为前提’,不过却并没有把存在当作可供利用的概念——并没有把存在当作我们正在寻求的东西”(第10页);“在探索性的问题亦即在理论问题中,问题之所问应该得到规定而成为概念”(第6页);“只有凭借成形的存在概念,阐释通常的存在之领会的工作才能赢得它所必需的指导线索”(第7页)。

③ 《老子》第一章。

不是笛卡尔那样的“思”(ego cogito),甚至也不是后期海德格尔那样的“思”(Denken),而是中国式的,尤其是儒家的那种真正的本源性的“思”。

海德格尔要解决的问题是:作为一个存在者,如何才能通够达存在本身?但是,这并不是首要的问题。更其先行的问题乃是:所谓“通达存在本身”,那是什么意思?对于儒学来讲,所谓“通达存在本身”,就是去“思”生活本身,去“思”情感的事情,“思”爱的事情;不仅如此,这样的“去思”,本身就是:既是思本身,也是爱本身。

这就是:爱与思。

儒学与现象学的分野*

——关于《“生活儒学”导论》的对话

这是笔者于2004年7月18日回复杜霞的一封电子邮件。这封邮件围绕“生活儒学”展开，意在澄清儒学与现象学的界限，因而具有思想学术的意义。

生活儒学是在儒学与现象学的比较研究当中形成的，这使得一些人产生了误解，以为所谓“生活儒学”就是用西方的现象学来理解和解释中国的儒学，殊不知，生活儒学恰恰是对现象学的一种严厉的批判。这已经体现在笔者的一系列文章中，要点如次：(1)对胡塞尔“意识现象学”的批判，意在揭示其哲学形而上学的本质、先验论的困境，而归宗于儒家的本源存在的观念。(2)对舍勒“情感现象学”的批判，意在揭示其人格主义的基督教文化背景、先验的神学形而上学的本质，而归宗于儒家的本源性的“情”，尤其是“仁”即“爱”的观念。(3)特别是对海德格尔“生存现象学”的批判，意在揭示其“基础存在论”的先行观念“此在”(Dasein)的不彻底性、其“生存”

---

* 本文是2004年7月18日的信件；原载《原道》第14辑，首都师范大学出版社2007年版，第137—142页；收入作者文集《儒学与生活——“生活儒学”论稿》，四川大学出版社2009年版，第268—276页。

(Existenz)与“存在”(Sein)的乖离所导致的真正“生活—存在”观念的缺失。这些批判,在这封邮件中已经初步展现出来。

所以,生活儒学绝不是现象学的,而是儒学的当代理论构建。这种理论构建基于对“儒学”和“儒家”的严格区分:儒家没有新的,然而儒学是常新的。历史上各种各样的儒学之所以还是儒家的,就因为他们总是由仁爱的生活情感给出的,尽管他们未必总能够在理论学术层面上明确意识到:这种生活情感乃是存在,而不是存在者的事情。这也同时表明,儒家总是在这种本源情感上构建着各种各样的儒学的历史形态,这种理论构建也总是由他们的生活注定的。所谓儒学,就是儒家用以解决现实生活问题的理论学术。因此,生活儒学反对任何“原教旨主义儒学”路线,而主张“当代主义儒学”路线,努力以儒家的态度来构建当代的儒学理论形态,从而解决当代的一些现实问题。

这里真正的问题意识在于:现实生活总是历史地呈现为“多”,从而儒学的历史形态也就呈现为“多”,但他们作为儒家却始终为“一”,这是何以可能的?这就需要一种真正透彻的思想视域给予阐明:儒家之所以为“一”,乃在于其超越时空的仁爱情感;而这种生活情感,则必定归属于同样涵摄时空的“生活—存在”本身。否则,儒家之“一”就会在儒学之“多”中被消解掉。这种思想视域表明:生活是先在于任何存在者的存在本身;而各种各样的历史的“现实生活”只不过是生活本身衍流的历时显现样式而已,正如所谓“民族”“文化”只是生活衍流的共时显现样式。这其实也就是孔子、孟子的思想视域:孟子称孔子为“圣之时者”,就因为他既“圣”且“时”——既仁爱且时宜。假如没有这样的思想视域,我们就会二者必居其一:要么不可能构建真正属于儒家的儒学,而可能变成自由主义西化派;要么不可能真正有效地切入当下的生活、解决现实的问题,而陷入"原教旨主义儒学"的困境。

因此,生活儒学的基本的观念层级如次:生活或者存在及其情感显现→形而上存在者→形而下存在者。

(1)生活—存在:生活即是存在,生活之外别无所谓存在。生活的本源情境乃是"浑沌"的共同生活,这是"无分别智"的生活领悟;而生活首先显现为生活情感,特别是"仁"即"爱"的情感,此即"万物一体之仁"。正是生活及其仁爱情感显现给出了一切存在者,这就是所谓"不诚无物"。这是由于生活本身的本源结构——在生活并且去生活:我们作为主体性存在者,首先是在作为存在的生活中生成,然后我们才可能去改变我们作为存在者的生活。在这个意义上,"生活"是"无";惟其为无,生活才能"无中生有",重新给出生活者,进而改变其生活。

(2)形而上存在者:哲学所谓"本体",神学所谓"上帝",这是传统形而上学的终极根据,即是当代思想所要"解构"的东西。有人误认为生活儒学是一种"哲学"或者"形而上学",殊不知,生活儒学首先是破解一切传统的哲学形而上学。但这并不意味着"拒斥形而上学",因为根据观念层级之间的奠基关系,任何形而下学(伦理学、知识论),都必须建基于形而上学的基础之上,例如作为形而下学之成立的前提的范畴表,必须建基于某种本体论。所以,生活儒学的工作就是解蔽→溯源→建基。因此,问题在于:我们今天应该怎样在生活感悟的本源上重建怎样的一种形而上学?例如,只有在这样的地基上,我们才能构建一种现代性的主体性——“国民”人格。

(3)形而下存在者:这是形而下学思考“万物”的两大基本的存在者领域——人和自然界。生活儒学将致力于思考这样的问题:我们应该怎样在生活本源上重建知识论、伦理学?怎样在当下的本真的生活感悟中重新认识人、自然界?

以上就是生活儒学思考的基本问题。关于生活儒学的较为详尽集中的资料,可以参看《面向生活本身的儒学——黄玉顺“生活儒学”自选集》,四川大学出版社2006年版。

黄玉顺识于2006年12月4日

杜霞:

你提的意见很好,真能够对我有帮助,使我得以事先知道某些我自己意料不到而在读者却可能产生的疑问,这样我就可以预先给予某种程度的说明(只是“某种程度”,因为有些东西须在其他章节才能展开)。

你所提及的问题,最重要的有以下几点:

1. 此在与存在

你说:“可是此在之所以可能作为主体性设定,就在于它向来就以某种方式与存在本身发生交涉呀。”

此在固然与存在发生交涉,可是所有形而上学的主体性都与存在本身发生着交涉,这能说明什么呢?它能说明此在的本源性吗?显然是不能的。此在被设定为一种“向来”的东西,这正是我所拒绝的海德格尔的想法之一。此在向来不是“向来”的,而是“后来”的。海德格尔之所以必须将此在设定为“向来”领先的,是因为他不可能从本源的存在本身推出此在;而这又是因为存在本身被设定为异在于生存的东西,即本来就是与此在无关的东西。所以才会有你和他的问题:对存在的追问如何会转为对此在的追问？试想:他能没有这个“转为”吗?

2. 存在与生存

你说:“在我看来,关键的问题是:海德格尔所追问的‘存在问题’在他的体系中是如何转变为对‘此在’的追问的？为什么有这样的转变？转变有什么意味？难道仅仅表明在他不自觉的时候,已经显示了与传统形而上学的相似性？为什么不是相反:海德格尔自觉地重提‘存在’这个古老的话题,并由此在的生存论分析显示他与之前所有哲学的相异之处?”

然而你可能没有意识到:你这些问题恰恰是以肯定海德格尔的“存在与生存的区分”为前提,才可能提出的。然而我一开始便已端掉了这个前提。区别于生存的存在是巴门尼德以来的一种虚构,而儒家并没有这样的虚构。

3. 解蔽

你说:“通过海德格尔对普罗泰戈拉的重新诠释来看,他所谓的‘解蔽’恰是使隐蔽作为隐蔽而在场,而且人的有限性总是在这里说出。就您的分析来看好像没这层意味。”“‘存在’不是自身展示之物,而是一种隐蔽!”

完全正确！我所说的“开塞解蔽”并不是海德格尔那样的“解蔽”,所以我才不称“解构”,因为我已经一再说明:我没有他那样的“存在”或“遮蔽”观念。同时,我也没有他和康德那样的以“人的有限性”为出发点的观念,因为“人的有限性”正是暗度陈仓地在说“此在”(牟宗三接着这个话头说,是中了形而上学的圈套),而在我看来,在海德格尔那里,这个此在正是以“存在与生存”的区分为前提的。海德格尔的“解蔽”至少有两个观念前提:存在与生存的区分,此在的优先性。而我一开始就拒绝这两个前提。“人的有限性”这个话题本身已经是以“人”这个主体性为前提的了,即已经是在形而上学之内的事情了,它怎么可能作为形而上学的本源奠基的出发点呢？在这个问题上,海德格尔实质上并没有超出康德,牟宗三亦然。

4. 所谓“实存”

你说:(1)“单就比喻而言,在你那里实存(Existenz)与存在的区分意味好像更浓。”(2)“这里顺便问一下 Existenz,胡塞尔说他自己的‘意识的本质是一种观念存在,而不是 Existenz(实存)’,而海德格尔自己说的 Existenz(生存)恰恰是在说‘去存在’(Zu-sein)。我觉得在下文中,你反对海德格尔区分存在与 Existenz,似乎是在实存的意义上讲,而你自己说的‘生活’又总跟‘去存在’很相似。”

我的看法是:(1)胡的“实存”和海的“生存”虽然是一个词,却完全是不同的用法,不可混为一谈。胡的“实存”是与自然态度意义上的“实在”(reality)平行的,所以他才拒绝把意识的本质理解为“实存”。这是胡的“存在与实在的区分”,而非海的“存在与生存的区分”。(2)我反对海的区分存在与生存,怎么会是在胡的“实存”意义上讲的呢？我这里根本就还没有涉及胡意义上的“意识的本质”那样的形而上学话题。(3)海的“生存”是在说“去存在”,这是不错的,但不要忘了,更确切地说,他是在说“此在的去存在”。而我在第一章里会讲到作为生活本身的本源结构的一个方面的“去生活”,但不是说的“此在的去生活”,即仍然不以此在为前提。“在生活并且去生活”乃是生活本身的本源结构,是先行于此在的,此在恰恰是被这种本源结构造就的,或者说是这种本源结构的一种显示方式。

你还说道："承认现象学的'现象'的观念具有本源的优先性，但现象不就是'此在与存在本身的勾连'吗？这勾连的在先，就是'去存在'的优先呀，就是'生存'呀。"

我再说一遍：海所谓"去存在"是"此在的去存在"，而不是我所说的作为先行于此在的生活本身的本源结构的一个方面的"去生活"。如果一定要用"现象"这个词，那么在我这里，它与此在无关。本源的现象不是此在的生存领会，而是先行于此在及一切存在者的生活感悟，此在在这种感悟中生成。

5. 关于"实体即是主体"的说明

你说："海德格尔不是'未能说明为什么实体就是主体'，而是从根本上把这种工作看做笛卡尔之后主体哲学建构者们的徒劳（包括'生活儒学'说的'实体以主体为前提'在内）。"

我的想法是：(1)其实，即便我们承认"笛卡尔之后主体哲学建构者们的徒劳"，海德格尔仍然必须说明：何以"实体即是主体"？因为这正是"解构"与"还原"的题中应有之义：这种形而上学的徒劳何以可能？(2)何况，这种建构竟然是徒劳的吗？非也！它在某种意义上造就了，至少以哲学的方式说明了一个历经数百年，至今仍然是我们的生活际遇的伟大历史运动——现代性。千万不可小瞧了！(3)我说的"实体以主体为前提"是我将在第二卷里说明的一个重大问题：形而上学的构造不是始于实体性观念，而是始于主体性观念。那将会是针对亚里士多德的《范畴篇》的，从而就是针对西方哲学的一个根本传统的。从对"实体的观念何以可能"的阐明中，我们就可以揭示西方哲学的一个根本传统：一切皆从"主—客"架构出发。

6. 关于形而上学与主体性、实体性

你说："你说的'必须思考'（实体性和主体性）恰恰以形而下的构造为理由，为目的，却没有显示'生活本身'是如何要求这种'必须'的。所以下面说的'区别''重建'仍旧看不出是如何可能来自'本源'。"

这里涉及两个有所不同的问题。为什么生活儒学必须思考主体性、实体性的问题？你说得对：我"恰恰以形而下的构造为理由"。可是，这难道不是在回答"为什么"吗？形而下学在两层意义上是本源于生活的：其一，形而下的东西根据于形而上的东西，而形而上的东西本源于生活，这是我们在第三卷、第二卷里一开始就会揭示的事情。其二，所谓"形而下"的东西，一方面作为本源结构的"去生活"方面，它是我们的构造；而另一方面作为本源结构的"在生活"方面，却正好是我们的生活际遇。我们遭遇形而下的东西，并且在重构中超越这些形而下的东西。本源意义的超越正是这种本源情境的本源结构（这是我第一章"生活本源"的其中一节）。

7. 关于"常识"

你说："'常识'是在'平均的日常状态'上说的吧。海德格尔也承认这种'平均的日常状态'的领会是实证科学可能发生的前提，在这里我们首先发现了'此在'。可接下来必须说这并不是'本真状态'，由此才可以显示'超越性'。给我的感觉是你的形下建构总是在'成全常识'，没有显示超越的可能。"

我的回答是：(1)"'常识'是在'平均的日常状态'上说的吧?"不是。我不会用"平均的日常状态"这样的说法。(2)"海德格尔也承认这种'平均的日常状态'的领会是实证科学可能发生的前提，在这里我们首先发现了'此在'。"确实。在"常识"中可以发现此在或主体性。然而这不是恰恰说明常识是以此在(主体性)为前提的吗?这样一来,海之所谓“平均的日常状态”还有什么本源意义呢?(3)“(海)可接下来必须说这并不是‘本真状态’,由此才可以显示‘超越性’。”这当然不是本真状态,但惟其如此,它根本就不能说明何为超越性。我的看法是:本源的超越就是生活的本源结构本身,而绝不是此在的自我超越。(见前)(4)“给我的感觉是你的形下建构总是在‘成全常识’。”在某种意义上可以这么说,因为常识是一切形而上学、科学等的根据。所以,对常识的阐明是一项意义重大的工作。但是我们首先须在生活本源上说明“常识何以可能”,然后才能说明在常识基础上“形而上学何以可能”。

8. 关于“物化”

你说:“‘人不可能不物化’在‘生活儒学’上怎么说明?‘主体的人’与‘物化’同时‘诞生’吗?那为什么要说,而且可能说‘即便物化着,也决不能忘记本源’呢?海德格尔就在这个‘同时’(时间)上大做文章,不是恰好切中肯綮吗?”

我的计划是:(1)“人不可能不物化”是在第一卷的最后一章对“思”的分析中完成的。人不可能不物化,这是“思”本身的事情。(2)我说的并不是“‘主体的人’与‘物化’同时”,而是人的主体性本身就是物化的结果。(3)假如我们试图说明“人不可能不物化”,便正好是在说明“人是如何在本源的地基上物化的”,这本身不就表明了我们没有忘记本源吗?

9. 关于舍勒

你说:“你与舍勒有相同之处吗?似乎他的‘爱’并没有说‘爱总是对某物的爱,或者爱总是人的爱’,爱的行为本身不对象化它的所指,也不主体化自身。但这里的‘爱’始终是与‘神’的行为一起实施的价值构造的能力,并且在他那里有人格、有绝对价值领域和价值序列存在保证爱的施行。你所说的作为本源之'爱'若没有一绝对价值领域和价值序列保证，没有人，甚至是人之人格的已然在场，那它是如何可能有层级，并作为建构的能力呢？"

这篇导论暂未涉及这个问题，我将在"爱"那一章再谈舍勒。不过，我这里可以简单地说一说：（1）我和舍勒的相似之处是：爱的奠基性。（2）相异之处：爱并不是形而上学的基础，而是形而上学的本源。（3）爱是生活感悟，无须由上帝、任何绝对价值来保障；事情正好相反，上帝不过是爱的一种显示样式。（4）爱也不以人、人格之在场作为根据；事情正好相反：无爱，即无人，即无格，更无上帝。（5）假如舍勒果真"没有说'爱总是对某物的爱，或者爱总是人的爱'"，我倒为他感到庆幸。像"……总是对……的……"这样的句法结构，总是透露着它的以"分别相"为前提。这在胡塞尔是没有办法的事情，因为他已然建基于主体性，但在海德格尔那里则是大不应该的。都是"此在"惹的祸！

复兴儒学的进路:儒学与现象学比较研究*

如果说,我作为一个学者,选定了这么一条道路、一个立场、一种职志,我要做儒学复兴的工作,那么,我该怎样做呢?这是本文想讲的一个大问题:“儒学复兴的进路”问题。这个问题,我刚才谈到过,如果从学科体制上来讲,它实际上就是“儒学与现象学的比较研究”。这当然仅仅是从学科体制上来讲的;其实,现在思想界有不少人对这种学科建制上的说法是不以为然的。我这里姑且这么说吧。

关于这个话题,我想从一个问题来切入。什么问题呢?设想,我这里有这么一个茶杯,我就此提出一个问题:这个茶杯是不是客观实在的?你凭什么说这个茶杯是客观实在的?我常听见有人回答:“我看到它了。”我想,除了这个答案之外,你可能想不出更好的答案来了。然而,我会反问:你说你看到它了,

---

* 本文是作者 2006 年 4 月 11 日在中国政法大学的讲座内容,为《儒学与生活:民族性与现代性问题——作为儒学复兴的一种探索的生活儒学》第二节《复兴儒学的进路:儒学与现象学比较研究》;原载《人文杂志》2007 年第 4 期;中国人民大学复印报刊资料《中国哲学》2007 年第 10 期转载;收入作者文集《儒学与生活——“生活儒学”论稿》,四川大学出版社 2009 年版,第 9—26 页。

就能证明它的客观实在性了吗？这涉及：什么叫客观实在？我们来给它一个严格的定义："不以人的意识为转移的"，那叫"客观实在"。可是，你说你看见它了，"看见"是一种视觉，也就是说，是一种意识现象。这就意味着：它已经在你的意识之中，而并不在你的意识之外。也就是说，它并不是不以你的意识为转移的。

那么，这个问题应该怎么回答呢？我不知道。不仅我不能回答这个问题，其实西方哲学几百年来都没能回答这个问题。这个问题的准确名称，叫"认识论困境"。实际上，在近代以来的西方哲学中，这个"认识论困境"一直隐隐约约地、或明或暗地充当着思想推进的动力，直到最后，它越来越明晰地得到了一种表达。胡塞尔的《现象学的观念》，其实就是从"认识论困境"问题切入的。① 他的意思，亦即这样一种"认识论困境"，我可以用两句话来非常精确地表述。

第一句话是从存在论层面上来讲的：内在意识如何可能切中外在实在？胡塞尔用了"切中"(treffen)这个词，我们可以用另外一个词来表达：内在意识如何可能确证外在实在？我借用一句佛教的说法，后来成为汉语成语的，叫做：外在的客观实在是"不可思议"的。因为当你思之、议之的时候，它就在你的意识之中，也就是说，你仍然没有能通向外在实在。我经常打这么一个比方，你们可以设想一下：你如何可能走出自己的皮肤？(皮肤是比喻意识的边界)你能吗？你不能。

第二句话是从认识论层面上来讲的，其前提是假定我们承

---

① 胡塞尔：《现象学的观念》，倪梁康译，上海译文出版社 1986 年版。

认外在的客观实在,但我们仍然面临着“认识论困境”,亦即:这个内在意识如何可能通达那个外在实在?这仍然是一个问题。所以,在胡塞尔那里,关于外在实在的东西,他把它“悬搁”掉了,就是搁置起来,“放入括弧”,存而不论,然后直接回到内在意识本身。

当然,我之所以讲“认识论困境”问题,目的并不是要否定客观实在、否定客观世界。你能否定吗?不能。打个比方,学生晚自习后回寝室去,一边走,一边想:“我这个寝室是客观实在的吗?”他睡上铺,一边往上爬,一边却在想:“这个床是客观实在的吗?”第二天早上,他去吃饭,一边奔食堂,一边却在想:“这食堂是客观实在的吗?我如何可能确证它的实在性呢?”……完了!没法活了!这就意味着:关于客观实在的观念,乃是我们生存的前提。

但是,我刚才讲了,几百年来的哲学家都没法解决这个问题。这个客观实在,我们既不能证明它,也不能证实它。因此,我们只好把它叫做“信念”;在现代逻辑语义学、语用学中,把它叫做“预设”——presupposition。这个预设太要紧了,它关乎我们的生存。但我们无法从理论上解决“认识论困境”问题。

实际上,西方哲学中有些人一直在致力于解决这个问题。举例说,我刚才讲到的胡塞尔,他是这样解决的:直接把客观实在悬搁起来。除此之外,还有各种各样的解决方案。比如黑格尔,他就会说:你这个“认识论困境”问题之所以可能提出来,是基于这样的前提的,那就是你一上来首先就设置了内在/外在、主观/客观、主体/客体,已经把它二分了。黑格尔会说:内在意识和外在实在本来没有二分,它们本来是一回事,一个东西,就是“绝对精神”——尚未展开的绝对精神。

这当然是解决问题的一种方式，也可以说就是德国古典哲学的一种解决方式。但是，20世纪的思想仍然会认为：这不是一种彻底的解决方式。比如，海德格尔就会认为：这仍然是哲学形而上学的方式。什么是哲学的事情呢？什么是形而上学的事情？说到底，就是主体性的事情。[①] 海德格尔会说：像黑格尔那样一种解决方式，正如黑格尔自己说的，"实体就是主体"[②]，而他这个主体，尽管不是"主—客"架构下的相对的主体性，却是某种绝对的主体性，即哲学上把它叫做"本体"的东西。这样的绝对主体性，也是绝对的实体性。[③] 同样，胡塞尔的那么一种解决方案，海德格尔作为他的弟子，仍然认为那依然是一种传统的形而上学，一种绝对主体性、绝对实体性。

真正解决"认识论困境"问题的，是这么一条思想进路，那就是把这个问题本身给消解掉。怎么消解呢？具体说来就是，我们这样发问：你如何可能提出"认识论困境"这样的问题来？我刚才讲了，黑格尔其实已经思考到了这一层：你之所以能够提出这样的问题来，是因为你预先就设定了一个"主—客"架构：一个内在意识、一个外在实在。然而我们会问：这种"主—客"架构本身何以可能？"主—客"架构乃是从形而上到形而下的一个中介，从本体论（存在论）到知识论（认识论）的一个

---

① 海德格尔：《哲学的终结和思的任务》，《面向思的事情》，陈小文、孙周兴译，商务印书馆1999年版，第76页。原文汉译为："什么是哲学研究的事情呢？……这个事情就是意识的主体性。"

② 黑格尔：《精神现象学》，贺麟、王玖兴译，商务印书馆1979年版，第15页。

③ 海德格尔：《面向思的事情》，第76页。原文汉译为："作为形而上学的哲学之事情乃是存在者之存在，乃是以实体性和主体性为形态的存在者之在场状态。"

中介,是一切认识论问题的终极架构。但是,黑格尔的那个解决方式,在海德格尔看来是不彻底的,因为我们仍然可以发问。发什么问呢?即便你这是一个绝对的主体性,不是"主—客"架构之下的相对主体性,但仍然存在问题,这就是海德格尔最著名的一个观念:存在的遗忘。也就是说,我们可以提出这么一个问题:存在者是何以可能的?这个问题当然是康德最早提出的,但海德格尔认为康德并没有能解决这个问题。[①]

你之所以能够提出"认识论困境"问题,是因为你预先设定了主体和客体。主体和客体是什么东西呢?就是实体,是存在者。而我们要问:存在者何以可能?存在者是如何被给出的?它是怎么生成的?这是海德格尔意义上的现象学观念,它跟胡塞尔的现象学观念有本质的不同。到了海德格尔这里,对于我们今天搞哲学的人来说,是一个常识,那就是所谓"存在论区别":我们区分存在和存在者。但应该还有更进一步的区分,这是海德格尔没有明确讲的:就存在者本身来讲,也有一个区分,那就是形而上的存在者和形而下的存在者的区分。这是我们今天进行哲学思考的一个基本视域。我先由从康德到海德格尔的发问方式来阐明这两个区分,然后再用中国哲学的观念来阐明这两个区分。

我们知道,康德提出了几个非常重要的问题,诸如:数学何以可能?自然科学可能何以可能?形而上学何以可能?[②]数学、自然科学这样的学科叫做"形而下学",因为它们所思的

---

① 参见黄玉顺:《形而上学的奠基问题——儒学视域中的海德格尔及其所解释的康德哲学》,《四川大学学报》2004年第2期。

② 参见康德:《纯粹理性批判》,蓝公武译,商务印书馆1960年版,第41—42页。

是众多相对的存在者当中的某一个存在者领域。在形而下的层面上,众多相对的存在者如何生成?科学何以可能?乃至于伦理学何以可能?它们都是针对形而下学的问题。而“形而上学何以可能”则是针对纯哲学提出来的问题,是对那个唯一绝对的存在者的发问。在海德格尔这里,把这个问题置换为:存在者何以可能?这是今日哲学上的一个最前沿的课题。康德提出了这个问题,但没有能解决这个问题,因为他用理性为形而上学奠基,然而理性本身是主体性的事情,这样是没法解决问题的。

形而上学何以可能?这首先就意味着,用海德格尔的话来说,形而上学、纯哲学是思考什么的?思考“存在者整体”;或者,他借用亚里士多德的话来说,思考“存在者之为存在者”。这样的存在者,我把它叫做“唯一绝对的存在者”。唯一绝对的存在者有两种表现方式:一种是哲学上的,叫做“本体”;另一种是宗教上的,比如基督教的,就是“上帝”。

我们今天所面临的问题是什么呢?如果我们对科学、伦理学等形而下学发问,比如:科学何以可能?这是“科学的奠基”问题,即如何为科学奠基。为科学奠基的是形而上学,是纯哲学,那么,如果进一步问:哲学又何以可能?形而上学又何以可能?这是“形而上学的奠基”问题。这怎么办?我们今天已经很清楚:不管它是形而下的、众多相对的存在者,还是形而上的、唯一绝对的存在者,你总是存在者,而我们要问的是:存在者何以可能?于是,我们才能回到存在本身。

那么,存在本身是什么?存在不是“什么”。这样问是“不合法”的。因为:当你说“存在是什么”的时候,你已经预先把存在设想成了一个存在者、一个实体、一个东西。但存在不是个东西。

其实，中国人早就有这样一种观念。我们知道，海德格尔最崇拜的一个人就是老子。照我的理解，老子的全部思想有一个基本的架构，这个基本架构，我用老子的一句话来解释："天下万物生于有，有生于无。"①

首先是天下"万物"，其实就是我刚才讲的"众多相对的存在者"。那么，它们是从哪里来的呢？老子说："生于有。"这个"有"是纯粹的有、纯有，其实就是那个形而上的、作为本体的、唯一绝对的存在者。这与黑格尔的"绝对理念"是相通的。我们看黑格尔重新给出整个世界，是从哪里开始的呢？其书的第一部第一编第一章第一节的第一个范畴就是：有，纯粹的有。②这在今天看来是不彻底的，也是"存在的遗忘"。所以老子还说："有生于无。"这句话恰恰就是从根本上回答"存在者何以可能"的问题。

什么是无？老子是有明确表达的，就是"无物"，即没有存在者，先行于任何存在者。我们每一个人，作为众多形而下的存在者之一，进行一种境界的追求，该怎么办？那就回去吧："万物并作，吾以观复。"③"复"就是"回归"。回到哪里去呢？首先回到"有"，但是还不够，老子说："复归于无物。"④这是非常明确的表达："无"就是他所说的最终复归的"无物"，无物存在。所以我经常讲，我们今天的哲学，最核心、最要紧、最前沿

① 《老子》第四十章。

② 黑格尔：《逻辑学》上卷，杨一之译，商务印书馆 1966 年版，第 35 页。

③ 《老子》第十六章。

④ 《老子》第十四章。

的一个课题,就是要说清楚:究竟怎样“无中生有”。所谓“无中生有”,意思就是说:存在者何以可能?存在者是如何生成的?或者说,存在者是如何被给出的?

说到这个“给出”,有一个观念是一向被忽略的,然而它是一个极其重要的问题,就是“给出”或者叫做“给予”的问题——英语里的 give 的问题。有一个关键词,用被动式,它是今天哲学必须思考的问题,就是 the given——所予,被给予性。全部的哲学实际上首先确立或设定了一个“primordial given”——原初所予。这个原初所予,不是我们通常所谓的“逻辑起点”,也不是经验性时空意义上的什么“起点”;用现象学的话语来讲,它是一个原初性的、奠基性的观念。胡塞尔在其《逻辑研究》里给出了一个准确的形式定义:一个观念的存在如果以另一个观念的存在为前提,那么,后面这个观念就是前面这个观念的奠基性观念,前面一个观念是被后者奠基的。[①] 我刚才讲的为科学奠基、为形而上学奠基,就是这个意思。

其实,近代以来的西方哲学,不论经验主义还是先验主义,实际上都首先自觉或不自觉地要避免陷入“认识论困境”,为此寻求一种原初所予。比如经验主义,从培根开始,一上来就是设定了“主—客”架构,即内在意识和外在的客观实在,但后来它走向了贝克莱和休谟,就是我们所谓的“不可知论”。为什么呢?它最后必须找到一个可以避免“认识论困境”的原初

---

① 胡塞尔:《逻辑研究》,倪梁康译,上海译文出版社 1998 年版,第 285 页。原文汉译为:“如果一个 α 本身本质规律性地只能在一个与 μ 相联结的广泛统一之中存在,那么我们就要说:一个 α 本身需要由一个 μ 来奠基。”

所予,这个原初所予就是"感知"本身;至于感知之外的东西,我们不知道,也不必管它。先验论也是这样的,一直到胡塞尔由"悬搁"而"还原"到"纯粹先验意识",也就是找到一个可以避免"认识论困境"的原初所予。但这个原初所予仍然是一种存在者,而没有回到存在本身。20 世纪的思想达到这么一个观念层级,就是重新发现存在本身,由此来理解、回答"存在者何以可能"的问题。

这就是现象学最终获得的一个基本观念:回到事情本身,回到存在本身。这样的观念,对于我们今天阐释儒学来说,具有极其重要的借鉴意义。对西方 20 世纪的三大思想运动,或者说三大哲学运动——分析哲学、现象学、后现代主义,我们可以来做一个比较。这三大思想运动,对于儒学来说,现象学是最切近的。例如分析哲学,当然有它的好处,我们可以借鉴它的语言分析技术,那是非常精湛的,非常好的。但我认为,从学术品质上来讲,它跟中国的思想传统格格不入,更不用说它的哲学基础是一种经验主义(当然,维特根斯坦这样的人可能是个例外)。就现象学运动来看,我主要是研究这样几个现象学大师:首先是胡塞尔,然后是他的弟子马克斯·舍勒、海德格尔。对于我的工作来说,他们各有各的意义。

首先,特别重要的一点,就是我们今天"回到存在本身"这么一个观念。这是海德格尔揭示出来的。海德格尔的此在生存现象学,是很有意思的。当然,我对他的很多观念还是有批评的,不同意他的一些看法。比如说,海德格尔致力于回到存在本身,以说明存在如何给出存在者,这就意味着:存在本身先行于任何存在者。但是,在他看来,我们如何才能够通达存在、领会存在、把握存在呢?只有一种特殊的存在者可以做到,那就是“此在”(Dasein)。但是,此在也是一种存在者,也就是人这样的存在者。这样一来,那就意味着:某一种存在者仍然是先行于存在的。这显然是自相矛盾的,终究未能超出形而上学传统。[①] 所以,后来有人,包括一些后现代思想家批评他说:你的这个“此在”实际上还是个“大写的人”,是不彻底的,还需继续解构的东西。我这只是举个例子,意思是说:我们做现象学与儒学的比较研究,并不是把现象学作为一个标准尺度,用它来衡量、改造我们的儒学。我不是这个意思,不是说“人为刀俎,我为鱼肉”,而是说我们应该怎样与之展开对话。这就是我的态度:用儒学的思想资源来跟西方的现象学展开一种平等的对话。这在学科体制内,我们称之为“比较研究”,其实不然,它就是一种对话,通过对话来寻求一种共通的视域。

还有海德格尔的“师兄”舍勒,也是很有意思的。舍勒的情感现象学特别有意思,比如他讲“爱”、讲“爱的优先性”。他是在两个层次上讲的,我可以把它归结为两个基本的命题:第一,情感优先于认知。这个优先,我刚才讲了,不是逻辑上的,而是奠基关系。第二,就情感本身来讲,爱优先于恨。[②] 这就是舍勒的基本观念。他致力于以现象学的方式来建构一个“爱的共同体”。[③] 这也是很有意思的,因为我们知道,儒家也是讲

---

① 参见黄玉顺:《论生活儒学与海德格尔思想——答张志伟教授》,《四川大学学报》2005 年第 4 期。

② 参见舍勒:《爱与认识》,林克译,刘小枫选编:《舍勒选集》,上海三联书店 1999 年版。

③ 参见舍勒:《爱的秩序》,林克译,刘小枫选编:《舍勒选集》。

“爱”的。“樊迟问仁,子曰:‘爱人。’”①仁爱,仁爱,仁就是爱。但是,我们仍然要对舍勒有所批判,因为他的这种情感现象学,是建基于基督教的文化背景下的。具体来说,这个“爱的共同体”的制高点,一个最终的保障,是什么呢?是上帝的人格,上帝的那么一个person或者hypostasis。所以,我们把它叫做“人格主义”。②这跟儒家的思想是截然不同的,下面我会讲儒家是如何理解“爱”的。但是,就情感现象学对“爱的优先性”的关注来讲,那是很值得我们与之对话的。

再进一步讲,如何看待他们的老师、现象学的创始人胡塞尔?尽管我刚才讲了,他的弟子会说:你这还是一种形而上学的东西啊,还是一种主体性啊,但是,在这一点上,我跟他的弟子不同,跟那些后现代主义者也是不同的。在我看来,需要重建形而上学;“拒斥形而上学”是不应该,也不可能的。我下面还会谈到这个问题。那么,重建形而上学,首先就是重建主体性的问题。而要重建主体性,胡塞尔的纯粹意识现象学非常值得参考。我曾经写过一篇文章,专门探讨儒家的“良心”“良知”“良能”跟胡塞尔的几个基本概念之间的一种比较:“纯粹先验意识”(reine transzendentale Bewußtsein)、“本质直观”(Wesensschau)、“意向性”(Intentionalitaet)。③他是很值得我们与之对话的,是我们致力于重建儒家形而上学的一条可以参考的进路。但前提是:我们首先必须回到生活本身,回到存在

① 《论语·颜渊》。

② 舍勒:《基督教的爱理念与当今世界》,林克译,刘小枫选编:《舍勒选集》。

③ 黄玉顺:《儒家良知论——阳明心学与胡塞尔现象学比较研究》,《阳明学刊》第一辑,贵州人民出版社2004年版。

本身,回到无,然后来“无中生有”。

这就是本文想讲的第二个大点:在20世纪的思想视域下,如何考虑儒学复兴的进路问题。在我看来,我们要同西方哲学,特别是20世纪西方哲学展开对话,而这个对话的对象,就我个人的选择来讲,首先是现象学。

“后新儒学”的“生活世界”概念*

事实上，“后新儒学”基本上还是一种形而上学的思想方式。这表现在许多方面，而尤其表现在“后新儒学”的一个根本的思想视域：“生活世界”(Lebenswelt)的观念。林安梧说：

> 强调的是“生活世界”的优先性，而与此“生活世界”同时俱起的则是人之作为一“活生生的实存而有”，进到此生活世界之中，而开启了新的生活世界之感知，进而再由此新的生活世界之感知经由一对象化之历程，推提而上，并再回向于生活感知中，此时自然就起了一新的认知之历程。①

然而我们知道，“生活世界”本来是现象学创始人胡塞尔

---

* 本文节选自《现代新儒学研究中的思想视域问题》，易小明主编：《中国传统哲学与现代化》，中国文史出版社 2007 年版，第 50—67 页；作者所主持的四川省教育厅人文社会科学研究重点项目“现代新儒学之产生、发展与影响研究”中的最终成果《现代新儒学的现代性哲学》的导论，中央文献出版社 2008 年版，第 1—19 页，收入作者文集《儒学与生活——“生活儒学”论稿》，四川大学出版社 2009 年版，第 229—236 页。

① 林安梧：《儒学与中国传统社会之哲学省察》，学林出版社 1998 年版，第 6 页。

后期思想的一个概念,它和胡塞尔所提出的“主体际性”(Intersubjektivitaet)概念一样,是为了弱化其前期思想的唯我论倾向而提出来的。但是,我曾指出,“生活世界”观念在胡塞尔本人的先验意识现象学观念中是难以成立的,它会面临这样一种两难困境:一方面,假如“生活世界”本来就是内在于纯粹先验意识的事情,即是被先验地理解的,那么,它的提出,对于胡塞尔想要弱化其前期思想那种脱离现实生活的唯我论倾向的意图来说,就是毫无意义的;而另一方面,假如“生活世界”是在纯粹先验意识之外存在着的,即是被经验地理解的,那么,它就是一开始就应该被“悬搁”起来的“超越物”(Transzendenz)。总之,先验意识是不可能通达、“切中”这个“不可知”的经验世界的。

当然,人们似乎也可以在胡塞尔现象学之外的意义上来使用“生活世界”这个词语。但是,这个问题与“后新儒学”之“后—”是何意义的问题是相关的:如果“后—”意味着“meta-”,那么“生活世界”就与“形而上学”(或“后物理学”亦即metaphysics)一样,是一种形而上学的观念;如果“后—”意味着“post-”,那么“生活世界”就是一种后现代主义(post-modernism)的观念。在后面一种情况下,鉴于后现代主义与海德格尔思想在“解构”传统形而上学方面的某种一致性,那么,“生活世界”的观念是否可能由此而获得一种更具有本源性的生活—存在的视域呢?

但是,林安梧“后新儒学”之所谓“生活世界”的概念,却并不是这样的生活—存在的思想视域。他在谈到“儒教”时说:

我们且看我们所生活的世界是一个什么样的世界。

当然它离不开此经验的世界(empirical world)。而这经验的世界若跟那超绝的世界断裂开来,而分出个神圣与凡俗,那么,在这种情形之下,所成就的宗教是一个类型,这样的类型便与将这两者关连成一个不可分的整体,神圣与凡俗并不是断裂的,而是连续的,这样的类型不相同。“断裂”与“连续”这两者是不相同的,要区分开来。大体来说,我以为诸如基督宗教与回教这样的一神论传统,都属于前面所谓的“断裂”的这样的类型,而相对于此一神论的其它类型,则是“连续”的这样的类型,儒教可以说是此连续的类型之代表。

在这种“连续”的情形之下,儒教的“宗教性”与其“人文精神”是合在一块儿的。也就是说,强调一个绝对的、圆满的,跟强调一个当下的、历史性的社会性的存在,就儒教来说,这并不是可以分离开来的,它们是不二的。那个超越的、绝对的、圆满的概念,在中国的儒学系统里面,它并不是隔离开人的世界而摆在彼岸,而是落在一个活生生的人身,来谈人与人之间的一种道德的真实感,或者道德的实存感,这就是孔老夫子所发明的“仁”。我们从这里了解到儒家的宗教和人文精神是合在一起的,而这个“合”体现(具现)在这个生活世界每一个人的道德真实感——仁。①

---

① 林安梧:《论儒家的宗教精神及其成圣之道——不离于生活世界的终极关怀》,《中国宗教与意义治疗》第二章,(台北)明文书局 1996 年版。

显然,这既不是胡塞尔那样的先验的“生活世界”,也不是更其本源的、前形而上学的、前形而下学的、生活—存在的“生活世界”,而是“一个当下的、历史性的社会性的存在”,换句话说,林安梧之所说的“生活世界”,就是“经验世界”。然而我们知道,近代经验论哲学的现代性形而上学,所处理的同样是这样一个“经验世界”。

当然,林安梧“强调要处在生活世界之中,与此生活世界有一新而密切的、内在的亲和关系,并经由这样的背景重新来理解、诠释‘儒学与中国传统社会’之为何物,过去如何,当前如何,而其未来又当如何”①,并解释说,他的思考并非对前辈的那种形而上学、本质主义的完全拒斥,而是要探寻其更为先行的原因:“盖因所谓形而上、本质之论述实不能外于历史发生原因之考察也。”②

但我想指出的是:这并不是真正的生活—存在的观念,不是真正的“生活主义”,而仅仅是一种“历史主义”(historicalism)的观念。历史主义绝不是生活—存在的观念,它其实是基于历史学(Historizitaet)的一种观念,本质上是一种经验主义的形而上学观念。真正的生活—存在的视域在于追问:历史学本身是何以可能的? 按照海德格尔的说法,历史学是奠基于此在的历史性(Geschichtlichkeit)的:

历史学——说得更精确些,历史学之为历史学——之所以可能成为进行追问的此在的存在方式,只因为此在基

① 林安梧:《儒学与中国传统社会之哲学省察》,第6页。
② 林安梧:《儒学与中国传统社会之哲学省察》,第6页。

于它的存在就是被历史性规定的。只要历史性对此在还讳莫如深,此在就没有可能对历史进行历史学追问与历史学揭示。①

这是因为

历史性这个规定发生在人们称为历史(世界历史的演历)的那个东西之前。首须以此在为基础,像"世界历史"这样的东西才有可能,这些东西才以演历方式成为世界历史的内容;而历史性就意指这样一种此在的演历(geschehen)的存在建构。②

所以

哲学领会存在问题的第一步在于"不叙述历史",也就是说,不要靠把一个存在者引回到它所由来的另一存在者这种方式来规定存在者之为存在者,仿佛存在具有某种可能的存在者的性质似的。③

从哲学上讲,首要的事情就不是构造历史学概念的理论,也不是历史学知识的理论,而且也不是历史学对象的历史理论;首要的事情倒是阐释历史上本真的存在者的历

① 海德格尔:《存在与时间》,陈嘉映、王庆节合译,生活·读书·新知三联书店1999年版,第24页。

② 海德格尔:《存在与时间》,第23—24页。

③ 海德格尔:《存在与时间》,第8页。

史性。①

那么,首要的问题是:如何来领会历史性?那就是"以最本己的方式从存在论上对这一存在者(此在)透彻进行解说"②。但这里所说的"存在论"其实乃是说的此在的"生存论"。所以,海德格尔的答案在于:历史性乃奠基于此在的时间性(Zeitlichkeit)。他说:"时间性也就是历史性之所以可能的条件,而历史性则是此在本身的时间性的存在方式。"③此在的存在就是生存。

于是,这种奠基关系就应该是:此在的时间性——此在的历史性——历史学。这里的真正彻底的思想视域,乃是"生存"(Existenz)——"存在"(Sein),亦即生活—存在的思想视域。但我也曾指出,甚至海德格尔那样的"存在哲学"也还不是真正彻底的生活主义的视域,因为:"生存—存在""时间性—历史性"还是以"此在"(Dasein)为先行观念的,然而此在仍然还是一种存在者,而不是存在本身、生活本身。④

所以,历史主义的观点并非真正的当代主义的思想视域。由此看来,现代新儒学第三代在思想视域上的发展变化,只是一种"有限的转向"。并且这种发展变化本身也仍然是由当下的生活样式所决定的:现代新儒学的第三代,他们身处其中的生活情境已经与其前辈大不相同了。

---

① 海德格尔:《存在与时间》,第 13 页。

② 海德格尔:《存在与时间》,第 46 页。

③ 海德格尔:《存在与时间》,第 23 页。

④ 参见黄玉顺:《论生活儒学与海德格尔思想——答张志伟教授》,《四川大学学报》2005 年第 4 期。

爱的观念:儒学的奠基性观念*

我今天要讲的是这么一个话题,可以用一个字来概括,那就是:爱。我希望通过对这个观念的解释,能给大家提供一个20世纪思想所达到的最前沿的观念平台。

一

所以,我的题目是“爱的观念”。而我的副标题叫做“儒学的奠基性观念”,因此,我先把“奠基性”这个概念解释一下。什么叫“奠基性”呢?从字面上来看,这是一个比喻。比如今天,到处都在破土,在盖房子。盖房子就要打基础,就要奠基,还要举行奠基仪式什么的。“奠基性”就是这么一个比喻,意思是说,假定有一个思想学术的系统,或者说一个观念的体系,我们把它比喻为一座建筑物,那么,它的基础如何?地基如何?这在表面上看似一个很浅显的问题,其实,在20世纪的思想

---

* 本文是作者2006年4月26日在中央民族大学的讲座内容;原载《求是学刊》2008年第4期;收入作者文集《儒家思想与当代生活——“生活儒学”论集》,光明日报出版社2009年版,第3—24页。

中,这是一个非常前沿的课题。

奠基问题最早是康德提出来的。康德有一段话,大家可能比较熟悉,他说:人类的理性有一种爱好,总喜欢不断地把自己建造的房子拆掉,去看看地基是否牢靠。① 在这个比方里,这个房子就是形而上学。当然,这个“形而上学”不是马克思主义教科书里面的用法,而是哲学界更常见的一个用法,是指的纯哲学,主要是指的存在论这个部分。康德的意思是说:理性建构了形而上学的大厦,然后不断地把它拆毁,来看看这个形而上学的大厦建立在什么样的地基上。这就叫做“奠基”。这意味着:在这个形而上学大厦的下面,在这个大厦的主体建筑之外,还有一个更要紧的东西。

我们知道,康德提出了几个很重要的问题,后来影响了哲学这么多年,一直到今天。他问:纯粹数学何以可能?第二个问题是:纯粹自然科学何以可能?第三个问题是:科学的形而上学何以可能?这就是著名的康德问题。② 头两个问题,数学、自然科学何以可能,20 世纪的思想把它们叫做“科学奠基”问题,是说:纯哲学以外的整个知识领域,包括科学,是建筑在什么样的基础之上的?而第三个问题,叫做“形而上学奠基”问题,它是 20 世纪思想中最核心的课题,就是:形而上学何以可

---

① 康德:《任何一种能够作为科学出现的未来形而上学导论》,庞景仁译,商务印书馆 1978 年版,第 4 页。原文汉译为:“当人们看到一门科学经过长期努力之后得到长足发展而惊叹不已时,有人竟想到要提出这样一门科学究竟是不是可能的以及是怎样可能的这样的问题,这本来是不足为奇的,因为人类理性非常爱好建设,不止一次地把一座塔建成了以后又拆掉,以便察看一下地基情况如何。”

② 康德:《纯粹理性批判》,蓝公武译,商务印书馆 1960 年版,第 41—42 页。

能?所以,康德的三个问题可以归结为两类问题:一类是科学何以可能,一类是形而上学何以可能。

这样的问题,在康德的解决方案中,科学作为形而下学,是建立在形而上学的基础之上的;换句话说,是形而上学为形而下学奠基。当然,“形而上学”和“形而下学”是我们对西方哲学概念的一种翻译,这种翻译是根据中国的言说方式。《周易》里讲:“形而上者谓之道,形而下者谓之器。”[①]如果说“形而上学”是翻译的 metaphysics,那么“形而下学”就是翻译的 physics,也就是物理学,这里是科学的代名词。科学这样的东西,也包括伦理学这样的东西,叫做形而下学,它是建立在形而上学的基础上的。

康德的第三个问题是:形而上学何以可能呢?他的回答是:理性。这是康德的基本答案:是理性为形而上学奠基。但是,康德这个解决方式,到了 20 世纪,却受到了一种批判,主要是受到现象学的批判。而现象学,我们知道是由胡塞尔创立的。胡塞尔提出现象学,实际上也是想解决“形而上学何以可能”这个问题。因为,“科学何以可能”的问题是从来就解决了的:就西方的情况来看,从古希腊开始,从雅典哲学开始,从苏格拉底到亚里士多德,他们就建构了西方的形而上学的纯哲学体系;正是在这个基础上,西方的知识论和科学才得以展开。但问题是:形而上学本身又是何以可能的?

但对于胡塞尔来讲,“形而上学奠基”问题的解决是与康德的解决方式截然不同的。比如,康德的一个最基本的思想框架,就是“现象与物自身”,这实质上就是“现象与本质”的二元

---

① 《周易·系辞传》。

架构，那是一种"前现象学"的观念，而不是现象学的观念。现象学的观念是：现象背后没有本质，现象背后一无所有。①

那么，胡塞尔是如何解决问题的呢？他是从这样一种问题开始的，就是所谓"认识论困境"问题。比如，我问大家一个问题：这个矿泉水瓶子，你们说它是不是客观实在的？是。然后我继续问，这才是我的真问题：大家想想，你们凭什么说它是客观实在的？有没有同学能够回答？我听到有个同学悄悄地说："看得见。"又有同学说："摸得着。"我告诉大家：这样的回答是错误的。大家从中学就开始学习哲学，我们给"客观实在"下一个定义，是我们大家都非常熟悉的："不以人的意识为转移的"。大家想想，你"看得见"或"摸得着"，都是一种意识现象，就是感知嘛，那是一种经验直观。你说你看得见、摸得着它，就表明它已经在你的意识之中，怎么能说它是"不以人的意识为转移的"呢？这就是现代哲学的一个重大问题，叫做"认识论困境"。用佛教的话来说，这就叫做"不可思议"：不以人的意识为转移的客观实在是"不可思议"的，因为当你思之、议之的时候，它就在你的意识之中。

近代整个西方哲学的"认识论转向"，导致了这样一个"认识论困境"问题。因为认识论的前提就是"主体—客体"的二分：我作为一个认识的主体，设定了一个不以我的意识为转移的客体、对象；这个客观对象在我的意识之外，然后我的意识去认识它、反映它。这就是认识论的基本框架："主—客"二元架构。但胡塞尔会说：你是怎么知道你的意识之外的那个玩艺儿

---

①　海德格尔：《哲学的终结和思的任务》，《面向思的事情》，陈小文、孙周兴译，商务印书馆 1999 年版，第 80 页。

的呢?你凭什么这样讲呢?胡塞尔的解决方式,就是很著名的“悬搁”,他还有一种说法是“放入括弧”,意思是说:这个所谓客观实在,我不知道它有还是没有,我就把它搁置起来。这有点像庄子的说法:“六合之外,圣人存而不论。”①胡塞尔说:既然如此,那我们就“回到事情本身”吧。这是现象学的一句著名口号,在胡塞尔看来,那就是回到纯粹先验的内在意识本身。这就是胡塞尔的解决方式。

二

因此,我们对康德的哲学可以有一个基本的批判:康德的基本架构就是“现象”和“物自身”,他莫名其妙地设置了一个藏在“现象”背后的“物自身”,他所谓“现象”还是前现象学的“现象”观念。这个前现象学的“现象”概念是特别有意思的:“现象”这个词语隐藏着西方哲学两千年来的全部秘密。我们来看一个图示:

本体论⟶		⟵认识论
S1 ⟶	A = O ⟶	S2
(substance)	(appearance = object)	(subject)

这里的“现象”具有双重意义:对于本质、本体、实体

① 《庄子·齐物论》。

S1(substance)来说,它是现象A(appearance),这就是传统本体论的“本质—现象”架构;对于主体S2(subject)来说,它是对象、客体O(object),这就是传统认识论的“主—客”架构。中间的那个“A=O”是最关键的:现象即是对象。西方哲学从古代的本体论到现代的认识论转向,只不过是这个总体结构的展开,其实就是“现象”概念固有的预设蕴含的展开。

就本体论来看,什么是现象呢?“现象”就是“呈现”,那么显然,现象的背后必定有一个东西在呈现出来。那么,是什么东西在呈现呢?这个东西叫做实体——substance,或者叫做本质。于是就出现了传统的“现象与本质”或者康德的“现象与物自身”那样的观念架构。在近代发生“认识论转向”之前,西方哲学的主要精力就是放在这样的本体论或者存在论上面的。原因很简单,有一句话大家肯定特别熟悉,叫做“透过现象看本质”,意思是说:我们的五官感觉只能认识到现象,可是现象背后有一种东西隐藏着,看不见、摸不着,但是它在;我们的理性思维,就致力于通过归纳什么的把它抽绎出来。

这就是传统哲学上的一个基本设定:如果说,每一个现象,它背后必定有一个本质,那么,世界上的所有现象,它们必定有一个终极的本质,哲学上就叫做“本体”。从古希腊哲学开始,一直到中世纪神学,不外乎两种本体:一种是哲学上讲的本体;另一种是宗教上讲的本体,比如上帝。它们都是终极的本质,终极的实体,终极的实在。由此可见,认识论转向之前的全部西方哲学,早就蕴含在了“现象”这个观念之中。

所以,整个西方哲学的形而上学建构的开端,就是古希腊哲学中的“拯救现象运动”。“拯救现象”的意思是说:对于整个经验世界,我们没法理解。没法解释,那怎么办呢?怎么

"拯救"它呢?你就必须设定它是被什么东西给出来的,这才能解释它。这就是所谓"本体论"的由来,也就是我那个图示当中的"S1→A"部分的由来。例如,柏拉图认为,这个经验世界是理念世界的影子、摹本,理念世界和经验世界的关系,就是本质和现象的关系。但是,我们今天用现象学的观点来看,当时的所谓"拯救现象",其实恰恰就是"谋杀现象"。

就认识论来看,现象之所以被称做"现象",就是因为它是"呈现",而呈现总是向某一种东西的呈现。那么,是向谁呈现呢?向我、向你、向他呈现,就是向人呈现,也就是向主体subject呈现。现象向人呈现,人是主体,现象就是客体、对象。这就是所谓"认识论"的由来,也就是我那个图示当中的"O→S2"部分的由来。这就是说,近代哲学的"认识论转向",不过是"现象"概念的另外一个固有的预设蕴含的展开。这是到了近代,人们问:人、主体如何有这个能力,可以通过现象看出本质?于是,近代哲学开始着力研究这个问题,研究人的主体性、理性能力,这就是所谓"认识论转向"。

这就是全部西方哲学由"现象"概念展开的基本架构。20世纪的思想就致力于"解构"这个架构,要把它破除掉。

一方面是对"S1→A"的解构,即对传统本体论的解构。现象学的观念是:现象背后没有什么东西,现象即是本质。胡塞尔讲"本质直观",就是这个意思:"直观"本来只是经验的行为,只能通达现象;但是,本质直观能够直接把握"本质"。海德格尔曾经引用歌德的诗句,用以说明现象学的这个观念:"现象背后一无所有,现象就是最好的指南。"①大家记住了这

① 海德格尔:《哲学的终结和思的任务》,《面向思的事情》,第80页。

句诗并且理解了它，也就理解了现象学的一个基本观念。

另一方面则是对“O→S2”的解构，即对传统认识论的解构。在胡塞尔看来，从“认识论困境”的角度来看，既然主体意识之外的所谓客观对象、客观实在，那个“O”，我是无法通达的，因为它已经超出了我的意识的边界，是“超越物”，那么，我就不考虑它，我就把它悬搁掉，我只考虑主体意识本身的事情，只考虑“S2”的问题。胡塞尔讲，哲学其实就是研究这个主体意识的，所以，胡塞尔的现象学叫做“意识现象学”。

胡塞尔破除了前现象学的“现象”观念，实质上是把“S1→A＝O→S2”压缩了：S2 就是 S1，主体即是本体。因为悬搁了“客观现象”之后，主体即是现象，并且通过“本质直观”之后，现象即是本质，所以主体即是本质。其实，这种压缩，黑格尔已经尝试过，他说“实体在本质上即是主体”[①]，意思也就是说：S1 即是 S2。不过，黑格尔在这里所说的“主体”不是认识论层面上的相对主体，而是本体论层面上的绝对主体，亦即所谓“绝对观念”，那其实是传统本体论意义上的本体观念。而胡塞尔的意思尽管也是“S1 即是 S2”，但这个合并起来的 S 却不是传统本体论意义上的本体，而是主体的内在意识。这也就是“现象”——意识现象学意义上的“现象”。

三

胡塞尔这样去研究“现象”，研究先验意识、先验理性，其

① 黑格尔：《精神现象学》，贺麟、王玖兴译，商务印书馆 1979 年版，第 15 页。

实就是把西方的理性主义传统发挥到极致,但仍然是一种形而上学的观念,只不过在破除“本质—现象”架构、“主体—客体”架构方面迈出了第一步。尽管如此,这个思想确实是人类思想的一个跨时代的飞跃。但是我们知道,胡塞尔有一个弟子,海德格尔,对他的老师是一种背叛,他的意思是:你那还是形而上学嘛!海德格尔有一个很重要的表达:哲学就是形而上学,形而上学是干什么的呢?就是致力于思考“存在者整体”或者“存在者之为存在者”。[①] 他的另外一种表达是:什么是哲学的事情呢?哲学的事情就是主体性的事情。[②]

这里的这个“主体性”观念,大家以前可能没有接触过,我得解释一下。我刚才讲,在“形而下学”的层面上,在科学、认识论、知识论的层面上,一个根本的框架就是“主—客”架构。但这样的主体性只是相对的主体性。那么,还有一种主体性,是绝对的主体性。比如说,刚才谈到胡塞尔,他把“主体和客体”“现象和本质”压缩、合并起来了,现象就是本质,这个本质其实就是主体、主体意识。但这是绝对的主体性,因为它就是一切,而不是“主—客”架构下的主体性。因为“主—客”架构下的那么一个主体,意味着在它之外还有一个客体、客观实在。但胡塞尔会说:我现在不考虑这个客观实在。但胡塞尔还是得

① 参见海德格尔:《哲学的终结和思的任务》,《面向思的事情》,第68页。原文为:“哲学即形而上学。形而上学着眼于存在,着眼于存在中的存在者之共属一体,来思考存在者整体——世界、人类和上帝。”

② 参见海德格尔:《哲学的终结和思的任务》,《面向思的事情》,第76页。原文为:“什么是哲学研究的事情呢?……这个事情就是意识的主体性”;“作为形而上学的哲学之事情乃是存在者之存在,乃是以实体性和主体性为形态的存在者之在场状态”。

解决认识的问题啊。认识什么呢？用他的话来说："意识总是对物的意识。"①换句话说，意识始终都有一个"主—客"架构的问题。那么，胡塞尔是如何解决这个问题的呢？他是这样解决的："主—客"这么一种相对的架构，它其实是内在于绝对主体性的，在胡塞尔那里，叫做"意向结构"，他用了希腊语"Noesis-Noema"，即"意向性"和"意向相关物"。但这个意向结构是内在于主体意识的，而不是那个应该被悬搁的外在超越物。但是，海德格尔认为：你这仍然是一种主体性，尽管是一种绝对的主体性。

那么，主体性是一个什么玩艺儿呢？是一个存在者。话说到这里，我现在给大家介绍20世纪思想所达到的一个最重要的观念。这是一个什么样的观念呢？

我先来问大家一个问题："存在者"是什么意思？我来解释一下。比如说，我们现在所看到的一切，俗话所说的"东西"，包括所有的人、物，一切的一切，都是存在者，也就是"存在着的东西"。用西方人的话来讲，叫做substance，就是实体；用汉语讲，叫做"物"。

存在者有两种：一种是形而下的存在者，一种是形而上的存在者。形而下的存在者，比如科学所研究的东西，乃是众多的、相对的存在者，我们中国人称之为"万物"。我们在经验世界中所能看到的和所能想象到的所有的东西，构成这么一个世界，它们全都是形而下的、众多相对的存在者。那么，人们会问：这些东西是从哪儿来的呢？这是一个真正的哲学问题、形

---

① 胡塞尔：《纯粹现象学通论》，舒曼编：《纯粹现象学和现象学哲学的观念》第一卷，李幼蒸译，商务印书馆1992年版，第36页。

而上学问题。人天生就是一个哲学家。比如一个小孩,会问他妈妈:“我是从哪儿来的呀?”妈妈会说:“我生的呗!”孩子会继续问,打破砂锅问到底:“你又是从哪儿来的呀?”“姥姥生的呗!”这样不断地问下去,最后问到一个地方,他会戛然而止,不能再问了。举例来讲,一个基督教文化背景下的人,他不断地问下去,就会问到一个人,这个人名叫“耶和华”,就是上帝。假如这个小孩继续问他妈妈:“上帝是从哪儿来的呀?”在基督教文化背景下,这个问法就是不合法的,可能要挨耳光了。宗教上的上帝这样的存在者,或者哲学上所讲的本体,包括物质啊,理念啊这样的东西,它们都是这样一种存在者,我把它叫做唯一的、绝对的存在者,形而上的存在者。这就是《周易》里所讲的:“形而上者谓之道,形而下者谓之器。”道是唯一的、绝对的,而器则是众多的、相对的。道是一,器是多。器作为现象,是道的显现;而道,就是本体。

两千多年来,哲学上的这些东西,不管它是形而上的存在者还是形而下的存在者,不管它是主体还是客体,都不外乎是存在者。而我们要问的是:存在者是何以可能的?这个问题,你可以有两种不同的回答方式。比如刚才所说的那个小孩子问他妈妈“我是从哪儿来的”,这个“我”就是一个存在者,一个相对的主体性存在者。他妈妈回答说“我生的”,他妈妈这个“我”也是一个相对的主体性存在者。小孩一直问到上帝,上帝创造了整个世界,亚当、夏娃都是上帝创造出来的,但问题是,上帝还是一个存在者,只不过是一个绝对的存在者。追问到上帝这儿就停住了,或者,哲学上,追问到本体这儿就停住了,这就是说,追问到一个形而上的绝对存在者为止。这是一种回答方式。但是,20 世纪的思想认为,这是一种不彻底的回答方式,因为这并没有回答“存在者何以可能”,或者通俗地说“存在者是从哪里来的”问题。你找出一个终极的存在者,它还是一个存在者,还是没有回答问题。

所以,还有另外一种回答方式,我很通俗地讲,就叫做:一个存在者之所以成其为一个存在者,是因为它存在着。换句话说,是存在给出了存在者。这里新出现了一个词语“存在”,而不是“存在者”。存在——这就是对“存在者何以可能”问题的最简单的回答,但切不可小看了,这就是20世纪人类思想所达到的一个最前沿的观念平台。这是一个什么样的观念呢?按照海德格尔的说法,这叫做“存在论区别”,也就是存在和存在者的区别:存在不是存在者。

四

于是,你可能会问:那么,存在是什么?但当你这样问的时候,你已经错了。你这个发问方式是不合法的,因为当你问“存在是什么”的时候,你已经预先把存在设想成了一个存在者。那么,存在究竟是什么?存在并不是“什么”。“什么”是说的有“东西”存在着,是说的有存在者,是说的“有”;在这个意义上,存在本身是“无”,就是还没有存在者。

其实,海德格尔的这个观念,我们可以用中国的话语来表达。海德格尔是全世界学界公认的20世纪最深邃的思想家,也是一个很高傲的人,但他最崇拜一个中国人,这个人大家都“认识”,他的名字叫老子——李耳、老聃。我现在用老子的话语来翻译或解释海德格尔的观念,这样你们听起来可能会感到亲切一些,容易理解一些。

老子有一句著名的话,我给大家介绍一下,但跟过去的解释不同。这句话是:"天下万物生于有,有生于无。"[①]这话大家都很熟悉,但这是什么意思呢?这里出现了三个关键词:万物、有、无。这里所谓"万物",其实就是我刚才讲的形而下的众多相对的存在者。那么,万物从哪里来的?老子说:"生于有。"这个"有",也就是我刚才讲的形而上的唯一绝对的存在者,哲学上称之为本体,宗教上称之为上帝或者是其他至上神。黑格尔也讲这个"有",大家应该比较熟悉的:他的哲学全书,逻辑学——自然哲学——精神哲学,把整个世界的全部存在者都重新给出来,是从哪儿开始的呢?是从第一部第一编第一章第一节、第一个范畴"有"开始。[②]这是纯粹的"有","有"本身。这个"有"是什么玩艺儿?你没法定义它,因为此时它的内容尚未展开;它内容的展开就是黑格尔辩证法的哲学体系,就是这个世界的生成,也就是所有存在者的生成。这个纯粹的"有",跟老子讲的"天下万物生于有"的"有"是相当的。那么,这个"有",这个上帝一样的唯一绝对的存在者,它又是哪里来的呢?老子又说:"有生于无。"这就是说,这个绝对存在者生于"无"。为什么我刚才讲"存在是无"呢?就因为这个"无"就是说的"无物",就是还没有存在者,没有东西,只有存在本身。这就是我用老子的话语、中国人的话语来诠释海德格尔的这样一个现象学观念。我希望大家记住:你以后思考什么哲学问

---

① 《老子》第四十章。

② 黑格尔:《逻辑学》上卷,杨一之译,商务印书馆 1966 年版,第 35 页。

题，千万不要忘记了这样一个观念平台。

话说到这里，有可能你们还是觉得不好理解，还是比较抽象。我是研究儒学的，我来讲讲儒家的说法。刚才主持人介绍说，我这几年在搞“生活儒学”[①]，我在这里顺便解释一下：我所说的“生活儒学”，并不是要把儒学日常生活化、通俗化。我绝不是这个意思，你们千万别这样想。在我看来，生活就是存在，而不是存在者。这是我的一个最基本的命题：生活即是存在，生活之外别无存在。你不能设想生活之外的东西，不能设想生活之外居然还有什么存在者存在着。生活之外的存在者是不可思议的。我是通过跟海德格尔进行对话，对他进行了一种批判，而得出我自己的一种观念来：存在即是生活。[②]

存在就是生活，那么，生活又是什么？你这样问，那就错了。因为生活不是个东西。生活是无，或者说，是存在本身。可是，当你说“生活是什么”时，你已经预先把它想成了一个存在者，但生活不是存在者，恰恰相反，生活是包容一切存在者的存在。一切存在者都是由生活给出的，都由生活生成。这是我的“生活儒学”的一个最基本的观念。

我这样说，是有根据的。我刚才讲，我不是要把儒学“通俗化”什么的。我今天来做讲座，也不会给大家很学究化地来解说一通。但我们也不妨考证一番，言之有据嘛。我说“生活即是存在”，这是可以考据的，在我的文章、著作中，我会做一些非常严谨的考据。这里，我就随便举些例子来讲吧。比如

---

① 黄玉顺：《面向生活本身的儒学——黄玉顺“生活儒学”自选集》，四川大学出版社 2006 年版。

② 参见黄玉顺：《论生活儒学与海德格尔思想——答张志伟教授》，载《四川大学学报》2005 年第 4 期。

“存在”,我们中国人本来就是有这个词语的;同时,我们把海德格尔的西方语言的“Sein”翻译成“存在”,那也是有道理的。

存在的“在”字,是什么意思?许慎的《说文解字》是中国最古老的字典,专门解释汉字的本义。他是这样解释的:“在,存也。”[①]这就是说:“在”就是“存”,也就是存在。特别值得注意的是,“在”字是由“土”和“才”组成的。“才”又是什么意思呢?许慎解释说:“才,草木之初也。”[②]“才”字是一个象形字,画的就是草木萌发、刚刚冒出地面的样子。那么,存在的“在”的本义是:在大地上,草木生长出来。

这个存在的“在”,也就是生活的“生”的意思。我们来看看生活的“生”字。许慎解释“生”字是“象草木生出土上”。“生”字的下面是“土”字,上面是一个“屮”字。这个“屮”字和刚才讲的“才”字是同源字,都是画的草木初生的样子。不过“才”是刚刚才出土,而“屮”是已经长出了两片小叶儿。因此,“生”字和“在”字的字形和意思都是非常接近的:下面都是“土”,上面都是草木初生的样子。所以,存在之“在”就是生活之“生”,存在就是生活。

还有一个存在的“存”字,更有意思,是这样写的:才、子。刚才说了,“才”是“草木之初”;那么“子”呢,就是“人之初”,也就是小孩子。把这几个字联系起来看,我们就能发现,中国人所讲的“存在”,原来是这么一种情境:人和草木共同生长在大地上。其实,这也就是海德格尔所说的“共在”——共同存在、Mitsein。这样的情境,我称之为生活的“本源情境”。

---

① 许慎:《说文解字》,大徐本,中华书局1963年版。

② 许慎:《说文解字·才部》:“从丨上贯一,将生枝叶;一,地也。”

这种本源情境，人和草木、一切存在者，共同生活于大地上，他们之间没有区分，没有“分别相”，这叫做“浑沌”。注意，不是“混沌”，不是混乱的意思，而是“浑沌”，是浑然一体的“浑”。“浑沌”是庄子的说法①，海德格尔的说法，叫做尚无“存在者领域”的划分，就是庄子所说的没有“物际”②，就是没有“物界”的划分，也就是没有存在者领域的划界。为什么会这样呢？因为此时此刻根本还没有所谓“物”，还没有存在者的观念，更没有主体性存在者的观念、区别于物的人的观念。所以，我们才会用草木之“生”来说我们自己的人之“生”，来说我们自己的“生活”“存在”，这是很有意思的，说明那个时候我们还没有把草木看成我们的异类。显而易见，中国远古先民在造字的时候，他们有一种领悟，我称之为“生活领悟”，那是前概念的、前形而上学的本真的领悟。这种领悟就是“浑沌”，就是生活的本源情境，就是没有存在者之间的区分，就是现象学所谓的“共在”。人和草木共同生活在大地上，因为根本就不存在人和草木的区分，根本就没有“大写的人”。而我们今天的人，什么环境危机啊，生态危机啊，都是因为人的主体性太强了，我们把人和自然物甚至人和人之间区分得太清楚了，我们太“人”了，才会导致这些问题。用海德格尔的话来说，是因为我们已经长久地“遗忘了存在”；用我的话来说，就是因为我们

---

① 《庄子·应帝王》。原文为：“南海之帝为儵，北海之帝为忽，中央之帝为浑沌。儵与忽时相与遇于浑沌之地，浑沌待之甚善。儵与忽谋报浑沌之德，曰：‘人皆有七窍，以视、听、食、息；此独无有。尝试凿之。’日凿一窍，七日，而浑沌死。”

② 《庄子·知北游》。原文为：“物物者非物”，“物物者与物无际；而物有际者，所谓物际者也；不际之际，际之不际者也”。

已经长久地遗忘了生活,遗忘了最本源、最本真的生活情境——共同生活、共同存在。

五

还有一点是特别有意思的,就是这个存在的“存”字,还有一种古老的用法。通过解释这种用法,我要引到我今天要讲的“爱”这个题目上来。“存”字的这种用法,许慎解释说:“存,恤问也。”这是“存”字的最早的语义之一,它在现代汉语的一个词语里保留下来了,那就是我们经常说的“温存”这个词。所谓“恤问”,就是温存地问,就是为之不安、为他感到担忧地问[①],比如“问安”“慰问”等。所以,古代还有一个常用词语,叫做“存问”。总之,“存”字既是存在、生活的意思,又是温存的意思。存在就是温存,很有意思吧?

但问题是:你为什么这样温存?你为什么为他担忧?这是很简单的:因为你爱他嘛。这种爱,儒家叫做“仁”——仁爱。仁爱这样的情感,我称之为“生活情感”。在生活的本源情境中,这种仁爱情感显现出来。所以,生活就是仁爱,存在就是温存。这是儒家的一个非常重要的思想,极其核心的思想。所以,我的导师蒙培元先生才讲:儒家的哲学其实就是“情感哲学”。[②] 他把情感看作存在层面上、本源层面上的一种事情。

这种生活情感属于作为存在本身的生活本身,这种情感就

---

① 许慎:《说文解字 · 心部》:“恤,忧也。”

② 参见蒙培元:《情感与理性》,中国社会科学出版社 2002 年版。

是生活的显现、存在的显现。用现象学的话语来讲,生活本身不是个东西,生活情感也不是个东西,也就是说,不是个存在者。生活是显现,情感是显现。然而这种显现并不是说的它背后有一个东西,然后显现出来成为现象。现象背后一无所有,现象就是显现本身。这种显现,对于儒家来说就是生活的仁爱情感。

当然,情感的种类很多了,古人有“七情”的说法:喜、怒、哀、乐、爱、恶、欲。但在儒家看来,爱是一切情感中最本源的情感。我这里给大家介绍另外一个现象学家,他是胡塞尔的“大弟子”、海德格尔的“师兄”,非常著名的马克斯·舍勒。他是一个多产的思想家,但影响最大的还是他的“情感现象学”。舍勒的情感现象学内容很丰富,我简单介绍一下他的思想要点。他把所有存在者所构成的这么一个世界看作什么呢?叫做“爱的共同体”,就像一句歌词所说的,“让世界充满爱”。在他的思想中,有两个最基本的价值原则,是他的情感现象学的基本原则:第一,情感优先于认知,因此价值优先于知识;第二,就情感本身来讲,爱优先于恨。① 或者换个说法,我用一开始我解释过的“奠基性”概念来说,舍勒用一种非常现象学的方式证明了这样两个基本原则:第一,知识,包括科学,是被情感奠基的;第二,就情感本身来讲,恨是被爱奠基的。若是用我的“生活儒学”的话语来讲,情感是比知识更加“本源”的事情,爱是比恨更加“本源”的事情。

当然,舍勒是用的一种先验现象学的方法来论证的,而且

---

① 参见舍勒:《爱与认识》《爱的秩序》,林克译,刘小枫选编:《舍勒选集》,上海三联书店 1999 年版。

他的现象学具有强烈的基督教背景,这是我所不能同意的。他把整个世界这么一个“爱的共同体”看成是由若干“人格”构成的一个金字塔结构,这是一种人格主义,而他所说的这个“人格”,不是心理学意义上的,而是基督教意义上的 Person 或者 Hypostasis,这个词语是从基督教的“位格”这个词语来的。[①] 这就是说,这个“爱的共同体”,它有一个终极的保障者,那就是上帝、上帝之爱。但是,儒家是不会同意他这样的说法的,孔夫子不会这样讲。孔夫子是“子不语怪力乱神”的[②],是“敬鬼神而远之”的[③],孔夫子只讲最真诚的生活情感。

不过,舍勒论证的那两条原则,跟儒家的想法倒是相通的,在儒家看起来,事情也是这样:情感一定优先于认知,爱一定优先于恨。我给大家举个例子,“四书”里面有一个叫《中庸》的文本,是讲什么的呢？就讲一个“诚”字。但我们今天通常误解《中庸》:一看到“诚”,就是讲“诚信”,就把它理解为一个道德原则,一个形而下学的原则,那是大错而特错的。“诚”是一种形而上的甚至比形而上更加本源的事情。我刚才讲了,不管是知识论、科学,还是伦理学、道德,那都是形而下学的事情。什么叫形而下学呢？就是处理的众多相对的存在者之间的关系,形而下的存在者之间的关系。而《中庸》所讲的“诚”,在儒家的话语中,因为是在轴心时期(《中庸》这个文本相传是子思子所作的),它有两种基本含义:一是唯一绝对的形而上的存

---

① 舍勒:《伦理学中的形式主义与质料的价值伦理学》,倪梁康译,生活·读书·新知三联书店 2004 年版。

② 《论语·述而》。

③ 《论语·雍也》。

在者；[1]二是有一种更为本源的意义，是指的一种作为存在本身的生活情感本身，简单来说，就是本源性的爱。这种爱是先于存在者、先于任何物的，这种爱是一切存在者、一切物的本源所在。所以，《中庸》里面有一个很著名的、非常重要的表达："不诚无物。"这就是说：如果没有诚，或者这样来说吧，如果没有真诚的爱，就没有任何存在者的存在。这就是儒家的一个最核心最基本的观念——爱的观念。简单来说，就是爱不是个东西，不是个存在者，那是什么呢？就是存在本身。在中国人的话语中，这个存在本身也就是生活本身、生活情感本身。这是第一。第二，天地万物、一切存在者都是被爱、被诚所生成、所给出的，这就叫做："不诚无物"，而诚能够"成己""成物"[2]。所以，诚或者爱，就是儒学的"大本大源""源头活水"，就是儒家的最本源的奠基性观念。

六

这就是儒家的最基本的观念。可能你们觉得还不是太理解，我再举些例子，其实是很好懂的，只要你在生活着，你有情感，你就会懂的。爱有各种各样的"显现样式"，比如说，母爱啊，友爱啊，爱情啊，等等，都是爱的显现样式。

就拿母爱来说吧，两千年来所形成的习惯性的形而上学思维方式，是这样来理解、表达的：有一个母亲，有一个孩子，然后

---

① 《礼记·中庸》："诚者，天之道也"；"中也者，天下之大本也"。

② 《礼记·中庸》："诚者，非自成己而已也，所以成物也。"

呢,这个母亲对这个孩子有了一种感情,我们把这种感情命名为“母爱”。我们总是很难摆脱这样的形而上学的思维方式,似乎先有母亲、孩子,先有主体性存在者,然后才有母爱这样的感情,才有存在本身、生活本身。这完全把事情弄反了,本末倒置。而我会这样来表达:没有母爱,母亲不在。或者这样说吧:没有母爱的显现,就没有母亲。这就是说,先有存在、生活、母爱这样的生活情感,然后才有母亲、孩子这样的存在者。母亲这样的存在者是被母爱生成的,而不是相反。或者这样说吧:如果母爱这样的情感尚未显现,那么这个女人就不配称为“母亲”。没有母爱,她根本就不是个母亲,她根本就不成其为一个母亲,她作为母亲这样一种主体性存在者尚未被给出。这也就是所谓“不诚无物”,而诚“成己”“成物”。

我再举个例子。有人问一个做母亲的:“你为什么爱你这个孩子呢?”这是荒诞的问题!这个问法是典型的“透过现象看本质”,就是预先设定了母爱这样的“现象”背后另有“本质”、另有企图。这就是两千年来的习惯性的形而上学思维方式。母亲为什么爱孩子?当你这样问的时候,你已经把母爱视为了一种手段,它背后另有目的。但事情本身是:为什么要爱?她不为什么。这就是我刚才讲的现象学的一个基本观念:现象背后一无所有。情感就是现象,同时就是本质;然而既然现象背后没有所谓本质,那也就无所谓现象还是本质了。

爱情也是这样的,男女之间的爱也是爱的一种显现样式。而我们习惯于形而上学的思维方式,会这样来表达:有一个男同学,有一个女同学,然后因缘巧合,他们遭遇了,发生了一种感情,我们把它命名为“爱情”。这好像很符合经验事实,是吧?但我会说:这也是本末倒置,完全把事情说反了。因为在爱情这样的事情当中的主体性存在者,不是抽象的,人也不是抽象的,不是我们所说的什么“男同学”“女同学”,而是具体的“爱人”,或者叫做“恋人”。反过来讲,爱人或者恋人才是爱情当中的主体性存在者,而我们要问的是:这样的主体性存在者何以可能?那是由存在本身生成的,即由作为生活情感的爱情生成的。如果爱情本身没有显现,那么爱人尚未诞生。恋人作为主体性存在者,是被爱情所给出的,而不是相反。

如果是相反的,设想先有某种主体性存在者,然后他们之间“创造”一种爱情什么的,那就很成问题了。当然,这倒符合某种情形,比如俗话说“男大当婚,女大当嫁”,于是通过别人给介绍一个朋友,两个人开始谈对象。“谈对象”这个说法倒是很准确:一个男同学认识了一个女同学,但这个时候是没有爱情的。没有感情的时候去“谈”,所谈的当然就是一个“对象”,一个 object,一个客体:这个时候,你就会把这个女人或这个男人作为一个对象去打量、去认识、去分析研究,从内到外地衡量一番条件,看看是否般配啊什么的。但这一切都是知识化的、认知性的考量,而不是爱情,与情感无关。

七

所以,“谈恋爱”与“谈对象”是不同的。恋爱根本不需要“谈”,尽管在恋爱中我们总是在“谈”。这也是一种现象学观念,其实也是中国本土的一种观念。用海德格尔的话来说:这不是人在说话,而是话在说人。[1] 这是什么意思呢? 我再举个例子。你不难观察到,恋爱中的男女会有两种非常极端的言说方式,是很有意思的。

第一种典型情境:通常是那个男同学,他非常激动,在那里滔滔不绝、喋喋不休,说个不停。那个女孩突然问他:"你说什么?"他会一愣:"啊,我说什么?"是啊,他什么也没有说。他说了"什么"并不重要,重要的是他在"说"。这其实是对 20 世纪的科学语言学和语言哲学的一种颠覆:作为情感显现、存在显现的言说方式,是"言之无物"的。而科学的语言学的观念,比如索绪尔的语言学观念却是:语言是符号,符号有能指、所指,这个所指指向语言以外的某种客观对象或者意义。[2] 然而作为生活情感显现的言说方式,是无所指的。这种无所指的、"言之无物"的言说方式,才是最本真的、最本源的话语。用国学大师王国维的话说,诗词的最高境界乃是"无我之境"。何为"无我之境"? 就是"不知何者为我,何者为物"。[3] 而我们知道,诗词恰恰是情感的表达、情感的显现。然而这里既没有"我"、没有主体性存在者,也没有"物"、没有对象性存在者;这里根本没有"主—客"架构,根本就没有存在者——无物存在,只有存在本身。这种言说方式不是作为什么"符号",而是情感本身的显现;这种言说方式并不指向情感以外的什么对象或

① 海德格尔:《语言的本质》,《在通向语言的途中》,孙周兴译,商务印书馆 1997 年版。

② 参见索绪尔:《普通语言学教程》,高名凯译,商务印书馆 1999 年版。

③ 王国维:《人间词话》,滕咸惠校注:《人间词话新注》(修订本),齐鲁书社 1986 年版,第 33 页。

者“意义”，因为情感本身、言说本身就是意义。

热恋中的男女还有另一种典型的情境：相顾无言。这也是一种最本真的言说方式。这种言说方式，用海德格尔的话来说，叫做“道言”：大道的言说。[①] 大道之言说，乃是无声之宁静，然而传达着许多许多的消息。有恋爱经历的都人知道，这就叫做“此时无声胜有声”。其实这也是在说话，并且是在倾听。但是，这样一种说话，不是人作为主体在说话，不是作为存在者在表达一种意图，而是“话在说人”。这“话”就是海德格尔所说的“道言”，就是孔子所说的“天命”，其实就是生活情感的显现。而我们之所以能够生活、能够说话，就是因为我们总是在倾听着大道之言说，倾听天命，倾听生活。

大道之言说，在汉语中就是“活”这个字的意思。生活之“活”，是一个形声字：右边的“舌”是声旁，可以不管它；左边的“三点水”是形旁，是这个字的含义，我们查一查许慎的《说文解字》，他解释说：“活，水流声。”生活之“活”原来是指的水流的声音。那么，你们可能感到奇怪：中华民族的远古先民，他们为什么会想到用“水流声”这么一个意象来表示我们的“生活”？这实际上是一种本真的生活领悟，传达着一个非常重要的观念：我们要想“活”下来，就得首先倾听这种“水流声”——倾听大道的无声的言说，倾听天命，倾听生活。生活、生活情感的显现，那是无声的，但你必须倾听；不倾听，你就不能活。

大道之言说，在中国叫“命”或者“天命”。所以，孔夫子讲“君子有三畏”，第一个就是“畏天命”。[②] 所谓“畏天命”，说的

---

① 海德格尔：《语言的本质》，《在通向语言的途中》。

② 《论语·季氏》。

是怀着敬畏、诚敬的心情倾听生活、倾听存在本身。能够很好地倾听生活并且言说生活的人,那就是圣人。“圣”字的甲骨文就是这样写的:一个人,有一只大大的耳朵,还有一张大大的嘴巴。这只耳朵不仅善于听“人言”,而且善于听“道言”,听“天命”,听存在本身,其实就是倾听生活情感,倾听仁爱情感。

比如我刚才讲的,有人问一个母亲“为什么爱你的孩子”。这个母亲千万不要听他的,不要听这种语言。假如这个母亲听了他的话,那就糟糕了,她就会想:是啊,我为什么会爱这个又丑又笨的娃娃?养儿防老吗?这样一想的时候,这个母亲立刻就从最本真、最真诚的本源情境当中跌落出来,落入一个“主—客”架构当中:她作为一个主体挺立起来,而她的孩子则作为一个对象,一个被她判断、被她审视的东西,她就开始认识他、改造他。这里还有母爱吗?再也没有了。所以,这个母亲只须倾听一件事情,那就是生活,那就是生活情感,那就是作为生活情感的爱。

这就是儒家的观念:倾听爱。比如孟子,他说人人都有“恻隐之心”,就是真诚的仁爱之心,举例说,有一天,忽然遇见这样一种生活情境:眼看一个小孩马上就要掉到井里了,你心里面不禁“咯噔”一下,就会不假思索地采取行动。① 这个时候,我们实际上首先倾听到了“天命”,这样的天命叫做“良知”或者“良心”。② 这么一种声音,当然是听不见的,但实际上你却能够听见:你所听见的不是人言,而是道言,就是无声的天命,就是良知、良心。此时此刻,你只是倾听你的“恻隐之心”

① 《孟子·公孙丑上》。

② 《孟子·尽心上》。

这样一种情感的呼唤。

这样的情感，就是一切的一切的大本大源，儒学的全部的理论建构，都从这里开始。这样的源头活水，孟子的原话叫做“源泉混混，不舍昼夜”①。孟子其实是在解释孔子的话，孔子的那番话大家都很熟悉，但一般都错误地理解了。《论语》上记载：“子在川上曰：‘逝者如斯夫，不舍昼夜。’”②以前的解释，以为孔子是在感叹时间过得太快，时不我待，要抓紧时间做事情。其实不然，孔子不是这个意思。孟子的解释比较符合孔子的原意，“源泉混混，不舍昼夜”是说的生活情感，如我经常所讲的：生活如水，情感如流。我们就是要倾听这样的“流水声”。儒家思想如此，道家思想也是这样的，老子也这样讲：“上善若水。”③他特别欣赏水。孔子也是这样，一见到水就说：“水哉！水哉！”④用现在的话来讲就是：“水啊！水啊！”再没有其他的话了。水究竟怎么样嘛？不怎么样。你不能去解释，一解释就把它具体化、对象化、存在者化了。

八

我今天给大家讲这么一个“爱”字，是希望大家记住两点：

第一，儒家的思想博大精深，在于有着丰富的观念层级性：有形而下学，有形而上学；更有其本源性的言说，这才是最重要

---

① 《孟子·离娄下》。
② 《论语·子罕》。
③ 《老子》第八章。
④ 《孟子·离娄下》。

的。儒家的这个最本源、最核心的思想,其实就是一个“爱”字。所以,我的希望是:我们不要遗忘了最真诚的爱。

第二,我想说的是:这样的爱绝非事不关已的,而是我们自己的最切己的事情。我经常讲一句话——“最远的就是最近的”,是什么意思呢?“最远的”是说:我们长久地遗忘了存在,遗忘了生活,遗忘了最真诚的爱;我们“离家出走”,已经走得太远了,现在我们应该回去。回哪里去呢?我们要通过解构两千多年来的形而上学,而回到轴心时期甚至前轴心期,也就是回到人类最本源的状态;在中国来讲,那就是回到诸子百家之前、“绝地天通”之前的那么一种天地人神“杂糅”“共在”、共同生活的和谐的本源情境当中。① 这从经验的时空来讲,当然是最远的地方;但实际上,这恰恰是“最近的”地方,就是我们的当下的生活、当下的生活情感。我们每一个人,按照儒家的观念,都是被这样的生活情感所生成、所给出的,只不过你的本真状态往往总是被遮蔽了:你被“茅塞”了,这是孟子的说法;或者用荀子的话来说,你被“物蔽”了。你现在需要做什么呢?就是“解蔽”,就是使你自己“茅塞顿开”,也就是回到你自己的最真诚的爱之中。

所以,我今天所讲的实际上是一个很现实的问题,是跟在座的各位息息相关的事情。当你们坐在这儿的时候,你们每一个人的父母可能正在想念着你、思念着你。没准儿,待一会儿你妈就会打电话来。她是在爱之中,是在生活的本源情境之中。那么我问大家:你们多久才给你老爸、老妈打一次电话?

① 黄玉顺:《绝地天通——天地人神的原始本真关系的蜕变》,《哲学动态》2005 年第 5 期。

可能有的打得多一些,有的少一些。而有的会说:“我钱用完了就打。”你这就是“茅塞”“物蔽”了。我今天传达“爱”这么一个观念,希望你们待会儿回到寝室,首先就给家里打个电话。为什么呢?那就是我刚才所讲的:回到最近处,回到你的当下,回到你的最真诚的爱之中。

符号的诞生*

——中国哲学视域中的符号现象学问题

符号学的“正宗”似乎应该属于索绪尔(F. de Saussure)结构主义传统,这正如罗兰·巴尔特(Roland Barthes)所说:“符号学……它来自索绪尔:‘我们可以设想有一门研究社会生活中符号生命的科学……我们称之为符号学。’”①这个传统又以一种变式而延续到德里达(J. Derrida)解构主义乃至整个后现代思潮。但实际上,当代几乎所有重要哲学派别的研究都涉足符号问题,他们往往也都有自己的符号学。其中最引人注目的,除语言分析哲学的符号理论以外,就是现象学的符号学。对此,现象学创始人胡塞尔(E. Husserl)在其划时代的名著《逻辑研究》中进行了系统的探索,其成果不仅对整个现象学运动,而且对当今的符号学和语言学研究产生了广泛重大的影响。而我们的问题是:当这种现象学符号学的影响传至中国而与我们的哲学传统相遭遇时,将会发生怎样的解释学事态?一

---

* 原载《中山大学学报》2009 年第 3 期;中国人民大学复印报刊资料《中国哲学》2009 年第 8 期转载;收入作者文集《儒家思想与当代生活——“生活儒学”论集》,光明日报出版社 2009 年版,第 217—236 页。

① 罗兰·巴尔特:《符号学原理·引言》,王东亮等译,生活·读书·新知三联书店 1999 年版,第 1 页。

种“中国符号学”将会怎样在这种解释情境之中浮现出来？

一

这自然使我们想到“中国哲学中的符号学思想”这个问题。不过，疑问也就随之产生：中国哲学传统何来所谓“符号”（Sign）这个概念？话虽如此说，但中国哲学却也不乏符号的观念。我们这里将严格区分“概念”（concept）与“观念”（idea）。一个概念必定是一个观念，但一个观念未必就是一个概念。概念总是与词语相关联的，或者说，概念作为一个词语的所指，必须在与这个词语的能指方面结合之后，才成其为概念；而观念则不然，当其未结合于词语时，它绝不是一个概念。所以，一个由语言以外的符号所传达的观念，就绝不是什么概念。这就是说，概念总是由语言符号来传达的，而观念则可以由语言之外的符号来传达。不仅如此，观念甚至可以根本就与任何符号无关，而是前符号性的。例如老子的“道”固然可以被视为一个已经被言说并被书写为符号的概念，但那恰恰不是作者心目中那不可“道”（言说）的道，即不是作者所领悟的“道常无名”①的观念本身。按照胡塞尔的现象学，我们可以在直观中获得一个观念。然而假如我们起初却无以言表之，或者我们始终都不以言表之，那就是一个非概念、前概念的观念了，甚至是一个非符号、前符号的观念了。当然，我们后来可能使之概念化，亦即语言符号化，但这恰恰表明：概念乃是被观念奠基的，符号也是

① 《老子》第三十二章。

被观念奠基的。

所以，我们可以讨论中国哲学关于符号的观念。但须注意，这里所谓“观念”不仅仅是指的西方柏拉图以来的哲学，例如胡塞尔现象学的“观念”（idea）概念，而是有其更为普泛的语义，尤其是具有汉语“观—念”的语义。本来，我们将 idea 译为汉语“观—念”，这就已经具有了解释学意味，因为“观”与“念”本来就是中国哲学的重要概念。① 这里涉及汉语与西语之间的“可对应性”与“非等同性”问题，兹不赘述。②

说到中国哲学的符号观念，这恐怕立即会使我们想到《易传》中的一段记载：

> 子曰：“书不尽言，言不尽意。”然则圣人之意，其不可见乎？子曰：“圣人立象以尽意，设卦以尽情伪，系辞焉以尽其言。”③

这段后来引发了著名的“言意之辨”的记载，所谈的本来是“易道”（圣人之意）与“《易》之为书”（《周易》古经）之间的关系。《周易》中有两种符号系统：“立象”“设卦”是指的卦爻象（卦画），这是语言文字之外的狭义符号系统；“系辞”是指的

---

① 参见黄玉顺：《爱与思——生活儒学的观念》，四川大学出版社 2006 年版，附论一《汉语“观念”论》。

② 参见黄玉顺：《爱与思——生活儒学的观念》第一讲第一节《等同与对应：定名与虚位》。

③ 《周易·系辞上传》。

卦爻辞(筮辞),这是语言(言)文字(书[①])的符号系统;合起来说,它们都是符号。所以,孔子与弟子所议论的正是我们这里的话题:符号。议论中所提到的"言""书""象""卦""辞"等,作为概念,无不包含着符号的观念,而且这些观念本身也都已经被表象为语言符号了。而"书不尽言,言不尽意"则意味着:"书"(文字)、"言"(语言)的符号不能穷尽观念;下文还将表明,即便继而"立象""设卦""系辞",所有的符号仍然不能穷尽观念。总之,符号不能穷尽观念。

二

胡塞尔所开创的现象学符号学涉及许多课题,其中最根本的问题是:符号究竟是奠基性的(foundational / fundierend),还是被奠基的(founded / fundiert)? 如果是被奠基的,它是如何被奠基的? 换一种问法:符号行为是如何可能的?[②] 于是我们首先必须回答一个问题:何谓"奠基"? 奠基乃是胡塞尔现象学的一个基本概念。他在《逻辑研究》第二卷中给出了一个经典的形式定义:

如果一个 α 本身本质规律性地只能在一个与 μ 相联

① 这里"书"应该指《尚书》那样的东西,否则,系辞也是"书",那就与"系辞尽言"矛盾了。

② "如何可能"这样的问法,在康德那里正是奠基问题。例如,"形而上学如何可能?"那就是追问形而上学的基础,亦即形而上学是如何被奠基的?

> 结的广泛统一之中存在，那么我们就要说：一个 α 本身需要由一个 μ 来奠基。①

也可以更为通俗地说：如果 B 存在，当且仅当 A 存在，那么，A 是为 B 奠基的，或曰 B 是被 A 奠基的。μ 和 α 或者 A 和 B 之间就是一种奠基关系（relationship of founding / Fundierungsordnung）。在胡塞尔那里，这种奠基关系不仅仅是纯粹逻辑的形式的蕴含关系，而是一种关乎“存在”（Being / Sein）的实质构造。这种构造关系作为先验建构（transzendental Konstitution），所涉及的乃是内在于纯粹先验意识的作为主体的意向活动（Noesis）与作为对象的意向相关项（Noema）之间的关系问题，即意向性（Intentionalitaet）问题。因此，这里的“存在”所指的不是所谓“不以人的主观意识为转移的客观实在”，而是纯粹意识的意向性存在，或者如前引《周易》所说的“易道”之“意”的存在，是一个被构造的意义世界，即胡塞尔所谓“生活世界”（Lebenswelt）的存在。在现象学看来，我们存在（sein、ist）、生存（existieren）于其中，而被我们的语言、符号所表象的，正是这样的生活世界。

按照胡塞尔现象学，我们可以这样切入关于符号的奠基问题：

为了找到作为知识的绝对基础的自明的出发点，并避免陷入“认识论困境”②，我们必须实行现象学的还原（Reduktion），

---

① 胡塞尔：《逻辑研究》第二卷，倪梁康译，上海译文出版社 1998 年版，第 285 页。

② “认识论困境”是经验主义认识论所必然遭遇的困境：内在意识如何可能确证外在实在？它又如何可能穿透意识、切中这个外在实在？

首先是对关于一切外在的客观实在（世界、上帝乃至自我）的存在设定的悬搁（Epoché），即是对外在超越物（Transzendenz）的排除。排除之后并非一无所有，这里实际上还存在着（sein）现象学还原的剩余物（Residuum），即纯粹的思、纯粹意识本身。显然，这是对笛卡尔“我思故我在”（cogito sum）进路的现象学纯化，即彻底的先验化。而我们知道，中国哲学中的道家、儒家（尤其是其正宗的心学）的形而上学建构正是先验哲学（但不仅是先验哲学，还有更其本源的视域），这就为我们进行现象学与中国哲学的比较提供了一个平台。

然而当所有的外在超越物都被悬搁起来之后，认识行为如何可能？意识总是关于某物的意识，亦即总是关于某个对象的认识，那么，这个对象如何可能？更通俗地发问是：这个对象存在于何处？其回答是：思必有其所思，既然意识总是指向某物的，那么这种指向性就是意识的本质：意向性（Intentionalitaet）。先验意识行为本质上是意向活动，它的内在结构是：一方面是思、意识行为，即意向活动本身；另一方面是思之所思、意识之所指向的某物，即意向相关项。注意，这是纯粹意识的内在的而非外在的结构；这就是说，意向相关项作为对象、客体，本质上不过是这种意向活动的构造（Konstitution）。这一点犹如儒家心学泰斗王阳明所说：什么是物？“意之所在便是物。”①

意识行为的这种意向性构造，叫做“客体化行为”（objektivierender Akt），就是意识首先设置自己的客体对象。

① 王守仁：《传习录上》。参见黄玉顺：《儒家良知论——阳明心学与胡塞尔现象学比较研究》，《面向生活本身的儒学——黄玉顺“生活儒学”自选集》，四川大学出版社2006年版。

所有的意识行为区分为客体化行为与非客体化行为。客体化行为指所有的认知性意识活动，如表象、判断等，它们具有构造对象的作用；非客体化行为则指所有的价值性意识活动，如情感、意愿、评价等，它们并不具有构造对象的作用。显然，认知性的客体化行为对于价值性的非客体化行为来说是奠基性的，否则后者缺乏对象。进而，一切认知性的认识行为、价值性的情感行为都是奠基于这种客体化行为的。于是，外在的认识对象现在转变成为内在的意识因素：作为对象的意向相关项并不是外在超越物，而是内在意识的客体化行为的结果。这就犹如孟子所说："万物皆备于我矣。"①此时，外在超越物被彻底地内在化了。

客体化行为对意向相关项的构造，这是意识活动的立义（Auffassung）功能，即赋予在我们意识体验中原初具有的感觉材料（立义内容）以一个意义，这个意义就是被我们所构造的意向对象。但是，对象客体的确立同时就是主体的确立；而主体、客体的同时确立，乃是为其他一切意识行为奠定基础的。在这个意义上，所谓"立义"（确立客体）与儒家心学所说的"立心"（确立主体）是可以对应的：我们必须首先确立作为先验主体意识的"本心"（孟子）；而"万物皆备于我"则意味着：对象只不过是本心的内在因素。所以，孟子强调："先立乎其大者（大体、本心）"，亦即确立作为主体的本心；而这是"思"（纯思）的事情，"思则得之，不思则不得也"。② 主体（心）和对象（物）同时是"思"的构造。

---

① 《孟子·尽心上》。

② 《孟子·告子上》。

立义活动有立义内容(Auffassungsinhalt)和立义形式(Auffassungform)两个方面。立义内容就是上述的我们意识体验原初具有的感觉材料;立义形式实质上是意识的构造方式,它决定着"对象究竟是单纯符号性地、还是直观地、还是以混合的方式被表象"①。这就是说,基本的立义形式分为两种:直观的,符号的。于是,根据意识行为的立义形式,客体化行为分为直观行为(intuitiver Akt)与符号行为(signitiver Akt/Signifikation)。这样,"通过一个基本的划分,客体化的意向分成符号意向和直观意向",由此,"我们现在将单纯直观行为的情况与单纯符号行为对置起来"。② 这种对置表明,直观的结果是先于并且始终可以独立于符号之外的。类似的思想在中国哲学中也是存在的。例如玄学家说:

> 盖理之微者,非物象之所举也。今称"立象以尽意",此非通于象③外者也;"系辞焉以尽言",此非言乎系表者也。斯则象外之意、系表之言,固蕴而不出矣。④

作为纯粹观念的"象外之意"乃是直观的直接结果,它不必,有时甚至也不能诉诸符号,所以,老子才讲"绳绳不可名,复归于无物""大音稀声,大象无形"。⑤ 根据这个思想,中国传

---

① 胡塞尔:《逻辑研究》第二卷,第 92 页。

② 胡塞尔:《逻辑研究》第二卷,第 52、195 页。

③ 原文作"意",此据文义校改。

④ 何邵:《荀粲传》,《魏志·荀彧传》注,转引自《哲学大辞典·中国哲学史卷》"言不尽意"条,上海辞书出版社 1985 年版。

⑤ 《老子》第十四章、第四十一章。

统美学追求“言外之意”“弦外之音”“不着一字,尽得风流”等等。

三

于是,我们现在切入了胡塞尔现象学的符号理论。在直观行为与符号行为之间,存在着奠基关系:直观行为是为符号行为奠基的。当然,在一个符号系统或语言系统内部也有奠基关系的问题,例如,“断言陈述的主语环节是一个奠基性的行为(主语设定),在这个行为上建立起谓语设定,对谓语的肯定或否定”①。但这些并不是我们这里所关注的问题;我们所关心的是直观行为与符号行为之间的奠基关系。

直观行为的立义形式是直观性的,它包括感知与想象,而归根到底是感性直观(sensuelle Anschauung)或者个体直观(individuelle Anschaung)(这里所谓“感性直观”不是经验论的感性直观,而是现象学的感性直观)。而符号行为的立义形式则是符号性的,符号行为就是以符号意向为行为特征的意识行为,所谓符号(sign/Zeichen)就是符号意识(Zeichenbewuβtsein)或者符号行为(signitiver Akt)的现象。由于客体化行为作为表象(Vorstellung),又分为本真的(eigentlich)表象和非本真的(uneigentliche)表象,所以,符号意识便属于非本真表象。关于

① 胡塞尔:《逻辑研究》第二卷,第 440 页。主语的奠基性与“预设”(presupposition)理论有关:一个陈述的主语首先是对这个主语的指称(reference)对象的存在设定。

符号的非本真性，我们在中国哲学中可以找到印证。例如道家以“道”为“真”，以“得道”为“真人”，而“道”既不能得之于外在经验的观察，也不能得之于内在逻辑的思考，而只能得之于类似现象学式的直观：“不出户，知天下；不窥牖，见天道。其出弥远，其知弥少。是以圣人不行而知、不见而明。”这是通过“涤除玄览”“微妙玄通”亦即先验直观得到的。① 这种直观所要求的是“无前设性”（Voraussetzungslosigkeit）、“无成见性”（Vorurteilslosigkeit），要求“面向事情本身”（Zur Sache selbst），亦即老子所说的“以身观身、以家观家、以乡观乡、以国观国、以天下观天下”②。

虽然胡塞尔对直观行为和符号行为的划分是在《逻辑研究》（1901），而对本真表象和非本真表象的划分则主要是在《纯粹现象学与现象学哲学的观念》（1913），但这两种理论划分之间是存在着逻辑的因果联系的：“当人们谈及本真表象与非本真表象的对立时，人们所看到的通常是‘直观’与‘符号’的对立”；“非本真的思维行为就将会是……符号行为”；“本真的思维行为就将会是……直观”。③ 这就是说，符号行为之所以是非本真的，是因为它与本真的直观行为的下述差异，从而是由直观行为奠基的：

（1）符号行为本身没有自己的感性材料，亦即没有自己的立义内容，所以，它必须借助于直观行为的感性内容，从而为直观所奠基。这是因为，符号是一种有含义（Bedeutung）的表述

---

① 《老子》第四十七章、第十章、第十五章。

② 《老子》第五十四章。

③ 胡塞尔：《逻辑研究》第二卷，第196—197页。

(Ausdruck),包括两个方面:一方面是所谓“纯粹符号”,指在一个表述中的物理体验,即一个表述所具有的物理方面,如说出的语音现象、书写的笔画现象等;另一方面是符号的含义,指在一个表述中的心理体验,即一个符号所具有的意指(Meinung)方面。① 这似乎是与索绪尔对“能指”(signifier / signifiant)与“所指”(signification / signifié)的划分对应的,但实质上不同:索绪尔的“所指”类似于弗雷格(Gottlob Frege)的“含义”(Sense / Sinn)与“指称”(Reference / Bedeutung)②,能指与所指两方面都有着肯定外在的客观实在的意味;而在胡塞尔现象学,这种外在于纯粹意识的客观实在,正是应被悬置起来的超越物,或者仅仅是在意识活动中的被奠基物——意向相关项,即是被构造出来的:“在前一种行为中,一个表述作为感受的语音而被接受、被构造,而在后一种行为中,所构造的则是含义。”③“前一种行为”指直观行为的“物理体验”,其实就是对能指的构造;“后一种行为”指直观行为的“心理体验”,其实就是对所指的构造。

纯粹符号及其含义这两个方面都必须具有立义内容或感性材料,而这种立义内容或感性材料都不是纯粹符号本身所具有的,而是直观行为提供的。例如“纸”这个词语,有纯粹符号和含义两方面:就其纯粹符号方面来看,它必须有一种说出的语音“zhǐ”、写出的笔画“纸”才能成立,而这两者首先都必须通过直观来把握;就其含义方面来看,它本身不能提供任何关

---

① 胡塞尔:《逻辑研究》第二卷,第 34 页。

② 弗雷格:《论涵义和所指》,肖阳译,马蒂尼奇主编:《语言哲学》,商务印书馆 1998 年版。

③ 胡塞尔:《逻辑研究》第二卷,第 442 页。

于纸的感性材料，我们从“纸”这个符号中是既听不到也看不到任何纸的，这种感性材料也必须由直观行为提供。在这个意义上，并不存在所谓“纯粹的符号行为”。这就表明，符号行为的非本真性在于其被奠基性，即是被直观行为奠基的。用中国哲学的话语讲，假如没有“圣人之意”，就谈不上“言”“书”“象”“卦”“辞”等符号；[1]假如没有不可“道”的“常道”（先验观念），也就谈不上“可道”的“道”（言说）[2]。

（2）进一步说，在符号行为中，上述纯粹符号与其含义之间的联系乃是任意的、偶然的。“一个符号意向的特殊本质就在于，在它那里，意指行为的对象和充实行为的对象（例如在两者现实统一之中的名称与被指称之物）相互间‘没有关系’”；“符号在内容上大都与被标识之物无关”。[3] 例如，树这个质料种类与“树”这个语音或者笔画的本己种类之间的联系是偶然任意的，汉语谓之“树”，英语谓之“tree”，其他语言符号系统又有其他的语音笔画形式。“在质料和被代现者之间的符号代现所建立的是一个偶然的、外部的联系，而直观代现所建立的则是一个本质的、内部的联系。在前一种情况中，偶然性在于，可以想象在同一个符号行为上附加任何随意的内容。符号行为的质料只是需要一个支撑的内容而已，但我们并不能发现在它的种类特殊性和它的本己种类组成之间有必然性的纽带。”[4]这似乎也是类似于索绪尔所说的能指与所指之间联系的任意性的，但其实质区别仍如上述。在这个意义上，符号

---

① 《周易·系辞上传》。

② 《老子》第一章。

③ 胡塞尔：《逻辑研究》第二卷，第 54、52—53 页。

④ 胡塞尔：《逻辑研究》第二卷，第 89 页。

行为的非本真性，在于其象征性（Symbolischkeit），“与‘符号的’同义的是‘象征的’”①。而这种象征性，出于一种“约定”。

胡塞尔在其前期《逻辑研究》中不可能谈到“约定”问题，因为这必然涉及后期才有的“主体间性”（Intersubjektivitaet）问题，但是，符号的任意性、象征性必然逻辑地导向约定问题。而在中国哲学中，我们知道，儒家的荀子对此是有深刻论述的：“名无固宜，约之以命，约定俗成谓之宜，异于约则谓之不宜。”②在儒家思想中，对“正名”有两种立场：一种是以实正名，使“名副其实”，即符号（名）符合于、奠基于客观实际（实），类似庄子所谓“名者实之宾也”③，但这并不是胡塞尔的先验实际，而是经验实际。另外一种是以名正实，使“实副其名”，即客观实际（实）符合于、奠基于符号（名），犹如韩非所谓“循名而责实”④。在这种情况下，就会引出一个问题：此“名”既然先行于“实”，那么，这种名之符号又是被奠基于什么的？其答案恐怕只能是一种观念实际，类似于冯友兰所说的“真际”⑤；我们知道，这正是儒家心性论的基本观念。这种观念实际不是经验直观给予的，而是先验直观给予的。两种实际都是为直观所把握的，区别在于一种是经验直观，而另一种是先验直观。但总而言之，非本真的符号总是被奠基于本真的直观的。所以董

---

① 胡塞尔：《逻辑研究》第二卷，第 431 页。

② 《荀子·正名》。

③ 《庄子·逍遥游》。

④ 《韩非子·定法》。

⑤ 冯友兰：《新理学》，《三松堂全集》第四卷，河南人民出版社 1986 年版。

仲舒指出:“名生于真,非其真无以为名。”①

但荀子的“约定俗成”说还有其更深刻的意义:如果说“约定”必定是主体间的事情,那么“俗成”则不一定是主体性的事情。这取决于我们对“俗”的理解:那是主体的生存还是某种更其本源的前主体性的生活情境?但这一切都已经超出了胡塞尔的视域,我们在最后一节来讨论。

四

综上所述,显而易见,虽然在意向活动这个意识体验流(Erlebnisstrom)中贯穿着一系列的奠基关系,但终究存在着某种终极性的或者原初性的(ursprünglich)奠基,那就是直观(intuition / Anschauung)。②“直观”乃是胡塞尔现象学的一个中心概念:从研究对象看,直观是现象学的首要课题;从研究方法看,直观是现象学的“第一方法原则”“一切原则的原则”③。在这个意义上,现象学就是直观的现象学。在所有奠基关系中,存在着原初的奠基关系。原初性本质上是原初的自身所予性(Selbstgegebenheit),也就是说,具有终极原初性的东西就是具有原初的自身所予性的东西。这是胡塞尔现象学的“无前设性”的要求:原初所予的东西就是在存在上不依赖于任何存

① 董仲舒:《春秋繁露·深察名号》。

② 直观(Anschauung)与直觉(Intuition)在胡塞尔那里是完全同义的概念。

③ 胡塞尔:《纯粹现象学通论》,《纯粹现象学和现象学哲学的观念》第一卷,李幼蒸译,商务印书馆 1992 年版,第 84 页。

在设定的东西。胡塞尔认为,唯有直观才是原初的无前设性活动,它为其他一切意识活动奠基,当然也为符号活动奠基,即具有终极的奠基性。

先于任何名相的先验直观是原初奠基性的,这其实也是中国哲学传统中的一种基本观念,无论儒家还是道家都有这样的观念。老子认为,一方面是"道隐无名",而另一方面是由"玄览"而"玄通"①,而上文说过,玄览也就是先验直观。儒家哲学亦然。王阳明是儒家正宗心学的最高代表,据载:

> 先生游南镇,一友指岩中花树问曰:"'天下无心外之物';如此花树,在深山中自开自落,于我心亦何相关?"先生曰:"你未看此花时,此花与汝心同归于寂;你来看此花时,则此花颜色一时明白起来。便知此花不在你的心外。"②

这里对于花树的"看",类似胡塞尔所谓"现象学的看",亦即先验直观,它是最终的为物奠基的意识活动,舍此既无花树,更无所谓关于花树的语言符号了。

但这并不意味着符号行为是不重要的;相反,胡塞尔又指出,"在非本真思维的、单纯符号行为的领域中,我们自由地摆脱了所有范畴规律的限制","我们可以自由地将这些类型符号地联结为复合类型"。③ 艺术活动的符号行为就是这种自由的明证,在这个意义上,我们可以说艺术是一种"自由自觉的

---

① 《老子》第四十一、四十七、十、十五章。

② 《王阳明全集·传习录下》。

③ 胡塞尔:《逻辑研究》第二卷,第197、196页。

活动”(马克思语)。自然语言符号也是如此,“在语词中便单义地包含着某些符号意向,它们即使在‘相应的’直观(这当然是指充实的直观)不在场的情况下也可以复活。于是,与所有可能的第一性的和被奠基的直观相平行的是那个(可能地)表述着它们的第一性的和被奠基的含义系统”。[①] 我们可以设想一下中国的书法艺术,当我们完全抛开它的文字之符号含义而单纯地观赏其作为“纯粹符号”的文字本身时,这些文字符号仍然具有审美观念的意味,从而具有独立的艺术价值。

惟其如此,中国哲学非常重视语言符号的意义。纵然我们知道“书不尽言,言不尽意”,知道“象外之意”仍然“蕴而不出”,但我们仍然要坚持“立象以尽意”,“系辞焉以尽其言”。老子说“道”不可“道”,但他仍然要作“五千言”以“道”其“道”;禅宗虽然主张“不立文字”,但其“棒喝”之类的行为实质上也还是符号行为,而且最终还是要借助“文字禅”;儒家要收拾“礼坏乐崩”从而“名实淆乱”的局面,更首先就是“正名”[②]。这是因为,“理得于心,非言不畅;物定于彼,非名不辩”[③]。这些都表明了语言符号的重要性。但是,庄子有一段很著名的话:“筌者所以在鱼,得鱼而忘筌;蹄者所以在兔,得兔而忘蹄;言者所以在意,得意而忘言。”[④]后来王弼加以发挥:一方面,“夫象者,出意者也;言者,明象者也”;另一方面,“然

---

① 胡塞尔:《逻辑研究》第二卷,第 195 页。“第一性的直观”指感知,“被奠基的直观”指想象。就这两种直观而言,后者是被前者奠基的。

② 《论语·子路》。

③ 欧阳建:《言尽意论》,《艺文类聚》卷十九,转引自《哲学大辞典·中国哲学史卷》“言尽意”条。

④ 《庄子·外物》。

则忘象者,乃得意者也;忘言者,乃得象者也。得意在忘象,得象在忘言”。[①] 显然,这里论述的只是语言符号对于意义的有限的传达作用,更非纯粹符号的独立意义。而胡塞尔认为,纯粹符号是具有某种独立于意义的自由意义的。

但上文已经表明,胡塞尔更强调的是:这种单纯符号的自由意义终究不是原初奠基性的,而是被奠基的。然而这样一来,自由也就失去了存在论意义,而成了一个认识论问题了。这正是胡塞尔现象学存在着的一个根本问题。胡塞尔深刻明晰地揭示了意识现象中的奠基关系,尤其是直观行为对于符号行为的奠基关系,在这个问题上,胡塞尔似乎已经超越了西方的一个根本传统:语言、思维、存在的直接同一。[②] 但是,他毕竟仍然没有超出这个传统:归根到底,他的整个意识现象学本身就是非奠基性的,而只是被奠基的。这是因为,胡塞尔现象学是从“认识论困境”问题切入的,它是以“主—客”二元对置这个认识论的基本架构为前提的;还原(Reduktion)固然是现象学的前提,但现象学还原本身却又是以内在性(Immanenz)与外在超越物的划分为前提的,而这正是一种外在的“主—客”二元对置。更根本的问题是:这种先验的内在性源于笛卡尔式的“我思”(ego cogito),实质上也就是主体性,它属于海德格尔(Martin Heidegger)所批判的形而上学传统。[③]

在这个问题上,或许庄子的一种区分值得我们注意:

---

① 王弼:《周易略例·明象》。

② 参见黄玉顺:《语言的牢笼——西方哲学根本传统的一种阐明》,《四川大学学报》2002年第1期。

③ 参见海德格尔:《面向思的事情》,陈小文、孙周兴译,商务印书馆1999年版,第76页。

可以言论者，物之粗也；可以意致者，物之精也；言之所不能论、意之所不能察致者，不期精粗焉。①

假如按胡塞尔现象学来理解，那么，物之粗者是先验的然而非本真的东西，既可以由思想来表象（意致），也可以由符号来表象（言论）；而物之精者则是先验的并且本真的东西，不可以由符号来表象，但可以由思想来表象。然而，不期精粗者呢？这里尚未有意致与言论的划分，亦即既尚未有主体、主观与客体、客观的划分，也尚未有先验与经验的划分，只能直观，而且这显然既不是胡塞尔式的先验的直观，也不是经验论的直观，倒更类似海德格尔式的生存领会的直观。

五

有鉴于此，海德格尔在批判胡塞尔的基础上提出"基础存在论"（Fundamentalontologie），为全部传统的存在论或者形而上学奠基。但是，在语言符号问题上，海德格尔与胡塞尔之间究竟是一种什么样的关系，还是一个有待澄清的问题。看起来海德格尔似乎突出的是语言的源始性（Ursprünglichkeit），即认为语言才是终极奠基性的东西，所以人们经常津津乐道地引证海德格尔的一句名言"语言是存在之家"②，以此表明人类语言

① 《庄子·秋水》。

② 海德格尔：《关于人道主义的书信》，熊伟译，孙周兴编：《海德格尔选集》上卷，上海三联书店 1996 年版，第 358 页。

的源始奠基性;殊不知,海德格尔所说的这种具有源始奠基性的"语言"并不是通常符号学、语言学所说的那种"语言",而是"语言的本质":

> 语言之本质因素乃是作为道示(Zeige)的道说(Sage)。道示之显示(Zeigen)并不建基于无论何种符号,相反,一切符号皆源出于某种显示;在此种显示的领域中并且为了显示之目的,符号才可能是符号。①

这里,被道示之显示(语言的本质)所奠基的语言符号,才是通常符号学、语言学所说的"语言"。这种语言作为符号,不是现象学意义上的"现象"(Phaenomen),而是前现象学的现象观念"现相"(Erscheinung)。为此,海德格尔区分了"人用语言说话"的语言和"语言用人说话"的语言。通常符号学、语言学所说的语言,是指的人用语言说话的语言,海德格尔称之为"人言"(Sprechen);而他所说的源始奠基性的语言,乃是语言用人说话的语言,他称之为"道说"(Sage)。道说不是人言,犹如儒家所说的"道心"不是"人心"②;道说是"大道"(Ereignis)③在说话,那是"寂静之音"(das Geläut der Stille)④,犹如庄子所说的"大道不称,大辩不言",乃是"不言之辩,不道之

---

① 海德格尔:《在通向语言的途中》,孙周兴译,商务印书馆1997年版,第216页。

② 《尚书·大禹谟》。

③ Ereignis或译"本有""居有""缘构发生"。

④ 海德格尔:《在通向语言的途中》,第183页。

道”。[1] 儒家亦然，例如孔子：一方面，“天何言哉？四时行焉，百物生焉，天何言哉！”[2]一切存在者，包括人及其“人言”皆源于此。但另一方面，这种无言无声的天道却又被领悟为“天命”，人应该“知天命”[3]，然而“命”就是“口令”[4]，也就是言。这种无言之言，也就是道。其实，汉语的“道”字本身就已经透露出这种消息：它的最古老的两个用法，一个是走路，但不是人走路，而是“道自道也”[5]；另一个就是说话，但不是人说话，而是天“命”。

为此，海德格尔对老子的“道”进行了一番悉心的领会：

> 也许“道路”一词是语言的源始词语，它向沉思的人道出自身。老子的诗意运思的引导词语就是“道”，“根本上”意味着道路。……“道”或许就是产生一切道路的道路，我们由之而来才能去思理性、精神、意义、逻各斯等根本上也即凭它们的本质所要道说的东西。也许在“道路”(Weg)即“道”(Tao)这个词中隐藏着运思之道说的一切神秘的神秘，如果我们让这一名称回复到它的未被说出状态之中而且能够这样做的话。[6]

在海德格尔看来，老子之“道”即是他所谓“大道”；大道的

---

① 《庄子·齐物论》。
② 《论语·阳货》。
③ 《论语·为政》。
④ 许慎：《说文解字·口部》。
⑤ 《礼记·中庸》。
⑥ 海德格尔：《在通向语言的途中》，第165页。

运作,是“把作为语言的语言带向语言”①,即把作为语言符号的本质的道说带向语言符号,亦即让道说为人言奠基;而作为语言之思的语言学以及符号学,就是要理解语言符号“何以可能”,那就首先应该通过“返回步伐”(der Schritt zurück)将人带回到他的存在的家——作为语言本质的大道的道说。人之所以有语言,只是因为他在生存中领悟着大道的道说,倾听而应和着大道的道说,这就是人为大道之道说所用。这就是说,语言符号并不是原初奠基性的,人的语言是被“此在”的生存领悟的直观所奠基的。在这个意义上,海德格尔的语言符号观其实与胡塞尔的思想还是颇有一致之处的,即符号只是被奠基的东西,但是二人所确认的原初奠基性的东西不同,一个是纯粹先验意识或者纯粹理性,而另一个则是“此在”(Dasein)的生存领会。

但恰恰是在这个根本问题上,海德格尔也有自己的严重问题。他后期所谓“大道”实即他前期所谓“存在”(Sein),海德格尔一生追寻的就是这个“存在”。按他的初衷,应该是存在给出了所有一切存在者。然而同时,在他看来,对存在的追寻却只能通过此在的“生存”(Existenz)才是可能的,“其它一切存在论所源出的基础存在论必须在对此在的生存论分析中来寻找”,“通过对某种存在者即此在特加阐释这样一条途径突入存在概念”。② 于是“此在”反倒成为先行的东西。但“此在

① 海德格尔:《在通向语言的途中》,第 223 页。括弧内文字为引者所加。

② 海德格尔:《存在与时间》(修订译本),陈嘉映、王庆节合译,生活·读书·新知三联书店 1999 年版,第 16、46 页。

是一种存在者”①。这样一来，某种存在者倒成了存在的某种先行条件。这显然是一种自相矛盾的缠绕。

所以，我们提出“生活儒学”，以一种无此在之前设的“生活”观念来取代这种有此在之前设的“生存”概念，由此解决这样的困扰。② 就其作为存在而不是存在者而论，生活是无——“无物”；而就其生成所有一切存在者（包括此在、符号）而论，生活是有——“无中生有”，但不是作为“存在者整体”的“万有”，而是先行于所有一切存在者的“纯有”（并且不是黑格尔式的先验的“纯有”③）。因此，生活的本源情境是“无分别”，亦即庄子所说的“浑沌”；人及其语言符号皆“倏忽”之间渊源于这种无分别的“浑沌”。④

现在回到本文开头谈到的“书不尽言，言不尽意”问题。《周易·系辞上传》又说：

> 天生神物，圣人则之；天地变化，圣人效之；天垂象，见（读为“现”）吉凶，圣人象之；河出图，洛出书，圣人则之。《易》有四象，所以示也；系辞焉，所以告也；定之以吉凶，所以断也。

这里的“天垂象现吉凶”就是汉语“现象”一词的来源，而

---

① 海德格尔：《存在与时间》（修订译本），第 14 页。

② 黄玉顺：《论生活儒学与海德格尔思想——答张志伟教授》，《四川大学学报》2005 年第 4 期。

③ 黑格尔：《逻辑学》上卷，杨一之译，商务印书馆 1966 年版，第 69—70 页。

④ 《庄子·应帝王》。

且就是“天命”,也就是“道”,犹如海氏所谓“道说”,其实是生活存在的“显示”、显现,但并不是符号;符号乃是后来圣人“象之”“效之”“则之”从而“设卦”“系辞”,犹如海氏所谓“人言”。显然,“设卦”“系辞”不能穷尽“天命”“天道”,符号不能穷尽生活存在的显现,不能穷尽作为本真的生活领悟的观念。

但是,毕竟“圣人”在这里是一个重要的枢纽。“圣”字繁体作“聖”,首先是“耳”,然后是“口”(按甲骨文,其下只是一个并不加以突出的“人”形):其耳倾听“天命”,亦即生活存在的消息;其口说出“人言”,亦即语言符号。圣人犹如在神与人之间传递消息的赫耳墨斯(Hermes),解释学(Hermeneutics)由此而可能。但孔子“不语怪、力、乱、神”①,中国哲学所倾听而言说的并不是来自神的消息,而是来自生活的消息,尤其是来自作为本真生活的情感显现的仁爱。按照儒家的意思,生活的本真显现不是什么“本质直观”,而是仁爱,这就是“道”,就是“天命”,此乃所有一切东西,包括语言符号的大本大源。所以,孔子说:“君子有三畏:畏天命,畏大人,畏圣人之言。”②圣人之言只是“人言”,天命乃是“天言”;没有天言,也就没有人言。我们之所以敬畏圣人之言,是因为敬畏天命。既然敬畏天命,就应该倾听天命。

综上所述,作为存在先行于存在者的生活情境及其情感显现,乃是所有一切符号的渊源所在。生活是事(前分析的),而不是物(分析性的);符号的能指和所指(索绪尔)、含义和指称(弗雷格)恰恰是物(或是实在之物或是概念之物),而不是事。

---

① 《论语·述而》。

② 《论语·季氏》。

所以,“符号的生成”这个课题意味着:阐明究竟怎样“由事而物”“无中生有”——符号的“能指”“所指”“含义”“指称”种种分别怎样从“无分别智”的“浑沌”的生活情境“现象”中“现相”。这里不仅存在着对象性的“物界”或“存在者领域”的划分问题(这当然是符号生成中的关节点,也可称之为“客体化”,但并非发生在先验意识领域),而且存在着主体性的人言之“人”的诞生问题(能指和所指的结合其实只是主体和对象的一种结合方式)。如果说语言符号是人言,那么人言的前提就是人这个主体本身。在这个意义上,甚至符号的能指之生成也不仅是一个物理事件,而且是一个真正的“文化”事件(“文化”的本义就意味着由无“文”的“浑沌”而“化”为有“文”的分别)。

总之,假如生活的本源结构就是“在生活并且去生活”,那么符号就是从浑沌的“在生活”情境之中生成的人的主体性的一种“去生活”的方式。人的主体性就诞生于“在生活”与“去生活”之间:人正是因为首先“在生活”之中倾听,所以才确立起主体性、成其为人;他才可能“去生活”,才可能拥有某个“人”的生活,而语言符号也就是这个“人”“去生活”的一种特定方式。

“时间”观念何以可能*

——从“无间性”到“有间性”

哲学最根本的课题之一是“时间”问题，或者说是“时间”观念问题。传统的时间观念基于过去、现在、未来的区分，过去决定了现在，现在决定了未来。今天，这种时间观念已经受到了挑战。这里尤其值得强调的是，这种挑战并不是用另外一种既有的时间观念来代替现有这种时间观念，例如不是用古代的“循环”时间观念来代替现代的“过去→现在→未来”的线性时间观念，而是对古今中外所有一切时间观念都加以追问，即时间何以可能？换言之，“时间”观念何以可能？本文先讨论现象学的时间观念，再讨论儒、道、佛的时间观念，最后落脚于生活儒学的时间观念。

一、现象学的时间观念

当今世界对于时间观念之阐发，最深刻的无疑是现象学。

---

* 原载《河北学刊》2014 年第 4 期；收入作者文集《时代与思想——儒学与哲学诸问题》，山东人民出版社 2017 年版，第 262—278 页。

胡塞尔的意识现象学,继而海德格尔的此在现象学,开始颠覆“流俗的时间概念”。不过,这个任务迄今为止还还不能说已经完成了。

（一）胡塞尔的时间观念

胡塞尔首先对那种所谓不以人们的主观意识为转移的、作为客观实在的过去加以“悬置”“终止判断”或存而不论,因为它们都不过是某种“心理体验”而已:

> 认识在其所有展开的形态中都是一个心理的体验,即都认识主体的认识。它的对立面是被认识的客体。但现在认识如何能够确定它与被认识的客体相一致,它如何能够超越自身去准确地切中它的客体?……知觉仅仅是我这个知觉主体的体验。回忆、期待也是如此,一切以此为基础并导致对实体存在的间接设定以及对关于存在的任何真实性的确定的思维行为都是如此,它们都是主观的体验。我这个认识者从何知道,并且如何能够确切地知道,不仅我的体验、这些认识行为存在,而且它们所认识的东西也存在,甚至存在着某种可以设定为与认识相对立的客体的东西呢?①

这就是说,所有一切我们以为客观实在的东西,其存在都是无法确证的,因为我们所拥有的只是知觉、回忆等,它们都是

---

① 胡塞尔:《现象学的观念》,倪梁康译,上海译文出版社 1986 年版,第 21—22 页。

主体的心理体验。这就是所谓“认识论困境”。作为客观时间的“过去”也是如此。作为客观时间的“未来”更是如此，它不过是作为我们的心理体验的“期待”。属于“过去”的“历史”“传统”亦然，它不过是某种被我们所知觉、回忆、期待的东西，而这个“我们”是属于当下的。

于是，胡塞尔便通过这种“解构—还原”而回到了“内在”意识。那种在纯粹内在意识之外的客观实在，胡塞尔称之为“超越物”(transcendence)，对于纯粹意识来说，那是外在的而非内在的东西，应该加以“悬置”，存而不论。存在着两种应该加以悬置的超越物：一种是作为外在实在的超越物，另一种是作为内在实在的超越物。① 客观时间及其观念同样是这样的超越物。

回到作为纯粹意识的内在，这就是现象学所说的“现象”(phenomena)。在胡塞尔看来，这种纯粹意识，“思维的在，确切些说，认识现象本身，是无疑的，并且它不具有超越之谜”；在这种纯粹意识中，“在对纯粹现象的直观中，对象不在认识之外，不在‘意识’之外、并且同时是在一个纯粹被直观之物的绝对自身被给予性意义上被给予”。② 这种“纯粹现象”乃是由“本质直观”(而非经验直观)所给予的：

> 如果直观、对自身被给予之物的把握是在最严格意义上的真实的直观和真实的自身被给予性，而不是另一种实际上是指一个非给予之物的被给予性，那么直观和对自身

---

① 胡塞尔：《现象学的观念》，第 34 页。

② 胡塞尔：《现象学的观念》，第 39 页。

被给予之物的把握就是最后的根据。这是绝对的自明性。①

但事实上这里存在着困难:本质直观的具体操作总是由一个经验的个体来进行的(例如通过某人观察“这”一张红纸来直观一般的“红”本身),那么,这种经验性的个别行为如何能够通达先验性的一般观念呢?然而胡塞尔坚持说:在这种本质直观中,“不仅个别性,而且一般性、一般对象和一般事态都能够达到绝对的自身被给予性”②。这其实是值得怀疑的。

这种不依赖于任何既有知识的,亦即作为绝对的自身被给予性的纯粹意识,就是现象学意义上的“纯粹现象”。而通常的时间观念则不是这种现象学意义上的“纯粹现象”,而只是一种心理学意义上的现象,“作为日期被统摄在客观时间中,这属于体验着的自我,这个自我在时间之中并且延续着它的时间(一种通过经验的时间测量学方法得以测量的时间)”③。

通过对传统的或“流俗的”时间观念的解构,胡塞尔在其《内在时间意识现象学》中所传达的原初时间观,可以概括为以下公式:

持存(Retention)← 意向(Intention)→ 预存(Protention)④

① 胡塞尔:《现象学的观念》,第45页。

② 胡塞尔:《现象学的观念》,第47页。

③ 胡塞尔:《现象学的观念》,第40页。

④ 这是本书作者的概括,胡塞尔本人并没有得出这个公式。另外,“protention”在英文中是极为冷僻的,它实际上是“protension”的异体,本义是指(在时间上)持续、延续、延伸。

原初的时间源于"意向"对于过去的一种"持存""保留"(或译"回顾"),对于未来的一种"预存"(或译"前瞻")亦即期望。胡塞尔首先把通常经验主义性质的"客观时间"视为超越物而加以排除。于是,他所谈到的"知觉""记忆""期望""回顾""前瞻"及其对象等,都与经验主义性质的对象及其"客观时间"无关,他所谈的是"时间意识"。"这种时间并不是经验世界的时间,而是意识流的内在时间",即是"时间的起源"——"时间意识的原始形式"。① 严格说来,"持存←意向→预存"乃是内在的"意识流"或"绵延"的基本形式。②

这里的关键词是"intention",汉译通常译作"意向"。这是胡塞尔现象学的一个核心概念,他有时用"intention",有时则用"Noesis"表达。胡塞尔《内在时间意识现象学》一书的编纂者海德格尔指出,"一般地说,对时间意识的意向特征所做的说明和对意向性的本质所作的不断发展的阐述,对于这种研究来说是最基本的",然而"甚至在今天,'意向性'这一术语仍然不是一个无须解释、没有争议的术语,而是一个代表某种争论的中心问题的概念"。③

鉴于此,《内在时间意识现象学》的中文译者杨富斌提出

---

① 胡塞尔:《内在时间意识现象学》,杨富斌译,华夏出版社 2000 年版,第 6—7、11 页。

② 美国实用主义哲学创始人、心理学家詹姆斯(William James,1842—1910)创造了"意识流"(stream of consciousness)之说。法国生命哲学家柏格森(Henri Bergson,1859—1941)创造了"绵延"(la durée)之说。

③ 胡塞尔:《内在时间意识现象学·编者前言》,第 2 页。

质疑:“仅仅凭借记忆、感知、期望等这些主观的东西就能构成时间意识吗?换言之,离开客观的运动着的物体,我们能不能真正构成时间意识呢?进而言之,根据胡塞尔的内在时间意识现象学,意识是不是在时间中构成时间意识的?这些都是需要我们认真思考和研究的问题,也是现象学所面临的困难问题。”①这种质疑本身显然已经带有强烈的经验主义观念背景,因此胡塞尔也可以反过来对这种质疑加以质疑。胡塞尔内在时间意识现象学所存在的问题不在这里,而在其现象学的根本立场、根本方法。

(二)海德格尔的时间性观念

海德格尔的此在现象学不同于胡塞尔的意识现象学,故而其时间观念也不同于胡塞尔的时间观念。他区分“时间”(zeit)与“时间性”(zeitlichkeit),指出:“时间性是源始的、自在自为的‘出离自身’本身。”②在海德格尔那里,“时间”就是所谓“流俗的时间概念”,即是需要被解构而还原的东西;而作为还原结果的“时间性”则属于源始性,即是属于此在的生存的事情,此乃流俗“时间”概念的渊源所在。

然而海德格尔“时间性”的三维结构是“曾在缘自将来,其情况是:曾在的(更好的说法是:曾在着的)将来从自身放出当前”③。也就是说,“此在”在其向死而在的先行决断中来到自身,承担起作为被抛根据的罪责存在,并在当下化的意义上作

---

① 胡塞尔:《内在时间意识现象学·译者前言》,第11页。

② 海德格尔:《存在与时间》,陈嘉映、王庆节合译,生活·读书·新知三联书店1999年版,第375页。

③ 海德格尔:《存在与时间》,第372页。

为当下将自身打开。这实际上可能导致对于海德格尔的时间性结构的两种不同的理解：

一种可能的理解是，现在与过去都是由将来决定的。在海德格尔看来，此在超越被抛的所是，向死而在，即谋划其本真的能在，这表明一切皆出于此在对于未来的谋划，亦即：

过去 ← 当下 ← 未来

但是，这样一来，也就导向另一种可能的理解：

过去 ← 当下 → 未来

这就是说，过去与未来都是当下所绽放出来的。这是因为，对于未来的谋划，其实乃是此在的当下行为。这种理解与胡塞尔的内在时间意识在结构上是一致的，尽管两者对“事情本身”的看法不同：胡塞尔认为是纯粹先验意识，而海德格尔认为是此在的生存。

我们比较认同这样的结构：一切皆由当下生成，时间结构亦然。但是，我们既不能同意胡塞尔的基本思想视领“纯粹意识”，也不能同意海德格尔的基本思想视域“此在的生存”。[①] 因此，我们对于作为“事情本身”的“当下”的理解也不同于胡塞尔和海德格尔。

---

① 参见黄玉顺：《形而上学的奠基问题：儒学视域中的海德格尔及其所解释的康德哲学》，《四川大学学报》2004年第2期。

二、儒道佛的时间观念

为此，我们回到东方哲学的时间观念。

（一）佛家的时间观念

汉语“时间”这个概念[①]出自传入中国的佛学。[②] 在佛陀之前的古代印度，有两种时间观念：一种观念是将时间视为最原初的形而上者，例如《阿闼婆吠陀》（*Atharva-veda*）将时间视为作为造物主的“生主”（Prajāpati）。这与近代西方科学的抽象客观时间概念颇有一致之处，就是设定时间的实在性、绝对性。另一种观念则将时间视为形而上者的显相形态，例如《弥勒奥义书》（*Maitrāyana Upanisad*）视时间为大梵的两种形态之一：既是非时间性的即永恒的形态，即其作为超越时间的绝对本原，同时也具有时间性的形态，即正是由于时间的力量，万物才创生并消亡。这是两种不同的，但都属于视时间为实有的形而上学时间观念。佛陀创立佛教的时间观念与之不同，时间只是“十二缘起”所幻现出的前后相续相，而假立为时间。[③]

---

① “时间”概念不同于“时间”观念，“概念”意味着某种观念与某个特定词语的结合，例如这里所说的时间观念与汉语“时间”这个词语的结合。

② 这并不是说在佛教传入之前中国没有时间观念，而是说“时间”这个特定词语是来自佛教时间观念的译介。不仅如此，佛教传入之前，中国时间观念的主流并非“过去→现在→未来”，而是一种循环观念。这个问题，另文讨论。

③ 傅新毅：《佛教中的时间观念》，《江苏社会科学》2003年第2期。

汉语“时间”这个词语的关键就在于“间”。这个词语可大致对应于英语的“interval”(时间上或者空间上的间隔、差别),乃源于拉丁语“intervallum”(两者之间的间隔),拉丁语词根是“inter”,意思是“在……之间”,英语又引申出“相互”的相对之义。这就是说,如果要对时间加以解构和还原,那显然就意味着:要找到先在于“有间性”(intervallic-ness)的某种“无间性”(non-intervallic-ness)存在。这是通向关于“时间何以可能”问题的各种各样答案的一条共同路径。显然,任何一种形而上学,只要它不像《阿闼婆吠陀》那样把时间本身看作造物主或形而上者,那么,形而上者或造物主本身就是这种前时间性的无间性存在者。佛陀佛教也是解构时间的,时间不过是“十二支”之间流转的必然性,亦即是“空”,佛教的宗旨就是要解脱时间性的轮回流转。但他似乎并不是为时间寻找一个无间性存在者作为基础,因为在他看来,任何存在者本身都是“无自性”的。但是,这样就会导出一个问题:

> 这里很容易发生的一个问题是,在念念生灭的缘起之流中,我们可以说每一刹那都是与前后刹那无关的独立存在,用佛教的话来说,它是“前后际断”的,而“业”与“报”既然涉及的是两个不同的刹那,那么它们之间必然的关联性又是如何可能的呢?有部建立“三世实有”的基本论义,很大程度上就是为了要解决这一业报的难题。[①]

然而不论我们如何理解佛教的“三世实有”观念,它都已

① 傅新毅:《佛教中的时间观念》,《江苏社会科学》2003年第2期。

经进入了“过去→现在→未来”的流俗时间概念的范畴：

> 问：何故名世，世是何义？答：行义是世义。……以作用故立三世别，即依此理说有行义。谓有为法未有作用名未来，正有作用名现在，作用已灭名过去。①

对此，论者指出：“有部的基本思路，是以一种类似于柏拉图主义的方式来区分本质的存在（法体）与现实的存在（法体的作用）”；“有部超出了纯粹现象的范围，进一步为时间性的存在设定了非时间性的根据，此即所谓‘三世实有’的‘法体’”；这样一来，鉴于“‘业’与‘果’不可能是同时性的，它们必然有时间上的间隔，然则在刹那生灭的缘起之流中，过去的业既然已归谢灭，它又如何能在现在感果呢？在有部论师看来，这只能是设定已落入过去的乃是业之当下性行为而非其法体，后者因由‘不相应行法’‘得’（prāpti）这一法体的作用，依然系属于现在的有情”。②

但在笔者看来，这并没有解决问题，反倒陷入了自相矛盾：作为形而上者的“法体”被解构了，时间被解构而还原到“当下”。

将“有间”的时间还原到“无间”的当下，这正是时间观念之当代突破的关键所在。问题在于如何理解所谓“当下”。佛教唯识学者早已经有一种极具当代性的时间观：“谓现在世

---

①　《大毗婆沙论》卷76，《大正藏》第27册，第393页c。

②　傅新毅：《佛教中的时间观念》，《江苏社会科学》2003年第2期。

是能施设去、来世相。"[1]意思是说,过去和未来都只是现在的"施设"。

如此一来,佛教的"因果"观念就受到了破坏。为此,唯识学者又发明出了"种子熏习"说,意谓过去之业能够在谢灭的刹那熏习成感果的功能性"种子"(bīja),依于迁流诸行的"相续"(samtati)、"转变"(parināma)而冥传不已并辗转成熟,最终感得果报。[2] 然而这样一来,上述难能可贵的"当下"观念又被解构了。

与此问题密切相关的是佛教的"刹那"(ksana)概念。"刹那"被理解为"an instant in time",即是时间中的最小段。佛教经典关于"刹那"的说法很多,但往往都诉诸某种时值计算。例如《俱舍论》卷十二所载,一百二十刹那为一怛刹那,六十怛刹那为一腊缚,三十腊缚为一牟呼栗多(亦译"须臾"),三十牟呼栗多为一昼夜。《仁王经》说:"一弹指六十刹那,一刹那九百生灭。"这些说法都表明,"刹那"仍然是一个"有间"的时间概念,所以才会有"刹那间"的说法。

也有佛教界人士认为,这些说法只是释迦牟尼的"方便说"而非"真实说"。有学者说:"'刹那'无疑是指时间的微分,即一种不能再分割的时间之点","刹那的实在性必然导致时间的构造性,即,时间是刹那的集合";但他又引入柏格森(Henri Bergson)的"绵延"(duration)概念,认为"并非是由刹那来构成绵延,而是必须在一个刹那与绵延的解释学循环

---

① 《大乘阿毘达磨杂集论》卷3,《大正藏》第31册,第708页c。

② 参见《俱舍论》卷4,《大正藏》第29册,第22页c;《俱舍论》卷30,《大正藏》第29册,第159页a。

(hermeneutic circle)中来理解时间，也就是说，当我们企图将绵延分解为刹那时，绵延本来就是先在的语境，因此刹那并不具有始基的意义，它只是绵延中的刹那”。[①] 但这其实已经背离了佛教关于“刹那”具有奠基意义的观念。

（二）道家的时间观念

其实，汉语有一个比“刹那”更具“无间性”的词语，谓之“倏忽”。

通常认为这是形容“极短的时间”，故有“倏忽之间”的说法。然而，这就与“刹那”的意思差不多了。例如《战国策·楚策四》：“（黄雀）昼游乎茂树，夕调乎酸咸，倏忽之间，坠于公子之手。”[②]《淮南子·修务训》：“且夫精神滑淖纤微，倏忽变化，与物推移。”[③]其实，“倏忽之间”这个说法是有问题的，是“有间性”的观念。

事实上，“倏忽”这个词语出自《庄子》。“倏忽”原作“儵忽”。例如《吕氏春秋·决胜》：“儵忽往来，而莫知其方。”[④]《楚辞·远游》：“视儵忽而无见兮，听惝恍而无闻。”[⑤]郭璞《山海经图赞下·驺虞》：“怪兽五彩，尾参于身，矫足千里，儵忽若神。”[⑥]《南齐书·高帝纪下》：“机变儵忽，终古莫二。”[⑦]这些也

---

① 傅新毅：《佛教中的时间观念》，《江苏社会科学》2003年第2期。

② 《战国策》，上海古籍出版社1976年版。

③ 刘安撰，顾迁译注：《淮南子》，中华书局2009年版。

④ 吕不韦撰，高诱注：《吕氏春秋》，中华书局1957年版。

⑤ 林家骊译注：《楚辞》，中华书局2009年版。

⑥ 郭璞撰：《山海经图赞》，光绪元年崇文书局木版。

⑦ 萧子显：《南齐书》，中华书局1972年版。

都是有间性的观念。

然而《庄子》所谓"儵忽"表示的不是"有间"的时间,而是前时间性的"无间"。《应帝王》说:

> 南海之帝为儵,北海之帝为忽,中央之帝为浑沌。儵与忽时相与遇于浑沌之地,浑沌待之甚善。儵与忽谋报浑沌之德,曰:"人皆有七窍,以视听食息,此独无有,尝试凿之。"日凿一窍,七日而浑沌死。

这篇寓言的寄意非常深刻,然而迄今缺乏足够深入的解读。

其实"儵忽"与"倏忽"是同一个词,意思与"浑沌"差不多。然而古来总是有人分别用"儵"或"倏"和"忽"来解释"儵忽",又分别用"浑"和"沌"来解释"浑沌",这是不对的。为此,我们不妨来看看这些字的含义。《说文解字》:"儵:青黑缯发白色也。从黑,攸声。""倏:走也。从犬,攸声。""忽:忘也。从心,勿声。""浑:混流声也。从水,军声。"(《说文解字》未收"沌"字)①结果是讲不通的:"儵忽"与"黑"并没有关系,"倏忽"与"犬"也没有关系,两者与"忘"同样没有关系,"浑沌"与"混流声"也是没有关系的。这是因为,"儵忽""倏忽""浑沌"都属于"叠韵联绵词"。

联绵词的特点是:两个音节构成一个单词,而其词义并不是由两个词语的词义构成的,而是只有一个义素;换句话说,联绵词的词义与代表这两个音节的字的含义无关,文字只代表声

① 许慎:《说文解字》,中华书局 1963 年版。

音而不表示含义，因此不能“望文生义”地把两个字分开来从字面上讲。叠韵（两个字的韵部是相同的）是联绵词的一种常见形式。此外，还有“双声”联绵词（两个字的声母是相同的）、“叠音”联绵词（两个字的声母和韵母都是相同的）等。我们来看这几个字的上古韵部：“儵”是入声屋部（uk），“倏”也是入声屋部，这是两个字同音字；“忽”是入声物部（ut）。因此，“忽”与“儵”“倏”韵部是相近的，可以构成叠韵。浑，文部（un）；沌，文部。这是标准的叠韵。

由此可见，庄子的意思乃是：“儵忽”是不可分的，犹如“中央”的“浑沌”是不可分的；当我们把无间性的“儵忽”分割为“南”方的“儵”与“北”方的“忽”之后，它们就不再是无间性的“浑沌”了。“儵”与“忽”的区分犹如“南”与“北”的空间区分，而且这种空间区分同时意味着时间区分，“儵与忽时相与遇于浑沌之地”这句话，尤其是“时”这个字，是颇有深意的：“儵”与“忽”的区分是以“时”为前提的，而与之相对的“浑沌”自然也就意味着非时间性了。“浑沌待之甚善”是对浑沌的褒扬，这是庄子“齐物”，亦即崇尚“自然”之“无”的观念体现。更有意思的是，“人皆有七窍”是主体性的观念，而“此（浑沌）独无有”正是“非主体性”“前主体性”的观念。

因此，有分别的“儵”和“忽”与无分别的“浑沌”之间的区别，就是“有间性”与“无间性”的区别，也就是“有”（人为）与“无”（自然）的区别。

我们再来看著名的“庖丁解牛”故事：

> 庖丁为文惠君解牛，手之所触，肩之所倚，足之所履，膝之所踦，砉然向然，奏刀騞然，莫不中音，合于桑林之舞，

乃中经首之会。文惠君曰:“嘻,善哉!技盖至此乎?”庖丁释刀对曰:“臣之所好者,道也,进乎技矣。始臣之解牛之时,所见无非全牛者。三年之后,未尝见全牛也。方今之时,臣以神遇而不以目视,官知止而神欲行。……彼节者有间,而刀刃者无厚。以无厚入有间,恢恢乎其于游刃必有余地矣。……”①

“牛”在这里代表“物”。《说文解字·牛部》:“物:万物也。牛为大物,天地之数起于牵牛,故从牛。”《荀子·正名》:“万物虽众,有时而欲遍举之,故谓之‘物’。”万物的划分,其特征是“有间”。《说文解字》:“閒,隙也。”段玉裁注:“隙者,壁际也”;“閒者,门开则中为际。”相反,“无厚”比喻“道”的特征,与“有间”相对,即是“无间”。所以,庄子认为,得道、养生的要领,就是“以无厚(无间)入有间”。在时间问题上也是如此,要理解时间的“有间性”,必须进入“道”的“无间性”。

我们发现,《庄子》所谓“有间”之“间”,统统是指的一段时间,例如“莫然有间而子桑户死,未葬。”②“有间,为圃者曰:‘子奚为者邪?’”③“孔子伏轼而叹曰:‘甚矣,由之难化也!湛于礼义有间矣,而朴鄙之心至今未去。’”④“伯昏瞀人北面而立,敦杖蹙之乎颐,立有间,不言而出。”⑤

相反则是“无间”,例如:

---

① 《庄子·养生主》。
② 《庄子·大宗师》。
③ 《庄子·天地》。
④ 《庄子·渔父》。
⑤ 《庄子·列御寇》。

> 泰初有无，无有无名，一之所起，有一而未形。物得以生，谓之德；未形者有分，且然无间，谓之命；留动而生物，物成生理，谓之形；形体保神，各有仪则，谓之性。①

在"命"这个原初阶段，虽然"有分"，但由于"未形"(无物)，故"无间"。"无间"意味着"目无全牛"——"无物"。所以，时间作为一种"有间"状态，源于"无间"。

总之，庄子关于时间观念的生成的基本观点，可一言以蔽之：以无间入有间。

(三)儒家的时间观念

无独有偶，孔子也曾谈到"无间"：

> 子曰："禹，吾无间然矣。菲饮食，而致孝乎鬼神；恶衣服，而致美乎黻冕；卑宫室，而尽力乎沟洫。禹，吾无间然矣！"②

关于这个"无间"，《论语注疏》注云："孔子推禹功德之盛美，言己不能复间其间。"对第一个"间"字，疏云："间谓间厕。"意思是说，对于大禹的功德，孔子自谦：自己不能厕身其间——不能参与其中。这种解释显然漏掉了"无间然"这个形容词的词尾"然"，语法上讲不通。

---

① 《庄子·天地》。
② 《论语·泰伯》。

朱熹《论语集注》则是另外一种解释:"间,罅隙也。谓指其罅隙而非议之也。……(大禹功德)所以无罅隙之可议也。"并引杨氏之说:"(大禹功德)所谓有天下而不与也,夫何间然之有!"①这里解释了形容词词尾"然","间然"就是"是有罅隙的"。

纯粹从字面、语法上来讲,朱熹的解释显然更为恰当。但是,这里仍然有讲不通的地方,特别是"吾"这个主语难以落实:"禹,吾无间然矣。"这句话的直译应该是:"禹,我是没有罅隙的。"这似乎并不是朱熹所说的意思。

其实,"罅隙"就是缝隙、分隔的意思,这也是"间"的基本含义。"间",《说文解字》作"閒",释曰:"閒:隙也。从门、从月。会意。"谓月光从门户两扇之间透入。可见,从"日"的"间"是后起字。徐锴注:"夫门夜闭,闭而见月光,是有间隙也。"可见"间"字的含义是指的门缝、缝隙、间隙。② 段玉裁《说文解字注》解释其本义:"门开而月入,门有缝而月光可入,皆其意也。"又解释其引申义:"凡罅缝皆曰'閒',其为有两、有中一也。"③这就产生了"间"字的另一个引申义:隔阂。

我们认为,孔子的意思是说:"对于大禹,我是没有任何隔阂的。"这类似于我们今天所说的"亲密无间"。

这涉及儒家的一个重要观念——"尚友古人"。如孟子对万章说:

---

① 朱熹:《四书章句集注》,中华书局 1983 年版。

② "閒"用作闲暇之"闲",属引申义。段玉裁说:"閒者,稍暇也,故曰'閒暇'。"而此义之"閑"则是假借义,本义闲阑、防护,《说文解字》:"闲:阑也。从门中有木。"此属许慎所谓"本无其字,依声托事"的假借。

③ 段玉裁:《说文解字注》,上海古籍出版社 1989 年版。

> 一乡之善士，斯友一乡之善士；一国之善士，斯友一国之善士；天下之善士，斯友天下之善士。以友天下之善士为未足，又尚论古之人。颂其诗，读其书，不知其人，可乎？是以论其世也。是尚友也。①

我曾对这段话中所蕴含的诠释学思想进行过深入阐发，②但当时还没有论及“尚友古人”的问题。这与时间问题是有密切关系的。按照流俗的时间概念，我们与古人之间是存在着巨大的时间“罅隙”的，即是“有间”的，如此，我们怎么可能“无间然”地“友古人”呢？除非我们与古人之间能心心相印、息息相通。这也就是孔子对于大禹“无间然”的情感体验。孟子认为：这就需要“知其人”——理解其主体性。为此则又需要“论其世”——理解其生活之存在，因为主体性乃是由生活之存在给出的。如此，我们就能“设身处地”，从而“尚友古人”，进而能“颂其诗”，能“读其书”。

总之，孔、孟关于时间的本源观念与庄子的观念是一致的，即有“间”的时间概念源于前时间性的无“间”。

三、时间观念的生活渊源

上文谈到汉字“閒”（“间”的古字）意谓“门有缝而月光可

---

① 《孟子·万章下》。

② 黄玉顺：《注生我经：论文本的理解与解释的生活渊源——孟子“论世知人”思想阐释》，《中国社会科学院研究生院学报》2008 年第 3 期。

入”“凡罅缝皆曰‘閒’,其为有两、有中一也”。其中“门有缝而月光可入”令人想起海德格尔的著名意象“林中路”,而“有两、有中一”则令人想起《中庸》所说的“执两用中”。

由“间”可知,海德格尔后期思想的“林中路”其实仍不是一种透彻的观念,即不是“无间”的本源情境,而是一种“有间”的主体性。海德格尔在其《林中路》的扉页上题词:

> 林乃树林的古名。林中有路。这些路多半突然断绝在杳无人迹处。这些路叫做林中路。每条路各自延展但却在同一林中。常常看来仿佛彼此相类。然而,只是看来仿佛如此而已。林业工和护林人识得这些路。他们懂得什么叫做在林中路上。①

这里有许多人和许多路,显然都是一些形而下的相对存在者。人走路,犹如手使锤,无论是“在手状态”(vorhandenheit)还是“上手状态”(zuhandenheit),毕竟意味着主体与对象的划分,即“有间”状态,尽管后者并没有意识到主客关系。如果说这些路所通往的“杳无迹处”才真正是“无间”之境,那么,“在林中路上”恰恰意味着还没有达到这种“无间”之境,而仅仅是“在路上”而已。谁在路上?在海德格尔思想的前期是“此在”,即一种“特殊存在者”,实即是人——尽管是敞开着可能性的人,后期是“林业工和护林人”这些“人”——主体。

海德格尔所谓“林中路”也可以与他所谓“林中空地”

① 海德格尔:《林中路·扉页题记》,孙周兴译,上海译文出版社1997年版。

（waldlichtung）的意象关联起来。“waldlichtung”应当更为准确地译为“林中之澄明”，其中心词是“澄明”（lichtung），意指疏朗之处、明敞之处，这或许可以意指“无间”情境。然而无论如何，任何比喻都是蹩脚的：既然此“澄明”乃是在“林中”，这就已经是一种“有间”状态，而非“无间”情境。这与“月光透入门缝之中”所说的“间”殊无异致。

再看《中庸》的“执两用中”，也正是一种“有间”的主体性的行为。其原文说：

> 舜，其大知也与！舜好问而好察迩言，隐恶而扬善，执其两端，用其中于民，其斯以为舜乎！①

显然，这里的舜是一个“形而下者”，他是与其他主体和客体相对地、有分别地存在着；换言之，这是一种“有间”的状态，而非“无间”之境。

这种相对的“有间”的存在者状态，是自胡塞尔以来就被解构的。在胡塞尔看来，在“我”这个主体意识之外的任何客观实在的东西，都是应该被悬搁的“超越物”，因为我们的意识无法确证他们或者它们的客观实在性，我们会陷入“认识论困境”。但事实上，为了现实的生存，我们无法回避这些“超越物”，即无法否定自我意识之外的其他主体以及对象的客观实在性。这正如胡塞尔所言，“任何有理智的人都不会怀疑世界的存在，（否则）怀疑论者的谎言受到他的实践的惩罚”，所以，“我完全可以肯定，有超越的世界存在，可以把所有自然科学

---

① 阮元校刻：《十三经注疏》，中华书局1980年影印本。

的全部内容看作有效的”。[①] 这表明胡塞尔的现象学并不能解决我们面临的问题。

然而,这种关于“认识论困境”的思想方法毕竟并非一无是处。它有助于我们发现:对于我们的意识或者观念来说,那种处于当下之外的过去、未来,其实是不可知的,我们仅仅拥有当下(the immediateness)。这种当下并非与过去和未来相对的一段时间,而是一种非时间性的存在,过去和未来都是由当下绽放出来的。如果加以图示,那么,与旧的时间观念相比较,这种新的时间观念是这样的:

旧时间观:过去 → 现在 → 未来

新时间观:过去 ← 当下 → 未来

关于新时间观的这个图示其实还不够确切,更确切的图示应为:

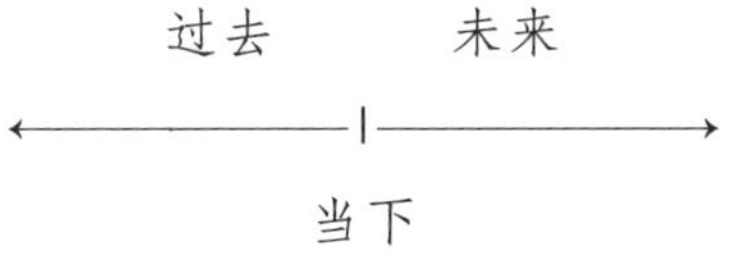

这就是说,过去和未来都是由当下决定的;而“当下”并不是指的“一段时间”,而是一个非时间性和前时间性的“点”(须知几何学意义上的“点”是并不占有任何空间和时间的一个“无间”)。

① 胡塞尔:《现象学的观念》,第35、37页。

当然,这里所谓"点"的比喻是相对于过去和未来的"线"而言的;而实际上,当下并不是一个"点",而更像是一个"域"(field),所有一切都是在当下域中存在的。《老子》说过:

> 有物混成,先天地生,寂兮寥兮,独立不改,周行而不殆,可以为天下母。吾不知其名,强字之曰道,强为之名曰大。……故道大、天大、地大、王亦大。域中有四大,而王居其一焉。人法地,地法天,天法道,道法自然。①

这"四大"——人或王、地、天、道②——都是存在者,而不是存在、"域",唯有"自然"才是所谓"域","四大"皆在"域中"。同理,对此,我们可以这样加以图示:

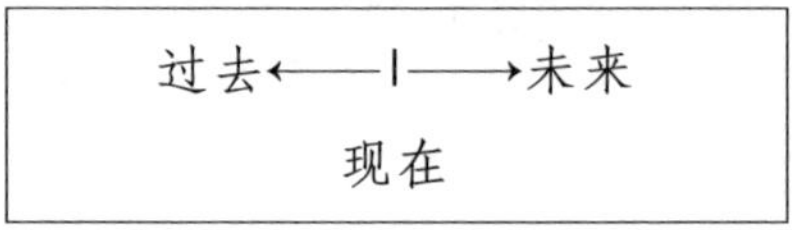

当下

也就是说,过去和现在并不在当下之外,而在当下之中;当下不仅给出了未来,而且给出了过去。时间的观念由此生成。

所谓"当下",其实就是生活儒学所说的"生活"或"存

---

① 《老子》第二十五章。

② 《老子》所谓"道"有两种用法,应当严格区分:一种是指的"天下万物生于有"之"有",即形而上的存在者,故称之为"有物""道之为物""母";另一种则是指的"有生于无"之"无",即存在,故称之为"自然""始"(《说文解字》所谓"女之初")。

在”。任何存在者都是“有间”的:形而上存在者相对于形而下存在者,所有形而下存在者之间都是相对而存在的。然而生活或存在不是存在者,一切存在者皆源于存在或生活。这就犹如《老子》所说:“天下万物生于有,有生于无。”①这些观念之间的对应关系如下:

无——————→有——————→万物
存在或生活→形而上存在者→形而下存在者

“存在”或“生活”之为“无”,是指无物存在的境域,亦即“无间性”。

① 《老子》第四十章。

中国哲学的“现象”观念*

——《周易》“见象”与“观”的考察

用汉语的“现象”这个词语去翻译西语的“phenomenon”或“appearance”而得到人们的广泛接受，这是有道理的，因为两者之间确实存在着对应性，尽管这种对应并非等同。① 汉语“现象”出自《周易·系辞上传》：“见乃谓之象”“天垂象，见吉凶”。这两个“见”都读为“现”（xiàn）。而汉字“现”则产生得很晚，东汉许慎的《说文解字》中尚无“现”字，直到中古的《广韵》才说：“现，俗‘见’字。”②显然，《广韵》是将“现”视为“见”（xiàn）的俗体字。换言之，汉语的“现象”本作“见象”。因此，本文讨论的《周易》“见象”，即中国哲学中的“现象”观念。

汉字“见”自古有两读：读作“jiàn”，对应于西语“see”；读作“xiàn”，今作“现”，对应于西语“show”或“appear”。读作

---

* 原载《河北学刊》2017 年第 5 期；中国人民大学复印报刊资料《中国哲学》2017 年第 11 期转载；收入作者文集《生活儒学与现代性问题》，四川人民出版社 2019 年版，第 298—312 页。

① 参见黄玉顺：《爱与思——生活儒学的观念》，四川大学出版社 2006 年版，第 4—8 页。

② 《广韵》，上海古籍出版社 1982 年影印本。此书乃隋朝陆法言所撰《切韵》，唐朝孙愐改编为《唐韵》，宋朝陈彭年、丘雍等改编为《大宋重修广韵》，简称《广韵》，乃是中古时代韵编辞书的代表。

"jiàn"的"见象",不是一个词语,而是一个动宾短语,显然是指的形下的主体的一种行为,这不属于本文考察的内容。① 本文讨论读作"xiàn"的"见象",亦即"现象",有两种不同的用法,代表了中国哲学的"现象"观念:(1)形下实体的本质的显现;(2)形上本体的显现。但两者都是前现象学的(pre-phenomenological)现象观念,这是与西方哲学史上的情况一致的。②《周易》对应于现象学的"现象"观念的,并非"见象"的观念,而是"观无"之"观"的观念。

一、见(xiàn)$_1$:形下实体的本质的显现

《易传》的"见象"(现象)观念,其表达方式为"见X",这个"X"是一个存在者,首先是一个形而下的存在者。因此,"见象"通常首先是指的某种形下实体的本质的显现,即是一个实体作为客体而向主体呈现出来的现象。这显然属于认识论层

① 例如古经部分的:"勿用取女,见金,夫不有躬"(《蒙卦》);"往见吝"(《蛊卦》);"见恶人无咎""见舆曳""见豕负涂"(《睽卦》);"有攸往见凶"(《姤卦》);"不见其妻"(《困卦》);"不见其人"(《艮卦》);"日中见斗""日中见沬"(《丰卦》);大传部分的:"观其所感,而天地万物之情可见矣"(《咸彖传》);"见险而能止,知矣哉"(《蹇彖传》);"君子以见善则迁"(《益象传》);"君子以成德为行,日可见之行也"(《乾文言》);"离也者,明也,万物皆相见,南方之卦也"(《说卦传》);"仁者见之谓之仁,知者见之谓之知"(《系辞上传》);等等。

② 所谓"前现象学"(pre-phenomenology)是指的轴心时期以来、现象学创立之前的观念,其特征就是存在者化的"本质—现象"和"主体—客体"的观念架构。

级的问题，即是在“本质—现象”和“主体—客体”架构下的现象观念，亦即前现象学恶现象观念。

（一）“见象”乃是形下实体本质的显现

在整部《周易》中，“见象”最先出现在古经六十四卦的第一卦《乾卦》的筮辞中：

> 初九：潜龙勿用。九二：见龙在田。利见大人。……九五：飞龙在天。利见大人。……用九：见群龙无首，吉。①

这里谈到了两种实体的“见”（现）：“龙”和“大人”。《周易》古经的时代，将人分为几等：小人、君子、大人。“大人”即后世所说的“圣人”，是指的天子，用“龙”来比喻；②“君子”是指的贵族，尤指诸侯国君；其余则是“小人”。在中国传统文化中，作为天子的圣人是以龙来象征的，所以《乾卦》谈“龙”；而天子亦有其国，如周天子自有周国，故九三爻亦谈“君子”。但不论是小人、君子，还是大人，都是形而下的存在者。

《乾卦》整卦是用龙的由“潜”到“见”（现）来象征圣人的由“隐”到“见”（现）的过程：“潜龙勿用”“见龙在田”“日乾夕惕”“或跃在渊”“飞龙在天”“亢龙有悔”。所以，《易传》解释“潜龙勿用”：

---

① 《周易·乾卦》筮辞。

② 《周易正义》释“潜龙勿用”：“言于此潜龙之时，小人道盛，圣人虽有龙德，于此时唯宜潜藏，勿可施用，故言‘勿用’。”

> “潜”之为言也，隐而未见（现），行而未成，是以君子弗用也。①

孔颖达解释“潜龙勿用”：“圣人虽有龙德，于此时唯宜潜藏，勿可施用。”所谓“龙德”，是说圣人具有天子的德性，亦即具有某种作为主体性存在者的实体的本质。但是，这种德性本质上是看不见、摸不着的，除非“现”出来，亦即“见象”（现象）。

那么，大人、君子如何“见象”？最重要的是两种形式，即言与行：

> 子曰：“君子居其室，出其言善，则千里之外应之，况其迩者乎？居其室，出其言不善，则千里之外违之，况其迩者乎？”言出乎身，加乎民；行发乎迩，见（现）乎远。言行，君子之枢机，枢机之发，荣辱之主也。言行，君子之所以动天地也，可不慎乎？②

《周易》作者认为，在“言”与“行”二者之中，“言”是更为重要的。

> 爻象动乎内，吉凶见（现）乎外，功业见（现）乎变，圣人之情见（现）乎辞。③

---

① 《周易·乾文言传》。
② 《周易·系辞上传》。
③ 《周易·系辞下传》。

这里的“圣人之情”，即是“圣人之意”，体现了圣人的德性本质。《易传》记载：

子曰：“书不尽言，言不尽意。”然则圣人之意，其不可见乎？子曰：“圣人立象以尽意，设卦以尽情伪，系辞焉以尽其言，变而通之以尽利，鼓之舞之以尽神。”①

以上这两段话的对应关系如下：

圣人立象以尽意	爻象动乎内
设卦以尽情伪	
系辞焉以尽其言	圣人之情见乎辞
变而通之以尽利	吉凶见乎外
	功业见乎变

这里包含着两层“见象”：圣人之意显现于《周易》的卦爻象、卦爻辞；卦爻象的变动（内）显现于卦爻辞的吉凶判断（外）。

再看《屯》《兑》两卦的例子：

屯见（现），而不失其居。……兑见（现），而巽伏也。②

① 《周易·系辞上传》。
② 《周易·杂卦传》。

韩康伯注:“屯利建侯,君子经纶之时;虽见而磐桓,利贞不失其居也”;“兑贵显说(悦),巽贵卑退”。屯卦的“君子”之“见”(现)是“建侯”,可见是指的“侯”即诸侯这样的形下实体;兑卦之“兑”意思是“说”(悦),其《彖传》说“说以先民,民忘其劳;说以犯难,民忘其死”,孔颖达解释为“人君以恩惠养民,民无不说(悦)也”,可见同样是指的“人君”亦即诸侯这样的形下实体。

由此,我们得到《周易》“见象”在形下意义上的一般公式:

形下的实体的本质→现象

这显然是基于“本质—现象”这样的观念架构的,即是前现象学的现象观念。

（二）“见象”是客体向主体的显现

形下实体本质的现象,是在向谁显现?就传统的、前现象学的现象观念而论,所谓“现象”,其实是客体向主体的显现。这在中西哲学其实都是一样的。换句话说,正是由于形下实体的“见(xiàn)象”(现象),主体才能“见(jiàn)象”,于是才有“主—客”架构下的认识论。这个道理,《易传》有所揭示:

天垂象,见(现)吉凶,圣人象之。①

这里的两个“象”字,含义不同:“天垂象”之“象”(名词)

① 《周易·系辞上传》。

是指的本体的显现(详下);而“圣人象之”之“象”(动词)则是指的圣人的创作,其结果是《周易》文本的卦象、爻象。图示如下:

天(本体)——→(现象)吉凶(客体)——→圣(主体)
↑　　　　　　　　　　↑
垂象(显现)←————————象之(卦爻)

具体来说:

> 圣人有以见(jiàn)天下之赜,而拟诸其形容,象其物宜,是故谓之“象”;圣人有以见(jiàn)天下之动,而观其会通,以行其典礼,系辞焉以断其吉凶,是故谓之“爻”。①

这里的“象”就是指的圣人创作的《周易》卦象、爻象。此“象”并非圣人所“见”(jiàn);圣人所见的乃是“天下之赜(zé)”“天下之动”,即众多的形而下的现象,然而圣人能够由此“观其会通”,从而把握作为本体的易道。

可见“见象”(现象)的意义其实同时适用于形下的实体和形上的本体,只不过此时的形上本体已成为主体的认识对象,即已经被形下化。这正是传统“本体论”(ontology)哲学的吊诡之处:形上的本体降格为形下的客体。

由此,我们得到一个一般的公式:

---

① 《周易·系辞上传》。

实体 →(现象)见象(客体)→ 主体

关于这个问题,我曾撰文指出:

这个前现象学的“现象”概念是特别有意思的:“现象”这个词语隐藏着西方哲学两千年来的全部秘密。我们来看一个图示:

本体论⟶　　　　⟵认识论

$S_1 \longrightarrow A=O \longrightarrow S_2$

(substance)　(appearance = object)　(subject)

这里的“现象”具有双重意义:对于本质、本体、实体 S_1(substance)来说,它是现象 A(appearance),这就是传统本体论的“本质—现象”架构;对于主体 S_2(subject)来说,它是对象、客体 O(object),这就是传统认识论的“主—客”架构。中间的那个“A=O”是最关键的:现象即是对象。西方哲学从古代的本体论到现代的认识论转向,只不过是这个总体结构的展开,其实就是“现象”概念固有的预设蕴含的展开。①

二、见(xiàn)$_2$: 形上本体的显现

上引“天垂象,见吉凶”,本来是说的本体由显现而成为

① 黄玉顺:《爱的观念——儒学的奠基性观念》,《求是学刊》2008年第4期。

现象：

> 天生神物，圣人则之；天地变化，圣人效之；天垂象，见（现）吉凶，圣人象之。①

撇开圣人不谈，这里呈现的乃是这样一种架构：一方是“天”或“天地”，这是本体、万物的终极本质；一方是“物”及其“变化”和“吉凶”之“象”，这是现象。这就是说，《易传》的“见象”（现象）有时又指的是形上本体的显现。这显然属于本体论层级的问题。

《易传》有时用“天”指称本体：“乾元用九，乃见（现）天则。”②有时则用“天地”指称本体：“复，其见（现）天地之心乎？”③所谓“天地”，在《周易》里又叫“乾坤”：

> 天尊地卑，乾坤定矣。……在天成象，在地成形，变化见（现）矣。……乾知大始，坤作成物。乾以易知，坤以简能。……易简而天下之理得矣。④
>
> 阖户谓之坤，辟户谓之乾；一阖一辟谓之变，往来不穷谓之通；见（现）乃谓之象，形乃谓之器；制而用之谓之法，利用出入、民咸用之谓之神。⑤

---

① 《周易·系辞上传》。
② 《周易·乾文言传》。
③ 《周易·复象传》。
④ 《周易·系辞上传》。
⑤ 《周易·系辞上传》。

乾坤毁，则无以见易；易不可见，则乾坤或几乎息矣。[①]

所谓“乾坤”，就是“阴阳”。《易传》说：“昔者圣人之作《易》也，……观变于阴阳而立卦”；“昔者圣人之作《易》也，……立天之道，曰‘阴’与‘阳’”。[②] 又说：“阴阳合德而刚柔有体，以体天地之撰……”[③]又说：“一阴一阳之谓道”；“形而上者谓之道，形而下者谓之器”。[④] 这就是说，“阴阳”作为“形而上者”，乃是“有体”的，即是本体。

此本体显现为现象，并非一蹴而就，而有一个从“微”到“显”的过程，这体现在《周易》之中：“夫《易》，彰往而察来，而微显阐幽。”[⑤]“微显阐幽”意谓“显微阐幽”或者“微显幽阐”，即让“微”更显著地显现出来。这种“微”，又叫“幾”：“幾者，动之微，吉之先见（现）者也。”[⑥]《周易》的意义就是：“夫《易》，圣人之所以极深而研幾也”[⑦]；“知至至之，可与幾也”[⑧]；“君子见幾而作，不俟终日；……君子知微知彰，知柔知刚，万夫之望”[⑨]。

---

① 《周易·系辞上传》。
② 《周易·说卦传》。
③ 《周易·系辞下传》。
④ 《周易·系辞上传》。
⑤ 《周易·系辞下传》。
⑥ 《周易·系辞下传》。
⑦ 《周易·系辞上传》。
⑧ 《周易·乾文言传》。
⑨ 《周易·系辞下传》。

三、《周易》"见象"的前现象学性质

以上两节讨论表明，整部《周易》，不论战国时期的大传《易传》，还是西周时期的古经《易经》，其所谓"见"，不论"jiàn"还是"xiàn"，都是存在者化的，没有前存在者的现象观念；换句话说，没有相当于现象学的现象观念。

为什么会这样？这与《周易》其书的产生时代密切相关，这个时代即中国的"轴心期"①。我们知道，不论中西，轴心期是哲学形而上学的建构时期，而哲学形而上学的建构所伴随的就是海德格尔所说的"遗忘存在"，从而建构起了前现象学的、存在者化的"本体—现象"或"本质—现象"的观念架构。

中国的轴心期，通常认为是春秋战国时期。但在我看来，这个时期可以上溯到西周，其典型标志，即所谓"绝地天通"。"绝地天通"最初出自《今文尚书·周书·吕刑》所记载的周穆王（前 1054 年—前 949 年）的说法，后来又有《国语·楚语下》所记载的春秋晚期楚昭王的大夫观射父所做的更为详尽的陈说。所谓"绝地天通"，简而言之，就是截断天与地、神与人之间原来的浑然一体的联系，亦即天地分离、人神分离。对此，我曾撰文加以分析：

> 表面看来，这里所追溯的是帝舜时代，三苗作乱，帝舜

---

① 参见雅斯贝斯：《历史的起源与目标》，魏楚雄、俞新天译，华夏出版社 1989 年版，第 1—18 页。

> 于是命重(实指“羲”,相传为重、少昊氏之后)司天、而治神,命黎(实指“和”,相传为黎、高阳氏之后)司地、而治人,以使天地相隔,人神相分。而实际上,这是西周时期的观念。……从观念史的角度看,我们所经历的实际乃是这样三个观念时代:
>
> ①前原创期:人神杂糅——形而上学之前的时代(西周以前)
>
> ②原创时期:绝地天通——形而上学的建构时期(西周春秋战国时期)
>
> ③后原创期:人神异业——形而上学统治的时代(汉代以来)①

这种“绝地天通”观念,在更早的周公(约前1100年—前?年)那里有另外一种表达:

> 周公正式割断了人神之间的血缘纽带,认为:“皇天无亲,惟德是辅。”②但是,例如,商人本来自以为与神有血亲关系,这在《诗经·商颂·玄鸟》里有具体记载:“天命玄鸟,降而生商,宅殷土芒芒;古帝命武汤,正域彼四方。”诗中“帝”即“天”,他之所以授命于商,是因为商人乃是他

① 黄玉顺:《绝地天通:天地人神的原始本真关系的蜕变》,《哲学动态》2005年第5期。这里所谓“原创期”,略相当于雅斯贝尔斯所谓“轴心期”,即是人类开始建构理性的哲学形而上学的时期。参见黄玉顺:《面向生活本身的儒学——黄玉顺“生活儒学”自选集》,四川大学出版社2006年版,第38—40页。

② 《尚书·蔡仲之命》。

自己的血亲嫡系："高辛氏之妃，有娀氏女简狄，祈于郊禖。鳦遗卵，简狄吞之而生契。其后世遂为有殷氏，以有天下。"①此玄鸟之卵，即象征天帝之精，授于简狄，而生商之祖契。这本来是商人对其"天命"的原始领悟，却是基于当时普遍的人神共在观念的：在前轴心期的远古观念中，人神之间不是异在的关系，而是共在的关系。人、神、半人半神的英雄，他们不分彼此、融洽和谐地共同生存着。而在进入轴心时期以后，人神之间的这种关系发生了根本变化：人神关系疏离了（estranged）、异化了（alienated）。

"绝地天通"观念所象征的不仅是人与神的隔绝，它实质上是人与人的隔绝。这种隔绝表现为"别"：天地有别，人神有别，男女有别，夫妇有别，父子有别，君臣有别，上下有别，等等。这一系列的"别"，也就是"礼"，即所谓"礼以别异"。它首先是天地之别："礼者，天地之序也。"②而最终则是人与人之别："礼者，……贵贱贤不肖之所以别也。"③人们将"制礼作乐"归之于周公，这决不是偶然的：礼制的建构，正是进入轴心时期的西周的事情。"礼以别异"表明这种"别"的前提是"异"，亦即人与人之间关系的异化（alienation）：不仅神而且人本身，已经蜕变为人的异己者、陌生者、他者。这种异化之所以发生，是因为天、地、人、神都被存在者化、对象化、器物化了。④

① 朱熹：《诗集传·商颂·玄鸟》，上海古籍出版社1980年版。

② 《礼记·乐记》。

③ 《韩非子·解老》。

④ 黄玉顺：《绝地天通：天地人神的原始本真关系的蜕变》，《哲学动态》2005年第5期。

这种“绝地天通”“制礼作乐”的观念转变，在《礼记·礼运》中也有记载：最初是无“礼”、无“别”的“大同”之世；后来才进入有“礼”、有“别”的“小康”之世，于是“大人世及以为礼，……礼义以为纪，以正君臣，以笃父子，以睦兄弟，以和夫妇，以设制度，……未有不谨于礼者也”。

正是在这种时代背景下，《周易》——不论《易经》还是《易传》，其“见象”（现象）观念都已经存在者化，即是前现象学的现象观念。

四、《周易》之“观”：现象学意义上的本真情感的显现

那么，中国古代是否存在着可以对应于现象学的现象观念呢？为此，我们显然必须回溯到《周易》之前的观念中。

我们发现，前存在者性的、非存在者化的“见”，其实在“观”的观念之中。根据音韵学，汉语的“见”（音标/kian/）与“观”（音标/kuan/）是同源词。两者的区别在于：“见”一定是看到了；而“观”则不一定看到，既可以“观物”，也可以“观无”。①

这种“观无”的观念，依稀保存在《周易》古经中。例如《观卦》曰：

---

① 参见黄玉顺：《论“观物”与“观无”——儒学与现象学的一种融通》，《四川大学学报》2006 年第 4 期。

观：盥而不荐，有孚颙若。[①]

此所谓“观”，指宗庙祭祀活动中的观礼。王弼注：“王道之可观者，莫盛乎宗庙。宗庙之可观者，莫盛于盥也；至荐，简略不足复观。故观盥而不观荐也。”[②]这就是说，所观的乃是宗庙祭祀活动。然而王弼的解释是有问题的，他认为，之所以“观盥而不观荐”，乃是由于盥“盛”而荐“简略”。汉儒已有这种说法，李鼎祚《集解》引马融：“此（盥）是祭祀盛时；及神降荐牲，其礼简略，不足观也。”[③]后世大都采取这种说法：礼仪盛大，则足以观；礼仪简略，则不足观。这简直就是凑热闹的意思了！

其实，“盥”与“荐”作为祭祀活动的先后程序，很难说哪一个更“盛”，哪一个更“简略”。所谓“荐”，即向神进献食物。[④]而“盥”，则有不同的理解。李鼎祚《集解》引马融：“盥者，进爵灌地，以降神也。”[⑤]但朱熹却认为：“盥，将祭而洁手也。”[⑥]马融解为“降神”，是已经开始祭；而朱熹解为“洁手”，是“将祭”而尚未开始祭。我们从“盥”字的字形来看，应以朱熹所说为是。《说文》曰：“盥，澡手也。从臼（案：象双手之形）水临皿。”这其实就是今天俗话所说的“洗手”，而非马融所说的“进爵灌地”。据此，我们更不能说盥“盛”而荐“简略”。正式祭祀

① 《周易·观卦》。
② 《周易正义·观》。
③ 李鼎祚：《周易集解·观》，陈德述整理，巴蜀书社1991年版。
④ 孔颖达《周易正义·观》曰：“荐者，谓既灌之后，陈荐笾豆之事。”
⑤ 李鼎祚：《周易集解·观》。
⑥ 朱熹：《易本义·观》，《周易本义》，上海古籍出版社1987年版。

之前，先把手洗干净，这谈不上什么“盛”，不过是准备“荐”而已。朱熹指出：“荐，举酒食以祭也。”[①]这是正式的祭祀活动，我们绝不能说它不“盛”反倒“简略”。

那么，《周易》为什么主张“观盥而不观荐”呢？难道说，祭祀之前的洗手，竟然比正式的祭祀还更值得看吗？我们注意到，王弼尽管解释有误，但他引用了孔子的一句话，却很精当。

> 禘，自既灌而往者，吾不欲观之矣！[②]

禘是一种祭祀，既祭始祖又祭上帝。例如鲁国的禘祭，既祭周公又祭文王（上帝）。朱熹《集注》引赵伯循：“禘，王者之大祭也。王者既立始祖之庙，又推始祖所自出之帝，祀之于始祖之庙，而以始祖配之也。”[③]而“灌”，朱熹认为：“灌者，方祭之始，用郁鬯之酒灌地，以降神也。”这跟上述他对《易·观》之“盥”的解释是自相矛盾的，而是采取了何晏的说法：“灌者，酌郁鬯灌于太祖，以降神也。”[④]其实，此处的“灌”与《易·观》之“盥”是一个意思。“灌”本是河流之名；[⑤]这里是假借字，“灌”就是“盥”，即“澡手”（洗手），而非“进爵灌地”。所谓“既灌而往者”就是“既盥而往者”；“吾不欲观之矣”正是《易·观》“观盥而不观荐”的意思。

---

① 朱熹：《易本义·观》，《周易本义》。

② 《论语·八佾》。

③ 朱熹：《论语集注·八佾》，《四书章句集注》，中国书店《四书五经》上册，1985 年。

④ 《论语注疏·八佾》。

⑤ 许慎：《说文解字·水部》：“灌，水出庐江雩娄北入淮水。”

那么,孔子为什么说“既灌而往者吾不欲观之”呢？何晏认为:“既灌之后,列尊卑,序昭穆;而鲁逆祀,跻僖公,乱昭穆,故‘不欲观之矣’。”①朱熹《集注》引赵伯循之说,虽与何晏之说略有差异,但也认为是因为鲁祭非礼:“成王以周公有大勋劳,赐鲁重祭,故得禘于周公之庙,以文王为所出之帝,而周公配之,然非礼矣。”②这样的解释,实在过于勉强。试问:孔子既然“不欲观”那“既灌而往”的非礼之祭,为什么却要“观”那为此非礼之祭做准备的“灌”呢？无论怎样解释这个“灌”字,“洁手”也好,“进爵降神”也罢,孔子之所以只观“灌”,不观“荐”,都不可能是因为鲁祭非礼,否则不合情理。而朱熹则曲为之解:“盖鲁祭非礼,孔子本不欲观;至此而失礼之中,有失礼焉,故发此叹也。”③其意是说:孔子本来连“灌”也都“不欲观”。然而,孔子既然本“不欲观”,为什么偏又“观”了呢？显然,传统的解释都是不能令人信服的。

其实,孔子说他“既灌而往者吾不欲观之”,这话恰恰表明了“灌”本身正是他“欲观”的。那么,孔子又为什么欲观“灌”或“盥”,而不欲观“既灌而往者”的“荐”呢？这显然是由于“盥”与“荐”之间有某种不同之处。这种不同之处不仅仅在于“盥”(洁手)是尚未开始正式祭祀,而“荐”(进献食物)则是已经开始祭祀,而是另有深意。

再看《周易·观卦》卦辞“盥而不荐,有孚颙若”,两句话之间是有因果关系的:因为“盥”是“有孚颙若”,而“荐”不是,所

---

①　《论语注疏·八佾》。

②　朱熹:《论语集注·八佾》,《四书章句集注》。

③　朱熹:《论语集注·八佾》,《四书章句集注》。

以"观盥而不观荐"。《周易》筮辞"有孚"意谓"有信",孔颖达解释说:"孚,信也。"但他对"颙若"的解释是不够确切的:"颙是严正之貌";"言下观而化,皆孚信,容貌俨然也"。[1] 其实,"颙"是"大"的意思:"颙,大头也"[2];引申为"大"。"若"是形容词的词尾,也作"如""然"。"颙若"就是"大大地""极为""非常"等,形容"孚"亦即"信"的程度。"有孚颙若"是说极为诚信。这是说的禘祭中的诚信,即对"祖"与"帝"的诚信,也就是通常所说的"虔诚"。《易·观》卦辞意在"强调祭祀不在乎礼之厚,而在乎心之诚"[3]。《易·革》也有一句爻辞,意思与此类似:"大人虎变,未占有孚。"尚且"未占",便已"有孚",正如这里的尚且未"荐",便已"有孚颙若"。

显然,孔子那番话的意思是:在禘祭中,"灌"或"盥"是非常虔诚的;而"自既灌而往者"如"荐",则未必是虔诚的。孔子看重的不是祭祀礼品的丰盛,而是祭祀情感的虔敬、虔诚、诚信。孔子在另一处也表达了对祭礼的相同看法:"林放问礼之本。子曰:'大哉问!礼,与其奢也,宁俭;丧,与其易也,宁戚。'"[4]"礼之本"就是"礼之质",即是祭礼的实质,朱熹解释说:"俭者,物之质;戚者,心之诚。"[5]孔子的意思:礼品,与其"奢",不如"俭";礼数,与其仪式之"易"(整治),不如情感之"戚"(哀伤)。显然,孔子看重的不是礼的形式,而是礼的实质,即对祖先的情感。同类例子,孔子说过:"居上不宽,为礼

① 《周易正义·观》。
② 许慎:《说文解字·页部》。
③ 黄玉顺:《易经古歌考释》,巴蜀书社 1995 年版,第 100 页。
④ 《论语·八佾》。
⑤ 朱熹:《论语集注·八佾》,《四书章句集注》。

不敬,临丧不哀,吾何以观之哉?”[①]所谓“临丧不哀,吾何以观之哉”是说:在丧礼中,不论所“荐”的礼品多么丰盛,如果没有哀伤的情感,那还有什么可观的呢!

这就回到了儒学的大本大源:本真的情感。

回到《易·观》之“观”的实质问题上来:王弼所说的“观盥而不观荐”是说所观的不是“荐”,而是“盥”,即是说,所“观”的是情感。这种本源性的“观”,乃是“观情”。但“情”并不是“物”,即不是什么“东西”,不是“存在者”,而是“无物”“无”,即“存在”。《老子》也说:“万物并作,吾以观复”“复归于无物”[②]。在“无物”的意义上,“情”乃是“无”。在这种意义上,《易》“观”之“观情”,也就是“观无”。[③]例如上文所谈的孔子欲“观”褅前之“灌”,似乎是在“观”洗手,即是在“主—客”架构下的一种对象性的“观”;但实际上,洗手有什么“可观”的呢?其实,对于孔子来说,洗手是他“视而不见”的;他所“观”而“见”之的,是对祖先的情感。而这种情感不是任何意义上的物,不是存在者。因此,在这种本源之观中,无物存在。这就是“无所观之观”——“观无”。

或许有人会问:情感这样的无形之“无”如何能被“观”到呢?这就是我所说的“生活领悟”。[④]本源性的生活领悟并不是认识论的事情,即既不是“感性认识”,也不是“理性认识”。

---

① 《论语·八佾》。

② 《老子》第十六章、第十四章。

③ 参见黄玉顺:《论“观物”与“观无”——儒学与现象学的一种融通》,《四川大学学报》2006年第4期。

④ 参见黄玉顺:《爱与思——生活儒学的观念》,四川大学出版社2006年版,第37—40、101—104页。

这种领悟根本就不是认识，因为凡是认识都是在“主—客”架构下进行的，而主与客都是“存在者”，都是“物”；而生活领悟则是在“无物”的层级上、先于任何“物”的本源情境中的事情。恰恰在这种领悟中，物、存在者的生成才是可能的，这就是《中庸》讲的“不诚无物”，而诚能够“成己”“成物”。这种本源之观固然是一种“看”，但并不是认识论意义上的“观看”“观察”，甚至也不是胡塞尔所谓“现象学的看”，因为“现象学的看”，其所“观”者是纯粹先验意识，海德格尔仍将其归结为主体性存在者的事情。① 而在本源之观中，我们是在领悟着生活情感，领悟着作为存在的生活。

总之，《周易》可以对应于现象学“现象”观念的，并不是“见象”的观念，而是“观无”之“观”的观念，其实质是本真的生活情感的显现。

---

① 参见海德格尔：《面向思的事情》，陈小文、孙周兴译，商务印书馆1999年版。

神圣超越的哲学重建*

——《周易》与现象学的启示

胡塞尔之后的现象学，往往与后现代主义思潮相呼应，看起来倾向于取缔哲学，例如海德格尔(Martin Heidegger)宣布"哲学的终结"①，于是出现了所谓"后哲学文化"(*Richard Rorty*:*Post-philosophical Culture*)②、"后形而上学思想"(Jürgen Habermas:*Nachmetaphysisches Denken*)③，等等。然而哲学仍然存在着并且发展着。这表明人类恐怕永远都需要哲学形而上学，即需要某种"本体论承诺"④。事实上，宣称"哲学终结"的海德格尔自己的双重奠基的思想(详后)就蕴含着"为存在论

---

* 原载《周易研究》2020年第2期；中国人民大学复印报刊资料《中国哲学》2020年第10期转载。

① 海德格尔：《面向思的事情》，陈小文、孙周兴译，商务印书馆1999年版。

② 理查德·罗蒂：《后哲学文化》，上海译文出版社2004年版。参见孙周兴：《后哲学的哲学问题》，商务印书馆2009年版。

③ 哈贝马斯：《后形而上学思想》，鲁卫东、付德根译，译林出版社2001年版。

④ 蒯因：《从逻辑的观点看》，江天骥等译，上海译文出版社1987年版，第8页。"本体论"和"存在论"同样是"ontology"的汉译。

奠基”即重建哲学的意味。[①] 于是问题就不再是“是否需要哲学”，而是“需要怎样的哲学”以及“怎样重建哲学”。这当然意味着要对既往的哲学进行反思，尤其是本体论的反思。鉴于这种人本主义的本体论的“内在超越”(immanent transcendence)导致了超越者的神圣性的丧失并由此而带来了严重问题，本文讨论神圣超越者的本体论重建问题，旨在阐明：在这个问题上，《周易》与现象学可以给我们以怎样的启示？

一、人本主义哲学的内在超越及其问题

哲学是在“轴心时代”产生的，而且在很大程度上是以宗教或信仰的对立面出现的。对此，雅斯贝尔斯(Karl Jaspers)指出：

> 哲学家首次出现了，人敢于依靠个人自身。中国的隐士和云游哲人，印度的苦行者，希腊的哲学家和以色列的先知，尽管其信仰、思想内容与内在气质迥然不同，但都统统属于哲学家之列。人证明自己有能力，从精神上将自己和整个宇宙进行对比。他在自身内部发现了可以将他提高到自身和世界之上的本原。[②]

---

① 海德格尔：《存在与时间》(修订译本)，陈嘉映、王庆节合译，生活·读书·新知三联书店1999年版，第13页。

② 雅斯贝斯：《历史的起源与目标》，魏楚雄、俞新天译，华夏出版社1989年版，第10页。

这里所说的"整个宇宙",即海德格尔所说的"存在者整体"或"存在者之为存在者",他指出:"从哲学开端以来,并且凭借于这一开端,存在者之存在就把自身显示为根据。……它是实在的存在者状态上的原因,是使对象之对象性得以成立的先验可能性,是绝对精神运动和历史产生过程的辩证中介,是那种价值设定的强力意志。"①关于这个终极的"根据"在西方哲学史上的展示,海德格尔实际上追溯了亚里士多德、笛卡尔、黑格尔和尼采的哲学。② 然而雅斯贝尔斯称之为"世界之上的本原"的存在者,却是指的一个绝对的"超越者"(The Transcendent)。

这个超越者本来在"世界之上",当然更是在人之上,即对于人及其世界来说是外在的,亦即"外在超越"(external transcendence),这是前轴心期,亦即哲学出现之前的超越观念,诸如西方的"众神"(gods)、"上帝"(God),中国殷周时代的"帝""天",其地位乃"至高无上"③;不仅如此,这个超越者本来是神圣的,即是"神圣超越"(sacred transcendence)。而当哲学出现的时候,人"将自己和整个宇宙进行对比","在自身内部发现了可以将他提高到自身和世界之上的本原",这就意味着人自己充当了超越者;然而这个超越者被安置在了人的"自身内部",亦即所谓"内在超越"(immanent transcendence)。

所谓"内在超越"是牟宗三等人提出的一种广为流传的说法,认为中国哲学的特质乃是"内在超越",它区别于并且优越

---

① 海德格尔:《面向思的事情》,第 68—69 页。

② 参见黄玉顺:《"生活儒学"导论》,《面向生活本身的儒学——黄玉顺"生活儒学"自选集》,四川大学出版社 2006 年版,第 43 页。

③ 许慎:《说文解字·一部》,大徐本,中华书局 1963 年版。

于西方哲学与文化的“外在超越”。[①] 这样的两个判断其实根本不能成立,我称之为“‘内在超越’的两个教条”,因为实际上西方哲学的主流也是内在超越的,而且未必是优越的。[②] 根据上文的讨论,我们大致可以这样讲:“内在超越”与“外在超越”的对立,在很大程度上其实是哲学与宗教的对立,或者说是理性与信仰的对立、世俗性与神圣性的对立。

如果换一种说法,那就是哲学的诞生意味着人类的思想观念走上了“人本主义”(humanism 或译“人文主义”)的道路。然而,人本主义其实是一把双刃剑。人本主义的本质,就是尼采所说的“上帝死了”,即人取代了原来那个外在的神圣超越者。这样一来,人的欲望就可以凭借其理性这个工具而恣意妄为。所幸的是西方这种哲学理性主义的人本主义未能独霸思想文化领域,神圣超越世界以新的形态开展出来了。然而不幸的是,近代文艺复兴以来,神圣超越的观念日渐式微,人本主义开始进入了一个变本加厉的新阶段,哲学理性主义尽管取得了更大的成就,但同时也带来了更大的问题,其中尤其值得警惕的是权力——包括资本的权力和政治的权力的为所欲为。

尽管康德说“我不得不悬置知识,以便给信仰腾出位置”,

---

① 参见牟宗三:《生命的学问》,(台北)三民书局 1970 年版,第 74 页;《陆王一系之心性之学(三)——刘蕺山的诚意之学》,《自由学人》第 1 卷第 3 期,1956 年 10 月;《中国哲学的特质》,台湾学生书局 1974 年版,第 30—31 页;余英时:《论天人之际:中国古代思想起源试探》,台湾联经出版事业股份有限公司 2014 年版,代序《中国轴心突破及其历史进程》,末章《结局:内向超越》;汤一介:《儒道释与内在超越问题》,江西人民出版社 1991 年版,《自序》,第 1 页。

② 参见黄玉顺:《中国哲学“内在超越”的两个教条——关于人本主义的反思》,《学术界》2020 年第 2 期。

即“为了我的理性的必要的实践运用而假定上帝、自由和灵魂不死”①，但在他那里，神圣超越者仅仅被视为人类的实践理性的一个“假定”（postulate，或译为“公设”），这实际上仍然是哲学的人本主义的内在超越观念，它并不足以保证真正的神圣超越者的存在，事实却是上帝正在死去。最新的一个例证是“新科技”的僭妄，例如基因编码技术在肉体“硬件”上造人，而人工智能技术在心灵“软件”上造人，等等。这一切如果没有神圣超越者的道德规训，其后果实在不堪设想。

当然，这一切并不意味着放弃理性、拒绝哲学；但无论如何，我们必须克服理性与信仰之间的紧张对立。因此，今日思想的任务乃是哲学地重建神圣超越，或者叫做理性地重建信仰。

二、“现象学”的复数与单数

谈到“现象学”，首先要注意区分它的复数和单数的用法。复数的“现象学”是指的“现象学运动”中的众多“现象学哲学”（phenomenological philosophies）②，而单数的“现象学”则是指的这些哲学共同采取的“现象学方法”（phenomenological approach）。

自从胡塞尔创立先验意识现象学以来，涌现出了许多用现

---

①　康德：《纯粹理性批判 · 序言》，邓晓芒译，人民出版社 2004 年版，第 22 页。

②　这里的“哲学”是广义的，即并非海德格尔所谓“哲学的终结”那样的传统形而上学的哲学。

象学方法来展开的哲学，诸如舍勒（Max Scheler）的质料现象学、哈特曼（Nicolai Hartmann）的价值现象学、海德格尔的此在现象学，马塞尔（Gabriel Marcel）的神学现象学、萨特（Jean-Paul Sartre）的生存现象学、梅洛-庞蒂（Maurice Merleau-Ponty）的知觉现象学、利科（Paul Ricoeur）的解释现象学，列维纳斯（Emmanuel Levinas）的时间现象学，等等。此外，还出现了西方世界之外的现象学哲学，中国的例如张祥龙教授的现象学哲学。笔者本人的"生活儒学"①，在某种意义上亦可视为一个例子。这些林林总总的现象学哲学，汇成了施皮格伯格（Herbert Spiegelberg）所谓"现象学运动"②。

这些大异其趣的哲学建构，之所以都可冠之以"现象学哲学"之名，是因为它们之间所存在的共性，即都运用了"现象学方法"，这就是单数的"现象学"。孙周兴认为，"这种现象学方法有三个基本环节：现象学的还原（Reduktion）、现象学的建构（Konstruktion）和现象学的解构（Destruktion）"。③ 这样的排列顺序可以商榷，而我则将现象学方法归纳为"解构→还原→建

① 参见黄玉顺：《面向生活本身的儒学——黄玉顺"生活儒学"自选集》；《爱与思——生活儒学的观念》，四川大学出版社 2006 年版，四川人民出版社 2017 年增补本；《儒家思想与当代生活——"生活儒学"论集》，光明日报出版社 2009 年版；《儒学与生活——"生活儒学"论稿》，四川大学出版社 2009 年版；《生活儒学讲录》，安徽人民出版社 2012 年版；《从"生活儒学"到"中国正义论"》，中国社会科学出版社 2017 年版；《生活儒学与现代性问题》，四川人民出版社 2019 年版。

② 参见赫伯特·施皮格伯格：《现象学运动》，王炳文、张金言译，商务印书馆 2011 年版。

③ 孙周兴：《海德格尔选集·编者引论》，上海三联书店 1996 年版，第 3 页。

构”三大步骤。[1] 解构是为了还原，而还原又是为了建构——重建哲学。

（一）解构：“无前设性”的态度

现象学方法的首要步骤是“解构”（deconstruction）。尽管各家解构的具体对象不尽相同，但无疑都是针对某种既有的、“建构”起来的“传统”。例如，对于海德格尔来说，这个传统就是他所说的“传统存在论”[2]，即过往的那种“思考存在者整体”的“哲学即形而上学”[3]。对于中国哲学来说，在生活儒学的观念中，解构的对象包括春秋战国时代以来，亦即中国轴心时代以来的整个哲学传统。

但解构并不是简单地抛弃对象，而是要通过拆解对象来理解该对象究竟是何以可能的。解构的直接目的是要达到一种“无前设性”的状态，以便“面对事情本身”。所谓“无前设性”（Voraussetzungslosigkeit），通俗地讲，其实就是“清空”传统观念带来的成见。例如，对于胡塞尔来说，“无前设性”意味着破除“自然立场”（natural standpoint）而采取“现象学立场”（phenomenological standpoint），以便回到“纯粹先验意识”；而对于海德格尔来说，则是摒弃存在者化的传统存在论或哲学形而上学，以便回到那种“追问存在”的“基础存在论”（Fundamentalontologie）即“生存论”[4]。

---

① 参见黄玉顺：《形而上学的奠基问题——儒学视域中的海德格尔及其所解释的康德哲学》，《四川大学学报》2004 年第 2 期。

② 海德格尔：《存在与时间》（修订译本），第 14 页。

③ 海德格尔：《面向思的事情》，第 68—69 页。

④ 海德格尔：《存在与时间》，第 16 页。

对于中国哲学来说，过往的哲学传统都可以被视为成见，即都可以通过解构而理解它们究竟是何以可能的。例如程颢说"'天理'二字却是自家体贴出来"①，但按照现象学或生活儒学的观念，这个"天理"却是一个形而上的存在者，即是一个存在者化的东西，需要通过解构而理解：何以会产生"天理"这样一个"前设"(presupposition)？

（二）还原："面对事情本身"的追寻

以上关于解构的分析其实已经表明：解构的目的在于"还原"(reduction)。正如海德格尔所说："我们把这个任务了解为：以存在问题为线索，把古代存在论传下来的内容解构成一些源始经验——那些最初的、以后一直起着主导作用的存在规定就是从这些源始经验获得的。"②这里的"源始经验"(original experience)这个措辞不能被理解为经验主义的概念，因为经验主义的"经验"概念恰恰是存在者化的，即是海德格尔所要解构的东西。

这就是说，还原的目的是要回到一种前存在者的情境，也就是现象学所说的追寻"事情本身"(Sache selbt)。这是现象学最重要的口号之一：面向事情本身(zu den Sachen selbt)。当然，现象学的诸家哲学对于何为"事情本身"的理解有所不同，例如在胡塞尔那里是"原初自身所与"(the primordial self-given)的纯粹先验意识的"意向活动"(Noesis)，而在海德格尔那里则是"此在"(Dasein)的"生存"(existence)。但是，一般来说，在胡

---

① 《二程外书》卷十二，《二程集》，中华书局 1981 年版。

② 海德格尔：《存在与时间》，第 26 页。

塞尔之后,特别是在海德格尔那里,按照生活儒学的理解,如果说解构的对象是存在者,那么,还原的结果就是达到某种前存在者的状态。

而在中国哲学,例如对于程颢所讲的"'天理'二字却是自家体贴出来",那么,我们之所以要解构"天理",乃是要回到作为"源始经验"的本真的"体贴",因为正是这种前存在者的、作为生活感悟的"体贴"情境给出了那个存在者化的"天理"观念,所以程颢才说"天理"乃是"体贴出来"的,即并不是什么先验的东西。所谓"体贴",就是生活儒学所说的源于"生活情境"的一种"生活感悟"——生活情感、生活领悟。同理,按照生活儒学的思想视域,孔子之所以没有所谓"天理"这个观念,则是因为他并没有程颢那样的生活情境;换句话说,他们身处其中的历史时代的生活方式是不同的。

(三)建构:"奠基"的观念

解构与还原其实都不是目的;在我看来,现象学的目的,终究还是要有所"建构"(construction)。当然,对于不同的现象学家来说,对此的明确程度是有所不同的;尤其是在那些被划归于解构主义者的后现代主义者看来,"建构"是一件很危险的事情,尽管他们事实上仍然不可避免地各有其建构性的"宏大叙事"。

建构意味着观念层级之间的"奠基"关系。就现象学而论,"奠基"(Fundierung)是胡塞尔提出的一个基本概念,他说:"如果一个 α 本身本质规律性地只能在一个与 μ 相联结的广泛统一之中存在,那么我们就要说:一个 α 本身需要由一个 μ

来奠基。"[①]（注意：这里使用的乃是"存在"概念，也就是说，在胡塞尔看来，"奠基"是一个存在论问题。）而海德格尔说："存在问题的目标不仅在于保障一种使科学成为可能的先天条件，而且也在于保障那使先于任何研究存在者的科学且奠定这种科学的基础的存在论本身成为可能的条件。"[②]这里显然实际上提出了双重奠基的思想，即基础存在论（生存论）为传统存在论奠基，传统存在论"哲学"又为"科学"（关于形而下存在者领域的理论）奠基；换句话说，存在为形而上存在者奠基，形而上存在者为形而下存在者奠基。

而按生活儒学的观念，则是生活为一切存在者奠基（这里的"生活"区别于，或者说涵摄了海德格尔的那种区分性的概念——"生存"[existence]与"存在"[Sein][③]）：作为存在的生活，必显现为特定的生活方式；而不同的生活方式，则生成不同的形而上存在者、形而下存在者的观念，并且由此产生不同哲学的"形而上者→形而下者"的观念，进而形成所谓"哲学史"。例如"天理"之被"体贴出来"，只是宋明时代的生活方式所产生的"理学"中的一个观念。

不仅如此，生活儒学还严格区分"观念的奠基"与"观念的生成"[④]：就"奠基"观念来讲，那也是在生活感悟中生成的"形而上学"为"形而下学"奠基，例如帝制时代的那种形而上的儒

---

① 胡塞尔：《逻辑研究》第二卷，倪梁康译，上海译文出版社 1998 年版，第 285 页。

② 海德格尔：《存在与时间》，第 13 页。

③ 参见黄玉顺：《回望"生活儒学"》，《孔学堂》2018 年第 1 期。

④ 黄玉顺：《爱与思——生活儒学的观念》（增补本），四川人民出版社 2017 年版，第 168—169 页。

家心性论为其形而下的伦理学及其政治哲学奠基;①就"生成"观念来讲,在生活感悟中生成的首先是形而下者的观念,然后才生成形而上者的观念。这种观念生成过程,其实就是中国哲学的"功夫论""境界论"问题,如冯友兰所说,人首先成为形而下的"功利境界"和"道德境界"中的人,然后才有可能成为形而上的"天地境界"中的人;②而生活儒学则是区分前存在者的"自发境界"、存在者化的"自为境界"(包括形而下者、形而上者的境界)、自觉回归前存在者的"自如境界"③。

三、《周易》与现象学的对应关系

上述现象学的"解构→还原→建构"的路径,与《周易》文本的文献层次及其形成历史过程之间具有明显的对应关系。《周易》传世文本包括《易经》和《易传》,并非一时一人的"专著",而是跨越不同时代的若干文献的整合。这些文献大致包含三个层次:(1)殷周之际的"古歌",即整体上比《诗经》还古老的一批"逸诗",这些诗歌所表达的乃是本真的生活情感、生活领悟,即是"前存在者"的"存在"或"生活"的观念;④(2)西

① 参见黄玉顺:《论"重写儒学史"与"儒学现代化版本"问题》,《现代哲学》2015年第3期。

② 冯友兰:《新原人·境界》,上海商务印书馆1946年版。

③ 黄玉顺:《爱与思——生活儒学的观念》(增补本),第171—186页。

④ 参见黄玉顺:《易经古歌考释·绪论》(修订本),上海古籍出版社2014年版,第1—34页。

周时期成书的《周易》古经，其中“筮辞”的吉凶占断，预设了一个神性的形而上存在者；(3)战国时期成书的《周易》大传，建构了一种理性的形而上存在者，以及在它奠基之下的形而下学——伦理学及政治哲学。

因此，我们的“解构”意味着破解《周易》古经与大传的那种形而上学与形而下学；“还原”意味着回到“古歌”的那种本真的生活感悟；“建构”意味着首先复原《周易》的观念构造层级之间的生成关系与奠基关系及其历史过程，然后以此为我们今天哲学地重建神圣超越提供启示。

(一)《易经》“古歌”的前存在者情境

作为蓍筮之书的《易经》，就其文献构成来看，乃是由殷周之际的“古歌”(逸诗)与吉凶占断之辞错综编辑而成的。其中的“古歌”作为“诗”，乃是存在之“思”，即前轴心期的前存在者的生活情境及其生活感悟。笔者当年著《易经古歌考释》，其实就是一种“解构→还原”的工作，即通过破解《易经》文本的神性形而上学，亦即通过剥离吉凶筮辞而还原“古歌”，即还原到海德格尔所说的前存在者的、本真的“源始经验”。

这里且以《渐卦》为例。[①] 当我们将其中的卦名、爻题、表示吉凶判断的占辞剔除之后，剩下的其实就是一首凄婉的诗歌：

鸿渐于干，鸿渐于磐，饮食衎衎。
鸿渐于陆，夫征不复，妇孕不育。

---

① 参见黄玉顺：《易经古歌考释》(修订本)，第295—300页。

鸿渐于木，或得其桷。

鸿渐于陵，妇三岁不孕，终莫之胜。

鸿渐于阿，其羽可用为仪。

这就是本真的“诗”与“思”；此“思”乃是“情感之思”①：

思首先是生活本源中的情感之思、生活情感中的领悟之思，而表现为生活感悟的言说方式、诗意的言说；进而是生活感悟中生成的形上之思，而表现为哲学的言说；最终是在这种形而上学的基础之上展开的形下之思，而表现为伦理学、知识论的言说。②

（二）《易经》的形而上超越者

这里必须指出：《易经》的形而上者和《易传》的形而上者是迥然不同的，代表着两个不同时代的形而上学的超越观念。

关于《易经》，对于我们这里的话题来说，该书的编者究竟是不是文王或周公，这不要紧。但可以肯定的是，编者乃是基于既有“古歌”的生活情境及其感悟，以及既有“占辞”的吉凶判断，并且根据自己的生活领悟，而将两者加以错综的配合编排，由此形成《易经》文本。其中，古歌以外的那些表达吉凶判断的筮辞的性质，其实类似殷墟甲骨卜辞，并非编辑《易经》文

① 黄玉顺：《爱与思——生活儒学的观念》（增补本），第113—127页。

② 黄玉顺：《爱与思——生活儒学的观念·叙说》（增补本），第3页。

本之际的当下创作,而是以往既有的蓍筮活动的记录,犹如甲骨卜辞乃是以往龟卜活动的记录。

这些筮辞显而易见地预设了一个形而上的存在者,即一个至上神,称之为“帝”或“天”①,这也是与殷墟卜辞一致的。所谓“占卦”,即当人们产生疑问的时候,通过蓍筮而询问天帝,其答案即是卦爻辞中的吉凶占断。此即《系辞上传》所说的“以卜筮者尚其占,是以君子将有为也,将有行也,问焉而以言,其受命也如响”,“以断天下之疑”。

关于这个超越性的至上神与蓍筮之间的关系,蒙卦卦辞记载:“匪(非)我求童蒙,童蒙求我。初筮,告;再三,渎,渎则不告。”这应当是迄今可以看到的最为古老的筮法记录,而与后世的筮法不同,即只能一次性地占问,否则就是亵渎而不灵验了。关于“童蒙”和“我”究竟指谁,各说不一。朱熹认为:“童蒙,幼稚而蒙昧。……筮者明,则人当求我,而其亨在人。……人求我者,当视其可否而应之。”②这就是说,“我”指“筮者”;“童蒙”则指求卦之人。高亨也说:“童蒙即幼稚愚昧之人。‘匪我求童蒙,童蒙求我’,乃筮人之辞,言非我去求童蒙为之占筮,乃童蒙来求我为之占筮,即非我往筮,是人来筮。”③笔者也曾说过:“从‘匪我求童蒙’到‘渎则不告’,是一种特殊占辞,

---

① 殷周之际的“帝”或“天”,即龟卜的对象与蓍筮的对象,究竟是唯一的至上神还是人间王者的祖先神,或者说至上神与祖先神究竟是同一的还是分离的,并不明确,甚至存在着矛盾。参见黄玉顺:《周公的神圣超越世界及其权力话语——〈尚书·金縢〉的政治哲学解读》,《东南大学学报》2020 年第 2 期。

② 朱熹:《周易本义》,廖名春点校,中华书局 2009 年版。

③ 高亨:《周易大传今注》,齐鲁书社 1998 年版,第 76 页。

不是吉凶判断，而是以占筮学者的口吻，谈占筮的原则"；"'我'，当指筮人，占筮学者，一种神职人员"；"'童蒙'，指年幼无知者，此处为求卦者"。[①] "'初筮告'，第一次占问，即告之以吉凶"；"'再三渎'，一而再、再而三地求问，不相信第一次，这是对神不敬，亵渎神灵"；"'渎则不告'，亵渎了神明，就不再告之以吉凶"。[②] 总之，这个"我"即筮人，乃是"童蒙"即求卦者与天帝之间的中介，即神圣代言人。

1.《易经》之"帝"

细检《易经》全书，"帝"字出现了三次。其中两处"帝乙归妹"[③]，乃指商朝第三十代君主——帝乙；唯有益卦六二爻的"王用享于帝"，即是指的至上神——上帝。王弼注释："帝者，生物之主，兴益之宗，出震而齐巽者也。"[④]最后一句"出震而齐巽者也"出自《易传》"帝出乎震，齐乎巽"[⑤]，即已经是后世的观念，但"生物之主，兴益之宗"却是指的造物主，即至上神。这个见于《易经》的"帝"作为造物主，是与《尚书》《诗经》一致的（《诗》《书》亦称"帝"为"上帝"，则与《易传》一致，详下）。

2.《易经》之"天"

上述作为至上神的"帝"，又称为"天"，这也是与《尚书》《诗经》一致的。整部《易经》的"天"字，共有三种用法：其一，人的头顶部，即"颠"，而引申为一种刑法，如睽卦"其人天且劓"；其二，与"地"相对的"天"，如乾卦"飞龙在天"、明夷卦

---

① 黄玉顺：《易经古歌考释》（修订本），第 61 页。

② 黄玉顺：《易经古歌考释》（修订本），第 62 页。

③ 《周易》泰卦六五爻、归妹卦六五爻。

④ 《十三经注疏·周易正义·益卦》。

⑤ 《易传·说卦传》。

“初登于天,后入于地”、姤卦“有陨自天”、中孚卦“翰音登于天”(至于这类“天”是不是所谓“自然界”,抑或是上帝所在的“帝庭”或“天庭”①,尚可讨论);其三,上帝,与《尚书》《诗经》同,共有三处。

(1)大畜卦:“何天之衢。”意为承天之庥、受天之祐,此处的“天”即上帝。笔者曾考证过:“‘何’(hè),‘荷’(负荷)的本字,意谓承、受。《纂言》②:‘何与《噬嗑》上九“何校”之何同。’……‘衢’,通‘休’,庇佑。《帛书》作‘瞿’,亦假借字。《今注》③:‘衢疑当读为休,古字通用’;‘《说文》……重文作庥……故《尔雅·释言》曰:“庥,荫也。”《诗·长发》:“何天之休。”休即庥字,谓受天之庇荫也。此云何天之衢,即何天之休也。……《仪礼·士冠礼》云:“承天之休。”又云:“承天之祜。”又云:“承天之庆。”其句法文义皆相类。’《通义》④亦同此说。这是古人的天命观念,以为六畜昌盛是受上天庇佑。”修订本注:“更确切讲,庇佑之‘衢’与‘休’皆假借字,本字为‘庥’。”⑤

(2)大有卦:“自天祐之。”此处“天”亦上帝。笔者考证:“‘天’,上天,天帝。‘祐’,助祐,福祐。《系辞传》:‘祐者,助也。’《集解》⑥作‘右’,引虞翻:‘右,助也。’《今往》:‘盖天助

① 《尚书正义·金縢》。

② 吴澄:《易纂言》,《易纂言·易纂言外翼》本,上海古籍出版社1990年版。

③ 高亨:《周易古经今注》,上海书店1991年影印本。

④ 李镜池:《周易通义》,中华书局1981年版。

⑤ 黄玉顺:《易经古歌考释》(修订本),第174—175页。

⑥ 李鼎祚著,陈德述整理:《周易集解》,巴蜀书社1991年版。

为祐,故字从示。'"[1]所谓"自天祐之",是说福祐来自上帝。

(3)大有卦:"公用亨于天子。"此处"天"亦上帝。笔者考证:"'亨'同'享',献,贡。上古'亨'、'享'、'烹'为同一个字。《本义》[2]:'亨,《春秋传》作享,谓朝献也。古者亨通之亨、享献之享、烹饪之烹,皆作亨字。'《说文》:'亨,献也';段(玉裁)注:'其形,荐神作亨,亦作享;饪物作亨,亦作烹;《易》之"元亨"则皆作亨'。《今注》:'但此亨字,当为致贡之义。''公用亨于天子',某国公向天子进贡。"[3]这里的"天子"之说,亦与《尚书》一致,由来已久,例如《商书·西伯戡黎》记载:"西伯既戡黎,祖伊恐,奔告于王,曰:'天子,天既讫我殷命,格人元龟,罔敢知吉……'"所谓"天子"即天之子,此"天"显然即指上帝,因为天而有"子",此"天"即是人格化的超越者。

(三)《易传》的形而上超越者

如果说成书于殷周之际的《易经》里的形而上超越者是一个至上的人格神,即"帝"或"天",那么,成书于战国时期的《易传》里的形而上超越者则已经不是神(god),而是人类早期哲学宇宙论(cosmology)意义上的本原(The Origin)观念。这是因为伴随着中国轴心时代的观念转变,作为占卜之书的《易经》已经被理解为义理之书、哲学著作了,所以孔子主张"不占"[4],荀子也说"善为《易》者不占"[5],这才有了义理化、哲学

---

① 黄玉顺:《易经古歌考释》(修订本),第121页。
② 指朱熹《周易本义》。
③ 黄玉顺:《易经古歌考释》(修订本),第119—120页。
④ 《论语·子路》。
⑤ 《荀子·大略》。

化的诠释而最终形成《易传》文本。

1.《易传》超越观念对于《易经》的延续：至上神

无可否认，就其形而上者的观念而论，在《易传》与《易经》之间，不仅存在着转折性，而且存在着连续性，这主要体现在"帝"与"天"的用法上。这是因为《易传》毕竟是对《易经》的一种诠释，当然不能全然不顾"帝"与"天"在《易经》里的原义。

(1)帝。整部《易传》，"帝"字出现7处，分为两类：

一类是指的帝王，这与《易经》一致。如《履彖传》："刚中正，履帝位而不疚，光明也。"(孔颖达解释道："'刚中正履帝位'者，谓九五也。"爻位"九五之尊"乃是帝王之位。)《归妹象传》："帝乙归妹，不如其娣之袂良也。"(上文已讨论过，"帝乙"是殷王朝的一位君主。)《系辞下传》："神农氏没，黄帝、尧、舜氏作。"

另一类则指的上帝，即是形而上的神圣超越者，也与《易经》一致。如《鼎彖传》："圣人亨以享上帝。"《豫象传》："先王以作乐崇德，殷荐之上帝，以配祖考。"《涣象传》："先王以享于帝，立庙。"(孔颖达解释道："'先王以享于帝立庙'者，先王以涣然无难之时，享于上帝，以告太平，建立宗庙，以祭祖考。")《说卦传》："帝出乎震。"(孔颖达解释道："《益》卦六二'王用亨于帝，吉'，王辅嗣注云：'帝者，生物之主，兴益之宗，出震而齐巽者也。'王之注意，正引此文，则辅嗣之意，以此帝为天帝也。")

(2)天。比起"帝"字来，"天"字在《易传》里出现得特别多，也最能代表《易传》的形而上学观念。除"天下"这个常见俗语外，《易传》其他"天"字的用法，大致可以分为以下两类：

一类是延续《易经》的用法，即与“帝”或“上帝”同义。例如《师象传》“在师中吉，承天宠也”；《大有象传》“大有上吉，自天佑也”。这类“天”字的用法在《易传》里很少见，而且往往是直接就《易经》原文而言的，例如《大有象传》“‘公用亨于天子’，小人害也”；《大畜象传》“‘何天之衢’，道大行也”；《系辞上传》“君子居则观其象而玩其辞，动则观其变而玩其占，是以‘自天佑之，吉无不利’”；《系辞下传》“《易》穷则变，变则通，通则久，是以‘自天佑之，吉无不利’”。

另一类用法才是《易传》本身所建构的哲学宇宙论模式的本原观念，指的是天地之“天”、乾坤之“乾”、阴阳之“阳”。

2.《易传》超越观念的转向：宇宙论

从整体上和根本上来看，《易传》与《易经》的形而上超越者是截然不同的，即不再是神学性的“上帝”观念，而是哲学宇宙论的“本原”范畴，即是“阴阳”“天地”“乾坤”的范畴。

(1)《易传》之“天”：“天地”模型

除上文谈到的少量延续《易经》的用法以外，《易传》本身的“天”都是哲学宇宙论意义上的“天地”模式。这里仅以《象传》为例，有以下三种情况，而实质上是一致的。

其一，与“地”相对之“天”。例如乾卦“大哉乾元，万物资始，乃统天”；坤卦“至哉坤元，万物资生，乃顺承天”。在《周易》六十四卦中，乾坤两卦的地位很特殊，即是两卦合起来象征天地、体现阴阳，这是因为“夫乾，天下之至健也”（六爻皆阳），“夫坤，天下之至顺也”（六爻皆阴）[①]。所以，其他六十二

① 《周易·系辞下传》。

卦,每卦的卦爻卦象都是“爻也者,效此者也;象也者,像此者也”①,即都仿效乾坤之合,亦即“天地”。

例如泰卦“天地交而万物通也”;否卦“天地不交而万物不通也”;谦卦“天道下济而光明,地道卑而上行;天道亏盈而益谦,地道变盈而流谦”;豫卦“顺以动,故天地如之……天地以顺动”;复卦“复,其见天地之心乎”;颐卦“天地养万物”;坎卦“天险不可升也,地险山川丘陵也”;离卦“日月丽乎天,百谷草木丽乎土”;咸卦“天地感而万物化生……观其所感,而天地万物之情可见矣”;恒卦“天地之道,恒久而不已也……观其所恒,而天地万物之情可见矣”;大壮卦“正大而天地之情可见矣”;家人卦“男女正,天地之大义也”;睽卦“天地睽而其事同也”;解卦“天地解而雷雨作”;益卦“天施地生,其益无方”;姤卦“天地相遇,品物咸章也”;萃卦“观其所聚,而天地万物之情可见矣”;归妹卦“天地之大义也,天地不交而万物不兴”;丰卦“天地盈虚,与时消息”;节卦“天地节而四时成”。这些“天”皆与“地”相对而言,并无任何神学色彩。

深研《易传》,不难发现这样一个序列:易—道—阴阳—天地—乾坤。《周易》是讲万物变化生成的,这就是所谓“易”,故《系辞上传》讲“生生之谓易”。此“易”乃是形而上的超越者,故《系辞上传》讲“形而上者谓之道”。此“易道”即阴阳之道,故《系辞上传》讲“一阴一阳之谓道”;“昔者圣人之作《易》也……立天之道曰阴与阳”。阴阳之道体现为哲学宇宙论的模式,即是“天地”模型,故《说卦传》讲“昔者圣人之作《易》也……立天之道曰阴与阳,立地之道曰柔与刚”;《系辞上传》

---

① 《周易·系辞下传》。

讲“易与天地准，故能弥纶天地之道……与天地相似，故不违”；《系辞下传》讲“古者包牺氏之王天下也，仰则观象于天，俯则观法于地”；“天地絪缊，万物化醇”；《序卦传》讲“有天地，然后万物生焉”。这个“天地”模型体现在《易经》卦象上，就是“乾坤”，故《系辞下传》讲：“乾坤，其易之门邪？乾，阳物也；坤，阴物也。阴阳合德而刚柔有体，以体天地之撰……”对于万物的生成来说，这种“天地—乾坤”的模式类似父母生育子女的模式，故《系辞下传》讲：“乾，天也，故称乎父；坤，地也，故称乎母。”但无论如何，从哲学宇宙论来讲，最根本的就是“天地”范畴，故《系辞上传》讲“法象莫大乎天地”；“天尊地卑，乾坤定矣……在天成象，在地成形，变化见矣”；“天地设位，而易行乎其中矣”。

不仅如此，《易传》明确指出，这种宇宙论的“天地”比那种传统宗教的“鬼神”更为根本，即《系辞上传》所讲的“易与天地准……是故知鬼神之情状态”；“大衍之数五十……凡天地之数五十有五，此所以成变化而行鬼神也”。我们知道，“鬼神”是殷周时代即已存在的神圣超越者的观念；而“天地”虽然具有超越性，但并没有宗教信仰上的神圣性。

其二，与“人”相对之“天”。例如观卦“观天之神道，而四时不忒；圣人以神道设教，而天下服矣”；贲卦“刚柔交错，天文也；文明以止，人文也。观乎天文，以察时变；观乎人文，以化成天下”；大畜卦“利涉大川，应乎天也”；革卦“天地革而四时成，汤武革命顺乎天而应乎人”；兑卦“顺乎天而应乎人”；中孚卦“以利贞，乃应乎天也”。《易传》所谓“应天”“顺天”，都是就人而言的，即以人道顺应天道。

这里需注意的是，《易传》对《易经》每卦六爻的解释，所根据的乃是在历史上渐次形成的若干不同的诠释范式,这些范式之间其实未必协调一致(但也因此而具有更广阔的解释空间)。其中最重要的是两种诠释范式:一种是三分法,即把每卦的六爻划分为天、地、人“三才”,此即《系辞下传》所讲的“有天道焉,有人道焉,有地道焉;兼三才而两之,故六;六者非它也,三才之道也”;另一种则是二分法,即把每卦(别卦)的六爻划分为内卦与外卦或下卦与上卦(经卦、八卦),此即上述“天地”模型(这就是“重卦”说)。将这两种范式结合起来讲,就是《说卦传》所说的“兼三才而两之,故《易》六画而成卦;分阴分阳,迭用柔刚,故《易》六位而成章”。所以,《易传》凡是“天—人”相对而言的时候,其中一种情况就是“天”涵盖了“地”,即仍然是“天—地”模式,这是因为《周易》的根本模式就是阴阳、乾坤、天地。

其三,单称之“天”。例如屯卦“天造草昧,宜建侯而不宁”;需卦“位乎天位,以正中也;利涉大川,往有功也”;剥卦“君子尚消息盈虚,天行也”;复卦“反复其道,七日来复,天行也;利有攸往,刚长也”;大有卦“应乎天而时行”;蛊卦“利涉大川,往有事也;终则有始,天行也”;临卦“大亨以正,天之道也;至于八月有凶,消不久也”;无妄卦“天之命也……天命不佑,行矣哉?”细审文义,不难看出,这些“天”字的用法不外乎上述“天—地”或“天—人”的模式。

(2)《易传》之“神”:“神妙”变化

关于《易传》本身独特的形而上者的观念,除“天”以外,还应当考之于“神”字的用法。本来《易经》全书不见一个“神”字,却分明有一个至上神即“帝”或“天”的存在;而到了《易传》,“神”字虽然很多,却可以分为两类。

一类是“鬼神”连用。如《谦彖传》:“鬼神害盈而福谦。”《丰彖传》:“天地盈虚,与时消息,而况于人乎?况于鬼神乎?”《乾文言传》:“夫大人者……与鬼神合其吉凶……天且弗违,而况于人乎?况于鬼神乎?”《系辞上传》:“易与天地准……是故知鬼神之情状”;“大衍之数五十……此所以成变化而行鬼神也”。这种“鬼神”观念并非《易传》特有的观念,而是非常古老、至今流传的一种普遍的传统观念,这里可以不论。

另一类“神”则是《易传》所特有的,然而均非宗教意义上的“神”(god)。例如《说卦传》讲:“昔者圣人之作《易》也,幽赞于神明而生蓍……”但紧接着就解释道:“神也者,妙万物而为言者也。”换言之,所谓“神”说的是神妙、微妙。另外一处“神”字的含义亦然,即《观彖传》所说:“观天之神道,而四时不忒;圣人以神道设教,而天下服矣!”孔颖达解释道:“神道者,微妙无方,理不可知,目不可见,不知所以然而然,谓之‘神道’。”这就是说,所谓“神”乃是说的“微妙”。

其余见于《易传》的“神”字,均出现在《系辞传》中。上述所谓“神道”,其实就是“易道”,也就是“易”,是说的变化之道、阴阳之道;而所谓“神”,乃是形容易道的微妙莫测。故《系辞上传》明确讲:“一阴一阳之谓道……阴阳不测之谓神”;“神无方而易无体”。又讲:“利用出入、民咸用之谓之神。”显然,所谓“神”乃是说的易道之“用”,即其妙用,亦即“精义入神,以致用也”①。因此,所谓“以神道设教”,就是“以易道设教”,并没有宗教性的神圣意味。

准此,《系辞传》里的其他“神”字,皆可作“神妙”“微妙”

---

①　《周易·系辞下传》。

解，如《系辞上传》："显道、神德行，是故可与酬酢，可与佑神矣。子曰：'知变化之道者，其知神之所为乎？'""易，无思也，无为也，寂然不动，感而遂通天下之故，非天下之至神，其孰能与于此？""唯神也，故不疾而速，不行而至。""蓍之德圆而神，卦之德方以知……神以知来，知以藏往，其孰能与于此哉？古之聪明睿知、神武而不杀者夫。……是兴神物，以前民用。""天生神物，圣人则之。""圣人立象以尽意……鼓之舞之以尽神。"《系辞下传》："古者包牺氏……始作八卦，以通神明之德，以类万物之情。""知幾其神乎？……幾者，动之微，吉之先见者也。""阴阳合德而刚柔有体，以体天地之撰，以通神明之德。"

这里还需注意，《易传》屡屡谈到"神明"，那么，何谓"神明"？《系辞上传》明确指出："神而明之，存乎其人"；"圣人以此斋戒，以神明其德夫"。这就是说，所谓"神明"，所指的并非神，而是人，并且特指圣人的"穷神知化，德之盛也"①，例如圣王"黄帝、尧、舜氏……神而化之，使民宜之"②。顺便指出：这里涉及"圣"与"王"的关系，此乃超越者及其代言人与世俗权力之间的关系问题，兹事体大，另文讨论。

综上所述，可见《易传》本身的独特的形而上超越者，绝非《易经》那个神性的"帝"、神性的"天"，而是哲学宇宙论意义上的"易"或"易道"，亦即"阴阳""天地""乾坤"之道，尽管具有超越性，但却没有神圣性。

---

① 《周易·系辞下传》。

② 《周易·系辞下传》。

（四）《易传》的形而下存在者观念

按照轴心时代以来哲学的“形上—形下”普遍架构，《易传》之所以要建构上述那种超越的形而上存在者，乃是为了开出某种形而下存在者，此即上文已讨论过的哲学的“奠基关系”。最典型的莫过于《象传》里的“大象传”，全部都是采取的“天道→人道”的奠基模式，例如：“天行，健（乾）；君子以自强不息”；“地势，坤；君子以厚德载物”；“云雷，屯；君子以经纶”；“地上有水，比；先王以建万国、亲诸侯”；“天地交，泰；后以才成天地之道，辅相天地之宜，以左右民”；“雷出地奋，豫；先王以作乐崇德，殷荐之上帝，以配祖考”；“山附于地，剥；上以厚下安宅”；“明两作，离；大人以继明照于四方”；“天下有风，姤；后以施命诰四方”；等等。

在这种“天道→人道”的模式中，天道表现为由上下卦关系或内外卦关系构成的卦象，其所体现的是作为形而上超越者的易道；而人道则表现为“君子”“先王”“后”“上”“大人”等政治主体如何效法天道的施为，实质上建构的是以统治者权力身份为中心的一整套“大一统”的伦理政治哲学，本质上是儒家在从王权时代向皇权时代的社会转型过程中的一套理论建构。这样的伦理政治哲学，显然不再是我们今天所需要的东西。

这种“天道→人道”模式，贯穿整部《易传》，例如《系辞上传》的“天地变化，圣人效之”，《系辞下传》的“天地设位，圣人成能”，《序卦传》的“有天地，然后有万物；有万物，然后有男女；有男女，然后有夫妇；有夫妇，然后有父子；有父子，然后有君臣；有君臣，然后有上下；有上下，然后礼义有所错（措）”，等等。这样的模式，其具体的历史内容是必须摒弃的，但它所透显的一般的奠基关系却是任何时代的哲学建构都必然具有的。这就是说,对于我们的宗旨"神圣超越的哲学重建"来说,这个作为形而上者的神圣超越,也是要为作为形而下者的伦理政治服务的。

四、神圣超越的哲学重建

以上对《易传》的解构与还原,并不是要让现代人回到殷周时代的《易经》蓍筮及其观念形态,而是要为"哲学地重建神圣的超越"提供某种启示。轴心时代以来,人类就一直在不断地重建哲学,即推翻旧哲学、建构新哲学。康德曾经这样比喻哲学的重建:"人类理性非常爱好建设,不止一次地把一座塔建成了以后又拆掉,以便察看一下地基情况如何。"①这里的"拆掉"就是解构,"察看地基"就是还原,重新"建设"就是建构。只不过,现象学诞生以来的哲学重建具有了比康德更为透彻的视域。

(一)共时结构的历时显现

回顾上文的讨论,可以看出,任何时代或任何人的观念之中,都有三个层级的显现状态,即存在(前存在者)、形而上存在者和形而下存在者。这是人类观念的"共时结构"(synchronic structure);而《周易》这个文本的形成,从殷周之际

① 康德:《任何一种能够作为科学出现的未来形而上学导论》,庞景仁译,商务印书馆1978年版,第4页。

“古歌”的生活感悟，到西周时期《易经》的神性形上学观念，再到战国时期《易传》的理性形上学及其奠基的形下建构，则是上述共时结构的一种“历时显现”（diachronic appearance）。这与树木的树龄（历时）与年轮（共时）之间的关系正好相反：当下呈现出来的年轮是历时发展的树龄的一种共时凝结。

现象学方法的解构与还原，则是这种“历时显现”的历史回溯，海德格尔称之为“历史学的”“返回步伐”（der Schritt zurück）①，意在揭示那个“共时结构”。但对这种共时结构的揭示本身不是目的，其宗旨乃在于在历史发展的当下情境中建构当代哲学；对于我们来说，就是在现代性的生活方式中建构现代性的神圣超越。

（二）神圣超越的哲学重建

上文谈到的现象学方法的三个步骤“解构→还原→建构”，我称之为“破解→回归→构造”②。这让我们想起《易传》里的一句话：“穷理尽性以至于命。”③当然，原文是讲的“包牺氏之王天下也，于是始作八卦”④；而我们这里则是用这句话的命题结构“理→性→命”来阐明“哲学地重建神圣超越”的具体步骤。

1. 解构“天理”观念

中国哲学从宋儒开始讲“天理”，即程颢所说的“‘天理’二

---

① 海德格尔：《存在与时间》，第47页。

② 黄玉顺：《“生活儒学”导论》，《原道》第十辑，北京大学出版社2005年版。

③ 《周易·说卦传》。

④ 《周易·系辞上传》。

字却是自家体贴出来"[1]。这就是说,这个"天理"或"理"不过是宋代理学的一种哲学构造。作为一个形而上者,这个"天理"尽管具有超越性,但毫无疑问已经因为其内在化而丧失了神圣性;更有甚者,"天理"在现实生活中甚至演变为戴震所说的"以理杀人"[2],即成为帝制时代皇权、父权、男权的辩护词。

宋明理学的"天理"观念之所以必须解构,并不是因为它是一个超越的观念,而是因为它是人本主义的"内在超越"的观念,即是用人性,即人的有限存在去取代了神圣超越者;在这种情况下,一旦权力主宰者自命为"圣人"而充当了超越性的"道统"的代言人(最典型的就是康熙皇帝和乾隆皇帝),"以理杀人"就是不可避免的了。

2. 还原"德性"观念

上述"天理"观念尽管具有超越性,却并非外在的真正的超越,而是所谓"内在超越",这就是宋明理学家所讲的"性即理"[3]"心即理"[4]。这个"心性"乃指人性,儒家哲学又称之为"德性",它不仅被视为先验的本性,而且被视为宇宙的本体,于是人这种有限的存在者得以僭越超越者。其实,所谓"内在超越"的先验"德性"不仅不具有神圣性,而且甚至不具有真正的超越性,从而带来严重的问题。学者指出:"在一种神圣价值要通过凡俗价值来体现的文化形态中,现实层面的变动更易于引发某些基本价值的崩解,而由此所导致的直接后果之一,

---

① 《二程外书》卷十二,《二程集》。

② 戴震:《与某书》,见《孟子字义疏证》,中华书局 1982 年版。

③ 《二程遗书》卷二十二上,《二程集》;《朱子语类》卷五,中华书局 1988 年版。

④ 陆九渊:《与李宰》,《陆九渊集》卷十一,中华书局 1980 年版。

就是本应当代表理想性追求的社会批判失去了某种超越的尺度。"①这是因为人总是具体的人,即是凡俗世界之中的人,亦即在特定权力体系下的人(例如作为神圣代言人的儒者不过是君主之臣属),这就必然导致权力对于神圣超越的僭越,即某种权力本身成为至高无上的超越者,这才能够"以理杀人"。

其实,原初的"德性"观念应当是孔子的一个命题"天生德于予"②;甚至开始转向内在超越的《中庸》也承认"天命之谓性"③。显而易见,这里的"天"仍然是一个外在而神圣的超越者;而"予"(我)之"德"或"性"乃得自"天",即并非超越者。"德性"之所谓"德",原来并非先验的概念,而是一个生活实践的概念。笔者曾讨论过:

> 樊迟问"崇德",孔子答:"先事后得,非崇德与?"这里说到"先事后得","事"是先行的。"得"即是"德",是指的德性,即作为形而上学的根据的性;性有所得,故谓之德。然而德之所得,得自何处? 许慎解释:"得,行有所得也。"④德是得自"行"、即"行事"的,亦即得自生活的。由此可见,孔子的意思是说:假如没有先行的生活本身的"事",哪里来的形而上的"德"?⑤

因此,儒家心性论的"性"观念的还原,我们必须回到孟

---

① 郑家栋:《从"内在超越"说起》,《哲学动态》1998 年第 2 期。
② 《论语·述而》。
③ 《礼记·中庸》。
④ 许慎:《说文解字·彳部》。
⑤ 黄玉顺:《爱与思——生活儒学的观念》(增补本),第 252 页。

子,因为他阐明了"德性"是怎样"得"来的。人们往往以先验论的成见去误读孟子所说的"君子所性,仁义礼智根于心"①,而忽略了这里的"心"字的特定含义。此"心"就是"四端",孟子指出:

> 恻隐之心,仁之端也;羞恶之心,义之端也;辞让之心,礼之端也;是非之心,智之端也。……凡有四端于我者,知皆扩而充之矣,若火之始然(燃)、泉之始达。②

这"四端"并非后儒所讲的作为先验德性的"四德"(仁义礼智),而是德性的"发端"即其来源,所以孟子将其比喻为"若火之始然(燃)、泉之始达"。朱熹就明确指出,四端并非"性",而是"情":"恻隐、羞恶、辞让、是非,情也;仁、义、礼、智,性也。"③这就是说,"性"是由"情"而来的,并非什么先验的东西。此"情"乃是生活情境,是"事情"与"情感"的"无分别相"。④ 当然,孟子最终将"性"确立为形而上的本体,从而使儒家走上了内在超越之路,但在他那里,本体之"性"原来毕竟不是先验的,而是通过对"情"的"括而充之"才得以"立"起来的,这就是他所说的"先立乎其大者"⑤。简而言之,本体之性

① 《孟子·尽心上》。

② 《孟子·公孙丑上》。

③ 朱熹:《孟子集注·公孙丑上》,《四书章句集注》,中华书局 1983 年版。

④ 参见黄玉顺:《儒家的情感观念》,《江西社会科学》2014 年第 5 期。

⑤ 《孟子·告子上》。

其实源于生活实践、生活情境、生活情感，这就是“德”之为“得”的本义，即“性日生而日成”[①]。

3. 重建“天命”观念

中国早期的“天命”是指的“天”之“命令”“口令”（“命”字的结构即是从“口”从“令”[②]）。尽管“天何言哉”[③]、“上天之载，无声无臭”[④]，但因为那是“道言”而非“人言”[⑤]，所以“大音稀声”[⑥]，然而“天”确实是在向我们“发号施令”[⑦]；圣人以耳听之、以口言之（“聖”字的结构就是从“耳”从“口”），即是充当天人之际的中介——神圣超越者的世俗代言人。由于“天”是神圣超越的，所以“天命”才是必须敬畏的，故而孔子强调“畏天命”，从而“畏圣人之言”[⑧]。

上述对“理”的解构与对“性”的还原，指引我们最终回到当下的生活情境，并在此大本大源上重建神圣超越，这就是“至命”即通往神圣超越之“天”及其“天命”的必由之路。但这并不是要让人们简单地回到《易经》之“天”或“帝”及其蓍筮，而是要让神圣超越者“重生”并且走向现代性。上文已经讨论过观念的“生成”与“奠基”的区分。那么，就观念的生成

① 王夫之：《尚书引义·太甲上》，中华书局1962年版。

② 许慎：《说文解字·口部》。

③ 《论语·阳货》。

④ 《诗经·大雅·文王》。

⑤ 参见黄玉顺：《我们的语言与我们的生存——驳所谓“现代中国人‘失语’”说》，《南京师范大学文学院学报》2004年第4期。

⑥ 《老子》第四十一章，《王弼集校释》，楼宇烈校释，中华书局1980年版。

⑦ 朱骏声：《说文通训定声·口部》，中华书局1984年版。

⑧ 《论语·季氏》。

而论,神圣超越者的建构乃渊源于现代性的生活方式;就观念的奠基而论,现代性的生活方式,尤其是伦理生活与政治生活,必须接受神圣超越者的规训,才不至于“以理杀人”。

《周易》与现象学对于哲学重建的意义*

我打算认真地写一篇文章，主要是透过《周易》与现象学来谈哲学重建的问题。以下是文章的开场白：

> 胡塞尔之后的现象学，往往与现代思潮相呼应，看起来倾向于取缔哲学，如海德格尔宣布“哲学的终结”，于是出现了所谓“后哲学文化”“后形而上学思想”，等等。然而，哲学仍然存在着且发展着。这表明，人类恐怕永远都需要哲学形而上学，即需要某种“本体论承诺”。事实上，宣称“哲学终结”的海德格尔的双重奠基思想就蕴含着“为存在论奠基”即重建哲学的意味。这一点我曾经谈到过。于是，问题就不再是“是否需要哲学”，而是“需要怎样的哲学”以及“怎样重建哲学”。……（鉴于这种人本主义的本体论的“内在超越”导致了超越者之神圣性的丧失并由此带来了严重问题，本文讨论神圣超越者的本体论重建问题，旨在阐明：）在这个问题上，《周易》与现象学可以给予我们怎样的启示呢？①

---

* 原载《国际儒学论丛》第10辑，社会科学文献出版社2021年版，第1—13页。

① 参见黄玉顺：《神圣超越的哲学重建——〈周易〉与现象学的启示》，《周易研究》2020年第2期。

这篇文章的主题是集中思考哲学重建的问题。从整个哲学史来看,哲学一直都在重建着;现在宣布了"哲学的终结",但哲学其实还是在重建着。

一、关于"现象学方法"的问题

文章的第一大部分是关于"现象学"的复数与单数的问题,我大致说一下思路。我所谓现象学的"单数"与"复数",主要是要作出一个区分:

(一)所谓"复数的现象学",简单说,就是所谓"现象学诸哲学"

比如斯皮格伯格的《现象学运动》这本书①,就列举了若干家,他还追溯了胡塞尔之前的现象学。胡塞尔之后的,他谈到的有马克斯·舍勒(Max Scheler)的现象学、哈特曼(Nicolai Hartmann)的现象学、海德格尔的现象学、马塞尔(Gabriel Marcel)的现象学、萨特(Jean-Paul Sartre)的现象学、梅洛-庞蒂(Maurice Merleau-Ponty)的现象学、利科(Paul Ricoeur)的现象学、列维纳斯(Emmanuel Levinas)的现象学,等等。上午还有一些学者提到另外的现象学家。这些就是所谓"现象学诸哲学"(phenomenological philosophies),呈现出非常多的哲学

① 赫伯特·施皮格伯格:《现象学运动》,王炳文、张金言译,商务印书馆2011年版。

建构。这里的“哲学”这个名称,已经不是海德格尔所说的那个终结了的“哲学”概念;比如海德格尔的“思想”,其实大家也把它称为“海德格尔哲学”。

从这些众多的现象学哲学当中,我们会发现:它们尽管实际上可以说迥然不同,差别非常之大,但是仍然能够被称为某种“现象学”,之所以如此,显而易见,其实就是因为它们都采取了某种共同的态度、进路或方法,这就是“现象学方法”。

(二)下面我着重谈“单数的现象学”,也就是所谓“现象学方法”

关于现象学方法究竟是什么,各家的看法也不一致。我是从孙德兴教授的一个说法谈起。他在中文本《海德格尔选集》的《编者引论》里有一个说法,说是现象学方法有三个基本环节,也就是三个步骤:第一是“现象学的还原(Reduktion)”,第二是“现象学的建构(Konstruktion)”,第三是“现象学的解构(Destruktion)”。①

我记得是在 2004 年,那时候我刚提出“生活儒学”②,第一

---

① 参见孙周兴:《海德格尔选集·编者引论》,上海三联书店 1996 年版,第 3 页。

② 关于“生活儒学”,参见黄玉顺:《面向生活本身的儒学——黄玉顺“生活儒学”自选集》,四川大学出版社 2006 年版;《爱与思——生活儒学的观念》增补本,四川人民出版社 2017 年版;《儒家思想与当代生活——“生活儒学”论集》,光明日报出版社 2009 年版;《儒学与生活——“生活儒学”论稿》,四川大学出版社 2009 年版;《生活儒学讲录》,安徽人民出版社 2012 年版;《从“生活儒学”到“中国正义论”》,中国社会科学出版社 2017 年版。

篇文章《“生活儒学”导论》就专门探讨了这个问题。[①]我将孙周兴教授的顺序做了一个调整，把现象学方法理解为三个大的步骤：第一是解构，我称之为“破解”；第二是还原，我称之为“回归”；第三是建构，我称之为“构造”。

第一步是解构(deconstruction)。我这篇文章提纲上所列的解构，主要涉及的是现象学最基本的态度，就是“无前设性”(Voraussetzungslosigkeit)，也就是排除传统哲学的所有成见，这是现象学诸哲学共同追求的。

第二步是还原(reduction)。还原所对应的是现象学的一个著名的口号，那就是“面向事情本身”(zu den Sachen selbt)。现象学之所以呈现为不同的诸哲学，就是因为虽然大家都通过还原去寻找事情本身，但实际上现象学运动中不同的哲学家对事情本身的理解是不同的。例如，我们知道，现象学创始人胡塞尔所理解的事情本身，就是所谓先验意识的意向性(intentionality)。而在海德格尔那里，事情本身则是此在(Dasein)的生存(existence)。这就是对事情本身的不同理解。但不管怎么讲，都有一个共同的步骤，即通过解构而还原到某种“原始经验”。但海德格尔的“经验”这个词很不好，胡塞尔肯定不会用。这是还原的问题。

第三步是建构(construction)。这是我特别想谈一下的问题。目前为止，我们看到，不管是国内还是国外，谈到现象学的时候，大家都或明或暗地持有一种后现代主义的态度、解构主义的态度，忽视了现象学的建构性。人们通常会把现象学的某

---

① 参见黄玉顺：《“生活儒学”导论》，陈明主编：《原道》第十辑，北京大学出版社2005年版。

种哲学探讨仅仅看作解构—还原,即仅仅是回到某种本真状态或者原始经验,而不涉及建构问题。我觉得这是一种误解。

当然不可否认,某些现象学家确实有这么一种倾向。但实际上,按我的理解,刚才我也提到,海德格尔在《存在与时间》里面有一个表达,我称之为“双重奠基”,那就是建构性的。他在谈到作为一种形下学的科学的时候,坦白地说,如果说传统存在论是要为包括科学这样的形下学奠基,那么,传统存在论本身也是尚待奠基的;他认为,为传统存在论进行奠基的,在他的思想当中,就是他的“基础存在论”(Fundamentalontologie),也就是他的生存分析。① 这就是我所说的海德格尔的双重奠基的思想。

大家一般比较忽视这一点,即海德格尔的双重奠基的思想其实已经蕴含着一种积极建构的可能性。且不说我的生活儒学,我们即便是站在海德格尔的立场上,用“此在”的“生存”为传统的存在论奠基,也就是回答康德那里所存在的一个问题——“主体性何以可能”的问题,那么,我们在做这个事情的时候,其实已经走向了或者指向了一种新的存在论的建构。

现象学方法的第三个步骤,即关于建构的问题,其中的关键概念就是“奠基”的概念。“奠基”的观念,严格来讲,最早从康德那里传下来的;但我们知道,实际上是胡塞尔充分发挥了“奠基”观念,他在《逻辑研究》里面谈得非常多,还给出了一个

① 参见海德格尔:《存在与时间》,陈嘉映、王庆节合译,生活·读书·新知三联书店 1999 年版,第 13 页。原文:“存在问题的目标不仅在于保障一种使科学成为可能的先天条件,而且也在于保障那使先于任何研究存在者的科学且奠定这种科学的基础的存在论本身成为可能的条件。”

最形式化的定义。①

我经常讲这个问题,因为现在研究哲学的人,往往并不理解"奠基"概念。关于奠基观念中的 A 带出了 B 这个问题,即对于被奠基者 B 来说,作为奠基者的 A 是在先的,按照过去的传统观念,通常会有两种可能的理解:一种是时空意义上的在先,即 A 经验地在先;还有一种是逻辑的在先,即 A 逻辑地在先。这就是常见的理解。但是,胡塞尔明确地讲,现象学的"奠基"不是这样的东西。他的定义是非常有意思的:他是用"存在"这个概念来界定"奠基"的。这就是说,A、B 两个事物与两个现象的存在,A 依赖于 B,在他看来,这并不是一个经验时空的问题,也不是一个逻辑条件的问题,而是一个存在论问题。

这就是我想讲的第一个大问题:撇开某家某派的、个别现象学家的具体的哲学,我们尽可能地抽绎出一种一般性的现象学方法。当然,实际上,每一个现象学家对这个问题的理解都是有所不同的。但是,如果没有一个一般性的抽绎,没有一般方法论的把握,那就没法谈下面要谈的问题,即对《周易》作出现象学的诠释。

二、关于《周易》与现象学的对应性问题

我想谈的第二个部分内容,是《周易》与现象学之间的某

---

① 胡塞尔:《逻辑研究》第二卷,倪梁康译,上海译文出版社 1998 年版,第 285 页。原文:"如果一个 α 本身本质规律性地只能在一个与 μ 相联结的广泛统一之中存在,那么我们就要说:一个 α 本身需要由一个 μ 来奠基。"

种对应关系。在谈这个问题的时候,在诸多现象学家当中,我采纳更多的是海德格尔的东西,其中涉及最根本的一个观念,就是有学者谈到的所谓“存在论区别”(der ontologische Unterschied)的问题,也就是对存在与存在者加以区分的问题。

我谈三个问题,这三个问题和我刚才讲的现象学步骤之间大致具有某种对应关系。第一个是关于“易经古歌”的前存在者情境的问题;第二个是关于《周易》古经的神性的形而上存在者观念的问题;第三个是《周易》大传的理性的形而上存在者观念的问题及其形而下存在者观念的问题。

我这些年建构“生活儒学”,基本上是采取这样的步骤:一直追溯到“前存在者”(海德格尔所谓“原始经验”)的存在观念或生活感悟;然后考虑如何在这种本真的存在或者儒家所说的“大本大源”上重建形上学和形下学,最终重建今天大家都特别关注的政治哲学。

这个地方我想再讲一下刚才已经涉及的一个观念问题,即解构与建构的问题。人们在研究现象学家,包括海德格尔的时候,常常会有一种倾向,似乎对现象学之前的传统哲学中的问题,不仅形而上学的问题,也包括作为形而下学的伦理学和政治哲学的问题,包括指向科学的知识论问题、主客架构的问题,我们把这些传统的存在者化的观念解构了之后,就不再需要它们了。这是不对的。以科学技术为例,最近这个话题特别热闹,大家谈论新科技,尤其是基因编码和人工智能对我们的价值的冲击、伦理的冲击。我今年参与的几个会议,都是谈论这个问题。那么,我们面临的究竟是什么问题呢?在我看来,现实生活当中,你必须有一种形上学、本体论的新建构,并由此给出新的伦理学和新的政治哲学,这才是一种积极的态度。如果你以为现象学不处理这些问题，仅仅是解构、还原而已，那你就是不负责任的，即对这个时代和我们的生活不负责任。这是我想强调的一点。

（一）“易经古歌”：前存在者的存在观念

这涉及我本人多年以前的一项研究，即1995年出版的《易经古歌考释》①，前几年又在上海古籍出版社出版了一个修订本②。我个人认为，在我的所有著作当中，这是最重要的著作之一。1995年，我还没有研究海德格尔，但后来想起来，“易经古歌”这种文学与文献学的研究，即便对于哲学的建构来说也是很有意义的。

众所周知，就文献的构成来讲，今天的传世文本《周易》是由两大部分构成的，即《周易》古经和《周易》大传。而我那本书所解决的问题是：《周易》古经本身也是由两类文献构成的。

一类文献是其中关于吉凶休咎的占断。这是很明显、很容易辨认的。值得注意的是，其中很多术语和甲骨卜辞是一样的或者非常类似的。虽然没有最后定论，但我倾向于这个观点：实际上，《易经》的那些吉凶筮辞，本来都是《易经》成书之前的很多具体占卦活动的结果的原始记录，就像甲骨卜辞也是以往的龟卜活动的结果的记录，然后到了西周初期的时候，它们才被选择而编辑成书，即《易经》。至于它究竟是不是文王和周公编成的，已不可考，这个问题其实不必考虑；大致来讲，《易经》成书是在殷周之际或西周时期，这跟传统所说的《周易》文

① 黄玉顺：《易经古歌考释》，巴蜀书社1995年版。

② 黄玉顺：《易经古歌考释》（修订本），上海古籍出版社2014年版。

本的形成时间大致是对应的，这没什么问题，例如《易传》说："《易》之兴也，其当殷之末世、周之盛德邪？当文王与纣之事邪？"①

而另一类文献就是我所说的"易经古歌"。这些歌谣其实也是《易经》成书之前就已经存在的。《易经》就是这些诗歌和以往蓍筮活动原始记录的选编和合编。关于《易经》里面除了吉凶占断以外还有大量的商代的歌谣，我有详尽的论证。② 这些歌谣是比《诗经》成书时代还早的一批诗歌，文学界叫"逸诗"，其中有很多诗跟《诗经》是一样的或非常类似的，其内容既没有关乎"神道设教"、吉凶休咎的东西，也没有关乎哲学义理的抽象的东西，说白了就是一些表达生活情感的诗歌。

现在回过头来看，简单来讲，传世文本《周易》其实是由三类文献构成的，即古歌、古经和大传，它们代表着中国人在不同时代的不同观念。我当时所做的工作，就是从《易经》里面搜辑出 70 多首诗歌（其中有的诗是不完整的），这是最早的一批逸诗。当时我研究这个问题的时候，还没有着手研究海德格尔，但后来想起来，这和海德格尔关于"诗"与"思"的观念是非常一致的。"易经古歌"作为原初本真的生活感悟——生活情感、生活领悟，其实就是"前存在者"的存在观念。

（二）《周易》古经：神性形而上者的观念

关于《周易》文本的时代，首先是西周时期成书的《易经》文本，然后经过《左传》《国语》记载的春秋时期的蓍筮记录（我

---

① 《周易·系辞下传》。

② 黄玉顺：《易经古歌考释·绪论》（修订本），第 1—31 页。

有一个博士生专门做《左传》《国语》里面的蓍筮研究①），这是一个过渡形态，再接下来就是战国时期的《易传》文本，主要是儒家孔子后学所编撰的 7 个文献，分为 10 篇。

从观念上来看，《周易》古经所记录的蓍筮活动，即所谓“占卦”，预设了一个至上神，即一个神性的形而上存在者，叫做“帝”或“天”，例如《益卦》的“王用享于帝”，《大有卦》的“自天祐之，吉，无不利”。这与甲骨卜辞是一致的，即《易经》的“帝”或“天”其实是继承的殷商时代的宗教观念。我们知道，西周时期在观念上发生了“绝地天通”，即人与神在血缘上的断绝，人有疑问时乃可以占问于天神。② 这与编撰《周易》古经的时代是一致的。

这种情况直到中国的“轴心时代”才发生改变。关于中国的轴心时代从什么时候开始算起，没有定论，我倾向于是在春秋战国时期，那个时候“诸子百家”的兴起意味着哲学的兴起，于是中国的思想观念开始走向“内在超越”（immanent transcendence）③，即意味着外在的神圣超越者——“帝”或

① 杨虎：《左氏易传：〈左传〉〈国语〉易学研究》，山东大学博士学位论文，2017 年。

② 黄玉顺：《绝地天通：天地人神的原始本真关系的蜕变》，《哲学动态》2005 年第 5 期。“绝地天通”出自西周时期周穆王时的《尚书·周书·吕刑》：“上帝监民……皇帝（帝舜）……乃命重、黎，绝地天通……”孔安国传：“使人神不扰，各得其序，是谓绝地天通。言天神无有降地，地民不至于天，明不相干。”孔颖达疏：“使绝天地相通，令民神不杂。于是天神无有下至地，地民无有上至天，言天神地民不相杂也。”

③ 牟宗三：《陆王一系之心性之学（三）——刘蕺山的诚意之学》，《自由学人》第 1 卷第 3 期，1956 年 10 月；《中国哲学的特质》，台湾学生书局 1974 年版，第 30—31 页。

“天”的解构。但这种转向的背景,却应当追溯到编撰《易经》的西周时期。最近中国哲学界有一个非常重要的新的动向,是从政治哲学的角度出发的,是讲中国哲学,包括儒家哲学的“内在超越”是为了打破权力“大一统”对神圣话语权的垄断。政治“大一统”当然是从秦始皇开始的,但现在很多学者意识到,“大一统”实际上是从周公开始的,尽管周公建立的大一统是宗法封建制的,和秦始皇建立的郡县制的大一统是不同的,但基本特征是一致的,就是对权力体系的垄断,包括对神圣界的垄断。

(三)《周易》大传:理性形而上者以及形而下者的观念

《周易》从古经到大传的发展,都有形而上学的本体建构,只不过这两者之间有一个轴心时期的转向,因此,两者的形而上存在者是有区别的:一个是神性的形而上者,就是《周易》古经和《尚书·周书》里的“帝”或“天”;一个是理性的形而上者,就是《周易》大传的哲学本体。这就涉及孔子的“轴心突破”(Axial Breakthrough)或者说“哲学突破”(Philosophic Breakthrough)①,实际上就是把外在的神性的形而上存在者转化为一个内在的理性的形而上存在者。这在《易传》就是“穷理尽性以至于命”②。不过,《易传》的形而上者还不是内在超越的,而是外在超越的,就是宇宙论模式的“天”或“天地”“乾坤”“阴阳”。

---

① 余英时:《论天人之际:中国古代思想起源试探》,(台北)联经出版事业股份有限公司 2014 年版,《代序》第 1—2 页,第 221—229 页。

② 《周易·说卦传》。

《周易》大传之所以要建构这么一个形上学,其目的是指向形下学的,也就是要建构一套伦理学及政治哲学。最明显的是《象传》,特别是《大象传》,它有一个基本的思维结构,看起来是解释卦象,其实是讲天道如何,所以人道也就应该如何。例如,“天行,健(乾);君子以自强不息”“地势,坤;君子以厚德载物”“云雷,屯;君子以经纶”“地上有水,比;先王以建万国、亲诸侯”“天地交,泰;后以才成天地之道,辅相天地之宜,以左右民”“山附于地,剥;上以厚下安宅”“明两作,离;大人以继明照于四方”,等等。这和后来走向政治“大一统”的意识形态建构是非常一致的,也是为之服务的。

三、关于哲学重建的问题

我简要谈两个问题:第一个是共时结构的历时显现问题,第二个是哲学重建的问题。

(一)历时结构的共时显现

这个问题是对上面所谈的现象学方法的一种回顾,但是从另外一个角度进行分析的。刚才我们所讨论的内容,不论是现象学的“解构→还原→建构”的步骤,还是《周易》文本从古经到大传的构成,都是从历时性的(diachronic)角度来分析的,但是,按照现象学或生活儒学的观念,人类观念的三个层级——前存在者的存在、形而上存在者的存在和形而下存在者的存在——其实并不仅仅是一个历史学问题,因为每一个人在任何时刻都可能在这些不同层级的观念之间翻滚,也就是说,我们随时可能在沉沦状态,也随时可能在本真状态,这就是共时性的(synchronic)问题。这也表明,共时性的问题,有一种历时性的展开,这就是"共时结构的历时显现";反过来说,历时性的问题,有一种共时性的展开,这就是"历时结构的共时显现"。那么,我们讨论过去的人类思想观念的历史,是为了当下的哲学的重建,这就涉及前存在者、形而上者和形而下者的建构,也就是历时结构的共时显现。

(二)哲学的重建

最后谈谈关于哲学重建的问题。我基本的兴趣和初衷,不在现象学本身,也不在《周易》本身,而在于这样一个问题:在我们当下的生活情境当中,在现代性的生活方式当中,我们究竟需要一种什么样的新的哲学建构?又怎样进行这样的哲学建构?

这些年来我做的工作,即"生活儒学"的建构,就涉及了观念的三个层级,包括前存在者的生活本源的揭示,形而上学的重建,形而下学的重建。关于后者,我所做的工作是指向现实生活的,但首先是一般原理性的东西,这就是我这些年所做的"中国正义论"①,它其实是一套基础伦理学,然后才是指向现实生活的政治哲学的建构,也就是"国民政治儒学"。

---

① 关于"中国正义论",参见黄玉顺:《中国正义论的重建——儒家制度伦理学的当代阐释》,安徽人民出版社 2013 年版;《中国正义论的形成——周孔孟荀的制度伦理学传统》,东方出版社 2015 年版。

四、关于生活儒学与现象学的几个问题

第一个问题是海德格尔和胡塞尔的关系问题。胡塞尔创立了现象学,但海德格尔对他是不满意的。他俩的思想虽然都是现象学的,但其实完全是两回事,可以说是代表了两个不同时代的东西。在海德格尔看起来,胡塞尔的现象学就是一种传统存在论。这个问题,你我的理解可能有点儿不同。关键点不在这儿。海德格尔对胡塞尔的根本批评,简单说就是:胡塞尔的先验意识现象学仍然是一种主体性的哲学,即仍然是传统的、需要解构的形而上学。[1] 海德格尔对康德的批评,也同样是紧扣"主体性"亦即某种存在者的,即认为康德没有先行对主体性进行解构和还原,因而没有真正地解决主体何以可能、存在者何以可能的问题。[2] 我认为,这才是海德格尔最重大的一个贡献,即是 20 世纪哲学思想最前沿的一个问题的问法:存在者何以可能?

第二个问题是生活儒学与海德格尔哲学的关系问题。如果按照海德格尔的概念来理解我所说的东西,那肯定是不对

---

① 海德格尔:《面向思的事情》,陈小文、孙周兴译,商务印书馆 1999 年版,第 76 页。原文:"什么是哲学研究的事情呢? ……这个事情就是意识的主体性";"作为形而上学的哲学之事情乃是存在者之存在,乃是以实体性和主体性为形态的存在者之在场状态"。

② 海德格尔:《存在与时间》,第 28 页。原文:"在他那里没有以此在为专题的存在论,用康德的口气说,就是没有先行对主体之主体性进行存在论分析。"

的，因为我压根儿就没打算用他的概念来说我要说的事情。我在文章的开头就讲了，我是试图从现象学——不光是海德格尔——诸哲学当中归纳出一个东西来，也就是现象学的一般方法；不光是如此，实际上我根本就没想过用现象学方法来研究中国哲学，因为那是不对的。我在很多文章里面都谈过，我试图通过和海德格尔、舍勒甚至胡塞尔（关于他们，我都有文章）的对话，引出一些新的观念来，包括“前存在者”的概念。

我再强调一下，两层意思：第一，我做中国哲学或者儒学的研究，从来不是想用现象学方法来研究中国哲学。那绝不是我的想法。我是希望：不管是中国哲学还是西方哲学，通过它们之间的对话，能不能产生一些新的思想观念？这才是我的追求。第二，我绝没有想过用海德格尔的哲学来分析中国哲学。我的概念本来就不是海德格尔的概念，这是我想强调的。

关于“前存在者”这个概念，我简单谈一下中国哲学是怎么理解这个问题的。程颐曾经讲道：“如读《论语》，未读时是此等人，读了后又只是此等人，便是不曾读。”[①]这是什么意思呢？就是说，如果读《论语》之前是“此等人”，之后仍然是“此等人”，即仍然是既有的主体性、既有的存在者，那么，这就等于“不曾读”，即等于“读”这件事情没有发生过、没有存在过。但是，如果读了《论语》之后，读者发生了某种改变，即不再是“此等人”，这就意味着他获得了新的主体性，即成为一个新的存在者。于是乎，我们说：对于这个新的存在者的诞生来说，“读”这件事情就是“前存在者”的事情。这里“读”并不是一

① 朱熹：《论语集注·论语序说》引，《四书章句集注》，中华书局1983年版。

个存在者，即不是一个东西、一个实体，而是一种活动，即是前存在者的存在。我讲“易经古歌”也是这个意思，它们所表达的不是存在者、“万物”之类的东西，而是情感的显现，也就是前存在者的事情；在这样的本源上，才有“形而上者”“形而下者”那样的存在者观念的生成。这是儒家情感主义的一个大传统。“情为何物?”情不是物，不是什么东西，即不是存在者，而是一种前存在者的存在现象。然而，正是从这样的生活情感出发而建构形而上学和形而下学。这些年我从整个的生活儒学的建构(其中涵盖了观念的三个层级)再到形而下的正义论和政治哲学的建构，所做的其实就是这样的工作。

我强调的“前存在者”这个概念，是我这些年来很多文章当中反复谈到的，可以说是我创造的一个概念。我刚才解释了一下，是用程颐的话来解释的。读《论语》这件事情，就是现象学所谓的“事情本身”，对于后来的新的主体性存在者而言，就是“前存在者”的事情，这不是“存在者”，而是“存在”，即一种“事情”。

对于中国哲学来说，从西周时期的《易经》开始，一直到战国时期的《易传》，不管是神性的形上学，还是理性的形上学、形下学，这些都是存在者化的理论建构。那么，在这之前的歌谣，就是前存在者的事情，这是显而易见的。这就是说，《周易》是中国轴心时期的形上学的建构和形下学的建构，而“易经古歌”所表达的则是生活情感的显现，即是前存在者的事情。

这是从历时的维度来讲。索绪尔的“共时性”和“历时性”概念是很有用处的，对于现象学来说也是这样。人类历史上，不断地有形上存在者和形下存在者的重新给出，也就是不断地有哲学的重建，包括形上的哲学的重建，形下的政治哲学、伦理哲学的重建。人们不断地做这件事情。但是，每一个当下其实都涉及观念的三个层级：前存在者的存在，或者是我所说的"生活"及"生活感悟"；形而上存在者的存在；形而下存在者存在。这又是一个共时性问题，它是一个共时结构。

海德格尔其实也是在做这个工作。他追溯历史（当然，他最终没有完成这个工作），从胡塞尔到尼采，到康德，到笛卡尔，一直到亚里士多德，这是一种历时的倒溯，他称之为"返回步伐"（der Schritt zurück），这其实是一种历时结构，尽管海德格尔自己没有明确地这样讲；而他的基础存在论或生存论分析，以及在此基础上的双重奠基，其实就是一种共时结构。由此可见，观念层级的共时结构是展现在历时结构之中的，也就是历史的不断重建；反过来讲也是一样，历时的过程收摄于共时的结构之中。索绪尔的结构主义语言学就是这样的，他不再搞历史语言学，而是搞结构主义语言学，即只看当下的语言结构。这就像一棵树的年轮一样，历时的树龄体现在共时的年轮之中。

如何获得新生？*

——再论“前主体性”概念

本文讨论的“新生”，指一个人在精神上获得新的生命(to get a new life)；以哲学的话语讲，则是获得新的主体性(subjectivity)。这既是意大利文艺复兴诗人但丁(Dante Alighieri)的代表作之一《新生》(*La Vita nuova*)的主题，也是儒家功夫论、境界论的基本课题。传说商汤的“盘”(沐浴之盆)铭刻着“苟日新，日日新，又日新”，叫做《盘铭》，以此时时告诫自己不断“自新”①。问题是：一个人怎样才能够自新呢？怎样才能够获得“新生”呢？其实就是解构自己的旧的主体性，回到“前主体性”(pre-subjectivity)情境，从而获得新的主体性。

早在2004年，笔者刚提出“生活儒学”②时，便已经提出了“前主体性”概念：“生活儒学所要回归的，乃是非先验性的、前主体性的本源情境，亦即生活本身”；“例如在孟子的思想中，如果说，作为‘性’(主体性、实体性)的‘仁’是根据、甚至是终

---

* 原载《吉林师范大学学报》2021年第2期。

① 《礼记正义·大学》。

② 关于“生活儒学”，参见黄玉顺：《面向生活本身的儒学——黄玉顺“生活儒学”自选集》，四川大学出版社2006年版；《爱与思——生活儒学的观念》，四川大学出版社2006年版，四川人民出版社2017年增补本。

极根据，那么，作为生活感悟的‘爱’（前主体性、前实体性）的‘仁’才是那本源。这种本源，就是作为生活情感的‘恻隐之心’、‘不忍之心’，就是本源的爱”①。此后迄今，笔者在一系列文章和著作中不断深化与拓展这个概念。鉴于“前主体性”乃是生活儒学的一个基础性、关键性概念，却引起了学界朋友的疑惑与不解，本文在此给予系统的集中阐述。

一、“前主体性”理论的现象学外缘

“前主体性”观念的提出，需要一种崭新的“思想视域”（the horizon of thought）。“思想视域”这个概念最初出现于笔者回复著名哲学家李幼蒸先生的一封信中，“‘生活儒学’虽是一种理论的探索，但其关怀则是指向现实生活的”，“为此，我在思想上需要一种视域，这种思想视域能够保证我达到上述目标”②。这里所说的“思想视域”，是指的超越两千多年来的那种存在者化的思维方式，追溯“前存在者”的观念。

这种思想视域与现象学密切相关。20世纪西方哲学兴起了一场“现象学运动”③，其中影响最大的无疑是海德格尔

---

① 黄玉顺：《“生活儒学”导论》，《原道》第十辑，北京大学出版社2005年版。此文作于2004年7月至9月，当时中国人民大学哲学系牵头的“青年儒学论坛”于2004年12月11日专题讨论此文。

② 李幼蒸：《请用“仁学”代替“儒学”——给儒学朋友的一封信》，《四川大学学报》2007年第2期；黄玉顺：《“儒学”与“仁学”及“生活儒学”问题——与李幼蒸先生商榷》，《四川大学学报》2008年第1期。

③ 参见赫伯特·施皮格伯格：《现象学运动》，王炳文、张金言译，商务印书馆2011年版。

(Martin Heidegger)现象学。而“生活儒学”及其“前主体性”“前存在者”的观念,正是在与现象学,特别是海德格尔现象的批判性对话中形成的。在上述信件中,我紧接着谈道:“这样的一种视域,我是通过对现象学的一种批判性的接纳而获得的。比如,我从对海德格尔‘此在的生存’观念的不彻底性的批判,而获得自己的‘生活’观念——生活即是存在,这是先在于任何存在者、包括‘此在’那样的存在者的事情。”①具体到“前主体性”概念,笔者曾谈道:

> 所谓广义的“哲学”,例如,尽管海德格尔宣称“哲学的终结”而揭示“思的任务”②,但人们仍然称其“思”(Denken)为“海德格尔哲学”,即他所谓“思”亦属于广义的“哲学”。那么,“生活儒学”亦属这样的广义“哲学”:其中既有最狭义的“哲学”,即以本体论为核心的“形上学”;亦有较为广义一些的“哲学”,即包括知识论与伦理学及政治哲学等在内的“形下学”;更有最广义的“哲学”,即海德格尔所谓“思”,实即更加本源的、超越传统“形上—形下”观念架构的“思想”,正是这种前存在者、前主体性的“思想”——“生活感悟”(生活情感—生活领悟)才使形上学、形下学成为可能。③

① 黄玉顺:《“儒学”与“仁学”及“生活儒学”问题——与李幼蒸先生商榷》,《四川大学学报》2008年第1期。

② 海德格尔:《面向思的事情》,陈小文、孙周兴译,商务印书馆1999年版。

③ 黄玉顺:《哲学断想:“生活儒学”信札·序》,四川人民出版社2019年版,第1页。

而众所周知，现象学乃是胡塞尔（Edmund Husserl）所开创的。显然，与“前主体性”问题密切相关的，在胡塞尔那里就是他提出的“主体间性”（inter-subjectivity）概念。对此，笔者曾经谈道：“无论如何，‘主体间性’的前提毕竟还是主体的已然存在，而非真正的前主体性的存在。”[①]这是显而易见的：“主体之间”关系的前提就是“主体”这样的实体的先行存在。这种以“实体”为“关系”前提的观念，作为西方哲学的一种传统观念，可以追溯到亚里士多德的《范畴篇》[②]，“按照亚里士多德《范》[③]的观念，关系是由实体、最终是由第一实体决定的：关系就是实体之间的关系，没有实体，哪来关系？”[④]然而20世纪以来的思想追问的终极问题是：这种实体、主体或存在者本身又是何以可能的？这就导向了前存在者、前主体性的视域。

现象学的另一位大师是舍勒（Max Scheler），笔者曾系统地分析过他的“情感现象学”[⑤]，并与儒家的情感观念加以比较：“舍勒以基督教为背景的情感现象学认为：其一，情感先于认知；

---

① 黄玉顺：《论经典诠释与生活存在的关系——乾嘉学术“实事求是”命题的意义》，《生活儒学与现代性问题》，四川人民出版社2019年版，第74页。

② 亚里士多德：《工具论·范畴篇》，李匡武译，广东人民出版社1984年版。

③ 《范》指《范畴篇》。

④ 参见黄玉顺：《中西思维方式的比较——对〈尚书·洪范〉和〈工具论·范畴篇〉的分析》，《西南师范大学学报》2003年第5期。

⑤ 黄玉顺：《论“恻隐”与“同情”》，《中国社会科学院研究生院学报》2007年第3期；《论“仁”与“爱”》，《东岳论丛》2007年第6期；《论“一体之仁”与“爱的共同体”》，《社会科学研究》2007年第6期。

其二，在情感中，爱先于恨；其三，世界是一个'爱的共同体'。只不过舍勒所讲的是上帝之爱，而儒家所讲的是人之爱。但双方的共同点是：爱的情感是人之为人的本源所在；爱不仅是一个主体性的观念，而且具有前主体性的存在论意义……"[①]这里涉及的是儒家的情感观念，将在下文中加以讨论。

正是在上述与现象学的对话中，形成了生活儒学的"生活"观念及"前主体性""前存在者"观念。

二、中国哲学史上的前主体性观念

将"前主体性"视为儒学乃至中国哲学的一种基础性观念，并非空穴来风、煞有介事。事实上，中国哲学史上确实存在着这种观念，而被人们长久地遗忘了。这种"前主体性"观念主要存在于先秦时代的原始儒学和原始道家思想之中。

（一）儒家的前主体性观念

谈到儒家的"前主体性"观念，必须注意儒家的"情感"观念，因为儒家思想系统的展开与"性情"观念或"情性"观念密切相关，即其"本末"和"体用"观念都是在"性情"观念中呈现出来的。对此，笔者谈道："儒家的情感观念一开始并不是'性→情'的观念架构。在原创时代的儒学中，'情'与'性'并没有严格的本质区分；'情'既指情感，也指事情、实情、情实，乃是

---

① 黄玉顺：《世界儒学——世界文化新秩序建构中的儒学自我变革》，《孔学堂》2015 年第 4 期。

一个本源性的观念，即是一个前主体性、前哲学、前形而上学的观念。”“这就是说，儒家有两种不同含义的情感观念：一种是作为主体的人的情感，被后世的儒家理解为‘性’之‘已发’；另一种却是前主体性的本源情感，同时被理解为‘实情’、‘情实’、‘事情’，这是原典儒学的观念。”[①]这就是原始儒家“情性”观念和宋明儒家“性情”观念的根本区别。[②]

1. 关于孔子

笔者曾谈到孔子所讲的“‘父子相隐’这个案例，儿子发现‘其父攘羊’[③]，这就是一种生活情境……生活情境往往解构旧的主体性（旧的思想观念），催生新的主体性（新的思想观念）。对于新的主体性的生成来说，生活情境乃是前主体性的事情，即是存在。”这是因为，“从观念的层级看，‘隐’作为一种‘直’的情感反应，是前伦理、前道德、前主体性的事情，而非伦理、道德范畴的事情，即非制度规范建构的事情。对亲人错误行为或犯罪行为的‘隐’，显然是源于对亲人的爱，而这种爱属于儒家所说的‘仁爱’。……本源性的仁爱情感乃是前伦理、前道德的事情，乃是不假思索的、直接的情感显现，故谓之‘直’”[④]。这就是说，无论“其子证之”还是“父子相隐”，这个儿子都在这种情境性的选择中获得了某种新的主体性。[⑤]

---

① 黄玉顺：《儒家的情感观念》，《江西社会科学》2014 年第 5 期。

② 参见黄玉顺：《爱与思——生活儒学的观念》（增补本），四川人民出版社 2017 年版，第 53—55 页。

③ 《论语·子路》。

④ 黄玉顺：《“直”与“法”：情感与正义——与王庆节教授商榷“父子相隐”问题》，《社会科学研究》2017 年第 6 期。

⑤ 参见黄玉顺：《“刑”与“直”：礼法与情感——孔子究竟如何看待“证父攘羊”？》，《哲学动态》2007 年第 11 期。

2. 关于荀子

笔者曾经谈道："荀子的'约定俗成'说还有其更深刻的意义：如果说'约定'必定是主体间的事情，那么'俗成'则不一定是主体性的事情。这取决于我们对'俗'的理解：那是主体的生存、还是某种更其本源的前主体性的生活情境？"①"实际上，荀子所说的'俗成'是对'约定'的更深一层揭示：主体性的有意识的人为'约定'，其实是源于前主体性的'无意识'的生活感悟，亦即'俗成'的。人们将在特定生活方式下的生活情境之中所获得的生活感悟，例如正义感（a sense of justice）加以理性化、原则化（这通常也是由圣贤或社会精英来表达），由此形成正义原则（'义'、'正义'或'礼义'）；并在此原则基础上建构社会规范及其制度（'礼制'）及其外在表现形式（'礼仪'）。"②

儒家这种前主体性的观念并不限于先秦儒学，后世儒家如王夫之亦然。笔者曾经谈道："对于这种新的主体性存在者而言，现实生活就是前主体性、前存在者的存在。……这其实也是王夫之的一个观点，就是'性日生而日成'③——人性是在生活中不断地生成的。所以，人性、德性是不断地生长着的，而不是传统儒学所讲的那样生下来就一成不变的。"④这就是说，王

① 黄玉顺：《符号的诞生——中国哲学视域中的符号现象学问题》，《中山大学学报》2009 年第 3 期。

② 黄玉顺：《中国正义论的形成——周孔孟荀的制度伦理学传统》，东方出版社 2015 年版，第 348 页。

③ 王夫之：《尚书引义·太甲上》，中华书局 1962 年版。

④ 黄玉顺：《生活儒学与进步儒学的对话》，《齐鲁学刊》2017 年第 4 期。

夫之与生活儒学一样，解构了宋明儒家的先验人性论，而将人性的不断生成归因于前主体性的生活情境。

（二）道家的前主体性观念

不仅儒家，原始道家同样具有这样的“前主体性”观念。

1. 关于老子

笔者曾经联系老子的思想，解释具体的“人”这样的形而下存在者是何以可能的问题：“我之所以成为如此这般的一个人，之所以成为如此这般的一个形而下的存在者，从而构造出如此这般的一种哲学，是因为当下的生活给出了我的如此这般的一种主体性，使我成为如此这般的一个人。对于我这么一个主体性存在者的生成来讲，生活是前存在者的、前主体性的存在。在这个意义上，生活就是老子讲的‘无’：‘天下万物生于有，有生于无。’①……”②老子的观念架构其实亦如生活儒学的三个观念层级：“无”（前存在者、前主体性）→“有”（形而上的绝对存在者、绝对主体性）→“万物”（形而下的相对存在者，包括相对主体性）。

2. 关于庄子

前面谈到儒家具有一种前主体性的情感观念，其实道家庄子亦然：“汉语‘情’兼指情感和事情，这与西语截然不同。这种语用现象，意味深长。庄子有‘事之情’与‘人之情’之分③，

---

① 《老子》第四十章。

② 黄玉顺：《生活儒学与进步儒学的对话》，《齐鲁学刊》2017 年第 4 期。

③ 《庄子·人间世》。

主张‘有人之形,无人之情’[①]。‘人之情’是指的主体之情、即情感,‘事之情’是指的本源之情、即事情。这里庄子意在解构主体性,而回归本源存在,因此庄子并不是‘无情’,而其实是回归本源情感,也就是说,前主体性的本源情感就是实情。”[②]此外,笔者还曾谈到庄子的“浑沌之死”寓言:“更有意思的是,‘人皆有七窍’是主体性的观念,而‘此(浑沌)独无有’正是‘非主体性’‘前主体性’的观念。”[③]这个寓言其实是说:当赋予浑沌以人的主体性特征之际,就遮蔽了前主体性的存在情境。

三、前主体性观念的视域及其显示样式

自轴心期之后,无论中西,哲学基本上都是在某种二级观念架构中展开的,即“形而上—形而下”的观念架构,在中国哲学中则表现为“本—末”“体—用”“性—情”的观念架构。而生活儒学的“前主体性”观念则意味着追溯到“形而上的存在者—形而下的存在者”之前的“存在”观念,即“前存在者”(pre-being)观念。

---

① 《庄子·德充符》。

② 黄玉顺:《情感与存在及正义问题——生活儒学及中国正义论的情感观念》,《社会科学》2014 年第 5 期。

③ 黄玉顺:《中国正义论的形成——周孔孟荀的制度伦理学传统》,东方出版社 2015 年版,第 42 页。

（一）生活儒学的“前存在者”视域

关于“前存在者”——“前主体性”的视域，笔者曾经概括地谈道：“生活儒学的思想系统分为三个层级：(1)生活论的存在论。诸如：生活本源、本源的仁爱情感显现、生活的本源情境（前主体性的共同生活）、生活的本源结构（在生活→去生活）等等。(2)形而上学的重建。包括：主体性的重建、本体论的重建。(3)形而下学的重建。包括：重建关于人的伦理学、重建关于自然界的知识论。”①这就是说，如果说主体是一种存在者，即主体性的存在者，那么，“前主体性”即意味着“前存在者”。

那么，究竟何为“前存在者”的生活存在情境？笔者在与美国知名哲学家安靖如（Stephen Angle）对话时曾谈及这个问题：“当下的这种‘无’，这种前存在者的生活，其实是过去的形而下的理论和实践的结果，它其实就是以前的形而下者。这就产生一个‘缠绕’。我们说这是‘无’、是‘存在’，这是相对于我们作为新的存在者、新的主体性的生成来讲的；但是，就我们过去的旧的主体性而论，这种生活其实恰恰就是我们过去的主体性的形而下活动的结果。这是一个循环。后面一个方面，正是安靖如教授所讲的情况：我们在生活当中遇到了压迫或者压制或者阻碍，这会反过来影响我们的德性的发挥。我的理解是：现实生活中的问题，会影响到我们的主体性，在这个意义上，实际上正是现实生活催生了一种新的主体性；那么，对于这

① 黄玉顺：《生活儒学——黄玉顺说儒 · 导读》，孔学堂书局 2014 年版，第 3—4 页。

种新的主体性存在者而言，现实生活就是前主体性、前存在者的存在。”①

笔者“到目前为止，在三个观念层级中”，“用力最多的是揭示和阐明最本源的观念层级，即‘存在’或‘生活’本源、‘仁爱’或‘爱’的情感、‘无’等观念，这些都是前哲学、前形而上学、前存在者、前主体性的观念”。② 当然，在这种“前主体性”观念下，笔者也建构了某种形上学以及一些形下学的理论。③

例如笔者所建构的“中国正义论”④，作为生活儒学的一种内在的次级理论，也牵涉到“前主体性”观念：“更深层的思想视域问题，亦即‘主体的诞生’问题，因为：差等之爱的前提是主体性存在者（己、亲、民）及对象性存在者（物）的生成，而主体性本身却渊源于前主体性的生活存在及其前差等性的仁爱情感；至于一体之仁，则是超越主体性的差等性而复归于前主体性的仁爱情感，亦即由‘礼’而‘乐’了。假如没有这样的思想视域，就不可能阐明人们对于他者私利、群体公利的尊重何以可能，也就不能阐明正义原则何以‘当然’‘实然’‘必然’。”⑤

① 黄玉顺：《生活儒学与进步儒学的对话》，《齐鲁学刊》2017 年第 4 期。

② 黄玉顺、宋大琦：《从“生活儒学”到“中国正义论”——黄玉顺先生访谈录》，《当代儒学》第 6 辑，广西师范大学出版社 2014 年版。

③ 参见黄玉顺：《生活儒学：面向现代生活的儒学》，胡骄键编，济南出版社 2020 年版。

④ 关于“中国正义论”，参见黄玉顺：《中国正义论的重建——儒家制度伦理学的当代阐释》，安徽人民出版社 2013 年版；《中国正义论的形成——周孔孟荀的制度伦理学传统》，东方出版社 2015 年版。

⑤ 黄玉顺：《中国正义论纲要》，《四川大学学报》2009 年第 5 期。

这种正义论并非针对特定社会形态的，而是作为一种普遍原理的"基础伦理学"①。至于它的现代性运用，则可以演绎出一系列的现代性的价值观念。例如"自由"观念与"前主体性"观念的关系，笔者在谈到青年学者郭萍的"自由儒学"时说过："郭著系统地探讨了形下的'政治自由'、形上的'本体自由'，尤其前主体性的'本源自由'（自由的本源）等一系列问题，从而建构了一个'自由儒学'的理论体系。"②

（二）前主体性观念的显示样式

这种"前主体性"观念在人类社会生活的方方面面都体现出来，人类由此得以进步。可以这样说：凡是能使人获得某种新的主体性的行为和活动，都是前主体性的行为和活动。这里且谈谈笔者所特别注重的几种前主体性活动。

1. 前主体性对话

对话活动是人类生活中的一种日常活动。笔者曾专文讨论过这个问题，提出了一个新的概念——"前主体性对话"③。笔者在另外一篇文章里也谈道：

> 哈贝马斯的观点也存在着错误：他误以为迄今为止的启蒙和现代化之所以出现问题，是由于观念上的"主体性

① 参见黄玉顺：《作为基础伦理学的正义论——罗尔斯正义论批判》，《社会科学战线》2013年第8期。

② 黄玉顺：《评"自由儒学"的创构——读郭萍〈自由儒学的先声〉》，《当代儒学》第12辑，广西师范大学出版社2017年版。

③ 黄玉顺：《前主体性对话：对话与人的解放问题——评哈贝马斯"对话伦理学"》，《江苏行政学院学报》2014年第5期。

> 范式”(subjective paradigm);因此,要兑现启蒙承诺,就需要实行“范式的转换”(change of paradigm),从主体性范式转变为“交互主体性”(inter-subjectivity)(或译“主体间性”)范式。这是德国哲学一向的毛病:总是把现实的问题归结为观念的问题。事实正好相反:启蒙承诺所要解放的“人”,恰恰是作为“个体”的“主体”、而不是什么“交互主体”;真正的社群主义(communitarianism)也不是要推翻现实的自由社会的基本制度安排,实际需要的乃是“前主体性”的、亦即存在论(Being theory)意义上的现实生活的社会运动,由此促成真正的人或个人的诞生。①

这种“前主体性对话”的意识,在当今的中国和西方的对话、中国哲学和西方哲学的对话中尤其显得重要。笔者曾经指出:“中西思想之间需要对话,需要互相诠释。这种对话、诠释不是主体性的,甚至不是‘主体间’的,因为:通过对话、诠释,中学、西学双方都会获得某种新的主体性,都会在某种程度上改变自身。对话与诠释生成了某种主体性,在这种意义上,对话与诠释是前主体性的,具有存在论的意义。”②

2. 前主体性比较

比较活动,即一个主体对两个或两个以上的对象进行比较,这也是人类生活中的一种极为常见的活动。近代以来,中国人就一直在进行“中西比较”。笔者也曾专文讨论过这个问

---

① 黄玉顺:《论“儒家启蒙主义”》,《战略与管理》2017 年第 1 期,中国发展出版社 2017 年版,第 205—206 页。

② 黄玉顺、宋大琦:《从“生活儒学”到“中国正义论”——黄玉顺先生访谈录》,《当代儒学》第 6 辑,广西师范大学出版社 2014 年版。

题,即通过对“中西比较”的反思,上升到人类一般的比较活动,从而提出了“流俗的比较观念”(common concept of comparison)与“真切的比较观念”(real concept of comparison)的划分;后者就是“通过对百年来的中西比较的反思,揭示流俗的‘比较’观念的困境,提出一种真切的‘比较’观念——‘前主体性比较’(pre-subjective comparison)的观念”,它是“这样一种比较活动,这种活动生成了新的主体、新的对象,亦即给予了比较主体以新的主体性、比较对象以新的客观性意义”[①]。

3. 前主体性诠释

最近 20 年来,“诠释”(interpretation)与“诠释学”(hermeneutics)成为中国哲学界的一个热门话题。笔者也曾专文讨论过这个问题,即通过对“东亚儒学”经典诠释模式的分析与评论,上升到一般哲学的层面,提出了“主体性诠释”(subjective interpretation)与“前主体性诠释”(pre-subjective interpretation)的划分。[②]“前主体性诠释”意味着通过诠释活动,诠释者获得了某些新的观念而成为新的主体,被诠释文本获得了某些新的意义而成为新的文本。

因此,应当重新审视国内近年“经典诠释热”的所谓“诠释学”。真正的前主体性的经典诠释,并非某种既有的诠释者和被诠释经典之间的事情,既非“我注六经”,也非“六经注我”[③],而是“注生我经”,即“注释”活动作为生活的一种显现

---

① 黄玉顺:《比较:作为存在——关于“中西比较”的反思》,《社会科学战线》2015 年第 12 期。

② 参见黄玉顺:《前主体性诠释:主体性诠释的解构——评“东亚儒学”的经典诠释模式》,《哲学研究》2019 年第 1 期。

③ 《陆九渊集 · 语录上》,中华书局 1980 年版。

方式、生活情境，“生成”了新的“我”和新的“经典”。[1]

一言以蔽之，生活儒学的诠释学就是“前主体性诠释”，当然也可以称之为“前对象性诠释”（pre-objective interpretation），总之就是“前存在者诠释”（the interpretation of pre-beings），亦即将诠释活动视为前存在者、前主体性、前对象性的事情，以此阐明“存在者何以可能”“主体性何以可能”“物何以可能”这样的当今思想前沿的根本问题。不是“人在诠释文本”，而是“人与文本在诠释中生成”；不是“诠释在世界中进行”，而是“世界在诠释中生成”。因此，这样的诠释学乃是一种真正的存在论（a theory of Being 而非 ontology）。

余　论

最后，笔者在此通过提出“前主体性阅读”（pre-subjective reading）的概念，来结束本文关于“怎样获得新生”的讨论。朱熹曾引用程颐的一番话，意蕴深刻。

> 今人不会读书。如读《论语》，未读时是此等人，读了后又只是此等人，便是不曾读。[2]

这里所说的“此等人”，当然是指的某种既定的主体性。

---

① 黄玉顺：《注生我经：论文本的理解与解释的生活渊源——孟子“论世知人”思想阐释》，《中国社会科学院研究生院学报》2008 年第 3 期。

② 朱熹：《论语集注 · 论语序说》，《四书章句集注》，上海古籍出版社 2006 年版。

因此,这样的阅读可称之为“主体性阅读”(subjective reading),因为这种阅读自始至终没有改变“此等人”的既有主体性。而程颐所赞赏的阅读则可称之为“前主体性阅读”,因为这种阅读改变了“此等人”的主体性,或者说使他获得了某种新的主体性,从而成为一个新的主体。那么,对于这个新的主体性来说,此前的阅读显然就是一种前主体性的活动,正是在这种活动中诞生了一个新的主体。

总之,人,不论是个人,还是一个族群,怎样才能够获得“新生”?首先必须解构自己的旧的主体性,进入“前主体性”情境,从而获得新的主体性。“前主体性”概念是在与现象学特别是海德格尔现象学的批判性对话中形成的,然而这种观念在中国哲学史上,特别是在儒家思想和道家思想中源远流长。“前主体性”概念乃是“生活儒学”的基础性、关键性概念,其思想视域是“前存在者”的“存在”——“生活”观念。这种“前主体性”在生活的方方面面都呈现出来,人类由此得以进步。

生活儒学与胡塞尔现象学

儒家良知论*

——阳明心学与胡塞尔现象学比较研究

明季以后，学风转向：一方面，“实学”或者“朴学”“汉学”成为时尚，犹今所谓“思想家淡出，学问家凸显”（李泽厚语）；另一方面，同样出于思想钳制的需要，程朱之学成为显学。总之，陆王之学颇受冷落。但自近代以来，阳明心学重新引起了人们的极大兴趣。尤其是近年来，中国哲学研究界对阳明心学的关注与日俱增，其中一个重要趋势初现端倪，就是阳明心学与胡塞尔现象学之融通；与此同时，西方哲学研究界，包括国内现象学研究界，也对这个课题发生了日渐浓厚的兴趣。但是一般来说，目前的状况却是：中国哲学研究界缺乏对胡塞尔现象学的足够深入的了解，正如西方哲学研究界缺乏对儒家心学的切己体验。本文将王阳明良知论与胡塞尔现象学加以比较，以此就教于海内外同志。

---

* 原载《阳明学刊》第一辑，贵州人民出版社 2004 年版，第 23—42 页；收入作者文集《面向生活本身的儒学——黄玉顺“生活儒学”自选集》，四川大学出版社 2006 年版，第 238—259 页。

一、心学与现象学

我们知道，孟子通常是讲“心”“本心”“良心”，同时他又提出了“良知”“良能”的说法：“人之所不学而能者，其良能也；所不虑而知者，其良知也。”①自从孟子提出这样三个观念以来，人们通常以为它们只是一个意思。但问题在于，孟子为什么同时提出三种说法？其实孟子绝非多此一举，而是颇具深意的。从语义上分析，显然，良心之“心”只是一个名词，语言学上归于“体词”，就其指称而言，它只能是一种实体，即便是中国式的实体观念；而“良知”“良能”则不然，“知”与“能”都兼具动词性和名词性（动名词化），而首先是动词性。“知”首先是作为一种活动的认知（to know），然后才是作为这种活动的结果的知识（knowledge）；“能”首先是作为能愿动词的“能够”（can = to be able），然后才是作为这种活动的根据的“能力”（ability）。在古代汉语中，作为动词的“知”读为平声“知”（zhī）；而作为体词的“知”则读为去声（zhì），并且后来也往往写作“智”。② 而良知之“知”正是读为平声的，就是说它本来是动词。“能”字亦然，动词读平声，名词读去声。③ 孟子所谓“不

---

① 《孟子·尽心上》。

② 例如孔子说：“知之为知之，不知为不知，是知也。”前两句“知”读平声；后一句“知”读去声，亦即读为孟子“仁义礼智”之“智”，原本即作“仁义礼知”，“智”乃秦火之后的写法。

③ “能”与“能耐”之“耐”是一声之转，即是同源词，这是音韵学上的常识。

虑而知”“不学而能”，知、能都读平声。这就是说，良知、良能不是良心那样的实体，而是一种活动、能动状态。惟其如此，孟子才在“良心”之外再行提出“良知”“良能”的问题。

阳明心学亦然，“良知”是最核心的观念：“阳明夫子之学，以良知为宗。”①但王阳明虽然为了强调“体用一源”“知行合一”而从良心、良知、良能三者中“拈出”一个“良知”来说，但他实际上并未放弃，而是仍旧使用着“良心”和“良能”概念。即使单就“良知”概念来看，王阳明也是分别在上述三种意义上使用的：作为反身直观的狭义良知，作为本体良心的良知，作为本体发用的良能的良知。

在相当程度上，王阳明的整个思想可以由“致良知”来概括。由于王阳明的“良知”概念具有良知、良心、良能三重含义，相应地，“致良知”就有了以下三个层次的展开：发动良知，这可以跟胡塞尔“本质直观”加以比较；发现良心，这可以跟胡塞尔所谓“事情本身”，亦即“纯粹意识”加以比较；发挥良能，这可以跟胡塞尔“意向活动”加以比较。发动良知是为了发现良心、确立本体；发现良心是为了发挥良能、重建世界。

确实，在当今世界哲学语境下，胡塞尔现象学与王阳明良知论之间有着极强的可比较性，这不仅因为某些现实的契机，更因为它们之间本然地存在着某种可融通性。胡塞尔现象学乃是一种彻底的先验哲学；而阳明心学无疑也是一种先验哲学，因为他据以建构其意义世界的出发点，虽然并不是西方先验哲学式的某种先验的知识理性，但又与西方先验哲学一样是

---

① 《天泉证道记》，陈来等辑：《王龙溪、邹东廓等集所见王阳明言行录佚文辑录》，《中国哲学史》2001 年第 1 期。

某种先验的内在意识,这种内在意识就是儒家式的德性良知。[①] 惟其如此,阳明心学与胡塞尔现象学在其作为先验哲学的"方法"上,即哲学之思的进路上是高度一致的;区别只在于他们的"哲学"不同。[②]

首先,他们的直观方式及其内容有所不同:胡塞尔的本质直观虽然称为先验的"现象学的看",但实际上这种本质直观跟他所拒绝的经验直观之间仍然存在着同构性;不仅如此,他还引入了想象的因素;更根本的是,这种直观仍然主要是在知识论维度上的。而阳明心学则不然,其直观在汉语中应更确切地表达为"直觉"[③],这里没有想象的成分,而是一种当下即知的体悟;更明显的是,心学的直观更倾向于伦理维度。但是无论如何,阳明心学的直觉与胡塞尔现象学的直观都是对本质的直接把握,在这个意义上,他们都是"本质直观"。

其次,他们所寻求的自明的原初根据不同:胡塞尔所发现的是理性的"纯粹先验意识"(pure transcendental consciousness),而王阳明所发现的是作为本体的良心。纯粹意识的设定首先指向知识建构,而良心的设定则首先指向伦理建

---

① 西方先验哲学传统可分两种:一种属于所谓"客观唯心主义",如柏拉图、黑格尔,其出发点是外在理性(理念、绝对精神);一种属于所谓"主观唯心主义",如笛卡尔、胡塞尔,其出发点是内在理性(我思、纯粹意识)。儒家心学不仅在这两种意义上都是先验的(天理良心),而且更接近于后者那样的内在的先验进路。

② 先验的(transcendental)、现象学的(phenomenological),作为一种与经验主义相对立的"方法",是普遍的;而由这种普遍方法所建构的各种"哲学"则是特殊的。例如现象学即是如此,胡塞尔、舍勒、海德格尔、萨特等的"现象学哲学"截然不同,但是他们大致采取了一致的"现象学方法"。

③ 在胡塞尔,直观与直觉是不作区分的。

构。但是无论如何,良心与纯粹意识同样是先验进路的“原初的自身所予”(the primordial self-given),即作为先验进路的原始出发点的奠基性观念。

最后,他们的意向建构活动也有所不同:胡塞尔的“意向性”及其“意向结构”是为了解决主体与对象之二元对置的内在根据问题,从而解决“认识论困境”问题,这种二元对置是西方知识论传统的一个根本架构;而王阳明所谓“意之所在便是物”①的意向建构,其根据是孟子的“四端”(仁义礼智)结构,这种结构主要是为了解决伦理问题、制度建构问题的。但是无论如何,两者都是先验的建构,即为先验的观念所奠基的意义建构。

二、心学态度与现象学态度

阳明心学与胡塞尔现象学之所以一致采取先验的进路,首先在于他们思想关怀的出发点的一致,即强烈的危机意识、批判意识。这可以说是一种康德式的批判,就是重新检讨形而上学的基础。我们知道,胡塞尔之所以建立现象学,在其前期是出于对“科学的危机”的批判,于是有“纯粹现象学”;②而在其后期则扩展到对“人性的危机”的批判,于是有“生活世界现象学”。③ 阳明心学亦然,它同样出于对这样两个方面危机的批

① 王阳明:《王阳明全集·传习录上》,上海古籍出版社1992年版。

② 胡塞尔:《纯粹现象学通论》,李幼蒸译,商务印书馆1992年版。

③ 胡塞尔:《欧洲科学的危机和超验现象学》,张庆熊译,上海译文出版社1988年版。

判：一方面同样是对某种学术现状的忧虑、批判，其主要对象是以朱子之学为代表的“支离”学风；而更深刻的另一方面则同样是对当时的人性危机的忧患，于是有“破心中贼”的批判。这两个方面是具有内在联系的，就是某种伟大传统的失落：胡塞尔认为是古希腊传统的失落，使得人们日渐远离了世界作为整体的意义所在；而王阳明则认为是古代“大人之学”、圣人“心传”的失落，此“心”便是“良知”，传统的失落即表现为良知的被遮蔽。

现实的状况既然受到了质疑、否定，这就意味着：任何现实状况及其任何既有解释，都是不能作为重建意义世界及其哲学说明的根据的。这就必须把它们“放入括弧”而“悬搁”(epoché)起来：这就是“现象学还原”(phenomenological reduction)的消极步骤，即否定性步骤。这里有必要澄清一下人们对先验“还原”这种消极性步骤，包括阳明心学“心外无物”原则的一个误解，即以为它是对现实世界的客观实在性的否定。严格来说，胡塞尔现象学的悬搁并不是“存在论的悬搁”，而只是“认识论的悬搁”：他并不否认外在世界的客观实在性，而仅仅是对它“终止断定”(Urteilsenthaltung)。[①] 否则，胡塞尔现象学将会面临这样的两难：假如“生活世界”本来就是内在的纯粹先验意识的建构，那么这个世界如何可能发生危机？而如果“生活世界”是外在超越的实在，那么又如何可能根据内在意识去重建这个外在世界？同样，儒家心学对于现实

---

① “‘悬搁’(εποχη)的希腊文的原义是‘中止判断’，因而在根本上是一种‘中立性’或‘无执态’。”(倪梁康：《胡塞尔现象学概念通释》，生活·读书·新知三联书店1999年版，第129页)

状况的否定,也不是“存在论否定”,而只是“伦理学否定”。王阳明从来没有在存在论意义上否认过外在“物”的客观实在性,他只是认为这种客观外在的“物”对于我们建构意义世界来说是无意义的。否则,他也将面临类似的问题:假如外在的“物”只是内在的“心”的建构,而且“心”本来是至善的,那么“物”的恶如何可能?而假如“物”本来是外在的实在,那么又如何可能根据内在的“良知”去“格物”?

这些都涉及另一个重大问题。作为胡塞尔现象学出发点的危机意识,在哲学上表现为作为“认识论转向”以来西方哲学强大动力之一的“认识论困境”问题:在实在问题上,内在意识如何可能“确证”外在实在的客观存在?在真理问题上,作为主体的内在意识如何可能“切中”作为客体的外在实在?作为对这个认识论困境问题的解决方案,现象学的先验进路一开始就消解掉了这个问题:对于我们的意识来说,现实状况及其解释都是外在“超越物”(transcendence),因而是没有意义的,不在我们的考察范围之内。如果说胡塞尔现象学是从认识论困境问题切入的,所对治的首先是“知识危机”,那么王阳明以及整个儒家心学则是从“伦理学困境”问题切入的,所对治的首先是“伦理危机”。我所谓“伦理学困境”,是说儒家心学一开始就面临的一个哲学问题:在存在论基础上,内在的心如何可能确证外在的物的存在?在伦理学问题上,内在的心性良知如何可能格除外在的物的恶?儒家心学实际上也以其独特的方式消解了这个问题:外在的物及其恶固然是客观实在的,但对于我们寻求重建意义世界的根据这个工作来说,它是毫无意义的,不在我们心学之思的范围之内。

但是不论对于胡塞尔现象学,还是儒家心学来说,我们最终必得回到现实中来,否则我们的一切工作就是毫无现实意义的了。这当然就涉及了现象学和良知论的存在论意义。表面看来,这似乎会导致一种不可克服的自相矛盾:在“悬搁”时,事情仅仅是认识论或者伦理学意义上的;可是在“重建”时,事情却又是存在论意义上的了。这正是迄今为止使许多学者感到困惑不解的疑难问题。这也难怪,就连王阳明当年的亲炙高足也觉对此难以理解:他们对“王门四句教法”中第一句“无善无恶心之体”和第二句“有善有恶意之动”的关系感到困惑。① “无善无恶”即此心之“至善”,类似于黑格尔所谓“纯有”,问题在于,意乃心之所发,如何竟成了“有善有恶”的?其实这恰恰是先验哲学的一个基本特征:当我们在批判现实、寻求重建世界的根据,即“心之体”时,事情就是认识论、伦理学的问题,因为此时我们意在发现原初的奠基观念;当我们在改变现实、重建意义世界,即“意之动”时,事情就是存在论的问题了,因为此时存在或存在者是在我们的意向活动中被重建。这就是常言所说的“认识世界”与“改造世界”的区分:在寻求重建世界的根据时,先验哲学必须排除外在世界;然而在实际地改变世界时,先验哲学必须介入外在世界。

现在我们已经通过批判而把现实状况及其解释悬搁起来,这就意味着我们必须转向“内在”意识。外在超越物被悬搁之后,唯一的选择只能是内在性。这就是胡塞尔所谓“面向事情本身”,也就是孟子所谓“反身而诚”。这也就是胡塞尔现象

① 参见王畿与钱德洪关于“王门四句教法”的争论。见《传习录下》德洪所录、《年谱》嘉靖六年丁亥、《王龙溪全集·天泉证道记》等文献。争论围绕着四句教法的第一句“无善无恶心之体”与后三句“有善有恶意之动,知善知恶是良知,为善去恶是格物”之关系展开。

学、阳明心学以及所有先验进路的积极的,即肯定性的步骤:寻求那足以为一切奠基的原初观念。

因此,“悬搁—还原”是这种先验进路的首要课题。这就是说,首先必须摒弃“自然态度”(natural standpoint),确立一种“现象学态度”(phenomenological standpoint);在儒家心学,就是首先必须摒弃“物蔽”,“先立乎其大者”,亦即确立本心。对此,王阳明说过:“天地皆仁之滓;天下归仁,万物皆备于我也。”①前句为悬搁态度,后句即还原之义。这是承接孟子的思想,孟子曾有一段精辟论述:

> 公都子问曰:“钧是人也,或为大人,或为小人,何也?”孟子曰:“从其大体为大人,从其小体为小人。”曰:“钧是人也,或从其大体,或从其小体,何也?”曰:“耳目之官不思,而蔽于物,物交物,则引之而已矣。心之官则思,思则得之,不思则不得也。此天之所与我者。先立乎其大者,则其小者弗能夺也。此为大人而已矣。”②

小体指五官感觉,大体指本心。追逐小体即是一种“自然态度”,先立大体才是心学态度。心学态度或现象学态度的意义在于悬搁那可疑的超越物,追寻那确切无疑的奠基性观念。

---

① 《稽山承语》第7条,陈来等辑:《王阳明语录佚文辑校》,葛兆光主编:《清华汉学研究》第一辑,清华大学出版社1994年版。

② 《孟子·告子上》。

三、发动良知：良知与本质直观

那么,我们如何才能找到那个原初的奠基观念？胡塞尔诉诸"本质直观",王阳明诉诸狭义"良知"。王阳明之所谓"良知"的第一层含义,就是这种作为本质直观的狭义"良知"。良知当然是一种知,但并非一般的知。良知作为一种特殊的知,孟子规定为"不虑而知",即是说它无须乎理智的思索。显然,这就是某种"直观"(Anschauung / intuition)。[①] 这种分辨,在王阳明心学中得到了更为明晰的展示。就"良知"之狭义而言,王阳明认为,在孟子"四端"(仁义礼知)中,唯有"知"是良知:"孟子云:'是非之心,知也';'是非之心,人皆有之。'即所谓良知也"[②];"良知者,孟子所谓'是非之心,人皆有之'者也。是非之心,不待虑而知,不待学而能,是故谓之'良知'"。[③] 据此,显然,四端中的仁、义、礼,均在狭义"良知"范畴之外。因为,这里作为本体的心与作为直观的知是分说的:"心者,身之主也;而心之虚灵明觉,即所谓本然之良知也。"[④]王阳明著名的"四句教法",也明确地区分了心与知:"无善无恶心之体"是说的作为纯粹先验意识的本体良心,而"知善知恶是良知"才

---

① "胡塞尔将'直觉'(intuition)与'直观'(Anschauung)完全等义使用,因此前者也可译作'直观'。"(倪梁康:《胡塞尔现象学概念通释》,第259页)

② 《王阳明全集·与陆元静书》。

③ 《王阳明全集·大学问》。

④ 《王阳明全集·传习录中》。

专说的作为本质直观的良知。

一般来说，直观具有双重含义：一种是外向直观（äußere Anschauung），以此为原初根据的就是经验论；一种是内向直观（innere Anschauung），以此为根据的就是先验论。显然，孟子、王阳明所说的就是这种内向的直观：不是外在地观其物，而是内在地观其心。[①] 进一步说，即便这种内在的直观也不能保证它就是先验的而非经验的，正是在这个问题上，胡塞尔进一步区分了两种内在直观，从而使自己与笛卡尔唯我主义心理主义残余的不彻底性区别开来：一种是内向的（innere）经验直观或"个体直观"，一种是内在的（immanent）"本质直观"或"普遍直观"，后者所直观到的事情在纯粹意识中的显现不是个体心理的东西（psyche），而是普遍本质的东西（Eidos）。此即在"先验还原"基础上的"本质还原"。王阳明的狭义良知，正是这样的本质直观：

首先，良知之所以为一种特殊的知，即先验直观，其特殊性首先在于它是内向的，而非外向的。这就使它与外向的经验直观区别开来了。既然外在超越物已经被悬搁起来，那么良知所知的对象就只能是某种内在意识本身。所以王阳明明确指出："德性之良知，非由于闻见"[②]；"知乃德性之知，是为良知，而非知识也"[③]；"致知者，致吾心之良知，非推极知识之谓也"[④]。

---

① 其实道家亦然，如老子讲"不出户，知天下；不窥牖，见天道"，显然不是外向的观物。

② 《王阳明全集·传习录中》。

③ 王守仁：《刑部陕西司员外郎特诏进阶朝列大夫致仕绪山钱君行状》，《中国哲学史》2001 年第 1 期。

④ 王守仁：《答宗鲁侄》，陈来等辑：《王龙溪、邹东廓等集所见王阳明言行录佚文辑录》，《中国哲学史》2001 年第 1 期。

知当然有对象,即物;但良知所知之物不是外在的超越之物,而是王阳明所说的“物是良知感应之实事”①,即“意之所在便是物”。这就是先验的还原。

不仅如此,良知作为本质直观的特殊性还在于:它不仅是内向的,而且不是个体心理的知,而是普遍本质的知,即心学家所说的“人同此心,心同此理”。王阳明指出:“良知不学不虑,天植灵根,无间于凡圣,人人所同具”②;“勿期勿忘,触机神应,乃是良知妙用,以顺万物之自然,而我无与焉”③;“自圣人以至凡人,自一人之心以达四海之远,自千古之前以至于万代之后,无有不同:是良知也者,是所谓‘天下之大本’也”④。这就使它不仅与外向的经验直观,而且更进一步与内向的经验直观区别开来。这就是本质的还原。

由此可见,此处作为直觉的狭义“良知”与现象学的“本质直观”“本质地看”是极为契合的。胡塞尔说:“本质看是直观,而且如果它在隐含的意义上是看而不只是再现或模糊的再现,它就是一种原初给予的直观,这个直观在其‘机体的’自性中把握着本质。然而另一方面,它是一种基本上独特的和新型的直观,即与那类相关于其它范畴的客体的直观相对立,特别是与在通常狭义上的直观、即个别直观相对立。”“正如个别的或

① 王守仁:《与冯纬川》,陈来等辑:《王龙溪、邹东廓等集所见王阳明言行录佚文辑录》,《中国哲学史》2001年第1期。

② 王守仁:《读先师再报海日翁吉安起兵序》,陈来等辑:《王龙溪、邹东廓等集所见王阳明言行录佚文辑录》,《中国哲学史》2001年第1期。

③ 王守仁:《读先师再报海日翁吉安起兵序》,陈来等辑:《王龙溪、邹东廓等集所见王阳明言行录佚文辑录》,《中国哲学史》2001年第1期。

④ 《王阳明全集·书朱守谐卷》。

经验的直观的所与物是一种个别的对象,本质直观的所与物是一种纯粹本质。"[①]这种纯粹本质,在儒家心学中就是被直观到的本体良心。

良知作为本质直观的意义在于:我们要寻找那个可以为我们所重建的意义世界之中的一切奠基的原初观念,既不能用感知经验的方法,也不能用逻辑理性的方法。这是因为感知经验作为一种既成的知识已被我们悬搁起来,而作为其哲学基础的"自然态度"也足以使我们重新陷入"认识论困境"中;而逻辑理性也不能满足我们的需要,因为它是需要前提条件的。我们所要寻求的原初观念,要能为我们所重建的意义世界之中的一切奠基,它必须是无条件的,即绝对自明的(self-evident)。一个观念如何才可能是自明的?它必须是"自身所予"的(self-given)。所谓自身所予,就是这个观念自己呈现出来。它自己原就是如此的,而非任何外在超越之物的给予:既非经验所予,也非逻辑所予;既非物质世界所予,也非上帝所予。这正是中国哲学中儒、道共通的一个观念:"自然"。中国哲学所谓"自然"不是西语 nature 的意思;就其字面的原本意义而言,"自然"乃是"自己如此"的意思,此即"自身所予"。这是儒、道的一个共同语义平台:道家之"道"是自然,儒家之"性"或"良心"也是自然。这种"自己如此"的自然只能在意识中自己如此地呈现出来,"吾心之本体,自然灵昭明觉者也"[②];这种呈现,正是良知的直观:"心自然会知:见父自然知孝,见兄自然

① 胡塞尔:《纯粹现象学通论》,第 52 页。

② 《王阳明全集·大学问》。

知弟,见孺子入井自然知恻隐。此便是良知,不假外求。”①

但良知是需要发动的,正如现象学的本质直观的进行需要一个前提,那就是首先获得“现象学态度”(phenomenological standpoint),亦即孟子所谓“先立乎其大者”。在我看来,先验哲学的真正开端不是悬搁、还原,而是此前的确立现象学态度或心学态度。换句话说,首要的问题在于:如何才能发动良知?我们也可以发问:胡塞尔是如何获得现象学态度的?所谓发动良知,就是孟子所谓“动心”。② 问题在于:心如何才能动起来?《礼记·乐记》指出:“人心之动,物使之然也”;“感于物而后动”。朱熹《诗集传序》也说:“人生而静,天之性也;感于物而动,性之欲也。”这是儒家的一个基本观念,也就是说,心虽能动,但却不会自动;心之动乃是感动、触动,亦即必须感触于外物。胡塞尔现象学态度的确立,是触发于经验世界的危机的:唯其有危机、有问题,这才必须把它悬搁起来。(这也证明了上文所说:心学态度或现象学态度对外物的悬搁并不是存在论意义上的否定)孟子所举的一个典型事例则是:“今人乍见孺子将入于井,皆有怵惕恻隐之心。”③此时此刻,良知便被发动了。王阳明明确地说:“见孺子入井,自然知恻隐,此便是良知。”④无论何人,但凡良心未泯,忽然看见一个小孩要掉进井里的一刹那,必然心动,即是良心的当下呈现,亦即良知的直觉

---

① 《王阳明全集·传习录上》。

② 孟子既讲“不动心”,如《公孙丑上》“我四十不动心”“告子先我不动心”;也讲“动心”,如《告子下》“动心忍性,曾(增)益其所不能”。前者是说此心不为外物所动,而后者即是说的发动良知。

③ 《孟子·公孙丑上》。

④ 《王阳明全集·传习录上》。

作用。此即所谓"不虑而知",亦即没有任何的思虑算计,"非所以内交于孺子之父母也,非所以要誉于乡党朋友也,非恶其声而然也"①。

然而问题在于,"乍见孺子将入于井"乃是一个经验现象,是外在的超越物。超越物是经验的,如何能够保证它所发动的就是先验的态度?物是有善有恶的,如何才能保证此时其心之动乃是良知的发动而非恶意的萌动?如果未能确立心学态度,此心在感物时就不可能保证被发动的是良知;正如未能确立现象学态度,就不能保证直观是现象学的直观。于是,事情似乎陷入了恶性循环:确立本心需要发动良知,发动良知需要确立本心;现象学态度的确立是现象学还原的前提,而还原之后的纯粹意识之绝对主体性的确立又是确立现象学态度的前提。其实,阳明心学已经解决了这个疑难问题。这涉及王阳明四句教法中的第三句"知善知恶是良知"。所谓"知善知恶",根据上句"有善有恶意之动"来看,此时良知所知的善恶并不是物的善恶,而是意本身的善恶。即如上例孺子入井,其善恶并不在孺子,"赤子匍匐将入井,非赤子之罪也"②;这里的善恶在于意本身。所以,王阳明解决问题的思路便是:良知自然知善知恶。他说:"凡意念之发,吾心之良知无有不自知者:其善欤?惟吾心之良知自知之;其不善欤?亦惟吾心之良知自知之。"③这里的关键仍然在于上文说过的,良知本是"自然"亦即"自己如此"的、"自身所予"的原初意识:"心自然会知:见父自然知

① 《孟子·公孙丑上》。
② 《孟子·滕文公上》。
③ 《王阳明全集·大学问》。

孝,见兄自然知弟,见孺子入井自然知恻隐。此便是良知,不假外求。”①先验的现象学态度或心学态度的确立,固然被发动于某种经验的外缘,但是我们知道那被发动起来的态度是不是先验的态度,这却是先验意识自己如此的自明的判断。

四、发现良心:良知与纯粹意识

前面说过,本质直观的首要意义在于发现那奠基性的纯粹意识领域。那么,王阳明的良知直观所要发现的是什么?这就是王阳明所谓“良知”的第二层含义,亦即作为本体被直观到的良心。直观当然是对对象的直观,这是直观的意向建构意义,意义世界由此建立起来;但直观更首先直观自身,思确证着思本身,这是直观的奠基意义,纯粹意识领域由此而被发现。后者对于现象学来说是更为根本的意义:我们先直观到直观本身就是纯粹意识,再直观到纯粹意识的内在意向结构。所以,本质直观具有这样的两重意义:首先是在“还原”的意义上,直观意在寻求原初意识,这是严格意义上的“反思”活动,它所直观到的对象是自身所予的奠基性的纯粹先验意识,这大略与儒家心学的“发现良心”相当;然后是在“建构”的意义上,直观的对象是意向对象或意向相关项(Noema),②而纯粹意识正是通过这种直观活动来重建意义世界的,这大略与儒家心学的“发

---

① 《王阳明全集·传习录上》。

② Noema出自希腊文,意谓被思考的东西、思想、意义。胡塞尔用以指内在于纯粹意识的意向结构内部的对象性因素。

挥良能”相当。阳明心学的上述狭义良知就是前一意义上的，而此处所直观到的对象就是作为本体的良心。阳明心学通过良知活动“发现良心”，犹如胡塞尔现象学通过本质直观发现纯粹意识领域。因此，王阳明不仅在上述本质直观的狭义良知上，而且在本体即良心的意义上来使用“良知”概念。

儒家心学的“良心”之为本体，这是一个亟待澄清的重大问题。之所以说它是重大问题，在于它关系到儒学重建的成败。我以为，牟宗三“道德形上学”所存在的问题就在这里：一开始就把良心本体限定为“道德心”，即一个道德范畴，那它就不再是所谓“本体”，即不再具有存在论意义了，因为伦理学不能作为存在论的基础，相反，只有真正的存在论才能作为伦理学的基础。人们通常称孟子的心性论为“性善论”，并概括为：人本性善。其实，这是一种误读。儒家心学所谓性善之“性”，也叫“至善”，即是“绝对”、无所对待的意思，换句话说，它并不是与恶相对的道德范畴，而是一个涵盖善恶的本体范畴，即：它作为“体”本身并无所谓善恶，而它的“用”可善可恶。这就犹如黑格尔之“纯有”，是没有规定性的或规定性尚未展开的“绝对”，在这个意义上，纯有即无。正是在这个意义上，王阳明才说：“无善无恶心之体，有善有恶意之动。”

良心之被视为“本体”，即具有存在论意义，既在于它的原初所予性，也在于它的建构性。就其原初所予性而言，它作为纯粹先验意识，不被任何存在者所奠基；就其建构性而言，它作为纯粹意识的意向活动，可以为一切存在者奠基，此即《中庸》所谓“不诚无物”。这两个方面，类似于亚里士多德对第一实体的规定：“实体，从这个词的最真实、原始而又最明确的意义说，是指既不能被断言于主体、又不依存于主体的事物。”由于

"除第一实体外，一切事物都或者能被断言于第一实体，或者依存于第一实体；如果第一实体不存在，其他任何事物也都不可能存在"，因此"第一实体之所以更恰当地被称为实体，是因为它们是其他一切事物的基础，而一切其他事物或者被断言于它们，或者依存于它们"。[①] 这样的良心实体，便是所谓本体：它并不是作为个体心理的心灵（the psychical）（否则便会陷入唯我论），而是作为普遍本质的、"人同此心，心同此理"的心灵（the Mind）（此即真正的先验论）。这一点不仅在孟子、王阳明那里，而且在整个儒家心学中，都是非常明确的。

良知所直观到的正是这样的本体"良心"，《大学》谓之"明德"。德者，得也。这里，"得"有两层意思：

一是得自天，《中庸》所谓"天命之谓性"，此"天"其实是说的"自然"，亦即"自己如此"，王阳明所谓"天则自然"[②]、孟子所谓"自得"，即胡塞尔所谓"自身所予"。这里涉及关于如何理解儒家心学本质的一个重大问题：性与天是什么关系？一个具体的例子，就是如何理解《中庸》第一句"天命之谓性"。显然，如果天是外在于性的，即是超越的，那么性就不是原初给予的东西，即不足以作为本体；反之，性要成为本体，它必须是原初给予的东西，即首先必须是内在的。在这个问题上，儒家思想经过了"天的内在化"这么一个发展转变的历史过程：（1）从孔子到孟子，是此思想趋向的确立，而表现为心学的确立；（2）从宋儒到明儒，是此思想趋向的古代形态的完成，即新

---

① 亚里士多德：《工具论》，李匡武译，广东人民出版社 1984 年版，第 12、13、14 页。

② 《王阳明全集·传习录下》。

儒家(宋明理学)的形态;(3)从熊十力到牟宗三,是此思想趋向的现代转换,即现代新儒学的形态。天的前身是前轴心期商代的超越的"帝",他是具有人格的;轴心期转型的结果便是周代的"天",它虽然仍然有一定的人格,但是已经开始被抽象化、非人格化了。孔子承接周公思想,其天仍是外在超越的;但是同时,孔子通过对"仁"的彰显,开启了天的内在化的可能,于是才有思孟一系的心学进路,由《中庸》《孟子》而突出了天的内在性。天的内在化的完成者,是宋明理学(不仅陆王心学,而且包括程朱理学)。天之所以能内在化,一个关键是把天理解为"自然"。正如上文所过的,自孔、老以来,中国哲学的"自然"概念就是一个极富于先验现象学特征的观念:它不是指的今所谓"自然界"(nature),而是一个类似于现象学的"自身所予"的观念:自己如此。朱子在注释孟子"良知""良能"之说时,引用程子的话说:"良知良能,皆无所由,乃出于天。"①既"出于天",即有所由;但又说它"皆无所由",则只能是"自由",亦即孔子所谓"为仁由己",其逻辑结论只能是:天即自己如此的自然。

二是良心的失而复得,亦即孟子所谓"求其放心"(找回放失了的良心),这也就是由"解蔽"而"复性",也就是《大学》所谓"明明德",也就是王阳明所谓"致良知"之"致",即使之至。良知就是对这个良心的当下直觉,即通常所说的"良心发现",此时,良心到场了。

---

① 朱熹:《四书集注 · 孟子章句集注 · 尽心上》。

五、发挥良能：良知与意向活动

良心的发现，意在良能的发挥，因为只有通过发挥良能，才能重建意义世界。王阳明所谓“良知”的第三层含义，即作为本体良心所“发”之“用”的良能。良心作为“体”，自然有其“用”，此用便是所谓“良能”。但是正如良知并不是一般的知，良能也不是一般的能。孟子把良能规定为“不学而能”，表明这种能力不是外在的经验的获得。但它们也不是动物那样的本能，即并非告子讲的“食色性也”①，而是孟子所说的“人之所以异于禽兽者”②。总之，良能就是凡人即能、非人不能的那种能力，即是人之为人的充分必要条件。

良心所具有的良能即先验的能力，类似胡塞尔所谓“意向性”。胡塞尔根据“意识总是对某对象的意识”，通过对本质直观所发现的纯粹意识的分析，更进一步发现了纯粹意识作为意向体验的内在结构：意向活动（Noesis）和意向相关项（Noema）。这是纯粹意识固有的先验能力，它是为作为知识论构架的根基的“主/客”结构奠基的内在根据：Noesis 谓“思”，而 Noema 谓“所思”。前者意指意义的给予（Sinngeben），后者则指所予的意义（Sinngehalt），也就是说，前者是奠基性的，后者是被奠基的。这显然是一种“能/所”结构，但在胡塞尔现象学和儒家心学中有着不同的内容：在胡塞尔现象学，意向活动

① 《孟子·告子上》。
② 《孟子·离娄下》。

是能思，而意向相关项则是其所思，可见这是西方理性主义的传统；而在儒家心学，“能/所”结构体现为“心/物”结构，心为能，物为所。所以，王阳明指出：“意之所在便是物。如意在于事亲，即事亲便是一物；意在于事君，即事君便是一物；意在于仁民爱物，即仁民爱物便是一物；意在于视听言动，即视听言动便是一物。所以某说无心外之理，无心外之物。”①此“意”就是“能”，就是“意向性”，它作为体之用，乃是良心固有的先验能力。

发挥良能这样的先验能力，其实就是展开良心固有的内在的意向结构；但它比胡塞尔揭示的结构更为复杂，包含着两个维度。

一方面是孟子所说的“四端”结构：仁→义→礼→智。这是一个从形上落实到形下的过程。生活世界的重建，就是这种意向结构的展开：仁（仁爱精神）是为义（正义原则）奠基的，义（正义原则）是为礼（制度建构）奠基的。仁为能，则义为所；义为能，则礼为所。而“智”或“知”则是一个较为特殊的观念。儒家此处之所谓“知”，作为良能的一端，本是一个普遍的观念，在孔子那里本来是具有两个方面的用法的：既有外向的认知意义（例如荀子），也有内向的反省意义（例如孟子）。外向的知可以导致知识论的建构，只可惜这个维度在后来的儒学发展中没有得到充分的开展；内向的知导致伦理学的建构，这是后来儒家心学所着意开展的思路。上文所谓狭义的良知，其实只是作为良能中之一端的“能知”的一个方面而已，即非能知外物，而是能知本心。其实良知原本涵盖着两个方面，它是

① 《王阳明全集·传习录上》。

“格物致知”的良能根据，既可以指向物，也可以指向人本身。当它指向人本身的良心之良能的时候，便是作为本质直观的狭义良知。所以，良知乃是良心固有的一种特殊的良能。

另一方面就是“能/所”结构。“能/所”结构在以上四个环节上都是贯穿着的：能爱/所爱、能宜/所宜[①]、能履/所履、能知/所知。显然，这是内在的“仁→义→礼→知”四端结构决定了的。合起来说，其根基在能爱。关于“能爱/所爱”，孟子曾说：“仁者，以其所爱及其所不爱；不仁者，以其所不爱及其所爱。”[②]“仁者”便是能爱，它能将“所不爱”纳入“所爱”，这就是作为意向性的良能的建构意义。

总之，从横向看，有“仁之端”即能爱，能爱必有其所爱；有“义之端”即能宜，能宜必有其所宜；有“礼之端”即能履，能履必有其所履；有“智之端”即能知，能知必有其所知。从纵向看，能爱决定着能宜，能宜决定着能履，能履决定着能知。这就是儒家心学所展示的意向结构。

这个结构中的“知”作为本质直观，其实就是直观地反思这个建构过程，从礼返回到仁，这也就是“反身而诚”。于是，我们从“礼”亦即制度建构开始追寻。在儒家词汇中，一切规范、制度，概称为“礼”，它作为社会规范，体现在诸如道德、政治、法律、规则、仪式诸多领域。根据良心本体之“德”，即由良能的“仁义”原则出发所进行的关于“礼”的制度建构，就是所谓“德治”，其结果是德性实践，包括德性政治。例如现代民主，也是一种制度建构，即“礼”。自从五四运动以来，儒家遭

① “义者，宜也。”这是儒家之“义”的基本语义。

② 《孟子·尽心下》。

诟病最多的就是在“礼”的层面。但那却是基于一种严重的误读：人们把特定时代的专制的礼等同于儒家的礼的观念，完全无视儒家在礼这个问题上的更根本的原则：损益。礼有损益的思想，在孔子那里是有其明确的表达的，例如，他说：“殷因于夏礼，所损益可知也；周因于殷礼，所损益可知也；其或继周者，虽百世可知也。”[①]简而言之，礼是一种历史地变动的、“与时偕行”的东西。如果按照儒家“礼有损益”的原则，那么，假如民主制度是当今最适宜的即“义”的制度，民主就不妨是儒家在当今条件下的制度选择。

礼虽然是历史地变易的，但这种变易所依据的原则却是不变不易的。这就是儒家的另外一个更为根本的观念：义。我们知道，道德、政治、法律等方面的制度规范的建立，是建基于某种更为根本的原则的，这里，最核心的问题是关于“正义”原则的问题。正当的或者所谓“合法”的制度，根本上是基于正义原则的制度。在儒家词汇中，这种 justice（正义）即所谓“义”。众所周知，“义”的基本语义就是“宜”；这就是说，义的基本语义与 justice 是一样的：适宜，适当，恰当，正当，正义，公正，公平，合理，等等。义是为礼奠基的观念，亦即正义原则是为制度建构奠基的：一切制度建构的原则，都应该是“义”或 justice。显然，这是中西之间的一个共同的语义平台。

但是，义或正义原则本身也需要被奠基。这里，如果我们追根究底，那么，中西正义观念的根据之间便表现出极大的差异。西方制度建构的根据乃是契约精神，契约便是正义的体现。而我们知道，近代启蒙以来，契约观念是基于人性本恶、人

---

① 《论语·为政》。

有理性这样两个基本设定的。而儒家则不然，儒家的“义”亦即正义观念却是基于“仁”这个设定的。什么是仁？“樊迟问仁，子曰：‘爱人。’”①这就是说，为正义原则奠基的是仁爱精神。儒家认为：能爱，这就是人的本性。所以，仁爱是儒家的最根本的人性设定。儒家并不否认现实中的人的恶劣的一面，但不认为这就是所谓人性，而认为这恰恰是人性的遮蔽状态；惟其如此，这就需要解蔽，所以儒家强调修身明德，即通过修养工夫去体认、澄明、敞现自己固有的仁爱本性，即发现良心。这就必须使良知到场，这就是“仁→义→礼→智”序列中的“智”的问题：智是一个反思问题，或更确切地说，是一个反身直观的问题。

总之，在儒家思想中，如果说正义原则是为制度建构奠基的，那么，仁爱精神则是为正义原则奠基的。于是有孟子的“仁→义→礼→智”的逻辑序列，这就是儒家心学的先验的“意向结构”。

---

①《论语·颜渊》。

谈谈“良知”问题*

我目前正在进行阳明心学与胡塞尔现象学的比较研究，对这个问题我很慎重，至今未发一字。但今天我好像不得不“发表”了。希望大家多提启发性问题。

在现代汉语中，“良知”一般与“良心”同义，英文有两种翻译法：conscience，intuitive knowledge。第一种译法 conscience 是指的道德心，从哲学层面上看，这就把中国传统哲学中的最重要的本体概念放在了一个较低的道德哲学层面上，把它放在伦理学的范畴内了，这是不对的；第二种译法 intuitive knowledge 是指的直觉的知识，在哲学上，一方面有直觉主义的倾向，另一方面把传统的良知理解为知识，代表了一种知识论的西方传统观念，也是不对的。现在的中国人在谈良知问题时，会把西方强大的知识论传统带进来，有一种隔靴搔痒的感觉。我们要破除现今日常的关于良知的说法。

---

* 本文是作者 2003 年 3 月 14 日在四川大学的讲座内容；收入作者文集《面向生活本身的儒学——黄玉顺“生活儒学”自选集》，四川大学出版社 2006 年版，第 204—214 页。

一、为什么要重提"良知"问题

我简要回顾一下儒家良知论。"良知"最早由孟子提出来,而且只有一句话:"人之所不学而能者,其良能也;所不虑而知者,其良知也。"孟子以后,儒家思想虽然有很大发展,但没有人专门讲良知,直至明代,才有阳明子重提良知。(王守仁因他曾在阳明洞修道,故自号阳明子,人称阳明先生。)这是由于自明代中叶以来,中国开始了近代化的过程(当然也有人说中国的近代化应追溯至南宋)。阳明心学及其后学的思想,是与时代潮流相吻合的。阳明心学的兴盛,为清入关所打断,政治高度专制,回到了中国的中世纪,阳明学因此衰落。再次的兴盛,也是中国近代化的再次启动。阳明子的学术思想虽然有变化,但比较一贯的主要讲是良知。他文治武功,戎马倥偬之际,随时不忘讲学,也就是讲良知。有一个乡绅请他讲学,问他:"除却良知,还有什么说得?"他用原话回答:"除却良知,还有什么说得!"他认为那个时代所缺乏的就是良知。

我们今天为什么要重提良知?余平教授有一句名言:"如果哲学没有意义,十年前我就卖烟去了。"哲学对于我们每一个人,对于我们"时代的精神状况"是极为重要的。今天的人们有各种各样的困惑和问题,当今世界存在着各种各样的危机,这是众所周知的。但是,我想把它们归结为两点,就是我们今天已经失去了两种最重要的感觉:羞耻感和敬畏感。

我的一个朋友张钊,在网上发过一个帖子《重读〈狂人日记〉》,大意是说:鲁迅先生笔下的那个狂人看书,足足看了一宿，才从字里行间看出了“吃人”两个字来。这就是说，在鲁迅先生的年代，吃人是暗中的，现在却是赤裸裸地“吃人”，这是个突出的现象。

以前有一句名言：“彻底的唯物主义者是无所畏惧的。”过去也有什么都不怕的人，但是他们怕天，怕天打五雷轰。今天的人们却完全失去了敬畏感，可以肆无忌惮了！同时，我们也看到另外一些现象，一是封建迷信的死灰复燃，一是宗教信仰在某些层面有复兴的倾向。这说明了敬畏感是人的一种终极需要。

但是，我们为什么会丧失敬畏感呢？有一种观点，从百姓到学者都有，认为中国的问题出在没有上帝。几年前，我往返于北京和成都之间，在火车上看到偏远的山区都有越来越多的基督教堂。这是一个相当严重的问题：我们是不是需要请一个西方的上帝来才能解决问题？我不这样看。中国文化和西方文化在轴心期大转型之后的走向是不同的。西方轴心期之后的上帝，类似于中国前轴心期的殷商时期的神；而轴心期以后，中国的主流意识是走向世俗化甚至无神论的。没有宗教的神学的信仰，是否就不能找到敬畏感呢？我认为能，就是良知问题。

面对当今世界严重的精神危机，就全世界的思潮大势来看，我们可以有两种选择：

一种选择是沿着后现代解构主义的方向走下去。按 20 世纪西方后现代思想家的思路，似乎可以作出一个判断：今天的精神危机的发生，是因为对传统还没有解构到位，应该更加彻底地解构。是这样的吗？在我看来，危机的发生恰恰是因为我们的一些核心的价值被解构了，被颠覆了，而走向了一种“绝对的相对主义”。例如，如何确定行为正当与否，其标准是在当下经验的个体好恶的判断，个体根据自己的好恶给自己定标准，这样就会导致每个人都有自己的标准。这样继续解构下去，就会走向伦理上的相对主义。所以，我在许多场合都提出自己的主张：重建第一实体！重建绝对！

另外一种可能的选择，就是重建传统。我可以说，这是非常简单的道理：我们只能失落我们曾经拥有的东西。我们“失落”了羞耻感和敬畏感，就意味着那是在传统中曾经本来有过的东西。当然，我们应该“重建”传统，而不是简单地“回归”传统。我不主张所谓“回归传统”。传统至少在两种意义上是不可“回归”的：在现象学的意义上，如果说有一个摆在那里的传统，我们去回归它，那么，它恰恰是应该被悬搁起来的超越物，所以这样的回归是不应该的；在解释学的意义上，按其本来面目确切地回归传统，其实是不可能的。首先是不应该，再者也不可能，必须重建。

二、为什么要选择先验现象学

那么，如何重建传统？当代人有当代人的时代特点。我们置身于当代语境，有我们的此在。因此，我们应该站在当今时代的哲学之思的水平上来重建传统。在我看来，这就是现象学。

为什么选择先验现象学？它与阳明心学有什么关系？阳明心学与胡塞尔现象学确实有许多相通之处。

首先，胡塞尔和王阳明的思想都是出自一种强烈的危机意识的。胡塞尔曾经是做科学的，后期又写过一本《欧洲科学的危机和先验现象学》。他认为科学的危机、哲学的危机，以及一切的危机，根本就是“欧洲人性的危机”。进一步讲，之所以会形成危机，是因为欧洲失落了一个伟大的传统，古希腊的特别是雅典的传统。结果是，我们关于这个世界的知识越来越多，越来越细，却离这个世界作为总体的意义越来越疏离，越来越陌生。王阳明也看到了学术危机，那就是以朱子之学为代表的“支离”破碎的学风。对万事万物分解得越来越多，却离“道”越来越远。而这根本上也是“人性的危机”，是“心中贼”作祟。“破山中贼易，破心中贼难”，就是他关于人性的危机意识。

第二，为什么要选择“先验哲学”来谈这个问题，因为王阳明和胡塞尔的哲学都是先验哲学。从胡塞尔的观念来看，如果我们发现这个现实世界是有问题的，就得重建意义世界，重建安身立命的世界。但现实世界充满了危机，是有问题的，它显然就不能作为我们安身立命、重建世界的依据。所以，无论是现象学还是心学，首先要把这个现实世界放到括弧里面，悬搁起来。既然作为超越物的现实世界及其解释不能作为依据，我们别无选择，一定要回归内在性，这就叫做“还原”，也就是儒家的“反身而诚”。

这里还有一个问题，我们首先应该弄明白什么是“先验哲学”。我们知道，先验的东西不是个体性、经验性的东西。但是，人们在理解先验时，一般情况下却会犯一个错误，那就是用经验主义的方式来理解先验。如乔姆斯基认为，孩子在学习语言时，从个别的为数不多的言语现象，竟然能够获得一般性的语法规则，这是如何可能的？他以为这是先天的。所以他写了

《笛卡尔语言学》。他以为这就回到了先验。其实,这是用经验主义的观念来理解先验,是把先验放在经验的、时空的、个体发生学的背景下来解释。

下面我们就来看看:当代哲学视域下的阳明心学是什么样子?孟子提出了三个概念:良心、良知、良能。阳明所谓“良知”正是在这样三层意义上使用的。我把阳明的先验哲学思想概括成三句话:(1)发动良知;(2)发现良心;(3)发挥良能。发动良知,我讲“良知与本质直观”;发现良心,我讲“良知与纯粹先验意识”;发挥良能,我讲“良知与意象活动”。

三、发动良知:良知与本质直观

良心、良知、良能,三者不是同义词,它们三者的关系大致是:良心在传统哲学中叫做“本体”,这个本体不是西方自古希腊以来讲的本体,而是中国哲学讲“体用”关系的与“用”相对的那个“体”。有其体必有其用,然后发用流行,这就是良能。有一种良能,就叫做良知,在王阳明那里,这就是狭义的良知。这种良知本身就是良能的一个环节。良知通过本质直观,发现良心,“回到事情本身”,这就是孟子讲的“先立乎其大者”——确立本心。本心被遮蔽了,失落了,要使它重新澄明,要把它找回来,只有通过良知的本质直观。

胡塞尔认为,西方传统哲学的主客对峙,其实并不是内在性和外在性的对峙,而是纯粹先验意识的内在的意向性结构。儒家的心学也有先验的内在结构,它是本体良心的发用流行的依据。它的发用流行,这就叫良能,就是仁、义、礼、知,孟子所说的“四端”结构。良能发用到了知的环节上,就有了狭义的良知,它是一种本质直观。

通过良知发现良心,这与现象学的本质直观是相一致的。良知为什么是直观?孟子讲,猛然见孺子将落井,于是心动,并且知道自己的良心到场了。这是当下即知的,不假思虑的。为什么是本质直观?因为直观到的乃是“人同此心,心同此理”的东西,是具有普适性的。为什么本质直观不是经验的而是先验的呢?因为所直观到本心既不是逻辑的所予,也不是经验的所予,而是自明的、自身所予的东西。

四、发现良心:良知与先验意识

我们开始时说到良心被人们理解为道德心,这是不对的。其实,被直观到的良心,它作为本体,不仅仅是伦理性的东西,而是为一切存在者奠基的本原性的东西。

这里我想讲讲牟宗三先生的思想,这当代新儒家哲学的最高成就,在我看来,它是至今未被超越的。但是,牟先生对儒家传统的重建不能说是成功的。人们对此已有许多议论,但是在我看来,他的根本问题就出在对良心本体的规定上。他对于儒学的一个总的概括,就是“道德形上学”。这里,他把“道德心”视为形上本体,或者说,把儒家的形上本体规定为“道德心”。这样一来,就会导致严重的问题。

形上本体乃是“绝对”的东西,也就是说,是无对待的,没有东西足以与它并列,因此,它是无规定性的,犹如黑格尔的“纯有”,就是“无”。儒家所说的心性,就是这样的绝对本体。

它是无规定性的,就是王阳明所说的"无善无恶心之体"。惟其如此,心性才足以为一切奠基,既为道德心、伦理学奠基,也为认知心、知识论奠基。而道德心却不是绝对的,而是有对的,就是说,它是跟认知心相对的。它是有规定性的,为形上本体所规定。认知心也为形上本体所规定。两者在一个共同的本体基础上互相对立。

由于把形上本体规定为道德心,牟宗三先生就面临一个巨大的困难:道德心这样的本体,如何可能接纳认知心?如何可能接纳知识论?又如何可能接纳科学?为此,牟先生不得已,才设计了一个"良知自我坎陷"。但是,这并不能解决问题:道德心为什么要谦退地让一步,接纳认知心?唯一可能的解释,就是一种道德至上主义。但是,且不说在实践上道德至上主义所带来的种种问题,即便在理论上,休谟早已指出过,在作为应然的道德判断和作为实然的认知判断之间是不可沟通的。

所以,被良知所直观到的良心,既不是认知心,也不是道德心,而是"无善无恶"、无真无假的"纯有",在儒家,这就叫"至善"。道德心、认知心都是形下的层面,至善才是形上的。儒家本来就是这个意思。

五、发挥良能:良知与意向活动

王阳明的心学与胡塞尔的现象学不是一种等同关系,而是一种可以对应的、可以比较的关系。它们的共同点是:都是先验的,通过对现实的批判,把现实作为超越物悬搁起来,回到内在性,回到本心,然后有一个从先验到经验的展开,落实到经验世界中。如何回到经验的世界中去呢？这就是意向性活动，胡塞尔认为这是一个大问题，对儒家也一样，就是发挥良能的问题。良能就相当于胡塞尔所谓“意向性”。

作为意向活动的良能发挥，也是一种本质直观。前面说过，本质直观的一个功能，就是发现良心，回到事情本身。在这个意义上，良知具有认知的意义。但良知还有另一层意义：直观就是建构。即：良能的意向建构活动的方式仍然是直观。这就是孟子所说的“思”。这个“思”不是说的理性思维，实质上仍然是一种直观，但它与发现良心的直观不同，它是建构性的。

本体良心的具体的发用流行、展开，就是良能。作为体的是良心，作为用的是良能。良能的意向结构，就是孟子讲的四端：仁、义、礼、知。(1)良能归根到底就是能爱，也就是“仁”。(2)仁的进一步展开就是“义”，这就是儒家正义论的最高原则。具体的伦理规范可能有冲突，像哈姆雷特就面对两个伦理原则的冲突：一则是作为儿子应该为父亲报仇，再则是作为儿子也应该爱护母亲。具体的伦理规范是变易的，而儒家有自己的更高的原则，就是义的原则，这是不变、不易的。当然，义也不是最高原则，而是由仁奠基的。孟子讲“居仁由义”，就是：从仁进一步往形下落实就是义。(3)再进一步落实就是“礼”。礼是一切具体的制度建构、规范建构的总称。仁义与礼的关系就是一和多的关系，先验和经验的关系。仁作为本体是先验的，没有进入时空，进入时空就是义、礼。义有一个具体时空中的适宜原则，故孔子讲礼有损益。(4)然后进入“智”，相当于西方的“反思”，孟子讲的“思”也是一种直观的反思。

反思什么呢？反思良心及良能，也就是说，这种直观的反思其实就是作为本质直观的良知。这样一来，作为儒家心学的内在意向结构的四端，就是一个看起来是“循环”的结构：良知发现良心，良心发挥良能，良能发动良知。

王阳明所讲的“致良知”，就是良能的全面发挥：“致吾心之良知于事事物物，则事事物物无不格矣！”首先敞现良知，让作为本体的良心到场，以它作为主宰；然后返回到事事物物，就体现为良能。从形上往形下走，其结果就是“事事物物无不格矣”，即事事物物都与良知同在，这就是重建世界。

王阳明还经常讲“知行合一”。通常按我们的日常经验，似乎应是先知后行，但这是不对的。知与行是浑然一体、不可分割的。例如老人夸小孩，说：“这孩子特别知道疼人。”而不说：“这孩子特别疼人。”他一定要加上一个“知道”。这就是说，能行必是已知，而不能行则是未知。知而后必然能行，如果一个人不能实际地做，就不是真正地知。

最后谈谈“王门四句教法”，作为一个小结。王阳明临死前，与两个高足弟子在天泉桥上论道，给自己一生的学术实践做了一个总结。这就是有名的“王门四句教法”：“无善无恶心之体，有善有恶意之动，知善知恶是良知，为善去恶是格物。”这也可以说是阳明自己的“晚年定论”，把一切都说完了。其一，“无善无恶心之体”讲的是本体良心，是一种没有善恶之分的本然的至善的心体，纯然天理。其二，“有善有恶意之动”指意念所发之处，良知没有到场，不知善恶，这样心体的发用可能善、可能恶。这就需要运用我们的反思能力，进行良知的本质直观，这就是其三“知善知恶是良知”。良知自然知道善恶，这是本然固有的良能。我们有了这个“知”，当下去“行”，也就是发挥良能，重建生活世界，这就是“为善去恶是格物”。

我要讲的就是这些了。谢谢！

生活儒学与舍勒现象学

论“仁”与“爱”*

——儒学与情感现象学比较研究

在中西比较研究中,“仁爱”显然应该是最核心的一个课题,因为在中国,仁爱是主流的儒家文化的一个核心观念;在西方,仁爱也同样是主流的基督教文化的一个核心观念。然而迄今为止,这种以“仁爱”为专题的中西比较研究非常薄弱。本文将透过一个特定的视角来展开这种研究:儒学的“仁”观念与舍勒的“爱”观念之比较。这是因为,作为当今西方世界的一种前沿思想,舍勒的“情感现象学”正是基督教文化传统在当代哲学中的一种典型形态。

一、仁的本源性与爱的奠基性

首先必须明确:在儒学的理论建构中,仁爱是本源性的。所谓“本源”是说:仁爱既是万物(形而下的众多相对存在者)的根本,此之谓“本”亦即本体;也是这个本体(形而上的

* 原载《东岳论丛》2007 年第 6 期;收入作者文集《儒学与生活——“生活儒学”论稿》,四川大学出版社 2009 年版,第 129—145 页。

仁却是一切的一切的本源。

以上将儒学之“仁”与舍勒之“爱”相比较，是基于“仁即是爱”的理解：儒学所谓“仁”，就是“爱”。但这里还须讨论一个问题：在不同语境中，儒学对“仁”与“爱”这两个词有着不同的用法。两者有时判然有别。如孟子说：“君子之于物也，爱之而弗仁；于民也，仁之而弗亲。亲亲而仁民，仁民而爱物。”①这里“亲→仁→爱”是不同级序的情感。其所以有不同用法，是因为儒学的仁爱观念有两个方面：一方面是“爱有差等”“施由亲始”②；但另一方面是“一体之仁”，即“博爱之谓仁”③。正因为有后面一种观念，故“仁”与“爱”的用法很多时候是浑然不分的。例如：“樊迟问仁。子曰：‘爱人。’”④这里，仁即是爱。孔子批评宰予：“予之不仁也！……予也有三年之爱于其父母乎？”⑤这里，无爱即是不仁。故孟子说：“仁者无不爱也。”⑥这就是说，爱乃是仁的必要条件；尽管爱者未必是仁者，但仁者必定是爱者。在这个意义上，仁即是爱。

二、仁的生活情感性与爱的精神人格性

儒学之“仁”不仅有不同的用法，而且有观念上的层级性。

---

① 《孟子·尽心上》。
② 《孟子·滕文公上》。
③ 韩愈：《原道》，《韩昌黎文集校注》，上海古籍出版社 1986 年版。
④ 《论语·颜渊》。
⑤ 《论语·阳货》。
⑥ 《孟子·尽心上》。

所谓“观念的层级”是说：全部精神生活可区分为三大基本层级：人们分别思考众多相对的存在者领域（万物），而有形而下学（知识论及科学、伦理学及道德规范）；人们集中思考唯一绝对的存在者（本体、上帝），而有形而上学（尤其是本体论）；然而人们首先领悟着存在本身及其情感显现，而有生活感悟。观念的层级，其实只是存在本身的不同显现。观念层级之间的渊源关系或曰“奠基关系”（Fundierungsverhaeltnis）是：存在感悟→形而下者→形而上者。[1] 存在感悟乃是存在的显现，先行于任何存在者，故而先行于关乎存在者的认知与意欲。这种感悟首先是生活情感，此乃是先行于道德情感的本源情感，然后是存在领悟，这就是先行于理智的良知。

儒学中“仁”的观念就是如此：有时是指的形而上的“良心”本体，有时是指的形而下的伦理情感；但首先是指的本源性的“良能”情感及其“良知”领悟。但这并不是说：竟然存在着关于存在者的分类学意义上的三个仁、三种爱，而是说：这是同一本源的仁爱情感的不同显现。程颐的那句被认为是“泄露天机”的名言“体用一源，显微无间”[2]，庶可如此理解：“微”即“一源”，就是本源的仁爱情感；“显”为“二相”亦即“体—用”：或显现为形而上的本体、良心，或显现为形而下的发用、道德情感。分述如下。

---

① 参见黄玉顺：《爱与思——生活儒学的观念》，四川大学出版社2006年版，第一讲第二节《观念的层级》、附论《汉语“观念”论》。

② 程颐：《伊川易传·序》，《二程集》，中华书局1981年版。过去对此的形而上学的理解，只在“体”“用”之间，实则以“体”代“源”，实乃“无源之水”。

（一）仁为本源之爱

在儒学中，仁爱首先就是作为大本大源的情感。如孟子说：“仁者爱人。”[①]意思是说：仁即是爱而已。他说：“民非水火不生活；昏暮叩人之门户求水火，无弗与者，至足矣。圣人治天下，使有菽粟如水火。菽粟如水火，而民焉有不仁者乎？”[②]仁爱犹如百姓日常的“水火”，不过就是寻常至足的“生活”情感而已。仁爱情感犹如流水一样自自然然：“民之归仁也，犹水之就下。”[③]因此，孟子提出：“舜……由仁义行，非行仁义也”；“非仁无为”。[④]这是一种极其重要的思想：并非舜这个人在行仁义，而是仁义在使舜行。这里，仁义先行于舜这个主体性存在者，这就是说，假如没有仁爱，就没有舜及其行为。这正是儒学中的一个最具有本源性的而被长久地遗忘了的观念：仁爱情感先行于任何存在者，所有存在者都是在仁爱情感之中生成的。

因此，孟子认为，不是仁爱附着于人，倒是人寓居于仁爱之中：“仁，人之安宅也。”[⑤]仁是家园，义是出路，这就是孟子所提出的“居仁由义”的思想：“居恶在？仁是也。路恶在？义是也。居仁由义，大人之事备矣。”[⑥]所谓“大人”，就是“不失赤

---

① 《孟子·离娄下》。
② 《孟子·尽心上》。
③ 《孟子·离娄上》。
④ 《孟子·离娄下》。
⑤ 《孟子·离娄上》。
⑥ 《孟子·尽心上》。

子之心”,亦即不失寻常自然的生活情感而已。[1] 这也正如孔子所说:“谁能出不由户?何莫由斯道也!”[2]我们应当居仁由义,否则就是孟子所说的自暴自弃:“吾身不能居仁由义,谓之自弃也。”[3]如果抛弃家园(仁爱),必定危害正道(义礼)。

这种自然的仁爱情感乃是身心统一的,而非西方哲学中那种“灵魂”与“肉体”的分裂;或者更确切地说,仁爱情感正是身心之能统一的渊源所在。我们来看孔子是怎么说的:

> 宰我问:“三年之丧,期已久矣。君子三年不为礼,礼必坏;三年不为乐,乐必崩。旧谷既没,新谷既升,钻燧改火,期可已矣。”子曰:“食夫稻,衣夫锦,于女安乎?”曰:“安。”“女安则为之!夫君子之居丧,食旨不甘,闻乐不乐,居处不安,故不为也。今女安,则为之!”宰我出。子曰:“予之不仁也!子生三年,然后免于父母之怀。夫三年之丧,天下之通丧也。予也有三年之爱于其父母乎?”[4]

这里先行显现的,乃是作为自然亲情的“三年之爱”,然后才有作为主体性存在者的仁者之人的生成,最后才有作为制度规范的“三年之丧”的建立。孔子在这里谈的母婴之爱,乃是一切东西,包括礼制建构的大本大源。这种自然亲情与“父母

---

① 《孟子·离娄下》。
② 《论语·雍也》。
③ 《孟子·离娄上》。
④ 《论语·阳货》。

之怀”的肉体肌肤之感触密切相关：正是在这样的感触中，我们才感受到爱；又正是在这样的爱中，父母与我们才作为主体性存在者显现出来。我们在这种“爱”中才得以“安”，因为此爱才是我们的“安宅”。

然而舍勒却基于希腊哲学传统那种灵魂或者精神与肉体的分离，认为这种与肉体相关联的母婴之爱仅仅具有较低的价值：

> 人作为肉体的生物，其存在有赖于他得自母体的自然血统，对母亲关怀的依赖性，和与这种依赖相一致的互补的母亲—婴儿之爱，有赖于使他归属于另一性别（以及与这个性别相一致的性本能）的那些器官；这是人的原初性，但人的精神存在有与肉体一样的原初性。而且，这种精神的理性的集体，并不是这个纯自然的活动集体的发展所产生的后果。①

舍勒之所谓“两种原初性”，基于精神与肉体之划分。这是希腊雅典哲学的传统观念，如苏格拉底说：“惟独真正的哲学家，经常是最急切地要解脱灵魂；他们探索的课题，就是把灵魂和肉体分开，让灵魂脱离肉体”；“他们向来把肉体当作仇敌，要求灵魂超脱肉体而独立自守”。② 舍勒也说：“个体的体验自我为了辨认出它就是这个个体的体验自我，也并不需要一

---

① 舍勒：《基督教的爱理念与当今世界》，李伯杰译，刘小枫选编：《舍勒选集》，第 822 页。

② 柏拉图：《斐多》，杨绛译，辽宁人民出版社 2000 年版，第 18—19 页。

个实际的、特定的身体性,甚至不需要一个特定的有机体”[1];否则“我们可能迷失在这里,并且使我们自己的最高的精神潜能、禀赋、力量甚至我们的使命之最高主体本身成为我们的肉体及其状态的奴隶”。[2] 显然,舍勒这种观念是基于对存在者领域的划分,仅仅是一种形而上学的观念,因此根本没有进入孔孟的那种本源存在的观念层级,这种本源的观念层级是先行于任何范畴划分的。

(二)仁显现为形上之爱

到这里,仁爱才被提升为形上本体。例如:“子罕言利,与命与仁。”[3]孔子将“仁”与“命”相提并论,即提升到天命、天道的高度。由此,孔子提出的为学的纲领乃是:“志于道,据于德,依于仁,游于艺。”[4]这里,“仁”“德”乃是学习的“依”“据”;而“仁”作为“德”,是“得”自天道、天命的,所以孔子说:“天生德于予。”[5]后来《中庸》表述为:“天命之谓性。”可见孔子在这里所说的“仁”是本体层级上的“德性”。孟子所谓“仁义礼智根于心”[6]“仁义礼智非由外铄我也,我固有之也”[7],也是这个意思。这时,仁爱被设定为作为本性、本体的良心。但

① 舍勒:《伦理学中的形式主义与质料的价值伦理学》,第460—461、463页。

② 舍勒:《爱的秩序》,《舍勒选集》,第747页。

③ 《论语·子罕》。

④ 《论语·述而》。

⑤ 《论语·述而》。

⑥ 《孟子·尽心上》。

⑦ 《孟子·告子上》。

须注意:在儒学中,正是在生活存在的本源上,仁爱才被提升为形上本体,如在孟子那里,作为本体的“仁”即发“端”于作为生活情感的“恻隐”。因此,这样的仁爱本体绝非无本之木、无源之水,而是有本有源的。

仅就仁爱具有形而上的本体性而论,舍勒之“爱”与儒学之“仁”之间是存在着相通之处的。在舍勒那里,“爱属于上帝的本质”。他说:“只要爱属于上帝的本质,只要宗教性的拯救过程不是以人的自发行为,而是以上帝的爱为出发点,‘对上帝’的爱就必然始终同时包含与上帝一起爱人乃至一切造物。……‘Amor Dei etinvicem in Deo’(上帝之爱和在上帝之中爱上帝)。”[①]因此,“正如基督之位格个体是第一个宗教的爱之对象,爱感的出发点也是一个实际存在的个体位格:上帝的个体位格”[②]。我们知道,上帝乃是西方形态的神学形而上学的本体。因此,即便在形而上学的层级上,儒学之“仁”与舍勒之“爱”也截然不同:儒学的本体本质上只是一种主体性观念,尽管这同样是一种形而上的绝对主体性观念,但绝不是神学的观念。所以,“子不语怪力乱神”[③]。如果说,舍勒以及基督教神学的基本观念是“神在”,那么,儒学的基本观念至多只是“如神在”[④]。

(三)仁显现为形下之爱

这里,仁爱则落实为一种道德情感,这种道德情感由形而上的良心本体,甚至形而下的社会规范所规定。如孔子说:

---

① 舍勒:《爱与认识》,《舍勒选集》,第792页。

② 舍勒:《爱与认识》,《舍勒选集》,第792页。

③ 《论语·述而》。

④ 《论语·八佾》。原文:“祭如在,祭神如神在。”

"克己复礼为仁。"[①]这里的仁爱是以主体性的"己"和规范性的"礼"为前提的。又说:"仁远乎哉?我欲仁,斯仁至矣!"[②]这里,仁爱成为主体性的"欲"的对象。还说:"苟志于仁矣,无恶也。"[③]这里,仁爱直接就是道德善恶的问题。所以,孔子提出的以下原则才被视为"道德金律":"己欲立而立人,己欲达而达人"[④];"己所不欲,勿施于人"[⑤]。

我们把情感区分为道德情感和本源情感,是因为在历代儒学中,关于情感存在着两种不同的理解。在思孟学派以后,即原创时代(雅斯贝尔斯所谓"轴心时期")以后的儒学那里,情感被理解为由先验的"性"所发出的"情",只是一种主体性的情感,亦即一种存在者的存在,而不是存在本身,这就形成了后来的"性→情"的形而上学观念架构。例如,朱子说:"人生而静,天之性也;感于物而动,性之欲也。"[⑥]这里,人的先天之"性"发而为后天之"情"或"欲"。这样的情感就是道德情感,它合于礼就是善的,不合于礼就是恶的;而"性"则是先行的作为终极根据的绝对主体性。但这并不是儒学的本源性观念。在孔孟那里,"情"首先是存在的显现,先行于人之"性"、先行于任何存在者。这就意味着:儒学具有这样一种观念架构:情→性→情。前一种"情"是作为本源的情感,后一种"情"是形而下的道德情感;而形而上的所谓"性",不过是本源之情的一

① 《论语·颜渊》。
② 《论语·述而》。
③ 《论语·里仁》。
④ 《论语·雍也》。
⑤ 《论语·颜渊》。
⑥ 朱熹集注:《诗集传序》,《诗集传》,上海古籍出版社1980年版。

种主体化显现样式。《中庸》就是这种观念架构的经典文本，亦即在中国整个原创时代中发生的从“情→性”到“性→情”观念转型的体现。

在道德情感问题上，舍勒通过批判康德，建构了他的人格主义的价值伦理学。

首先，善与恶是价值问题。舍勒区分了“善（恶）”与“善业”：善业是“价值事物（Wertdinge）”，而善（恶）是“事物价值（Dingwerte）”；事物的善恶是奠基于价值的。他说：“我们必须在善业、即‘价值事物’与事物所‘具有’的、‘划归’给事物的单纯价值、即‘事物价值’之间做出区分。例如善业并不是奠基于事物之上，以至于某物必须首先是事物，而后才能是‘善业’。毋宁说，善业展示着奠基于一个特定的基本价值之中的诸价值质性或诸价值状态的‘事物性’统一。”①

其次，善与恶是人格的价值，因为价值的载体乃是人格。舍勒认为：“在价值与价值载体之间存在着先天的联系……譬如惟有人格才能在伦常上是善的和恶的，所有其他东西的善恶都只能是就人格而言。”②所以，“伦理学必须坚持价值人格主义”③。这是因为：“原初惟一可以称为‘善’与‘恶’的东西，即在所有个别行为之前并独立于这些行为而承载着质料价值的东西，乃是‘人格’、人格本身的存在，以至于我们从载体的立场出发便可以定义说：‘善’与‘恶’是人格价值。”④舍勒认为，善恶价值取决于它们与那个“价值级序”之间的联系：“善业世

① 舍勒：《伦理学中的形式主义与质料的价值伦理学》，第22页。

② 舍勒：《伦理学中的形式主义与质料的价值伦理学》，第102页。

③ 舍勒：《伦理学中的形式主义与质料的价值伦理学》，第616页。

④ 舍勒：《伦理学中的形式主义与质料的价值伦理学》，第31页。

界的任何构成——无论它如何进行——都已经受到某个价值级序的指引,……它因此而对于相关的善业世界而言是先天的。……这些级序的系统……在实践的价值领域中被我们称之为一种‘道德’。”①在这个级序中,最高的人格就是上帝:“惟有通过一个有限人格一般与无限人格的可能体验关系和认识关系,神的本质善良才分解为价值本质的各个单位,即价值类型,以及它们的级序的排列。”②

最后,爱是人格的这样一种行为,它将事物引向那在价值级序、“爱的秩序”中人格自己的价值完美方向。舍勒说:“我们在某人或某一群体身上认识到的一切道德上至关紧要的东西,必须还原为其爱与恨的行动,和爱与恨的潜力的特种构造:还原为主宰它们并且在一切感情冲动中表现出来的爱的秩序。”③因此,爱的伦理学本质在于:“爱是倾向或随倾向而来的行为,此行为试图将每个事物引入人自己特有的价值完美之方向,并在没有阻碍时完成这一行为。”④作为“一种积极的基本行为方式”,“爱堪称是整个行为结构的核心和灵魂,它把我们引到绝对存在方向上”。⑤ 这种绝对存在就是:“爱的秩序是一种上帝秩序,而后者则是世界秩序之核心”⑥;“此一本质无限的爱为着自身的满足祈求一种无限的善。换言之,上帝理念这一对象已经鉴

① 舍勒:《伦理学中的形式主义与质料的价值伦理学》,第24—25页。

② 舍勒:《伦理学中的形式主义与质料的价值伦理学》,第717页。

③ 舍勒:《爱的秩序》,《舍勒选集》,第740页。

④ 舍勒:《爱的秩序》,《舍勒选集》,第750页。

⑤ 舍勒:《哲学与世界观》,第53页。

⑥ 舍勒:《爱的秩序》,《舍勒选集》,第751页。

于一切爱的这种本质特征为爱的秩序的思想奠定了基础”。[①]

总之,舍勒的伦理学本质上是一种基督教伦理学,其基本内容就是他所说的“基督教的爱理念”的两个方面。首先是“爱的律令”:“爱的律令的第一条原理:‘爱上帝胜过一切。’”[②]然后是“基督教的集体理念”的三条“定理”:(1)人是集体的存在;(2)人的存在是朝向最高级存在者的超越的要求;(3)人要遵从“道德的责任共负原则”。[③]为此,舍勒甚至宣称:“必须明确拒绝任何一门所谓‘人的伦理学’。”[④]

由此我们不难看出舍勒伦理学与儒学伦理学之间最根本的一个区别。在舍勒那里,形而下的道德善恶是由形而上的上帝位格奠基的;而在儒家伦理中,作为形而下的道德情感的爱,是与神的人格或上帝的“位格”无关的。儒学将道德情感理解为经验生活中的人的性之所发,将善恶理解为所发之情的合礼与否,正如《中庸》所说:“喜怒哀乐之未发,谓之中;发而皆中节(合礼),谓之和。”

三、仁的存在性与爱的在者性

以上讨论其实已经表明了儒学之仁与舍勒之爱的最根本区别:在舍勒那里,爱是人格的行为,亦即某种存在者的行为、

---

① 舍勒:《爱的秩序》,《舍勒选集》,第754—755页。

② 舍勒:《基督教的爱理念与当今世界》,《舍勒选集》,第812页。

③ 舍勒:《基督教的爱理念与当今世界》,《舍勒选集》,第820、823、825页。

④ 舍勒:《伦理学中的形式主义与质料的价值伦理学》,第328页。

某种存在者的存在方式;在儒学这里,在本源的层级上,仁爱却首先是先行于任何存在者的事情,即是存在本身的显现。存在本身和某种存在者的存在,绝不是一回事。

舍勒明确说过:“爱之载体是人。”①而所谓“人”,舍勒所指的就是某种“精神”的“人格”(Person,或译“位格”):“人,即有精神的、有限的人格。”②但这种“人格”毕竟是某种主体性的存在者。“人格”是舍勒思想中的核心概念。他说:“我们现在可以陈述这样一个本质定义:人格是不同种类的本质行为的具体的、自身本质的存在统一,它自在地先行于所有本质的行为差异(尤其是先行于……爱、恨等等的差异)。人格的存在为所有本质不同的行为奠基。”③这实质上还是一个主体性观念:人格这个所谓“存在统一”仍然不外乎是“作为行为进行者的人格”④,即各种不同行为的统一的主体。这种人格其实就是一种人类学的存在者。胡塞尔曾对舍勒的人类学提出这样的批评:“人们没有理解‘现象学还原’的原则上的新义,因而也没有理解从世间的主体性(人)向‘先验主体性’的上升;所以人们还是停滞在一种人类学中,无论它是经验的还是先天的人类学。”⑤总之,在舍勒那里,始终挺立着一个“大写的人”。不仅如此,在舍勒那里,人的人格还不是最高的人格。在“人

---

① 舍勒:《爱的秩序》,《舍勒选集》,第749页。

② 舍勒:《基督教的爱理念与当今世界》,《舍勒选集》,第820页。

③ 舍勒:《伦理学中的形式主义与质料的价值伦理学》,第467页。

④ 舍勒:《伦理学中的形式主义与质料的价值伦理学》,第468页。

⑤ 胡塞尔:《纯粹现象学和现象学哲学的观念》第三卷,转引自倪梁康:《现象学及其效应》,生活·读书·新知三联书店1994年版,第307页。

格世界”中,最高的人格乃是“作为人格之人格的神”[1]。这里,人并不是最高的价值载体,它次于精神价值载体和神圣价值载体。人之为人,是由这两种价值所规定的:人超越自身的生命价值而趋向精神价值、神圣价值。“这正是‘人’的本真的本质观念:他是一个超越自身以及他的生命和所有生命的事物。他的本质核心就是那种运动、那种超越自身的精神行为。”[2]

然而在儒学中,仁或爱的情感尽管也有着形而下层级、形而上层级的显现,但首先是本源层级上的显现,这里,仁爱先行于任何存在者、主体性,因为主体性、存在者是在仁爱之中生成的。这种真正本源的仁爱情感,也被表达为“诚”。按照《中庸》的说法,“不诚无物”;“诚者,非自成己而已也,所以成物也”。这就是说,一方面,没有诚,就没有物;没有仁爱,就没有任何存在者;而另一方面,正是这种仁爱之诚,既“成己”,即成就了主体性存在者,也“成物”,即成就了对象性存在者。既然仁爱生成了一切存在者,那么仁爱本身就绝不是存在者;仁爱既不是存在者,就是存在本身,或者说是存在本身的显现。这是儒学中的一个最重要的观念:仁爱乃是存在本身的直接的情感显现,这种显现先行于任何存在者并给出一切存在者。按照这种观念,舍勒所说的“人格”同样是在仁爱情感的显现之中生成的。

---

① 舍勒:《伦理学中的形式主义与质料的价值伦理学》,第 608 页。

② 舍勒:《伦理学中的形式主义与质料的价值伦理学》,第 351—352 页。

论“恻隐”与“同情”*

——儒学与情感现象学比较研究

在作为中国思想主流的儒学与作为西方当代思想主流之一的现象学之间展开比较与对话,无疑具有重要的学术意义和现实意义。而对于这种比较研究来说,被誉为胡塞尔之后现象学“第一个天才”“新伊甸乐园的亚当”①的马克斯·舍勒的“情感现象学”显然具有特别突出的价值,因为众所周知,情感问题正是儒学的一个基本主题。本文将集中在儒学的“恻隐”观念与舍勒的“同情”观念之间进行比较,以揭示儒学与情感现象学在观念上的某些根本歧异。

一、恻隐与同感

众所周知,“恻隐”是儒学的一个最本源的观念。如孟子

---

* 原载《中国社会科学院研究生院学报》2007 年第 3 期;收入作者文集《儒学与生活——“生活儒学”论稿》,四川大学出版社 2009 年版,第 146—162 页。

① 转引自施皮格伯格:《现象学运动》,王炳文、张金言译,商务印书馆 1995 年版,第 385 页。

说：“恻隐之心，人皆有之”①；“无恻隐之心，非人也”②。然而儒家所说的“恻隐之心”，通常却被理解为“同情心”，这是一种严重的误解。我们知道，舍勒对同情有着精湛的研究。③ 因此，我们不妨将舍勒的“同情”与儒学的“恻隐”做一番比较。

舍勒提出：“首先，应区分四种完全不同的事实，即：1. 直接的同感，如‘与某人’共同感受同一种悲伤。2. ‘参与某种情境的同感’：‘为’他的欢乐而同乐和‘与’他的悲伤而同悲。3. 单纯的感情传感。4. 真正的体验性感觉。”④舍勒认为，只有前两种才是“同感”（Mitfühlen），其中第二种“参与某种情境的同感”便是所谓“同情”（Sympatie）。换句话说，同情乃是一种同感。

因此，我们这里首先讨论同感。舍勒认为：同感是一种情感体验，就是“对另一个人的体验和行为作出感情上的反应”⑤。同感过程包括以下三个阶段：再感知→再体验→参与体验。

首先，同感是基于“再感知”的，亦即首先是对他人的某种情感体验的认知。当然，再感知或再感觉并不就是同感；但它是一切同感的认知基础：“任何一种同乐或者同悲都是以对于外来体验以及对于这些体验的本性和品格之某种形式的认知

---

① 《孟子·告子上》。

② 《孟子·公孙丑上》。

③ 舍勒：《同感现象的差异》，朱雁冰译，刘小枫选编：《舍勒选集》，上海三联书店 1999 年版。

④ 舍勒：《同感现象的差异》，《舍勒选集》，第 285 页。

⑤ 舍勒：《同感现象的差异》，《舍勒选集》，第 278 页。

为前提的。”[①]这里，同感是一种意向性行为：“一切同感都包含着对另一个人之悲伤和欢乐的感觉意向。……它的发生不仅由于它面对着他人悲伤的缘故，它的‘意之所瞩’也包括他人的悲伤。”[②]这种意向性其实仍然是认知性质的，而非意欲性质的：意向行为“认为后者（意之所瞩的悲伤）即感觉功能自身”，“它们必须以某种方式‘客体化’”。[③]正因为如此，舍勒认为，同感不是爱。因为在舍勒那里，爱是优先于认识的：“爱和恨是任何认识行为产生的基本条件”[④]；“对象首先出现在爱的过程之中，然后感知才描摹它们，理性随后才对它们作出判断”[⑤]。所以，爱并不是同感。

这样一来，舍勒的“同感”就与儒家的“恻隐”判然有别了。在儒学中，恻隐也是优先于认识的，因此，恻隐也就是仁爱。如孟子说：“仁者爱人”[⑥]；“恻隐之心，仁之端也”[⑦]。这里，恻隐是爱的发端，即是最本源的爱。这种爱与任何认知、理智、意欲无关：“非所以内交于孺子之父母也，非所以要誉于乡党朋友也，非恶其声而然也。”[⑧]这种仁爱优先于认知的思想是源于孔子的，如孔子说：“里，仁为美。择不处仁，焉得知？”[⑨]这里，“仁”乃是“知”的前提。孔子又说：“知之者不如好之者，好之

---

① 舍勒：《同感现象的差异》，《舍勒选集》，第280页。
② 舍勒：《同感现象的差异》，《舍勒选集》，第286页。
③ 舍勒：《同感现象的差异》，《舍勒选集》，第286页。
④ 舍勒：《爱的秩序》，林克译，《舍勒选集》，第768页。
⑤ 舍勒：《爱与认识》，林克译，《舍勒选集》，第776—777页。
⑥ 《孟子·离娄下》。
⑦ 《孟子·公孙丑上》。
⑧ 《孟子·公孙丑上》。
⑨ 《论语·里仁》。

者不如乐之者。”[①]好、乐是爱的表现，同样优先于知。因此，“樊迟问知。子曰：‘务民之义，敬鬼神而远之，可谓知矣。’”[②]孔子认为笃近鬼神乃是不智，实务民义亦即“爱人”，才能由“仁”而“知”。所以，孔子批评臧文仲“山节藻棁”为不智[③]，因其“不务民义而谄渎鬼神如此，安得为智？”[④]总之，恻隐不是后于认知的同情，而是先于认知的仁爱。

再者，舍勒认为，同感是基于“再体验”的。因为上述再感觉“仍然停留在认识行为的范围之内”[⑤]，不能导致同感，所以还须依赖于再体验。再体验是通过感知并理解“表情现象”来实现的：“‘体验’是以表情现象‘直接地’在我们原初的‘察觉’之中发生的。我们从脸红察觉到羞惭，而从笑容察觉到欢乐。”[⑥]然而，再体验只是一种反应性行为：“那（本然的）同感，即事实上的‘参与’，表现为一种反应，即对于在再感觉中所发生的他人感觉之事实和属于此一事实之现象中的价值的反应。”[⑦]这种反应性行为只是一种较低级的“情绪”（Affekte），它“本质上属感官和机体生命的强烈状态性情感的急速宣泄……并且伴随着在表达中强烈的逐渐上升的本能冲动和机体感觉”[⑧]。这个判断出于舍勒将感受区分为由低级到高级的

---

① 《论语·雍也》。
② 《论语·雍也》。
③ 《论语·公冶长》。
④ 朱熹：《四书章句集注》，中华书局1983年版。
⑤ 舍勒：《同感现象的差异》，《舍勒选集》，第281页。
⑥ 舍勒：《同感现象的差异》，《舍勒选集》，第282页。
⑦ 舍勒：《同感现象的差异》，《舍勒选集》，第287页。
⑧ 舍勒：《爱的秩序》，《舍勒选集》，第771页。

四个阶段:“1. 感性感受或‘感觉感受’,2. 身体感受(作为状态)与生命感受(作为功能),3. 纯粹心灵感受(纯粹自我感受),4. 精神感受(人格性感受)。”①同感仅仅属于前面两个较低的阶段,因此,“同感不论以何种可能的形式出现,原则上对价值是盲目的”;而“与此相反,在爱与恨的行为中却存在着一种根本的价值或者非价值”。②

这是舍勒思想与儒学的又一个重大区别:同感仅仅属于身体生命的感性感受,因此是“价值盲”。然而在儒学中,导向价值的恰恰正是恻隐之爱。在儒学中,存在着两种不同的情感观念:一种是依附于主体的道德情感,亦即作为“性”之所“发”之“情”,这是原创时期以后形成的“性→情”观念架构,这里的情感就是一种价值情感;但这并非原创时期的儒学,即孔孟儒学的本源性的情感观念,真正本源性的情感是先行于任何主体的,也就是先行于道德情感的,这是“情→性”的观念,这里的情感乃是一切价值观念的源泉。③仅仅在后面这种意义上,我们可以承认恻隐情感“对价值是盲目的”,因为儒学认为价值意识是后起于这种本源情感的,而不是像舍勒那样预设了主体、价值的存在。在儒学中,主体及其道德情感恰恰是在本源情感之中生成的,这也就是《中庸》所说的“诚”之“成己”“成物”。恻隐就是这样的本源情感,这里还不存在任何道德善恶的价值判断;然而正是这样的本源的恻隐情感,才是“仁义礼

① 舍勒:《伦理学中的形式主义与质料的价值伦理学》,倪梁康译,生活·读书·新知三联书店 2004 年版,第 404 页。

② 舍勒:《同感现象的差异》,《舍勒选集》,第 278 页。

③ 参见黄玉顺:《爱与思——生活儒学的观念》第二讲《爱的观念》,四川大学出版社 2006 年版。

智”之“端”，才进一步通过“扩而充之”、“思”而“立”之，最终导出了儒学的价值观念、道德规范的建构。由此可见，儒学的“恻隐”并非舍勒的“同感”。

不仅如此，舍勒认为，同感还需一种“参与”态度，即参与到上述体验之中。仅仅再体验不足以产生同感，因为“再感知和体验性生活也不包含对于他人体验的某种‘参与’。我们可以在自身再体验中完全‘冷漠地’面对这种再体验的主体”①。这也就是儒学所说的“麻木不仁”。所以，这里必须有一种“参与”态度：“人们称之为同悲同乐的过程……在其中，他人的体验似乎直接为我们所‘理解’，于是我们便也‘参与’这些体验。”②然而：

其一，这种“参与”观念归根到底是基于第一点，即舍勒的“认知优先于同感”观念的。但众所周知，认知的观念必基于“主—客”架构的观念：一个主体认识一个客体。在这种观念下，我们当然可以参与，也可以不参与对象的体验，因为主体与对象是分离独立的。然而在儒学中，恻隐情感的显现恰恰在于根本没有，或者说先行于这种主客对立：恻隐乃是“浑然与物同体”“与物无对”③的情境，乃是“身不由己”、自然而然的事情。孟子的陈述“今人乍见孺子将入于井，皆有怵惕恻隐之心”，容易引起一种误解：似乎首先给出一个客观的认知事实“今人乍见孺子将入于井”，然后才有一种主观的情感“恻隐之心”发生。这里，一个主体（今人）首先认知了（乍见）一个对象

① 舍勒：《同感现象的差异》，《舍勒选集》，第281页。
② 舍勒：《同感现象的差异》，《舍勒选集》，第277页。
③ 程颢：《识仁篇》，《二程集》，中华书局1981年版。

（孺子）的客观情况（将入于井），然后产生了一种情感（怵惕恻隐之心）。这表现了传统的形而上学思维方式的顽固性。其实，所谓"今人乍见孺子将入于井"并非一个认识论事件，而是一种本源性情境，而"怵惕恻隐"是这种情境的情感显现；正是在这种先行的情感显现之中，才生成了恻隐的主体、恻隐的对象。而所谓"一个主体认识一个对象"，不过是事后的一种经验论的分析思维的结果。儒学所说的"万物一体之仁"，就是传达的本源的情感观念：恻隐并非事后的"参与"体验，而是事先的本然情感；这种本然情感，其实根本不是什么"体验"。

其二，更根本的是，舍勒对于同感的研究，首先基于对于情感载体，即从属于其"价值伦理学"的人格价值及其载体的预设及其等级的区分：行为、功能、反应；其相应的情感是：爱（与恨）的行为；感受的功能；喜悦、同情、报复等的反应。[①] 这些等级区分之间的对应关系略见下表，同感是其中最低级的"反应"行为。

<table>
<tr><th>价值载体</th><th>情感分类</th><th>意向结构</th><th>感受等级</th></tr>
<tr><td>自发行为</td><td>爱与恨的行为</td><td rowspan="2">意向感受活动
（指向价值）</td><td>精神感受
心灵感受</td></tr>
<tr><td>功能行为</td><td>感受功能活动</td><td>生命感受</td></tr>
<tr><td>反应行为</td><td>情绪反应状态</td><td>单纯感受状态
（价值盲目）</td><td>身体感受
感性感受</td></tr>
</table>

如果像舍勒这样将情感区分为自发性的和反应性的，并将

① 参见舍勒：《伦理学中的形式主义与质料的价值伦理学》，第122—123页。

同感归入反应性情感，那么，这与儒学所说的恻隐情感之间就并不存在任何对应性：“恻隐”绝非舍勒所说的“同感”。这是因为，除上文已陈述的那些差别以外，舍勒的同感是我们与对象的“同悲同乐”①，其前提是对象自己已经或悲或乐，“另一个人的悲痛首先并非因同感而发生，这种悲痛必然已经以某种形式发生了，这样我才能够针对它而共同悲痛”，他人的这种悲痛“是以表情现象‘直接地’在我们原初的‘察觉’之中发生”；②然而在“今人乍见孺子将入于井”的情境之中，这个孺子自己未必就有悲乐的情感及其表情。这种情境其实是“无知之小子相将匍匐欲坠于井”③，此孺子是“未有知之小子”④，他尽管处在危险之中，但自己并不知道，因此并无之任何惊惧伤痛之感，反倒可能正玩得兴高采烈呢。然而就在此时此刻、此情此境之中，恻隐情感发生。

综上所述，儒学所说的“恻隐”绝非舍勒所说的“同感”。

二、恻隐与同情

既然以上讨论已经表明了恻隐不是同感，而同情是属于同感的，那么显然恻隐不是同情。

按照舍勒的论述，同情与同感的区别如下。

第一，在同情中，某人的某种情感与另外一个人的同种情

① 舍勒：《同感现象的差异》，《舍勒选集》，第277页。
② 舍勒：《同感现象的差异》，《舍勒选集》，第280、282页。
③ 《孟子正义》孙奭疏。
④ 《孟子正义》赵岐注。

感并不是同一个事实,而是两个不同的事实;然而在同感中,双方的情感其实是同一个事实,例如,在孩子的遗体旁,父亲和母亲的悲痛是同一个悲痛。在同感中,“再体验和再感觉的功能与本来的同感交织在一起,以至根本体验不到两种功能的差别性”;然而在同情中,“两种功能即便在体验之中也是清楚地区别开来的”。[①] 然而不论同感还是同情,先行的观念是预设了两个“人格”,即两个不同的主体性存在者的存在;但在儒学的恻隐中,并不存在这种先行的东西,相反,正如上文已曾指出的,人格倒是在恻隐之中生成的。

第二,在同情中,某人的某种情感乃是由他人的同种情感所引起的一种结果,这里存在着因果关系,没有他人的悲伤,此人也就不可能体验到同情的悲伤;然而在同感中,双方的情感之间并不存在这种因果关系。这里,舍勒的说法存在着自相矛盾之处,因为按他上文所述,同感中也存在着这样的因果联系。然而我们在上文中也已说明:恻隐并不取决于对象自己是否已经表现出悲情。我们对懵懂“快乐”的阿 Q 也会有“哀其不幸,怒其不争”的恻隐之情。[②]

第三,同情乃是“同悲同乐”,也就是“‘参与某种情境的同感’:‘为’他的欢乐而同乐和‘与’他的悲伤而同悲”。[③] 舍勒既然将同情称做“同悲同乐”,这可以与孟子所说的“同乐”相比较。尽管恻隐可能伴随着“同悲同乐”的同情,但这种同情只会在一种情况下发生,那就是在对象自己已有伤痛情感发生

---

① 舍勒:《同感现象的差异》,《舍勒选集》,第 287 页。

② 鲁迅:《文化偏至论》,《鲁迅全集》第 1 卷,人民文学出版社 1995 年版。

③ 舍勒:《同感现象的差异》,《舍勒选集》,第 285 页。

的时候，而在相反的情况下，恻隐并不导致同情，可见恻隐本身并不是同情。例如上文谈过的，将入于井的“孺子”自己并无怵惕恻隐之感，而“今人”却产生了这种情感。所以，尽管在恻隐情感中有可能伴随着“同悲同乐”的同情，但恻隐本身不是同情。关于同乐，孟子讲过：

> 臣请为王言乐。今王鼓乐于此，百姓闻王钟鼓之声、管籥之音，举疾首蹙頞而相告曰：“吾王之好鼓乐，夫何使我至于此极也？父子不相见，兄弟妻子离散。”今王田猎于此，百姓闻王车马之音，见羽旄之美，举疾首蹙頞而相告曰：“吾王之好田猎，夫何使我至于此极也？父子不相见，兄弟妻子离散。”此无他，不与民同乐也。今王鼓乐于此，百姓闻王钟鼓之声、管籥之音，举欣欣然有喜色而相告曰：“吾王庶几无疾病与？何以能鼓乐也！”今王田猎于此，百姓闻王车马之音，见羽旄之美，举欣欣然有喜色而相告曰：“吾王庶几无疾病与？何以能田猎也！”此无他，与民同乐也。①

这才是儒学意义上的“同悲同乐”，也就是儒学意义上的“同感”。在第一种情况下，王与百姓是没有“同感”的，百姓苦于水深火热，而王却在寻欢作乐；王不能与百姓同悲，百姓也不能与王同乐。而在第二种情况下，百姓与王就有了“同感”。百姓对王之所以无或有“同感”，是因为王对百姓无或有“同感”。故孟子说：“乐民之乐者，民亦乐其乐；忧民之忧者，民亦

---

① 《孟子·梁惠王下》。

忧其忧。”[1]而其所以如此，则取决于王是否行仁政；而这又取决于王是否有仁爱之情、恻隐之心。由此可见，“忧民之忧”其实并非舍勒所说的“同感”或者“同情”，而是恻隐。在儒学中，同感同情并非恻隐，而只是渊源于恻隐的一种伴随的情感现象。恻隐并非同感同情，而是一种更为本源的情感；用现象学的话语来说，恻隐是为同感同情“奠基”的。

不仅如此，儒学对恻隐情感有着更为精细的分析。具体说来，孟子所说的“怵惕恻隐之心”，赵岐注为“惊骇之情”，实际上只解释了“怵惕”，即朱熹所说的“怵惕，惊动貌”，而未解释“恻隐”；孙奭疏为“怵惕恐惧、恻隐痛忍之心”，分别释“怵惕”为“恐惧”、释“恻隐”为“痛忍”，近乎朱熹的解释：“恻，伤之切也；隐，痛之深也。”[2]由此可见，在儒学的训释中，“怵惕恻隐”包含着一种从惊骇到伤痛的情感转换。再专就“恻隐”看，也并不是一种单纯的情感体验，而是孙奭所说的“痛忍”；而朱熹的解释则只谈及“伤痛”，而没有谈及“不忍”。然而孟子在这里却正是在用“恻隐”来说“不忍”：“所以谓人皆有不忍人之心者……”所以，将孙、朱两家的解释合起来，就是对于“恻隐”的比较全面的理解：由“伤之切”而“痛”，又由“痛之深”而“不忍”。于是，我们得到“恻隐”的这样一种情感转化关系：惊惧→伤痛→不忍。我们甚至还可以有更为细致的情感分析：惊骇→畏惧→哀伤→痛苦→不忍。

这样的“恻隐”显然不是舍勒的“同情”那样单纯的体验。柏格森在谈到作为道德情感的怜悯时，有一种类似的观察：

---

① 《孟子·梁惠王下》。

② 《孟子正义》《孟子集注》。

“恐惧情感确实可以是怜悯情感的根源;但在怜悯里有一个新的因素出现,要求对于我们的同伴加以帮助并减少其痛苦。……这样说来,怜悯在强度上的增长是一种在性质上的进展,从厌恶进入恐惧,从恐惧进入同情,从同情再进入谦卑。”① 这个关于“怜悯”的分析虽然跟儒学对“恻隐”的分析在实质上截然不同,但有一点却是一致的:这种情感并非单一的体验,而是一个复杂的情感转换过程。

在恻隐的复杂情感中,“不忍”是其最终的情感显现。孟子对“不忍”情感的重大意义有充分的论述:“人皆有不忍人之心。先王有不忍人之心,斯有不忍人之政矣。以不忍人之心,行不忍人之政,治天下可运之掌上。”②“既竭心思焉,继之以不忍人之政,而仁覆天下矣。”③上文的讨论已经充分表明:既然恻隐不是同情,而不忍则属于恻隐,那么,不忍同样不是同情。

这种“不忍”属于“仁者爱人”的仁爱情感。在儒学以及古代汉语中,“不忍”是“仁”的“底层”,亦即仁之中的最本源的情感显现。例如,“柳下惠……与乡人处,由由然不忍去也”④。柳下惠不忍离开乡人,表明他爱乡人。这与舍勒的“同情”根本不同,上文已经谈过,在舍勒那里,同感和同情都不是爱。然而,孟子指出:“人皆有所不忍,达之于其所忍,仁也。”⑤所以,

---

① 柏格森:《时间与自由意志》,吴士栋译,商务印书馆 1958 年版,第 13 页。

② 《孟子·公孙丑上》。

③ 《孟子·离娄上》。

④ 《孟子·万章下》。

⑤ 《孟子·尽心下》。

在儒学中,不论“亲亲”、“仁民”还是“爱物”①,都渊源于不忍。例如:

> (孟子)曰:“臣闻之胡龁曰:王坐于堂上,有牵牛而过堂下者。王见之,曰:‘牛何之?’对曰:‘将以衅钟。’王曰:‘舍之!吾不忍其觳觫,若无罪而就死地。’对曰:‘然则废衅钟与?’曰:‘何可废也?以羊易之。’不识有诸?”曰:“有之。”曰:“是心足以王矣。百姓皆以王为爱也;臣固知王之不忍也。”王曰:“然。诚有百姓者!齐国虽褊小,吾何爱一牛?即不忍其觳觫,若无罪而就死地,故以羊易之也。”曰:“王无异于百姓之以王为爱也。以小易大,彼恶知之?王若隐其无罪而就死地,则牛羊何择焉?”王笑曰:“是诚何心哉!我非爱其财而易之以羊也。宜乎百姓之谓我爱也。”曰:“无伤也,是乃仁术也,见牛未见羊也。君子之于禽兽也,见其生,不忍见其死;闻其声,不忍食其肉。是以君子远庖厨也。”王说,曰:“《诗》云:‘他人有心,予忖度之。’夫子之谓也。夫我乃行之,反而求之,不得吾心。夫子言之,于我心有戚戚焉。”②

在里,表面上看,“不忍”与“爱”的意义似乎恰好相反:“爱”是负面的、贬义的,而“不忍”是正面的、褒义的。其实不然。正因为爱,我们才会不忍。在这个例子里,正因为爱牛,才不忍牛之“无罪而就死地”。我们可以再举一个例子:“子贡欲

---

① 《孟子·尽心上》。

② 《孟子·梁惠王上》。

去告朔之饩羊。子曰：‘赐也，尔爱其羊，我爱其礼。’”①孔子这话，也可以表达为：“尔不忍其羊，我不忍其礼。”我们再来看看孟子所举的两个例子。

> 郑人使子濯孺子侵卫，卫使庾公之斯追之。……庾公之斯至，曰：“夫子何为不执弓？”曰：“今日我疾作，不可以执弓。”曰：“小人学射于尹公之他，尹公之他学射于夫子。我不忍以夫子之道，反害夫子。虽然，今日之事，君事也，我不敢废。”抽矢叩轮，去其金，发乘矢，而后反。②

在此例中，庾公之斯不下杀手，乃是源于两层不忍：一是不忍射杀自己学箭的师祖，这是“吾爱吾师”（亚里士多德语）③；二是不忍射杀因患病而不能执弓以至于形同手无寸铁的人，这是“仁者爱人”。

> 曾皙嗜羊枣，而曾子不忍食羊枣。公孙丑问曰：“脍炙与羊枣孰美？”孟子曰：“脍炙哉！”公孙丑曰：“然则曾子何为食脍炙而不食羊枣？”曰：“脍炙，所同也；羊枣，所独也。讳名不讳姓：姓，所同也；名，所独也。”④

---

① 《论语·八佾》。

② 《孟子·离娄下》。

③ 亚里士多德说：“吾爱吾师，但吾更爱真理。”这是出自希腊的一种传统：知与情的对立性，理性对情感的优先性。这与儒学的观念恰好相反，例如孟子则是由“恻隐”感推出“是非”感，由“仁”推出“智”。

④ 《孟子·尽心下》。

在此例中，曾子不食羊枣，是因为爱父亲。赵岐注释："曾子以父嗜羊枣，父没之后，唯念其亲，不复食羊枣，故身不忍食也"；"脍炙虽美，人所同嗜，独曾子父嗜羊枣耳，故曾子不忍食也，譬如讳君父之名，不讳其姓，姓与族同之，名所独也，故讳"。①

由于不忍也就是爱，所以，儒学所说的"不忍"绝非舍勒所说的"同情"。

三、恻隐与伦理建构

最后，我们看看恻隐情感对于整个儒家伦理建构的本源意义。

舍勒由于将同情视为一种较低级的情绪，对西方传统的"同情伦理学"进行了批判。他说："同情伦理学基本上总是以它希望推导的东西为前提，因为它不是原初便使道德价值依附于存在和人格之行为方式，依附于人格的人格存在和本质、行动与意愿等，而是首先试图从观者（即从对另一个人的体验和行为作出情感上的反应的人）的行为中推导出这种道德价值。"②这就是说，同情的道德价值只应是伦理学所推导的结果，而不应是伦理学的根据；伦理学只能依赖于人格的存在及其价值，而不能依赖于同情的情感。就其对同情对于伦理学意义的否定而论，舍勒与他所竭力批评的康德是有一致之处的，

---

① 《孟子正义》。

② 舍勒：《同感现象的差异》，《舍勒选集》，第277—278页。

如康德说,尽管“出于对人的爱和同情的关怀而向他们行善,或出于对秩序的热爱而主持正义,是非常之好的,但这还不是我们举止的真正的道德准则,即与我们侧身于作为人的理性存在者的立场相切合的道德准则”[①]。区别在于:康德诉诸理性,舍勒诉诸人格。舍勒那里存在着两层“依附”关系:首先,情感是依附于价值存在的;进一步说,价值是依附于人格存在的。

这是因为,在舍勒的“人格主义”思想中,“人格”(Person或译“位格”)是最核心的概念。他说:“我们现在可以陈述这样一个本质定义:人格是不同种类的本质行为的具体的、自身本质的存在统一,它自在地先行于所有本质的行为差异(尤其是先行于……爱、恨等等的差异)。人格的存在为所有本质不同的行为‘奠基’。”[②]这实质上还是一个主体性观念:人格这个所谓“存在统一”仍然不外乎是“作为行为进行者的人格”[③],即各种不同行为的统一的主体。这种人格其实就是一种人类学的存在者。胡塞尔曾对舍勒的人类学提出这样的批评:“人们没有理解‘现象学还原’的原则上的新义,因而也没有理解从世间的主体性(人)向‘先验主体性’的上升;所以人们还是停滞在一种人类学中,无论它是经验的还是先天的人类学。”[④]总之,在舍勒那里,始终挺立着一个“大写的人”。不仅如此,

---

① 康德:《实践理性批判》,韩水法译,商务印书馆1999年版,第89页。

② 舍勒:《伦理学中的形式主义与质料的价值伦理学》,第467页。

③ 舍勒:《伦理学中的形式主义与质料的价值伦理学》,第468页。

④ 胡塞尔:《纯粹现象学和现象学哲学的观念》第三卷,转引自倪梁康:《现象学及其效应》,生活·读书·新知三联书店1994年版,第307页。

在舍勒那里,人的人格还不是最高的人格。在“人格世界”中,最高的人格乃是“作为人格之人格的神”①。人远不是最高的价值载体,它次于精神价值载体和神圣价值载体。人之为人,是由这两种价值所规定的:人超越自身的生命价值而趋向精神价值、神圣价值:“这正是‘人’的本真的本质观念:他是一个超越自身以及他的生命和所有生命的事物。他的本质核心就是那种运动、那种自身超越的精神行为。”②这就是舍勒的价值伦理学的形而上学基础。

当然,儒学也不会同意西方传统的那种“同情伦理学”,因为儒学所说的“恻隐”根本不是什么“同情”。但我们发现,舍勒的情感现象学与传统的同情伦理学之间却存在着根本的一致之处:他们都直接将某种情感现象视为道德情感,并且将这种情感依附于某种主体性存在者。区别仅仅在于:传统的同情伦理学的主体是情绪性的人,而舍勒的价值伦理学的主体是精神人格。舍勒据此而否定同情情感对于伦理学的本源意义。但在儒学看来,正如上文已曾指出的,存在着两种不同“性质”的情感:主体性存在者及其道德情感,是在本源情感之中生成的。

在孟子的思想中,恻隐就是这样的本源情感。孟子就是在恻隐情感的本源上建构起儒学的基本理论框架“仁义礼智”来的。他说:

---

① 舍勒:《伦理学中的形式主义与质料的价值伦理学》,第608页。

② 舍勒:《伦理学中的形式主义与质料的价值伦理学》,第351—352页。

人皆有不忍人之心。……所以谓人皆有不忍人之心者,今人乍见孺子将入于井,皆有怵惕恻隐之心;非所以内交于孺子之父母也,非所以要誉于乡党朋友也,非恶其声而然也。……恻隐之心,仁之端也;羞恶之心,义之端也;辞让之心,礼之端也;是非之心,智之端也。……凡有四端于我者,知皆扩而充之矣,若火之始然、泉之始达。①

这个理论框架后来成为儒学的一个基本的致思架构。其中的"辞让之心",孟子也表达为"恭敬之心"②。在这个架构中,显而易见地存在着这样的双重渊源关系:

仁爱精神→正义原则→礼制规范→良知智慧

↑　　↑　　↑　　↑

恻隐感——→羞恶感——→恭敬感——→是非感

这里,孟子对"四端"和"四德"作出了严格的区分:四端不是四德,而是四德的发端、发源、渊源所在。所谓"四德"就是"仁义礼智"③,这是儒学的形而上的伦理学建构,而孟子将其确立为先验的"德性",如说:"仁义礼智根于心"④"仁义礼智

---

① 《孟子·公孙丑上》。

② 《孟子·告子上》。

③ 关于"四德",参见《周易正义》:《十三经注疏》本,中华书局1980年版。《乾文言传》以"元亨利贞"为四德:"元者,善之长也;亨者,嘉之会也;利者,义之和也;贞者,事之干也。"这"四德"与孟子所说的仁义礼智"四端"是对应关系。(参见朱熹:《周易本义》,上海古籍出版社1987年版)

④ 《孟子·尽心上》。

非由外铄我也,我固有之也"[①]。换句话说,四德乃是这样一种哲学形而上学层级的理论架构:仁爱精神→正义原则→礼制规范→良知智慧。儒家伦理学就是在这样的架构之下展开的。但孟子这样的"先立乎其大者"[②]究竟是怎样"立"起来的呢?事实上,孟子揭示了这种"先验的"德性的生活情感来源,亦即"四端":恻隐感→羞恶感→恭敬感→是非感。显然,四端犹如"泉之始达",并非形而上学层级上的"理论"的东西,而是生活情感层级上的事情,即不是任何存在者的事情,而是先行于一切存在者的存在;其中,"恻隐"又是其最本源的情感显现。

总而言之,儒学的"恻隐"不是舍勒的"同情":恻隐并不基于认知或"再感知";恻隐也不是"再体验",不是"参与"到对象的体验中;恻隐也不是"价值盲",而恰恰是价值的源泉。恻隐即爱或爱的原初显现,而非与爱对立的"低级"情绪。恻隐的情感是一切形而上学与形而下学,包括伦理学建构的大本大源、源头活水。

---

① 《孟子·告子上》。
② 《孟子·告子上》。

论“一体之仁”与“爱的共同体”*

——儒学与情感现象学的比较

儒学与西方现象学的比较研究是中西比较哲学的一个新兴领域,而儒学与舍勒的“情感现象学”之间的比较研究则应当是其中的一个非常重要的方面。这是因为,儒学的核心课题是情感问题,尤其是“仁爱”情感问题;而舍勒“情感现象学”的基本课题也是情感问题,尤其是“爱”的情感问题。本文将展开的是儒学“一体之仁”的观念与舍勒“爱的共同体”观念之间的比较研究,意在揭示两者的情感观念所具有的不同的哲学基础与思想渊源。

一、明德的本源性与爱的人格性

儒家“一体之仁”的思想,王阳明进行了最系统的阐述。他是通过对《大学》“三纲领”的阐释来表述“一体之仁”思想的。《大学》提出的“三纲领、八条目”如下:

---

* 原载《社会科学研究》2007 年第 6 期;收入作者文集《儒学与生活——“生活儒学”论稿》,四川大学出版社 2009 年版,第 163—179 页。

大学之道,在明明德,在亲民,在止于至善。……

古之欲明明德于天下者,先治其国;欲治其国者,先齐其家;欲齐其家者,先修其身;欲修其身者,先正其心;欲正其心者,先诚其意;欲诚其意者,先致其知;致知在格物。物格而后知至,知至而后意诚,意诚而后心正,心正而后身修,身修而后家齐,家齐而后国治,国治而后天下平。①

综合传统各家的解释,三纲领、八条目之间的对应关系如下:

<table>
<tr><td rowspan="2">三纲领</td><td colspan="7">止于至善</td></tr>
<tr><td colspan="4">明明德</td><td colspan="3">亲民</td></tr>
<tr><td rowspan="2">八条目</td><td>格物</td><td>致知</td><td>诚意</td><td>正心</td><td colspan="3"></td></tr>
<tr><td colspan="4">修身</td><td>齐家</td><td>治国</td><td>平天下</td></tr>
</table>

这其实也就是儒家传统的"内圣外王之道":内圣的大纲是修身明德,其细目是格致诚正;外王的大纲是仁民爱物,其细目是修齐治平。对于《大学》这种"纲目"的理解,后儒多有歧异,尤其是在王阳明和朱熹之间。但本文无意于这种争论,而仅仅是以王阳明的解释为线索,真正的意旨在于通过阳明心学与舍勒现象学的比较而还原到孔孟的思想,阐明真正的"孔孟之道"。

儒者认为,《大学》所讲的乃是"大人之学",因此,王阳明从"大人"谈起:

① 《礼记·大学》。

> 大人者，以天地万物为一体者也：其视天下犹一家，中国犹一人焉。若夫间形骸而分尔我者，小人矣！大人之能以天地万物为一体也，非意之也，其心之仁本若是其与天地万物而为一也。岂惟大人，虽小人之心亦莫不然，彼顾自小之耳。是故见孺子之入井，而必有怵惕恻隐之心焉，是其仁之与孺子而为一体也；孺子犹同类者也，见鸟兽之哀鸣觳觫，而必有不忍之心焉，是其仁之与鸟兽而为一体也；鸟兽犹有知觉者也，见草木之摧折而必有悯恤之心焉，是其仁之与草木而为一体也；草木犹有生意者也，见瓦石之毁坏而必有顾惜之心焉，是其仁之与瓦石而为一体也。是其一体之仁也，虽小人之心亦必有之。是乃根于天命之性、而自然灵昭不昧者也，是故谓之“明德”。①

王阳明的意思，“大人”是说的一种境界，就是“以天地万物为一体”；而之所以可能达到这种境界，乃是基于人之所固有的本体，就是“其心之仁本若是其与天地万物而为一也”，这就是所谓“明德”。这种明德，王阳明亦谓之“良知”，也就是“知善知恶是良知”②；具体地说，就是“知是心之本体，心自然会知：见父自然知孝，见兄自然知弟，见孺子入井自然知恻隐。此便是良知，不假外求”③。然而经验世界中的人往往遮蔽了自己的明德，所以就需要通过“修身”以重新“明其明德”。

---

① 《王阳明全集·大学问》，吴光等编校，上海古籍出版社 1992 年版。

② 《王阳明全集·传习录下》。

③ 《王阳明全集·传习录上》。

按："大人"之说，乃出自孟子。但在孟子那里，"大人"一词却有两种不同的用法，这是中国原创时代的观念转型的现象。一种用法是指的社会地位，主要是指的国君，如孟子说："有大人之事，有小人之事。……或劳心，或劳力。劳心者治人，劳力者治于人。治于人者食人，治人者食于人。"①又说："说大人，则藐之，勿视其巍巍然。"②但孟子那里更为重要的是第二种用法，则是指的境界。如孟子说："惟大人为能格君心之非。"③这里的"大人"恰恰不是说的国君，而是国君的对立面。

这样的大人就是："有大人者，正己而物正者也。"④这里的先"正己"而后"正物"，正是《大学》的由"明德"而"亲民"，亦即由内圣而外王。孟子的说法就是"居仁由义"："居恶在？仁是也。路恶在？义是也。居仁由义，大人之事备矣。"⑤"居仁"其实就是由"明德""正己"而固执于"至善"，"由义"就是由"止于至善"而实行于"亲民""正物"。

首先就是正己居仁。个体的"己"有两个方面，即"小体"（肉体感官）和"大体"（心体本性）之分。孟子指出："所以考其善不善者，岂有他哉？于己取之而已矣。体有贵贱，有小大。无以小害大，无以贱害贵。养其小者为小人，养其大者为大人。"⑥

① 《孟子·滕文公上》。
② 《孟子·尽心下》。
③ 《孟子·离娄上》。
④ 《孟子·尽心上》。
⑤ 《孟子·尽心上》。
⑥ 《孟子·告子上》。

“正己”就是“养其大者”，就是“存心养性”①，亦即下文所说的“先立乎其大者”。孟子对此有更详尽的阐述：

> 公都子问曰：“钧是人也，或为大人，或为小人，何也？”孟子曰：“从其大体为大人，从其小体为小人。”曰：“钧是人也，或从其大体，或从其小体，何也？”曰：“耳目之官不思，而蔽于物；物交物，则引之而已矣。心之官则思；思则得之，不思则不得也。此天之所与我者。先立乎其大者，则其小者不能夺也。此为大人而已矣。”②

阳明的思想与此一致：“其心之仁本若是其与天地万物而为一也”；“是乃根于天命之性，而自然灵昭不昧者也，是故谓之‘明德’”。这就是说，无论阳明还是孟子，这里都有了人性本体的设定。孔子亦如此，他说：“天生德于予。”③这种“天德”亦即“明德”。孟子尽管并未明确地提出“一体之仁”的说法，但有这样的思想，比如“且天之生物也，使之一本”④；此“本”即是“本心”，“万物皆备于我”⑤；“天下之本在国，国之本在家，家之本在身”⑥；“事亲，事之本也”⑦。阳明所说的万物一体、无间形骸、不分尔我的一体之仁，也是这样的本体。这种

① 《孟子·尽心上》。
② 《孟子·告子上》。
③ 《论语·述而》。
④ 《孟子·滕文公上》。
⑤ 《孟子·尽心上》。
⑥ 《孟子·离娄上》。
⑦ 《孟子·离娄上》。

本体具有强烈的形而上学色彩，也就是说，这种本体观念乃是对“存在者整体”“存在者之为存在者”的把握，[1]本质上乃是主体性的事情：[2]既是人的相对主体性，也是关乎所有存在者的绝对主体性。

仅就设定了某种人性本体而论，舍勒的思想与儒家思想是不无相通之处的。在舍勒那里，这种本体就是他所谓“人格”(person)：“人格价值才是最高的价值。”[3]那么，究竟何为“人格”呢？他这样说：“我们现在可以陈述这样一个本质定义：人格是不同种类的本质行为的具体的、自身本质的存在统一，它自在地(因而不是为我们的)先行于所有本质的行为差异(尤其是先行于外感知和内感知、外愿欲和内愿欲、外感受和内感受以及爱、恨等等的差异)。人格的存在为所有本质不同的行为‘奠基’。”[4]对于人来说，人格就是“伦常人格”，亦即成年的、心智健全的、能体验到自己是其身体主宰的人的那种“行为的具体统一”。[5]

这种人格观念极类似于朱熹的“心统性情”的观点。朱熹认为：“心主于身；其所以为体者，性也；所以为用者，情也。”[6]

---

① 海德格尔：《面向思的事情》，陈小文、孙周兴译，商务印书馆1999年第2版，第68页。

② 海德格尔：《面向思的事情》，第76—77页。

③ 舍勒：《伦理学中的形式主义与质料的价值伦理学》，倪梁康译，生活·读书·新知三联书店2004年版，第618页。

④ 舍勒：《伦理学中的形式主义与质料的价值伦理学》，第467页。

⑤ 舍勒：《伦理学中的形式主义与质料的价值伦理学》，第580—588页。

⑥ 朱熹：《答何叔京二十九》，《朱熹集》，上海古籍出版社1995年版。

又说:“性者,心之理也;情者,心之用也;心者,性情之主也。”① 还说:“性是体,情是用,性情皆出于心,故心能统之。”②首先是身心的分离,而以心为主;然后是性情的分离,而以性为本。舍勒也是如此:“当我们评价‘人’时,我们实际上已经预设了不依赖于生命价值的价值:神圣之物的价值和精神价值。……一个优越于所有生命的行为与内容(价值)的秩序在这个裂缝中显现出来,而且同时还有这个秩序的一个新的统一形式显现出来,即那个我们必须视为‘人格的’统一形式(不同于自我、生物体等等),而联结它们的是爱,以及奠基于其上的纯粹正义。”③当然,朱熹所谓“心”并不等同于舍勒所谓“人格”,“性”也并不等同于“精神价值”,但毕竟“心”和“性”与“人格”一样是主体性设定。尽管舍勒宣称“我也已经驳回了这样的主张:价值的存在预设了一个‘主体’或‘自我’,无论这是一个经验的自我,还是一个所谓‘先验的自我’或一个‘意识一般’等等”④,但事实上他所谓“人格”仍然还是一种主体性设定:尽管舍勒不承认人格是经验的主体或先验的主体,人格这个所谓“存在统一”仍然不外乎是“作为行为进行者的人格”⑤,即各种不同行为的统一的主体。

然而,我曾一再强调:事实上,在孔孟那里,诸如“大人”的“明德”这样的绝对主体、本体的确立,乃是有本有源的,亦即有

---

① 朱熹著,黎敬德编:《朱子语类》卷九十八,中华书局 1986 年版。

② 朱熹著,黎敬德编:《朱子语类》卷九十八。

③ 舍勒:《伦理学中的形式主义与质料的价值伦理学》,第 350—351 页。

④ 舍勒:《伦理学中的形式主义与质料的价值伦理学》,第 323 页。

⑤ 舍勒:《伦理学中的形式主义与质料的价值伦理学》,第 468 页。

其更为本源的生活情感:大人的明德作为本体是“本”,然而它还更有其“源”。[①] 如孟子说:“大人者,不失其赤子之心者也。”[②] 所谓“赤子之心”,是比作为本体的德性更其本源的恻隐之情,这是作为本体的仁心善性的渊源所在。这也就是孟子所说:

> 今人乍见孺子将入于井,皆有怵惕恻隐之心……恻隐之心,仁之端也;羞恶之心,义之端也;辞让之心,礼之端也;[③] 是非之心,智之端也。……凡有四端于我者,知皆扩而充之矣,若火之始然、泉之始达。[④]

孟子实质上是给出了这样一种渊源关系:

仁爱精神→正义原则→礼制规范→良知智慧

↑　　↑　　↑　　↑

恻隐情感→羞恶情感→恭敬情感→是非情感

这里,恻隐情感作为最本源的情感,是“仁义礼智”那样的人性本体的大本大源、源头活水。“明德”本体事实上是在这样的本源上确立起来的,然后我们才谈得上“正己”“居仁”。

这样“正己”“居仁”,亦即“修身”“明德”达成“内圣”之

---

① 黄玉顺:《“生活儒学”导论》,《面向生活本身的儒学——黄玉顺“生活儒学”自选集》,四川大学出版社 2006 年版。

② 《孟子·离娄下》。

③ 孟子这里所说的“辞让之心”,《孟子·告子上》中又作“恭敬之心”。

④ 《孟子·公孙丑上》。

后，大人就能“外王”，亦即“由义”“正物”，在《大学》中，就是“亲民”，亦即“修齐治平”。

二、亲民的差等性与爱的等级性

孟子所说的由“正己”而“正物”，或者由“居仁”而“由义”，王阳明解释为《大学》中的由“明德”而“亲民”：

> “明明德”者，立其天地万物一体之体也；“亲民”者，达其天地万物一体之用也。故明明德必在于亲民，而亲民乃所以明其明德也。是故亲吾之父，以及人之父，以及天下人之父，而后吾之仁实与吾之父、人之父与天下人之父而为一体矣；实与之为一体，而后孝之明德始明矣。亲吾之兄，以及人之兄，以及天下人之兄，而后吾之仁实与吾之兄、人之兄与天下人之兄而为一体矣；实与之为一体，而后弟之明德始明矣。君臣也，夫妇也，朋友也，以至于山川鬼神鸟兽草木也，莫不实有以亲之，以达吾一体之仁，然后吾之明德始无不明，而真能以天地万物为一体矣。夫是之谓“明明德于天下”，是之谓“家齐”“国治”而“天下平”，是之谓“尽性”。①

这里，阳明采用了传统形而上学的基本架构“体→用”来讲“明德→亲民”。但与此同时，阳明也强调两者的统一性、同

① 《王阳明全集·大学问》。

一性，这就是阳明的“知行合一”而“致良知”的思想：“明德”之体是一种“知”，就是“良知”之本体；“亲民”之用是一种“行”，就是“良知”之发用；而这两者其实是一回事。

阳明关于究竟怎样“亲民”的思想，与孟子的“推恩”思想是一致的：“老吾老以及人之老，幼吾幼以及人之幼，……言举斯心加诸彼而已。故推恩足以保四海，不推恩无以保妻子。古之人所以大过人者，无他焉，善推其所为而已矣。”①孟子又说：“亲亲而仁民，仁民而爱物。”②这里存在着这样一种“推”的程序：亲（亲）→ 仁（民）→ 爱（物）。这就是儒家关于如何“施爱”方面的“爱有差等”的思想。

这就是说，我们应该如何达到“万物一体”的境界呢？在儒学，就是通过“爱有差等”的程序而最终达到“一体之仁”；而在舍勒那里，则是通过“爱的秩序”，亦即人格存在的某种等级性，而达到“爱的共同体”。爱的等级，舍勒称为“爱的秩序”：“我们在某人或某一群体身上认识到的一切道德上至关紧要的东西必须……还原为主宰它们并在一切感性冲动中表现出来的爱的秩序。”③这是因为，“存在着真正的和真实的价值质性，它们展示出一个具有特殊关系和联系的特有对象区域，并且作为价值质性就已经可以例如是更高的和更低的。但是，若果如此，那么在它们之间也就存在着一个秩序和一个等级秩序，它完全独立于一个它在其中显现出来的善业世界的此在，并且完全独立于在历史中这个善业世界的运动与变化，而且对

---

① 《孟子·梁惠王上》。

② 《孟子·尽心上》。

③ 舍勒：《爱的秩序》，林克译，刘小枫选编：《舍勒选集》，上海三联书店 1999 年版，第 740 页。

它们的经验来说是‘先天的(a priori)’”①。“一个对于整个价值王国来说特殊的秩序就在于:价值在相互的关系中具有一个‘级序’,根据这个级序,一个价值要比另一个价值‘更高’或者说‘更低’。”②

这种秩序乃是由若干精神人格所组成的“精神集体”的等级结构,包括由低到高的四个价值等级:适意与不适意的价值;生命感受的价值(或高贵与粗俗的价值);精神价值;神圣与不神圣的价值。③ 此外,舍勒又将情感感受分为由低级到高级的四个阶段:“1.感性感受或‘感觉感受’,2.身体感受(作为状态)与生命感受(作为功能),3.纯粹心灵感受(纯粹自我感受),4.精神感受(人格性感受)。”④这四个阶段所对应的乃是不同等级的价值载体:

(1)	感性感受	适意与不适意的价值	反应性情感状态
(2)	身体感受	高贵与粗俗的价值	
(3)	心灵感受	精神价值	自发性情感活动
(4)	精神感受	神圣与不神圣的价值	

因此,舍勒的伦理学的宗旨,可以概括为:“掌握爱之秩序”,“整顿爱的秩序之迷乱”。⑤

这就是说,儒家和舍勒都在讲某种等级秩序,但两者之间

① 舍勒:《伦理学中的形式主义与质料的价值伦理学》,第15页。

② 舍勒:《伦理学中的形式主义与质料的价值伦理学》,第104页。

③ 参见舍勒:《伦理学中的形式主义与质料的价值伦理学》,第127—135页。

④ 舍勒:《伦理学中的形式主义与质料的价值伦理学》,第404页。

⑤ 舍勒:《爱的秩序》,《舍勒选集》,第749页。

的本质区别是：舍勒所讲的秩序，即“爱的秩序”乃是一种人格价值的等级划分，其中最高的价值乃是上帝位格：“爱的秩序是一种上帝秩序，而后者则是世界秩序之核心”①；“此一本质无限的爱为着自身的满足祈求一种无限的善。换言之，上帝理念这一对象已经鉴于一切爱的这种本质特征为爱的秩序的思想奠定了基础。……上帝，只有上帝才可能是可爱性之王国这座阶梯形和金字塔形建筑的尖顶——大全的本源和终极。”②而儒家所讲的秩序却不是这样的“人格秩序”“上帝秩序”，而是“人伦秩序”，这种人伦秩序的等级不是人格价值的等级，而是仁爱情感的自然差等。

这里涉及一个重大问题，亦即所谓儒家伦理的宗法性质的问题。孟子与墨家有一次论辩，主张“爱有差等，施由亲始”的原则。墨家的夷子认为：“儒者之道，古之人‘若保赤子’，此言何谓也？之则以为爱无差等，施由亲始。”孟子回答：“夫夷子信以为人之亲其兄之子为若亲其邻之赤子乎？彼有取尔也。赤子匍匐将入井，非赤子之罪也。且天之生物也，使之一本，而夷子二本故也。”③关于“赤子匍匐将入井”，这是众所悉知的：“人皆有不忍人之心。……所以谓人皆有不忍人之心者，今人乍见孺子将入于井，皆有怵惕恻隐之心。……由是观之，无恻隐之心非人也。……恻隐之心，仁之端也。”④这样一来，孟子的思想中似乎存在着某种矛盾：一方面，“爱有差等，施由亲始”；另一方面，将入于井的孺子却与我们非亲非故，我们对他

① 舍勒：《爱的秩序》，《舍勒选集》，第751页。

② 舍勒：《爱的秩序》，《舍勒选集》，第754—755页。

③ 《孟子·滕文公上》。

④ 《孟子·公孙丑上》。

所表现出来的恻隐也并非什么“推”的结果,即与所谓“宗法伦理”毫无关系。我们应该如何理解这个“矛盾”呢?

其实这里并无所谓“矛盾”。对这个问题的理解,必须还原到儒家的一种本真的“生活”“情感”观念。过去,仁爱情感往往仅仅被理解为一种形而下的主体性的道德情感,殊不知,仁爱情感首先是一种生活情感,这种生活情感不仅先行于道德情感,而且先行于人性本体的设定。这就是我们一再强调的儒家所固有的一种“情→性→情”的观念。秦汉以后,亦即原创时期以后的儒学,往往注重于“性→情”的形而上学架构,而遗忘了原创时期,亦即孔孟那里的“情→性”的本源观念。① 儒家“爱有差等,施由亲始”的思想,渊源于当时的宗法社会的生活方式,即是渊源于生活的,这就导向了宗法伦理的建构,而这在当时是完全正当的;然而,那种与宗法伦理毫无关系的、由“孺子将入于井”而显现的“恻隐之心”,同样也是渊源于生活的,而这也是正义的。这里的关键在于一种透彻的本源的“生活”观念:一方面,生活即是存在,然而生活本身并不是任何存在者的存在,而是先行于一切存在者的存在本身;另一方面,生活的衍流又总是显现为具体的历史的生活方式,因而生活又总是具体的历史的存在者的存在。因此,一方面,作为生活本身之情感显现的仁爱情感,本身是与任何具体的主体性存在者的生活方式无关的,也就是说,这是一种超越时空的、超越历史的、普适的情感,这才是“万物一体之仁”之所以可能的真正渊源所在;另一方面,这种情感却又总是在具体的社会生活方式中显

① 参见黄玉顺:《爱与思——生活儒学的观念》第二讲《爱的观念》,四川大学出版社 2006 年版。

现出来的,也就是说,这种仁爱情感,在前现代社会生活方式中可以导向一种前现代的伦理建构,而在现代性社会生活方式中则可以导向一种现代性的伦理建构。这就是说:必定“爱有差等”,然而未必“施由亲始”。上述所谓“矛盾”,便消融于这样的“生活”观念之中。

孔子所持的就是这样的情感观念。一方面,在当时那样的生活方式中,他也主张爱有差等、施由亲始,这就是“仁”的“时义”性;另一方面,就作为任何生活方式之渊源所在的生活本身及其情感显现而论,尽管爱总是有差等的,但施爱未必由亲始,这就是“仁”的“通义”性。例如《论语·尧曰》引《尚书·泰誓》说:“虽有周亲,不如仁人。”朱熹解释说:“言纣至亲虽多,不如周家之多仁人。”①这里,作为他人的“仁人”比具有宗法血缘关系的“至亲”更重要。孔子之所以主张“礼有损益”②并由此成为“圣之时者”③,真正的缘由乃在于此:作为社会规范建构的“礼”,包括伦理的建构,应当是随着生活方式的历史变动而因革损益的。这样就既坚持了儒家的仁爱精神,又避免了任何陷入“原教旨主义”的可能。

三、至善的一体性与爱的共同体

儒学之所以强调“爱有差等”,真正的终极追求乃在于达

---

① 朱熹:《四书章句集注·论语集注》,中华书局1983年版。

② 《论语·为政》。

③ 《孟子·万章下》。

到“一视同仁”,亦即达到“一体之仁”的境界。按照阳明的看法,《大学》所谓“止于至善”就是这个意思:

> “至善”者,明德、亲民之极则也。天命之性,粹然至善;其灵昭不昧者,此其至善之发见。是乃明德之本体,而即所谓“良知”也。……故止至善之于明德、亲民也,犹之规矩之于方圆也,尺度之于长短也,权衡之于轻重也。……明明德、亲民而不止于至善,亡其本矣。故止于至善以亲民而明其明德,是之谓大人之学。①

阳明在这里以“良知”说“至善”,仍然是归结为回复“大人”的“本体”:“以天地万物为一体”;“其心之仁本若是其与天地万物而为一也”。这就是儒家所说的仁的一体性。简要来说,儒学“一体之仁”的思想就是:在“本体”的层级上,万物本来一体;在“功夫”的层级上,我们应当重新回归万物一体。这种功夫存在着两个方面:实现程序上的“爱有差等”;终极目的上的“一体之仁”。

正如儒学追求这种一体性,舍勒也在追求某种一体性。然而他所说的一体性,乃是由人格所组成的“爱的共同体”,这种共同体存在着一种“爱的秩序”。舍勒认为存在着“各种共同体的纯粹类型,如爱的共同体(和它的技术形式:教会)、法律共同体和文化共同体、生命共同体(和它们的技术形式:国家),最后是所谓‘社会’的单纯形式”②,其中最具有终极奠基

---

① 《王阳明全集·大学问》。

② 舍勒:《伦理学中的形式主义与质料的价值伦理学》,第133页。

性的是根源于上帝人格的“爱的共同体”:“世界的统一性和惟一性……是建基于一个具体的、人格的上帝的本质之中,与此相同,所有个体人格的本质共同体都……仅仅建基于这些人格与人格之人格的可能共同体之中,即建基于上帝的共同体之中。”①世界乃是一个“可爱性之王国”:“这个王国从基本原子和沙粒到上帝是一个王国。”②“爱的秩序是一种上帝秩序,而后者则是世界秩序之核心。”③“此一本质无限的爱为着自身的满足祈求一种无限的善。换言之,上帝理念这一对象已经鉴于一切爱的这种本质特征为爱的秩序的思想奠定了基础。”④“只有个体生灵和人灵以同时的(共生的)和渐进的(历史的)、按照爱的秩序整顿的价值领域之互爱为形式作出的补充才能够实现个体之独一无二的总体使命——‘人类’。”⑤

舍勒所谓具有“爱的秩序”的“爱的共同体”,本质上就是基督教的共同体,“它的最高形式是宗教的爱的共同体”。⑥舍勒分析了“基督教的爱理念”的两个方面,这两者之间是一种奠基关系,前者是第一原理,而后者是由前者引导出来的集体理念:

其一,爱的律令:“爱的律令的第一条原理:‘爱上帝胜过

① 舍勒:《伦理学中的形式主义与质料的价值伦理学》,第485—486页。

② 舍勒:《爱的秩序》,《舍勒选集》,第752页。

③ 舍勒:《爱的秩序》,《舍勒选集》,第751页。

④ 舍勒:《爱的秩序》,《舍勒选集》,第754—755页。

⑤ 舍勒:《爱的秩序》,《舍勒选集》,第756页。

⑥ 舍勒:《伦理学中的形式主义与质料的价值伦理学》,第607页。

一切。’”①

其二,基督教的集体理念。他推导出三条“定理”:(1)人是集体的存在:“我们据以出发的第一条定理是如下述:人,即有精神的、有限的人格,与其他和自己同类的个人过着共同的生活”②;(2)朝向最高级存在者的超越的要求;(3)道德的责任共负原则:“一个理性人的全部存在和行动,既是一个有自我意识的、责任自负的个体现实,同样也是某个集体中有意识的、责任共负的成员现实。这乃是一个理性人的永恒的理念的本质。”③“每一个人及每一个范围较窄的共同体,在他们作为某集体的‘成员’之必然的身份中,是同等本真与责任自负的;他们在上帝面前,为在精神和道德方面涉及任何一个包容性的集体的境遇和行为的一切共同负责。”④

舍勒认为西方历史上只有极个别的人物,如奥古斯丁和帕斯卡尔,曾经接近这种观念。他说:“在帕斯卡尔的著述中,我们可以发现一个观念像一条红线贯穿在其中,他时而用‘心的秩序(ordre du coeur)’、时而用‘心的逻辑(logique du coeur)’这些词语来标识它。他说:‘心有其理(Le coeur a ses raisons)。’他将此理解为一种永恒的和绝对的感受、爱和恨的合规律性,但这种合规律性绝不能被还原为智识的合规律性。”⑤而舍勒自己则称之为“爱的秩序”。

---

① 舍勒:《基督教的爱理念与当今世界》,李伯杰译,刘小枫选编:《舍勒选集》,第812页。

② 舍勒:《基督教的爱理念与当今世界》,《舍勒选集》,第820页。

③ 舍勒:《基督教的爱理念与当今世界》,《舍勒选集》,第820页。

④ 舍勒:《基督教的爱理念与当今世界》,《舍勒选集》,第825页。

⑤ 舍勒:《伦理学中的形式主义与质料的价值伦理学》,第308页。

其实，这种观念可以追溯到古希腊，例如亚里士多德提到恩培多克勒(Empedocles)的观点："照他的实义来解释事物，则我们当可确言友〈爱〉为众善之因，而斗〈憎〉乃众恶之因。这样，我们若说恩培多克勒提出了(或是第一个提出了)'众善出于本善，众恶出于本恶'的善恶二因为世间第一原理，当不为误。""宇宙万物由憎斗而解体……又因友爱而重聚为万物……"①但是，这种观念并未成为西方哲学的主流思想；西方主流思想是理性主义或者理智主义的，而不是情感主义的。正因为如此，舍勒的情感现象学具有极其重要的思想意义。

但是，舍勒的情感观念与儒学的情感观念之间仍然是截然不同的。最根本的一点是：如果说在舍勒那里，"在人是思之在者或意愿之在者之前，他就已是爱之在者"②，那么在儒学这里，这种类似"仁者"的"爱之在者"也不是最本源的存在，最本源的存在乃是生活本身及其情感显现。仁者乃是在这种仁爱情感的显现之中生成的，而不是相反；是"仁"之"诚"先在先行，然后由此"成己"(主体性存在者)"成物"(对象性存在者)③，包括成就仁者。

因此，舍勒所说的具有"爱的秩序"的"爱的共同体"，作为人格的共同体乃至上帝秩序，本质上是主体性存在者的世界；而儒学所说的"一体之仁"尽管也有这层意思，却具有一种更为本源的观念层级。儒学所说的"一体之仁"，固然具有伦理学的观念层级，例如原创时代孔孟儒学之后的那种"性→情"

---

① 亚里士多德：《形而上学》，吴寿彭译，商务印书馆1959年版，第11页。

② 舍勒：《爱的秩序》，《舍勒选集》，第750、751页。

③ 《礼记·中庸》。

观念,此“情”即是伦理意义上的主体性的道德情感,并且具有本体论的观念层级,例如本文所述的阳明心学的“大人之学”,仁爱被理解为作为本体的良知;然而在儒学,尤其是孔子和孟子的儒学中,“一体之仁”首先乃是一种前伦理学、前本体论的事情,乃是一种前哲学、前形而上学的事情,这是更其本源头的“情→性”观念。这里,“一体之仁”是说的在本源情境中的共同存在、共同生活的情感显现;在这种本源情境中,主体性、对象性都还没有生成,乃至任何物、任何存在者都还没有显现出来。这样的“一体”恰恰正是“无体”:这是真正本源的“形而上”——“神无方而易无体”①。

① 《周易·系辞上传》。

生活儒学与海德格尔现象学

形而上学的奠基问题*

——儒学视域中的海德格尔及其所解释的康德哲学

本文意在通过双重透视——通过海德格尔视域对康德的透视，通过儒学视域对康德、海德格尔的透视——来探索哲学中的一个根本问题：形而上学的奠基问题。奠基（Fundierung）本是胡塞尔现象学的一个基本概念，他在《逻辑研究》第二卷中给出了一个经典的定义。① 后来海德格尔在一种有所修订的意义上继续使用这个概念，特指所谓的“形而上学奠基”，亦即为传统存在论哲学奠定基础的工作，这就是“基础存在论”（Fundamentalontologie）。儒家哲学的重建也有自己的形而上学奠基问题；但是，儒家形而上学的奠基却不同于康德、海德格尔的思路：它不是康德式的理性奠基，而是由情感来奠基；它也

---

* 本文作于 2003 年 6 月，原载《四川大学学报》2004 年第 2 期；中国人民大学复印报刊资料《外国哲学》2004 年第 5 期转载；收入作者文集《面向生活本身的儒学——黄玉顺“生活儒学”自选集》，四川大学出版社 2006 年版，第 215—237 页。

① “如果一个 α 本身本质规律性地只能在一个与 μ 相联结的广泛统一之中存在，那么我们就要说：一个 α 本身需要由一个 μ 来奠基。”（胡塞尔：《逻辑研究》第二卷，倪梁康译，上海译文出版社 1998 年版，第 285 页）

不是海德格尔式的“烦”的情绪奠基，而是由“爱”的情感来奠基。

一

海德格尔指出，形而上学奠基具有两层含义：第一，“形而上学虽然不是什么已完成的大厦，但毕竟是作为‘自然的倾向’[①]而现实地存在于一切人心中。据此，形而上学的奠基也许可以这样来看：为这种自然的形而上学倾向底下放置一个基础，更确切地说，使一个已经奠立的基础由一个新的基础来置换”[②]。第二，“奠基是对建筑计划本身的筹划，要使这个计划一开始就提供出指示，指明这个大厦要建立在什么之上以及如何建立”[③]。这就是说，奠基不仅为形而上学提供新的基础，而且这个新基础将决定形而上学本身的重建。不同于传统存在论之处在于，海德格尔所说的奠基不是说的“奠立根据”(gruenden)，而是说的“奠定基础”，因为“根据”(Grund)正是传统形而上学的“本体”所在，[④]它恰恰是要通过被解构而被奠基的东西。

---

① 参见康德：《纯粹理性批判》导言之六，蓝公武译，商务印书馆1960年版，第41—42页。

② 海德格尔：《康德和形而上学问题》，邓晓芒译，孙周兴选编：《海德格尔选集》，上海三联书店1996年版，第82页。

③ 海德格尔：《康德和形而上学问题》，《海德格尔选集》，第82页。

④ 海德格尔：《面向思的事情》，陈小文、孙周兴译，商务印书馆1999年第2版，第69页。

说到解构,我想说的是,海德格尔的基本宗旨,至少以《存在与时间》为代表的前期思想的基本宗旨,[1]可以用两个关键词来概括,这就是"解构"(Destruktion)与"奠基"(Fundierung)。他原计划中的《存在与时间》两大部分与此对应:第二部"依时间状态问题为指导线索对存在论历史进行现象学解析"就是解构;第一部"依时间性阐释此在,解说时间之为存在问题的超越的视野"则是奠基。[2] 这是因为,海德格尔既然采纳了现象学方法,他的思路就必然具有现象学的步骤特征。"海氏认为,现象学乃是存在论的方法,这种现象学方法有三个基本环节:'现象学的还原(Reduktion)'、'现象学的建构(Konstruktion)'和'现象学的解构(Destruktion)'。"[3]如果不从海德格尔安排的叙述次序,而是从他实际的"思""路"来看,这里所包含的三个环节应该是这样的顺序:解构→还原→建构。其具体内容是:

解构(Destruktion)——传统存在论的批判性分析
还原(Reduktion)——面向事情本身:存在、生存
建构(Konstruktion)——作为基础存在论的此在诠释学

解构之所以是一个逻辑的先行的环节,乃是因为这是追问

---

① 在我看来,海德格尔后期思想仍然遵循这个基本宗旨。不过,这是一个应该另文讨论的问题。

② 海德格尔:《存在与时间》(修订译本),陈嘉映、王庆节合译,生活·新书·新知三联书店 1999 年版,第 46 页。

③ 孙周兴选编:《海德格尔选集·编者引论》,第 3 页。

存在意义问题本身的必然要求："对存在的追问其本身就是以历史性为特征的。这一追问作为历史的追问，其最本己的存在意义中就包含有一种指示：要去追究这一追问本身的历史，也就是说，要成为历史学的。要好好解答存在问题，就必须听取这一指示，以便使自己在积极地据过去为己有的情况下来充分占有最本己的问题的可能性。"①这就是说，解构的目的在于"积极地据过去为己有"，在这种条件下，才有可能"充分占有最本己的问题的可能性"，亦即才有可能突入存在问题。所以，解构是还原的前提，而还原又是建构的前提。

不过，这是分而言之；如果合而言之，也可以说：解构就是还原，还原就是建构。

首先，解构本身就是还原。解构本身之所以在实质上已经是一种还原，是因为它把传统存在论还原为原始经验。海德格尔表示："我们把这个任务了解为：以存在问题为线索，把古代存在论传下来的内容解构成一些原始经验——那些最初的、以后一直起着主导作用的存在规定就是从这些源始经验获得的。"②然而这些原始经验已经就是"事情本身"（Sache selbt），亦即此在在生存中的源始的存在之领会与解释；我们面向这种事情本身，正是所谓还原。

进一步说，这种还原本身就是建构。所谓建构，就是通过生存论分析所达到的基础存在论构造；而还原不仅是作为基础存在论的生存论分析的前提，同时本身就是内在于这种分析的首要环节。海德格尔明确说：《存在与时间》"这部探索的专题

---

① 海德格尔：《存在与时间》，第25页。

② 海德格尔：《存在与时间》，第26页。

对象"就是"存在者的存在,或一般存在的意义"。[1] 所谓"这部探索",也就是基础存在论的建构;而作为这种建构的基础的"存在者的存在或一般存在的意义",正是由还原而通达的事情本身。

基础存在论的建构,也就是形而上学的奠基。这是因为,"基础存在论是为了使形而上学成为可能而必然要求的、人的此在的形而上学"[2]。因此,解构作为向原始经验的还原,其实已经是在为形而上学奠基。所以,海德格尔明确指出:"这种解构工作也没有要摆脱存在论传统的消极意义。这种解构工作倒是要标明存在论传统的各种积极的可能性";"这个分析任务不是否定地对待过去";"这一解构工作并不想把过去埋葬在虚无中,它有积极的目的"。[3] 在这个意义上,海德格尔的解构(destruction)不同于德里达的解构(deconstruction)。这就是说,解构是为了奠基;或者更确切地说,解构本身就是一种奠基。

海德格尔区分了两个层面的奠基:基础存在论是为传统存在论奠基的,而传统存在论"哲学"则又是为"科学"奠基的。[4] 他说:"存在问题的目标不仅在于保障一种使科学成为可能的

---

① 海德格尔:《存在与时间》,第 32 页。

② 海德格尔:《康德和形而上学问题》,《海德格尔选集》,第 81 页。

③ 海德格尔:《存在与时间》,第 27 页。

④ 海德格尔区分了两种科学:形而上学哲学作为广义的科学,其对象是存在者整体,或者存在者之为存在者;自然科学、神学、人学作为狭义的科学,其对象是个别特殊的存在者领域。(参见海德格尔:《路标》,孙周兴译,商务印书馆 2000 年版,第 54—57 页;《面向思的事情》,第 68—69 页)

先天条件，而且也在于保障那使先于任何研究存在者的科学且奠定这种科学的基础的存在论本身成为可能的条件。”[①]不过，在海德格尔那里，奠基通常是指的后者，亦即为传统的存在论奠定基础——形而上学奠基。

海德格尔的基础存在论就是为存在论奠基的。这是因为，传统存在论所研究的不是存在(Sein)本身，而是存在者(Seiendes)整体，而存在本身却是存在者之存在的前提条件，所以，“如果就范畴的论证是否适当是否充分来考虑存在论基本概念所产生的基地，则只有以澄清和解答存在问题为前提，古代存在论本身才能得到充分的阐释”[②]。但是，由于人或此在所具有的在存在者层次上、在存在论上的双重优先地位，所以，我们只能“通过对某种存在者即此在特加阐释这样一条途径突入存在概念”[③]。然而，此在的存在就是生存。因此，奠基工作的基本途径就是“此在的存在论分析”，亦即生存论分析。他说，“如果哲学认识的可能性和必然性确实得到了理解，生存上的解释就会要求进行生存论分析”；“对此在的生存论的分析工作本身就构成基础存在论”；“其它一切存在论所源出的基础存在论必须在对此在的生存论分析中来寻找”。[④]总之，“只有把哲学研究的追问本身就从生存上理解为生存着的此在的一种存在可能性，才有可能开展出生存的生存论结构，从而也才有可能着手进行有充分根据的一般性的存在论问题

① 海德格尔:《存在与时间》，第13页。
② 海德格尔:《存在与时间》，第4页。
③ 海德格尔:《存在与时间》，第46页。
④ 海德格尔:《存在与时间》，第19、17、16页。

的讨论”①。

但是更进一步,此在的生存论分析这种奠基工作本身,却又是被奠基于此在的源始的存在之领会与解释的。此在的存在之领会与解释作为源始的现象(Phaenomen),或表现为假象(Schein),或表现为现相(Erscheinung)。但是,“现相和假象以形形色色的方式奠基于现象”②。这是因为,“在现相中,即在流俗领会的现象中,向来已经有一种东西先行显现出来了,并始终显现着;这种如此这般就其本身显示自身的东西(‘直观形式’)就是现象学的现象”③。形而上学的奠基,最终就奠基于此在的存在之领会与解释这种源始的现象。

二

正是在奠基这个形而上学“建筑”问题上,海德格尔找到了康德与自己的契合之处:“作为建筑计划的筹划,形而上学的奠基又决不是抽象地建立一个体系及其各个层面,而是对形而上学的内在可能性进行建筑术上的范围界定和标记,也就是说,对其本质进行具体规定。”④奠基不是建筑物本身,而是建筑物的地基,是对建筑物的内在可能性的本质规定。这种“建筑行业”术语正是继承康德而来的。⑤康德在谈到“象形而上

① 海德格尔:《存在与时间》,第16页。

② 海德格尔:《存在与时间》,第36页。

③ 海德格尔:《存在与时间》,第37页。

④ 海德格尔:《康德和形而上学问题》,《海德格尔选集》,第82页。

⑤ 海德格尔:《康德和形而上学问题》,《海德格尔选集》,第82页。

学这种东西究竟是不是可能的"时说过:"当人们看到一门科学经过长期努力之后得到长足发展而惊叹不已时,有人竟想到要提出象这样的一门科学究竟是不是可能的以及是怎样可能的这样问题,这本来是不足为奇的,因为人类理性非常爱好建设,不只一次地把一座塔建成了以后又拆掉,以便察看一下地基情况如何。"①

海德格尔所说的奠基就是探索形而上学的内在可能性,这正是康德的问题:形而上学何以可能?康德的三个问题——纯粹数学何以可能、纯粹自然科学何以可能、视为学问之玄学(即视为科学的形而上学②)何以可能③——都是奠基问题,它们都是在承认既成事实的前提下发问:何以可能?虽然在康德看来,后一个形而上学的既成事实与前两个的有所不同,但实质上还是一致的:虽然作为科学的形而上学未必就是事实,但是作为人之自然倾向(metaphysica naturalis)的形而上学确是既成事实。④因而这种发问不是"是否可能",而是"何以可能";即是说:形而上学的基础或者地基究竟是什么?这正是海德格尔所认同的奠基观念:"通过把《纯粹理性批判》解释为形而上学之奠基而阐明一种基础存在论的观念。"⑤因此,海德格尔自己的"基础存在论,是指对有限的人类本质所作的那样

① 康德:《任何一种能够作为科学出现的未来形而上学导论》,庞景仁译,商务印书馆 1978 年版,第 4 页。

② "视为学问之玄学"乃是对"视为科学的形而上学(Metaphysik)"的另译。

③ 康德:《纯粹理性批判》,第 41—42 页。

④ 海德格尔:《存在与时间》,第 20 页。

⑤ 海德格尔:《康德和形而上学问题》,《海德格尔选集》,第 83 页。

一种存在论分析,它应当为‘属于人的自然本性’的形而上学准备基础”①。

海德格尔认为,这种奠基乃是基于对传统存在论,包括康德哲学的解构的。原计划《存在与时间》第二部中的三篇,第一篇就是对康德的解构,即是以解构“康德的图型说和时间学说”为“提出时间状态问题的先导”。② 然而,这是一种怎样的解构呢?海德格尔在《康德和形而上学问题》一开篇就表明:“将康德的《纯粹理性批判》解释为形而上学的一种奠基,这样来强调,形而上学问题是某种基础存在论的问题。”③这就是说,对康德的解构就是对康德所做的奠基工作的批判地继承,而这种批判的继承本身仍然是一种形而上学奠基,也就是在海德格尔自己的基础存在论建构中根本性的时间性问题。这进一步证明了本文的看法:解构就是奠基。对康德的解构,就是对康德所做的形而上学奠基工作的扬弃。这就要求首先发现并且肯定:康德哲学的意义就在于它乃是“形而上学的一次奠基”;“为总体的形而上学奠基,就是揭示存在论的内在可能性。这就是在康德的‘哥白尼式革命’这个题目之下总是被人误解的思想的真正意义”。④

但是,海德格尔认为,康德虽然致力于形而上学奠基,却未能提供形而上学的真正基础。在《存在与时间》里,海德格尔曾表达了这样一个意思:此在的基础分析“意在建立一种可能

---

① 海德格尔:《康德和形而上学问题》,《海德格尔选集》,第 81 页。

② 海德格尔:《存在与时间》,第 47 页。

③ 海德格尔:《康德和形而上学问题》,《海德格尔选集》,第 81 页。

④ 海德格尔:《康德和形而上学问题》,《海德格尔选集》,第 83、90 页。

的人类学及其存在论基础”，意在“使‘哲学’人类学这样的东西站到充分的哲学基地上面”。[①] 但在康德，“在他那里没有以此在为专题的存在论，用康德的口气说，就是没有先行对主体之主体性进行存在论分析”[②]。这是理解海德格尔所解释的康德哲学之关键所在。这就是说，基础存在论作为“以此在为专题的存在论”其实就是“先行对主体之主体性进行存在论分析”；换句话说，基础存在论也就是为主体性奠基。

这是海德格尔前期、后期的一贯思想：他在前期谈及传统的“认识论困境”问题时指出：“这个进行认识的主体怎么从他的内在‘范围’出来并进入‘一个不同的外在的’范围？认识究竟怎么能有一个对象？必须怎样来设想这个对象才能使主体最终认识这个对象而且不必冒跃入另一个范围之险？这一入手处尽可千变万化，但随之却始终漏过了这个认识主体的存在方式问题。……认识被首先锁闭于的其中的那种内在的‘内’的肯定的含义是什么，或认识的这种‘在内’的存在性质如何奠基于主体的存在方式——对这些问题却都讳莫如深。”[③]所以，“分析工作的首要任务之一就是指明：从首先给定的‘我’和主体入手就会完全错失此在的现象上的情形。尽管人们可以在存在者层次上起劲反对‘灵魂实体’或‘意识的物质化’这类东西，但任何‘主体’观念——设若事先未经存在论基本规定加以净化——在存在论上都依然共同设置了 subjectum 这个假定。”[④]又在后期谈到传统的哲学观念时指出：“什么是哲学

---

① 海德格尔：《存在与时间》，第 20 页。

② 海德格尔：《存在与时间》，第 28 页。

③ 海德格尔：《存在与时间》，第 71 页。

④ 海德格尔：《存在与时间》，第 54 页。

研究的事情呢？……这个事情就是意识的主体性”；“作为形而上学的哲学之事情乃是存在者之存在，乃是以实体性和主体性为形态的存在者之在场状态。”[①]但这个主体性尚待奠基。在这个意义上，康德虽为形而上学“奠立根据（Grund）”，即确立了主体性，却未能为形而上学“奠定基础（Fundierung）”，即未能说明主体性何以可能。由此可见，如果说传统形而上学存在论的最终根据就是主体性，那么，为形而上学奠基实质上也就是为主体性奠基。“形而上学何以可能”的问题，实质是“主体性何以可能”的问题。

据此，海德格尔展开了他对康德哲学的批判。海德格尔进一步表明，这种主体性的实质，就是人的问题：它的核心是作为人的此在（Dasein），或者作为此在的人。他设问并回答：“在康德的奠基工作中发生了什么呢？最重要的是：对存在论的内在可能性的证明使自己成为对超验性、亦即对人的主体之主体性的一种揭示。……康德的这一奠基表明：对形而上学的证明就是对人、亦即对人类学的探讨。”[②]但是，“如果人被看作这样一个存在者，他在建立某种绝对确定的知识时在次序上是绝对最先给予和最确定的东西，那么这样设计的哲学大厦就必定会把人的主体性带进自己核心的根基之中”[③]。康德哲学正是这样的一座建基于人类学的哲学大厦，如他自己所说：形而上学奠基“这个问题不属于形而上学的系统，而是在人类学的范围之

① 海德格尔：《面向思的事情》，第76页。

② 海德格尔：《康德和形而上学问题》，《海德格尔选集》，第97页。

③ 海德格尔：《康德和形而上学问题》，《海德格尔选集》，第102页。

内的"[①]。形而上学被奠基于形而上学之外的人的主体性,但这个主体性本身却是无根的。

本来,奠基作为"对人的主体之主体性的一种揭示",这也正是海德格尔本人的观念,因为形而上学奠基作为主体性奠基,就是要"阐明一个基础存在论观念,这就意味着:将此在的这一特别标明的存在论分析作为必然要求来阐明,并由此而说明,在何种意图和方式之中,在何种界限之内和哪些条件之下,它提出'什么是人?'这个具体的问题"[②]。因此,康德的奠基工作的"真正成果"是他试图回答这个问题:人是什么?这个问题涵盖了康德的另外三个基本问题:我能知道什么(宇宙学)?我应做什么(心理学)?我可希望什么(神学)?[③]由此,海德格尔还是高度评价了康德的工作。在谈到"时间"问题时,海德格尔指出:"按照解构工作的积极倾向,首先就须提出这个问题:在一般存在论的历史发展过程中,对存在的解释究竟是否以及在何种程度上曾经或至少曾能够同时间现象专题地结合在一起?为此必须探讨的时间状态的成问题之处是否在原则上曾被或至少曾能够被清理出来?曾经向时间性这一度探索了一程的第一人与唯一一人,或者说,曾经让自己被现象本身所迫而走到这条道路上的第一人与唯一一人,是康德。"[④]唯有康德曾经一度通过时间这个维度逼近了存在的意义问题,但他

---

① 康德:《任何一种能够作为科学出现的未来形而上学导论》,第155页。

② 海德格尔:《康德和形而上学问题》,《海德格尔选集》,第82页。

③ 海德格尔:《康德和形而上学问题》,《海德格尔选集》,第98—99页。

④ 海德格尔:《存在与时间》,第27页。

最终对存在的意义“望而却步”了。而海德格尔对康德的解构就是针对康德的“时间状态成问题之处”，说明“为什么康德终究无法窥时间问题之堂奥”。①

所以，海德格尔认为，康德的奠基工作错失了正确的方向：不是主体的存在方式如何，而是主体本身的能力如何。在他看来，康德的奠基意味着“对形而上学本质的探讨就是对人的‘心灵’诸基本能力之统一性的探讨”②，即对理性能力的探讨。然而按照海德格尔的思路，形而上学奠基应该是这样的问题：主体性本身何以可能？或曰：主体性的基础是什么？但康德的问题却是：主体性如何？或曰：主体性是什么？换句话说，形而上学“何以可能”已被康德自己置换成了主体性“如何”这样的问题。这样的发问，其前提正是主体性的设定；然而这样的主体性却是一个现成在手的（vorhanden）东西，亦即这个主体性本身还是一个尚待奠基的东西。

这种被设为前提的主体性，就是康德的“理性”（Vernunft），或者更确切地说，就是理性的根据。康德在设定主体性的前提下来设定理性的“现成在手”（Vorhandenheit），然后追究这个理性本身的究竟“如何”。于是，“为形而上学奠基是作为对纯粹理性的批判来进行的”；“为形而上学奠基作为对存在论的本质的揭示，就是‘对纯粹理性的批判’”。③ 然而，这个理性却是以主体性这个存在者为前提。这是因为，“康德按照传统把认识理解为判断”；“既然任何判断本身已经是一个‘我联结’，

---

① 海德格尔：《存在与时间》，第27—28页。

② 海德格尔：《康德和形而上学问题》，《海德格尔选集》，第97页。

③ 海德格尔：《康德和形而上学问题》，《海德格尔选集》，第91—92页。

即对主词和谓词的联结；作为判断，即使是分析判断也已经是综合的，哪怕这里主谓词联结的一致性根据仅在主观表象之中：但这样一来，综合判断的'综合'便有了双重意义：一是作为一般判断；二是作为这种情况，即表象的'联结'（综合）的合法性是由判断所及的存在者本身中'得知'的（综合）"。[①] 一方面是"我"这个进行判断的主体性存在者（主体），另一方面则是判断所及的存在者（客体），它们都是一类东西：现成在手的东西。

但是，人的主体性及其理性能力仍然有待奠基。这是因为，康德"在由他自己所奠立的基础面前退缩了"；这个基础就是时间性、"先验想象力"[②]。[③] 这样一来，"对人的探讨成了问题，这是一个在康德为形而上学奠基的过程中暴露出来的困惑。这时才显示出：康德在他自己所揭示的基础面前，在先验想象力面前的退缩，就是——为了拯救纯粹理性，亦即为了确立它自己的地基——哲学研究的那种活动，它揭示了这一地基的崩陷，因而揭示了形而上学的无基础的深渊（Abgrund）"[④]。

---

① 海德格尔：《康德和形而上学问题》，《海德格尔选集》，第 91、93 页。

② 海德格尔把康德所说的"先验想象力"视为类似于自己提出的"存在之领会"那样源始的东西。

③ 海德格尔：《康德和形而上学问题》，《海德格尔选集》，第 104—105 页。

④ 海德格尔：《康德和形而上学问题》，《海德格尔选集》，第 105 页。

三

就形而上学首先并且始终是关于人的问题这一点来看,康德和海德格尔一开始就与儒学相通。但是,问题在于对人的理解如何。在儒学看来,根本的问题是,康德和海德格尔对人的有限性的规定,必然导致不可克服的理论困难。儒学认为,人是既有限而又无限的。

就康德而言,其困难在于无限的上帝是有限的人的理性的设定。然而,这是一个矛盾。讨论如下。

(一)人是有限的,还是无限的?

康德的回答是:人是有限的。康德的纯粹理性批判作为"为纯粹理性的本质划定范围……也就是将它局限和限制在其本质的可能性上"①;而对理性的限制,就是对人本身的限制。海德格尔对此深感认同,他正是从康德关于人的有限性的思想中引出了自己关于此在的有限性的思想。具体来说,他是从康德的三个问题(我能知道什么?我应做什么?我可希望什么?)中引出了人的有限性:(1)"凡是在一种'能够'成为问题并想在其可能性中为自己划定范围的地方,这种能够本身就已经处于不能够中了。一种全能的本质不需要问:我能怎样,亦即我不能怎样?它不光是不需要如此提问,它按其本质来说根本就不能提出这种问题。……谁要这样问:我能怎样?他就

① 海德格尔:《康德和形而上学问题》,《海德格尔选集》,第92页。

以此表示了某种有限性。凡是完全在其最内在的关切中受这个问题所触动的东西,就在其本质的最深处显出了有限性"[1]。(2)"凡是在一种'应当'成为问题的地方,那提问的生物便摇摆于'是'和'否'之间,它在为它所不应当的事感到烦恼。这个生物在从根本上对某种应当感到关切时,便在一种'尚未满足'中意识到自身,也就是说,在它看来它一般地说应当怎样这点成了问题。一个自身尚未规定的满足的这种'尚未'表明,一个使自己最内在的关切取决于某种应当的生物,根本上是有限的"[2]。(3)"凡是在一种'可以'成为问题的地方,就插进了提问者所已经认可或是仍然拒绝的东西。被问的是这样一种可能对之提出期望和不可能对之提出期望的东西。但一切期望都表明某种匮乏。只要这种需要在人类理性最内在的关切中产生出来,那么它就证明自己是一种本质上有限的需要"[3]。海德格尔由此指出:"人类理性在这些问题中不仅泄露了其有限性,而且其最内在的关切是指向有限性本身的。"[4]

(二)上帝是有限的,还是无限的?

康德肯定:上帝是无限的。康德说:"人们赋予上帝以各种特性,……这些特性在上帝那里被提升到了极限程度,比如力量,知识,在场,善等等被命名为全能,全知,全在,全善等

---

① 海德格尔:《康德和形而上学问题》,《海德格尔选集》,第106页。
② 海德格尔:《康德和形而上学问题》,《海德格尔选集》,第106页。
③ 海德格尔:《康德和形而上学问题》,《海德格尔选集》,第107页。
④ 海德格尔:《康德和形而上学问题》,《海德格尔选集》,第107页。

等;……这些概念已经具备无限制性。”[1]其理由是:“只有在以具有至上完满性的世界创造者为先决条件时,道德的原理才允许它有可能性。它必须是全知的,以在一切可能的情况下和在全部未来中认识我的举止,直至我最内在的意向;它必须是全能的,以判断这种举止的恰当后果;它同样必须是全在的、永恒的等等。”[2]

(三)上帝是不是理性的设定?

康德认为:上帝是理性的设定。根据康德的思路,上帝是实践理性的公设,实践理性的公设源于道德性的原理,而道德性的原理又是理性的一种法则(“理性借以直接决定意志的法则”[3])。实践理性通过设定“独立不依的至善”亦即“上帝的此在”而保证思辨理性之理智世界的至善。[4]具体来说,“道德法则通过作为纯粹实践理性对象的至善概念规定了作为至上存在者的源始存在者概念”;“在理性的无可回避的任务里面,也就是在意志必然指向至善的任务里面,不仅这样一种必然性,即认定与这个至善在这个世界上的可能性相关联的这样一种源始存在者的必然性,展现出来了,而且最可注意的是,理性在沿自然途径前进时完全缺乏的某种东西,也就是一个得到精确规定的这种源始存在者的概念,也展现出来了”。[5]由此可

① 康德:《实践理性批判》,韩水法译,商务印书馆 1999 年版,第 143 页原注。

② 康德:《实践理性批判》,第 153 页。

③ 康德:《实践理性批判》,第 144 页。

④ 参见康德:《实践理性批判》,第 145 页。

⑤ 康德:《实践理性批判》,第 153、152 页。

见,“纯粹实践理性的公设根据必然的实践法则设定了一个对象(上帝和灵魂不朽)自身的可能性,所以只是为了实践理性而已;因为这种设定的可能性完全不具有理论的可靠性,从而也不具有必然的可靠性,这就是说,不是就客体而言已认识到的必然性,而只是就主体遵守它客观的然而实践的法则而言乃必然的认定,因此,它只是一个必然的假设”①。进一步说,即便上帝是物自身,它仍然是理性的设定,因为按照康德的思想,自在之物、物自身本身也都是理性的设定:“我们一定要设想一个非物质性存在体,一个理智世界和一个一切存在体(纯粹的本体)中的至上存在体。因为理性只有在作为自在之物本身的这些东西上才得到彻底和满足。”②

(四)理性是人的理性吗?

康德所说的理性,包括思辨理性、实践理性、纯粹理性,归根到底是人的理性。他说,作为“一个存在体(人)”,“我们在我们里边有一种能力”,“这个能力叫做理性”。③ 这个理性“在我们里边”,亦即在人、主体性里边。因此,在康德那里,“理性”“人的理性”“我们的理性”都是同等概念。例如,他说:“我们的理性,象生了自己的珍爱的子女一样,生了形而上学。……形而上学有其不同于其他任何科学的基本特点,即它

① 康德:《实践理性批判》,第9页原注。

② 康德:《任何一种能够作为科学出现的未来形而上学导论》,第144页。

③ 康德:《任何一种能够作为科学出现的未来形而上学导论》,第130页。

是自然界本身建立在我们心里的东西。”①

（五）理性是有限的，还是无限的？

根据康德关于“上帝是理性的设定”这个观点，理性必定是无限的，否则，它不可能设定无限的上帝；但是根据康德关于理性是人的理性这个观点来看，理性又必定是有限的，否则，它就不可能是有限的人的理性。于是，我们发现了康德哲学的一个根本的矛盾：作为有限存在者的人的理性，居然为自己设定了上帝的无限性。

康德一向持有这样一种看法：理性为自己设置了具有无限性的存在者，但它却永远无法理解这样的存在者。换句话说，理性不能理解自己。理性从未向自己提出过这样的问题：理性何以可能？理性不能提出，遑论解答自己的问题。康德在《纯粹理性批判》第一版序言中已自知：“人类理性具有此种特殊运命，即在其所有知识之一门类中，为种种问题所困，此等问题以其为理性自身之本质所加于其自身者，故不能置之不顾，但又因其超越理性所有之一切能力，故又不能解答之也。”②由此可见，理性乃是这样一条可怜虫，它似乎能够认识一切，却不能“认识你自己”。

儒学的思想与之大异其趣。在儒学，既不需要上帝那样的无限性存在者的设定，则不至于陷入这个无限性存在者与其设定者，即作为有限存在者的人之间的矛盾。这是因为儒学认

---

① 康德：《任何一种能够作为科学出现的未来形而上学导论》，第142—143页。

② 康德：《纯粹理性批判》，第3页。

为,人本身是既有限又无限的。牟宗三先生对此已有充分的论述。他指出:"现象与物之在其自己[①]之超越的区分是康德哲学底全部系统底重大关键","是其最高而又最根源的洞见",但是康德自己却未能证成这一点;"要想超越的区分能充分被证成,充分被稳得住,吾人必须依中国的传统肯定'人虽有限而可无限'以及'人可有这两义'"。[②]"此中重要的关键即在智的直觉之有无。依康德,智的直觉只属于上帝,吾人不能有之";"我反观中国的哲学,若以康德的词语衡之,我乃见出无论儒释或道,似乎都已肯定了吾人可有智的直觉,否则成圣成佛,乃至成真人,俱不可能。因此,智的直觉不能单划给上帝;人虽有限而可无限"。[③] 总之,以儒学的观点看,康德的问题在于把人的主体性的本质规定为有限的"理性",结果这个理性使自己陷入了有限与无限的矛盾之中。而儒学则不然,人的主体性的本质在于"性情"或者"性—情"(详下)。

四

在康德问题上,儒学与海德格尔是可以达成一致的:康德所高扬的人的理性乃至于人的主体性本身,仍然缺乏奠基;理性或者拥有理性的人的主体性,被康德设定为一种先验的事

---

① "物之在其自己"即"物自身"(Ding an sich)。现象与物自身的区分是一种典型的前现象学的传统观念,即把现象与本质(本体)割裂开来、对立起来的思维模式。

② 牟宗三:《现象与物自身》,台湾学生书局 1996 年版,第 4 页。

③ 牟宗三:《现象与物自身》,第 3 页。

实，被理解为一种最后的“根据”。但是，在儒学与海德格尔之间也存在着根本分歧：海德格尔对于康德来说乃是一种“接着讲”（冯友兰语），亦即从人的有限性引导出他自己的基础存在论，这样来为形而上学奠基。

海德格尔形而上学奠基的根本任务在于追问“一般存在的意义”；但在他看来，我们只能“通过对某种存在者即此在特加阐释这样一条途径突入存在概念，因为我们在此在中将能赢获领会存在和可能解释存在的视野”①。这就是说，追问存在的意义只能通过追问此在的生存才是可能的。这一开始就与儒家的意图有所不同：儒学并不关心一般的所谓“存在的意义”，而只关心人之生存的意义。海德格尔所说的一般存在的“超越”意义，在儒者看来是没有意义的。海德格尔在两种意义上谈到超越：一是存在之为存在的超越，一是此在从被抛的“所是”向本真的“能在”的超越。儒家关心的只是后者：这样的超越何以可能？人何以能从被抛的所是向本真的能在超越？或者用儒家的话来说，常人从小人而变为君子乃至圣人何以可能？在儒家思想中，这个问题就是：本心之性的确立何以可能？

为此，儒家也是从生存论的视域切入的。关键的工作就在于对此在即人的存在作生存论分析，这件事乃是由作为“此在的基本建构”的“在世”（In-der-Welt-sein 在世界之中存在）决定了的，海德格尔将其视为“首要的存在实情”②，而把它作为自己全部的生存论分析的“基础分析”：它领先于全部的本体论、认识论之类形而上学课题而为它们奠基。儒家首先将人

---

① 海德格尔：《存在与时间》，第 46 页。

② 海德格尔：《存在与时间》，第 62 页。

视为一种特殊的生命存在：因为“天地之大德曰生”，“生生之谓易”，所以注重“观我生”“观其生”。[①] 而海德格尔也正是经由“生命存在”而达到生存论视野的，他说：“说到底，当代哲学的问题主要集中在作为‘原始现象’（Urphaenomen）的‘生命’上”；正由此，他“要讨论的真正对象被确定为生存”。[②] 由于这种在世结构“源始地始终地”就是“向来在先”的“先天结构”，我们必须始终把这个结构“整体保持在眼界之中”。[③] 这也正是儒家的一个基本观念：我们的根基始终就在现世的“人生在世”之中，就在源始的人伦结构这种“共同在世”之中。

海德格尔进而言之：“此在整体性的生存论存在论建构根据于时间性。因此，必定是绽出的时间性本身的一种源始到时方式使对一般存在的绽出的筹划成为可能。”[④]所以，时间性乃是生存论分析的根本的源始视域。而说到时间性，儒家的“义”即“时义”或者“时宜”的观念就是一个非常值得注意的课题：作为规范建构、制度建构的“礼”，正是奠基于这种时间性的“义”之中的。[⑤] 就人的生存的时间性来看，海德格尔认为，此在的存在包含两个基本的方面：一是沉沦的方面，即其被抛的“所是”；二是超越的方面，即其本真的“能在”。就超越方面看，海德格尔所提出的最积极的思想之一就是：人“这种存

---

① 《周易·系辞传》。

② 海德格尔：《评卡尔·雅斯贝尔斯〈世界观的心理学〉》，《路标》，商务印书馆2000年版，第18页。

③ 海德格尔：《存在与时间》，第48页。

④ 海德格尔：《存在与时间》，第494页。

⑤ 儒家对“义”的基本训释就是“宜”，也就是“时宜”的观念，这在《周易·彖传》的阐发中，表述为“时义”。

在者的‘本质’在于它去存在(Zu-sein)”;换句话说,“此在是什么,依赖于它怎样去是[它自己],依赖于它将是什么”。[1] 这样的超越之说正好应合着儒家所说的真正意义的“内在超越”,因为在这里,修身成圣,亦即人之自我超越,始终仍然是“在世”的而非彼岸的。在这个意义上,海德格尔的“在世”观念与儒家的“入世”观念确实是相通的。

但我们所关心的是:这种在世的生存论分析如何导向本性良心的确立?孟子所说的“先立乎其大者”[2](率先确立作为大体的本心)何以可能?为此,海德格尔在对“在之中”的分析中讨论了“现身情态”(Befindlichkeit):“我们在存在论上用现身情态这个名称所指的东西,在存在者层次上乃是最熟知和最日常的东西:情绪;有情绪。”[3]然而问题在于,这是一种怎样的情绪?这里便凸显了海德格尔与儒学之间的分野。海德格尔特别突出地分析了烦、畏尤其是畏死的情绪,由此而导向能在、导向所谓“良知”。[4] 但是,如此的导出存在着这样的问题:它始终是在基础存在论的层面上说话,而没有导向一种真正形而上学意义上的伦理学的良知建构;换句话说,他所谓“良知”并不是伦理学意义上的,即实际上仍然没有真正解决为伦理学奠基的问题。而在儒家,儒者的生存领会不是一种情绪,而是一种情感;不是烦、畏那样的情绪,而是仁、爱这样的情感。这是儒家与海德格尔之间的一个根本性分歧。根据儒家思想,并不是

---

① 海德格尔:《存在与时间》,第 49 页。

② 《孟子·告子上》。

③ 海德格尔:《存在与时间》,第 156 页。

④ 人们把海德格尔所谓 Gewissen 译为“良知”,其实与儒家所谓“良知”相去甚远。

那来自“无何有之乡”的“畏”[1],而是“我欲仁”[2],导向了本真的能在、本心的确立。所以,对于儒学来说,问题在于在从被抛的所是向本真能在的超越中,“我欲仁”是如何显现的?

海德格尔“直追究到那些同在世一样源始的此在结构上面。这些结构就是:共同存在(Mitsein)与共同此在(Mit-das-Sein)。日常的自己存在的样式就奠基在这种存在方式之中”。[3] 他解释说:“此在的世界是共同世界。‘在之中’就是与他人共同存在。他人的在世界之内的自在存在就是共同此在。”[4]这种“日常的自己存在的样式”就是“可称为日常生活的‘主体’的东西:常人(Das Man)”。这些也都是与儒家思想相通的。这种常人,儒家称为“小人”,也就是沉沦于世的普通人。[5] 但是对于儒家来说,问题在于,这种“常人”向本真能在超越时,“恻隐之心”是如何被奠基的? 或者说,“本心”是如何显现出来的?

海德格尔的分析当然不会回答这样的问题。其实,本来按照海德格尔提供的某种理路,仁爱之心也是可能必然地显现出来的。这是因为,“他人的共同此在的展开属于共在”;而“此在作为共在在本质上是为他人之故而‘存在’。这一点必须作为生存论的本质命题来领会”。[6] 因为,在共在中的烦或操心

---

① 海德格尔:《存在与时间》,第 215 页。

② 《论语·述而》。

③ 海德格尔:《存在与时间》,第 132 页。

④ 海德格尔:《存在与时间》,第 138 页。

⑤ 孔子所谓“小人”并不必然蕴含道德上的恶,他只是指的尚未成为君子、圣人的常人而已。

⑥ 海德格尔:《存在与时间》,第 143 页。

(Sorge)分为两种,一种是对于物的Besorge,一种是对于人的Fuersorge。后者可以译为"牵挂"[①],它又"有两种极端的可能性":一种是"代庖(einspringen)控制",在这种情况下,"他人可能变成依附者或被控制者";另一种是"率先(vorspringen)解放",这是"为他人生存的能在作出表率;不是要从他人那里揽过'操心'来,到恰要把'操心'真正作为操心给回他。这种操持本质上涉及本真的操心,也就是说,涉及他人的生存,而不是涉及他人所操劳的'什么'。这种操持有助于他人在他的操心中把自身看透并使他自己为操心而自由"[②]。这种牵挂作为"本真的操心",就是儒家所说的"戒慎恐惧";仁爱之心、良心就奠基于这种戒慎恐惧之中。这是因为,从正面讲,这样的牵挂"是由顾视与顾惜来指引的";从反面讲,这种"顾视与顾惜各自都有一系列残缺和淡漠的样式,直至不管不顾与由淡漠所引导的熟视无睹"。[③]这种反面的不管不顾和熟视无睹,就是儒家所说的"麻木不仁";而那正面的顾视和顾惜,就是儒家所说的"仁者爱人"。

但这不是海德格尔的进路,而是儒家的进路。关于良心如何在一种本真的源始的生存之领会与解释中显现出来,以及如何在这个基础上建构形而上学,孟子给出了这样一个典型情景,并作了一种初步的阐释:

> 人皆有不忍人之心。……所以谓人皆有不忍人之心

---

① 中译本《存在与时间》译为"操持"。

② 海德格尔:《存在与时间》,第142页。

③ 海德格尔:《存在与时间》,第142页。

> 者，今人乍见孺子将入于井，皆有怵惕恻隐之心；非所以交内于孺子之父母也，非所以要誉于乡党朋友也，非恶其声而然也。……恻隐之心，仁之端也；羞恶之心，义之端也；辞让之心，礼之端也；是非之心，智之端也。……凡有四端于我者，知皆扩而充之矣，若火之始然（燃），泉之始达。苟能充之，足以保四海；苟不充之，不足以事父母。①

猛然看见一个孩子将要掉进井里，“不忍之心”“怵惕恻隐之心”这样一种本真的情感立即发生。这就是良知的瞬间发动，也就是良心的当下呈现。这种“火之始燃，泉之始达”也就是海德格尔所说的“源始性”（Ursprünglichkeit）。这里，良心的显现乃是在我们的“在世”中的一种“源始现象”（ursprünglich Phaenomen）或“原现象”（Urphaenomen）。这种情感现象就是仁爱之“端”，也就是为仁爱这种伦理学意义上的道德情感奠基的东西；正是在这个基础上，“仁—义—礼—智”这样的形而上学建构得以成立。但“怵惕恻隐之心”这种原初的源始的情感现象本身，还是未经“思”的幼弱的萌芽状态；奠基还需要孟子所说的“思”，只有通过“思”才可能使之“扩而充之”。经过“思”，就奠立起作为本体本心的仁爱，由此出发，而建构起整个“仁—义—礼—智”的形而上学。

这就是说，仁爱并非通常理解的那样一种“现成在手的”先验设定，而是一种当下显现的源始现象。按照以往人们对儒学的先验论的理解，我们先天地具有一种“性”，它感于物而动，而发为一种“情”。但这样的阐释将会面临这样的问题：仁

---

① 《孟子·公孙丑上》。

爱究竟是性还是情？根据通常将“仁”理解为“本体”的观点来看，仁爱应该是性，因为根据儒家一贯的“性体情用”的思想，性才是本体；但像“恻隐之心”这样的“仁者爱人”之爱，却分明是一种情感。这岂不是自相矛盾？这样的矛盾，源于“性”这样的主体性设定缺乏奠基。这是一种前现象学的观念，其前提是将“性”与“情”视为两事：情是现象，性是现象背后的本质。但是根据现象学的观念，“现象背后一无所有”①，现象就是本质。这正是儒家的观念：性与情并不是两个东西。仁、爱、恻隐之心作为显现，既是现象，也是本质。

在这样的奠基的基础上，我们就能采纳胡塞尔现象学、孟子心学那样的先验的建构，而有仁（仁爱情感）→ 义（正义原则）→ 礼（规范建构）→ 知（知识构造）的形而上学组建环节，而有我们的整个“生活世界”或者意义世界。

---

① 海德格尔：《面向思的事情》，第 80 页。

儒学的生存论视域*

——从蒙培元先生《情感与理性》说起

在儒家思想中，情感是一个最基本的问题；然而正是在情感问题上，我们对儒学的认识还相当模糊。人们通常认定，“仁”是儒家思想中的本体性的东西。然而按照通常理解，一方面，在儒家思想中，仁作为“爱”，作为“恻隐之心”，是一种情感——或以为心理情感，或以为道德情感；另一方面，同样在儒家思想中，情却并不是本体性的未发之体，而只是已发之用，即本体性的性的发用。性体情用，这是儒家通常的观念。于是，这里就出现了一个严重的矛盾：仁如果是情，就不能是体；而如果是体，就不能是情。

然而，著名哲学史家蒙培元先生在其新著《情感与理性》中却明确提出：一方面，“仁在本质上是情感的”；另一方面，“情感是全部儒学理论的基本构成部分，甚至是儒学理论的出发点”；“儒家不仅将情感视为生命中最重要的问题，两千年来讨论不止，而且提到很高的层次，成为整个儒学的核心内

---

* 本文作于2003年夏；原载《中华文化论坛》2004年第2期；收入作者文集《面向生活本身的儒学——黄玉顺“生活儒学”自选集》，四川大学出版社2006年版，第294—309页。

容”。[1]这确实是一种前所未闻、独树一帜的观点。但是，这个新颖的观点似乎同样面临着如上所说的严峻挑战：在儒家思想中，情仅仅作为体之用，如何可能成为全部儒学的“出发点”，即如何可能充当终极奠基性的东西？所谓“出发点”，就是这样一种终极奠基性：[2]它为一切存在者奠定基础，一切存在者都被奠基于它。在蒙先生看来，情感——更确切地说，仁，亦即爱这种情感——就是这样的终极奠基性的东西。

显然，蒙先生的新著提出了一个极富挑战性的重大问题：仁爱这种情感在儒学建构中究竟占有怎样的地位？

一

那么，蒙先生是如何处理这个重大的疑难问题的？在回答这个问题之前，我想先行指出的是，在传统的哲学观念下，这是一个无法解决的问题。这里所谓传统哲学观念，最典型的就是所谓本体论和知识论。这种传统观念是在西学东渐的作用下形成的，它不外乎西方近代以来的三种致思进路。

一是经验论的进路。格物致知、修身成圣的过程，似乎只

---

① 蒙培元：《情感与理性·自序》，中国社会科学出版社 2002 年版。

② 奠基（Fundierung）是现象学的一个重要概念，是指对存在建构中的基础或者“起源”的揭示。胡塞尔有一个经典定义：“如果一个 α 本身本质规律性地只能在一个与 μ 相联结的广泛统一之中存在，那么我们就要说：一个 α 本身需要由一个 μ 来奠基。”海德格尔的生存论分析就是一种终极奠基性的揭示。（参见胡塞尔：《逻辑研究》第二卷，倪梁康译，上海译文出版社 1998 年版，第 285 页）

是一个经验地实践的过程,而与某种先验的内在根据无关。这种进路在一定程度上也是符合儒家思想的,但这种符合却是建立在某种误读的基础之上的。譬如人们在谈到荀子的思想时,通常以为他是经验主义的,即是说,人们往往忽视了荀子思想的某种先验论维度。其实,荀子提出"明于天人之分",主张"制天命而用之",已然预设了主客二元的对置关系作为前提;更进一步以先验性的"能知"与经验性的"所知"的架构,强化了这种二元对置;最后归结为"天君"对"天官"的宰制,而这就与儒家先验的心学进路达到了某种沟通。这就表明,荀子思想是具有明显的先验知识论色彩的。又如有些学者以为,朱子的"格物穷理"也是经验主义的,即是说,他们完全忘记了朱子对思孟心学的自我认同。不仅如此,问题是:其一,对儒学的这种经验论理解势必使儒学面临这样的困境:内在的主体意识如何能达于外在的客观实在?这正是西方经验论哲学所面临的无法解决的"认识论困境"。其二,对儒学的这种经验论理解完全彻底地消解了儒家"人皆可以为尧舜"(孟子语)、"途之人可以为禹"(荀子语)的任何可能性的先验内在根据,从而使得儒家修身成圣的诉求落空,成为某种"无根"的妄执。

二是先验论的进路。这种进路似乎更切合于儒家思想,尤其是切合于作为儒学正宗的心学的思想。人们往往认为,从子思、孟子到陆九渊、王阳明的心学思想是先验论的,因为他们在本体论上预设了先验的纯粹至善的心性本体,在工夫论上强调先立乎其本心,所谓修身成圣,就是返本复性而已。但人们没有意识到,这样的理解同样使得儒家思想陷入一种无法解脱的困境,这同样是一种类似西方哲学的认识论困境,我称之为"伦理学困境"。这是因为,按彻底的先验论的致思进路,我们必然陷入这样的两难境地：一方面，假如外在的物其实只是内在的心的意义建构，即外在的物实质上原本是先验地内在的，且按儒家心学的设定，心本来是至善的，那么，物的恶如何可能？另一方面，假如物并不是这种先验地内在的东西，而本来是客观地外在的，那么，内在的心如何可能“穷格”外在的物？我们如何可能穿透心、物之间的鸿沟，而去实在地“格物”？这就是采取西方近代哲学传统的进路所必然面临的困境：内在意识如何可能穿透感知的屏障而抵达于外物？如果不可能，那么，内在的心性修养怎么可能影响到、作用于外在的现实？可见，对儒学的这种先验论的理解最终将使儒学成为一种对于现实问题无关痛痒的玩艺儿。

三是二元论的进路。西方近代从笛卡尔到康德的哲学，就是这样的二元论进路。笛卡尔的心、物二元论与他的“我思故我在”显然处于一种自相矛盾的境遇；而康德的二元论则又使他两面受敌，亦即同时既面临经验论的困境，也面临先验论的困境。而对于我们来说，对儒学作一种二元论的理解，也使我们同时既面临经验论的困窘，也面临先验论的困窘：假如我们经验地设定外在超越物（Transcendence）的存在，我们就面临认识论困境或者伦理学困境；假如我们先验地悬搁（epoché）外在超越物，我们就堕入对现实问题的麻木不仁。

这三种致思进路的共同点在于，它们都是在划分本体论和认识论的同时，以作为知识论的根本前设的主客对置这种根本的二元架构作为本体论问题的底层视域。在这个意义上，我们过去所理解的中国哲学的“体”与“用”的观念正是这样的传统观念。在这样的观念下，我们所面对的“仁爱情感在儒家思想中究竟占有怎样的地位”这个问题是无法解决的，因为显而易见:假如情感是先验性的本体,我们就会面临上述先验论进路的困难;假如情感是经验性的工夫,我们又会面临上述经验论进路的困难。

显然,儒学的当代阐释必须另寻出路。我们注意到,蒙先生正是在试图超越那种传统的哲学观念而另辟蹊径。蒙先生这样一段话,值得我们特别留意。

> 本书不再从所谓本体论、认识论和知识学的角度研究儒学,而是从存在问题入手,讨论儒学在人的存在、价值及其人生体验问题上的基本主张。[1]

"存在",尤其是"人的存在",这些话立即使我们想到一个人,那就是海德格尔。众所周知,海德格尔判定传统"哲学的终结"[2],转而追问"存在"(Sein),也正是从"人"即"此在"(Dasein)的"存在",亦即"生存"入手的。海德格尔之解构传统本体论,正是奠基于生存论分析的。于是,我们可以想到这样一个问题:蒙先生是否也像海德格尔那样,采取了一种"此在现象学"的生存论视域?

二

确实,我们可以看出,在蒙先生的儒学解释和海德格尔的

---

① 蒙培元:《情感与理性·自序》。

② 海德格尔:《面向思的事情》,陈小文、孙周兴译,商务印书馆 1999 年版。

生存论解释之间，存在着许多至少在形式上类似的东西：生命存在／存在(Sein)、人的存在／此在(Dasein)、仁爱的情感／烦(操心 Sorge)的情绪、真情／本真(eigentlich)、敬畏／畏(害怕 Angst)、良心／良知(Gewissen)，如此等等，似乎存在着广泛的对应关系。但是下文的分析将会表明，这些形式上的“对应”实质上却是迥然不同的；而且，蒙先生的整个儒学解释和海德格尔的生存论解释在本质上也是不同的。这是因为，儒家的生存论与海德格尔的生存论原本是大异其趣的。

海德格尔在前期代表作《存在与时间》里首先进行了生存论分析(第一篇第一章至第六章)，然后进行了良知论分析(第二篇第二章)①。良知问题正是儒家思想也是蒙先生的新著所关注的一个焦点。应当说，海德格尔的良知论分析是相当精彩的；但是在他那里，良知论分析与生存论分析之间却又存在着严重的断裂。为什么这样说？这涉及海德格尔研究当中的一个重大的疑难问题。众所周知，海德格尔一生在为人行事方面存在着严重的问题：他与纳粹的关系，他在战后对此的闪烁暧昧，他对自己的恩师胡塞尔、好友雅斯贝尔斯、弟子以及情人汉娜·阿伦特的态度……这些都一直在“海学”研究界激起持久的争议。尽管有人为之作出种种辩护，但是无论如何，海德格尔的上述行为存在着严重的道德品质问题；即便不能贸然斥之为“恶”，但至少指之为“不善”，这应该是没有问题的。于是人们就不得不思考：在海德格尔的所为与其所思之间，是否存在

① 这里仅仅涉及海德格尔的前期思想，以其《存在与时间》为代表。海德格尔：《存在与时间》(修订译本)，陈嘉映、王庆节合译，生活·新书·新知三联书店 1999 年版。

着某种必然的关联？如果我们承认善是一种应然的价值选择，那么，海德格尔思想是否存在着某种严重的道德缺陷？对此，有人认为海氏之所为与其所思之间是毫无联系的，另有人则认为应该存在着某种联系，但是迄今为止，双方都未作出令人信服的分析。然而在我看来，儒学的到场将能使这个问题明朗化，因为下文将会表明，在儒家思想中，良知论乃是由生存论而必然导出的，这就将使海德格尔的生存论分析的缺陷，即它与良知论分析之间的断裂暴露出来。这也将表明，蒙先生的儒学解释尽管确实带有生存论分析的色彩，但它毕竟不是海德格尔式的，而是儒家的生存论阐释。

海德格尔的生存论分析与良知论分析之间的断裂是如何发生的呢？让我们来清理一下海德格尔的运思进路。

什么是良知？良知是一种呼声：首先，良知是此在对此在自身的召唤。“此在在良知中呼唤自己本身”，这里，“此在既是呼唤者又是被召唤者”。① 其次，良知把此在从其“所是”“实是”（被抛境况、沉沦）唤起，而转向“能是”“能在”。这是因为，“此在作为被抛的此在被抛入生存。它作为这样一种存在者生存着：这种存在者不得不如它所是的和所能是的那样存在”；“呼唤者是此在，是在被抛境况（已经在……之中）为其能在而畏的此在。被召唤者是同一个此在，是向其最本己的能在（领先于自己）被唤起的此在。而由于从沉沦于常人（已经寓于所操劳的世界）的状态被召唤出来，此在被唤起了”。② 因

① 海德格尔：《存在与时间》，第 315 页。

② 海德格尔：《存在与时间》，第 316、318 页。

此,“呼声出于我而又逾越我”①。最后,此在在良知呼唤中从“所是”向“能在”的转化枢纽,乃是“烦”(操心 Sorge)“畏”(害怕 Angst)这样的基本情绪。“良知公开自身为操心的呼声:……良知的呼声,即良知本身,在存在论上之所以可能,就在于此在在其存在的根基处是操心”;“呼唤者是……在被抛境况为其能在而畏的此在”,“呼声的情绪来自畏”。②

这些分析确实是很精湛的,但我们的疑虑也由此而起:

其一,良知的呼声究竟来自何处?按照海德格尔的说法,它来自此在这个存在者自身:“在其无家可归的根基处现身的此在就是良知呼声的呼唤者”;或者更确切地说,“在根基上和本质上,良知向来是我的良知”。③ 这种解释很好地排除了诸如上帝之类的东西,排除了任何把良知理解为某种“闯入此在的异己力量”的可能。④ 但这种解释也面临着这样的问题:如何能够避免唯我论呢?如何能够保证良知的普遍性呢?如果良知没有普遍性,又如何能够避免这种情况:任何一个“我”都可以宣称他自己的想法就是良知?诚然,海德格尔不仅批评了那种外在超越的解释,而且批评了那种“生物学上的”解释亦即个体经验的解释。⑤ 但我们必须指出的是,唯我论的解释未必就是生物学的解释。而海德格尔到底并没有正面批判那种可能的非生物学的唯我论。这也不奇怪,在我看来,他的良知论实质上是唯我论的。这是因为,在他看来,“呼声来自我向

---

① 海德格尔:《存在与时间》,第 315 页。
② 海德格尔:《存在与时间》,第 318 页。
③ 海德格尔:《存在与时间》,第 317、319 页。
④ 海德格尔:《存在与时间》,第 315 页。
⑤ 海德格尔:《存在与时间》,第 316 页。

来自身所是的那一存在者”[①];换句话说,作为单个存在者的“我”就是良知的来源,这个我的“所是”就是良知的生存论根基。但是,任何一个“我”,作为单个的存在者,仅仅凭他的特殊的此在性,绝对无法保证普遍性的良知。以特殊的此在性作为良知的根基,其结果只能是唯我独尊。

其二,于是我们要问:这样一种所谓“良知的呼声”究竟传达着怎样的内容?海德格尔说:“呼声不报道任何事件。”[②]换句话说,这种所谓“良知”没有任何道德内容,而仅仅是一种“道德中值”(Adiaphora)。这是不难理解的,因为它显然是上面的分析所必然导致的结论。然而这样的所谓“良知”,就被描述为了类似王阳明所说的“有善有恶意之动”[③]那样的东西:单个的存在者对其“能是”这种可能性的倾向,只不过是他意欲摆脱自己的被抛弃境况“所是”的冲动而已。这种欲望显然是中性的,即可善可恶的,从而只是一个空洞的形式。但这恰恰不是良知,所以,王阳明才会接着说:“知善知恶是良知。”[④]这就是说,那个“有善有恶意之动”并不是良知。当然,我们也可以说,海德格尔所谓“良知”还是有它的内容的,这个内容就是“能在”。良知能够使人摆脱此在的被抛境况,而“能”去“是”另外的什么东西。这种分析当然也算是积极的,但却仍然是纯粹形式的,即是没有任何实质内容的,当然也是没有任何道德内容的。但问题是:良知难道只是一种没有任何伦理价值的实质内容的纯粹形式吗?

---

① 海德格尔:《存在与时间》,第319页。

② 海德格尔:《存在与时间》,第317页。

③ 王阳明:《王阳明全集·传习录下》,上海古籍出版社1992年版。

④ 王阳明:《王阳明全集·传习录下》。

其三，况且，即便承认海德格尔的良知是有道德内容的，我们还可以问：良知的呼声究竟是必然发出的，还是偶然发出的？在这个问题上，海德格尔的说法存在着矛盾，这是下文将要涉及的一个问题。这里我们试问：良知的发生若是偶然的，那么此在的生存如何能够保证这种呼唤不是"坏"良知而是"好"良知①若是必然的，那么此在的生存毕竟又是如何提供这种保证的？上文已经指出，偶然发生的"良知"是可善可恶的，它因而就不再是良知。但是，此在的生存论分析如何能够保证良知的必然性？这就涉及下面这个问题。

前面已经提到，在海德格尔的分析中，从生存论到良知论的转枢是情感，更确切地说，是一种情绪。这种情绪，海德格尔称做 Befindlichkeit。② 这种情绪是奠基于生存的：此在首先作为被抛的所是，而沉沦于烦（操心 Sorge）中，包括对物的烦神（Besorge）、对人的烦心（Fuersorge）。但是从时间性来看，被抛的所是作为历史性的此在，如果没有对其本真的能在的领悟，"没有时间"，就什么也不是。那么，此在如何才能领悟本真能在？这需要另一种情绪，那就是畏（害怕 Angst）。

---

① 海德格尔：《存在与时间》，第 319 页。西语"良知"（［希］ςισηδιενυσ/［拉］conscientia）本来并没有任何伦理学的价值色彩，而只是一个中性词，意为关于自身的知识；它虽是对自身的实践活动，包括伦理活动的意识，但这种意识本身是可善可恶的。故有"好良知""坏良知"之说。参见倪梁康：《良知：在自知与共知之间》，刘东主编：《中国学术》第一辑，商务印书馆 2000 年版。

② 海德格尔：《存在与时间》，第 156 页，汉译者注："Befindlichkeit 来自动词 befinden。Befinden 一般有情绪感受、存在和认识三个方面的含义。这里，我们将它译为'现身情态'或'现身'，力求表明其'此情此景的切身感受状态'以及这种状态'现出自身'的含义。"

“畏”不是任何具体的“怕”，它不以任何存在者作为对象；对畏来说，“威胁者乃在无何有之乡”；“畏‘不知’其所畏者是什么。但‘无何有之乡’并不意味着无，而是在其中有着一般的场所，有着世界为本质上具有空间性的‘在之中’而展开了的一般状态”，因而“畏之所畏就是世界本身”。[1] 这样一来，“畏所为而畏者，就是在世本身。在畏中，周围世界上手的东西，一般世内存在者，都沉陷了。‘世界’已不能呈现任何东西，他人的共同此在也不能。所以畏剥夺了此在沉沦着从‘世界’以及从公众讲法方面来领会自身的可能性。畏把此在抛回此在所为而畏者处去，即抛回此在的本真的能在世那儿去。畏使此在个别化为其最本己的在世的存在。这种最本己的在世的存在领会着自身，从本质上向各种可能性筹划自身”[2]。这是多么环环相扣的一番分析！

但是，我们对此的疑问也是“环环相扣”的：假如“在世”乃是“此在的基本建构”（第一篇第二章），也就是说，此在总已在世；并且“在世总已沉沦”，亦即“沉沦是此在本身的生存论规定”；[3]而“沉沦之背离倒是起因于畏”[4]，即有沉沦则必有畏；那么，对于任何一个人或此在来说，这种“莫名其妙”的畏是必然的。但是海德格尔分明告诉我们，畏只是“此在存在的可能性之一”，只是“诸种最广泛最源始的可能性中”的一种，[5]那就是说，畏并不是必然的。假如畏并不是必然的，那么，此在之被

---

① 海德格尔：《存在与时间》，第215、216页。
② 海德格尔：《存在与时间》，第217页。
③ 海德格尔：《存在与时间》，第210、204页。
④ 海德格尔：《存在与时间》，第215页。
⑤ 海德格尔：《存在与时间》，第211页。

抛回自己的本真能在也并不是必然的了,良知的呼唤也就不是必然的了。结果我们看到:在此在的所是和能在之间,仍然存在着断裂;而且,这种断裂已必然地蕴含着生存论分析与良知论分析之间的断裂。这种断裂或许能够提供海德格尔之所为与所思之间关联的某种线索?而这样的断裂,在儒学的致思中,在蒙先生的儒学解释中是并不存在的。

三

尽管如此,我们仍然可以肯定地说:蒙先生的儒学解释确实具有浓厚的生存论分析意味,虽然它与海德格尔的生存论分析颇为不同;而在儒家,生存论是真正能够为良知论奠基的。今日的儒学研究透露着这样一种消息:对于儒学的"重建"或者"现代转换"来说,生存论解释学是一种新的极富前景的致思方向。海德格尔告诉我们,西方的本体论和认识论的维度,以及前面谈到的经验论和先验论的思路,都是源始地奠基于生存论分析的;[①]而我们的问题则是:这种生存论的致思进路是如何在儒家那里体现出来的?在儒学的生存论解释学中,仁爱情感究竟占有着怎样的地位?这显然远不是我们这篇短短的文章所能充分揭示的,但我们可以粗略地勾画出它的一个轮廓来。

在谈到儒、道两家的基本区别时,人们常说:儒家主张"入

---

① 参见海德格尔:《康德和形而上学问题》,邓晓芒译,孙周兴选编:《海德格尔选集》上卷,上海三联书店 1996 年版。

世”，道家主张“出世”。儒家之所以主张入世，是因为儒家认为出世是不可能的①；出世之所以不可能，是因为人总是“在世”的；人即便是对他自身的超越，也是在世的超越。于是，我们就面临着对儒家所谓“人生在世”与海德格尔所谓“在世”（In-der-Welt-sein 在世界中存在）加以比较分析的课题。

海德格尔的全部意图在于追问“一般存在的意义”，但在他看来，我们只能“通过对某种存在者即此在特加阐释这样一条途径突入存在概念，因为我们在此在中将能赢获领会存在和可能解释存在的视野”。② 所谓此在（Dasein）就是人这种特殊的存在者；追问存在的意义只能通过追问此在的存在才是可能的。此在的存在也就是生存（Existenz），“此在的‘本质’在于它的生存”③。这一开始就与儒家的意图有所不同：儒学并不关心所谓一般的“存在的意义”，而只关心“生存的意义”。海德格尔所说的一般存在的“超越”意义，在儒者看来是没有意义的。海德格尔在两种意义上谈到超越：一是存在之为存在的超越意义，一是此在从被抛的所是向本真能在的超越。儒家关心的乃是后者：这样的超越如何可能？人如何能从被抛的所是向本真的能在超越？或者用儒家的话来说：常人从小人变为君子乃至圣人是如何可能的？

但儒家确实也是从人的生存论视域切入的。儒家的首要的甚至唯一的关切是人的存在本身，即人的生存。蒙先生书中所说的“存在”即指人的存在，亦即生存，因为在他看来，儒家

---

① 至于道家之所谓“出世”究竟何所谓、出世究竟如何由“避世”“忘世”而可能，则是另文讨论的问题。

② 海德格尔：《存在与时间》，第 46 页。

③ 海德格尔：《存在与时间》，第 49 页。

“将人视为一种特殊的生命‘存在’”。[①] 孔子所谓“未知生，焉知死”“未能事人，焉能事鬼”[②]就是这种生存关怀的典型表达。但这并不是说儒家毫不关心人之外的存在者，儒家“仁民爱物”（孟子）“民胞物与”（张载）的主张就是关爱及物的表现；但在儒家看来，物这种存在者的存在，本质上还是人的存在；或者说，物的存在只有在被理解为人的存在时才是有意义的。周敦颐之所以“窗前草不除”就因为其“与自家意思一般”，就是这个意思。所以，儒家不把对人生意义的关切仅仅理解为追问一般存在意义的一种途径，因为那样一来，人自己的生存反被工具化了；但在海德格尔看来，“此在的存在建构的提出仍只是一条道路，目标是解答一般存在问题”[③]。但是，就对人的生存的关注而言，海德格尔与儒家却是一致的。因此，关键的工作就在于对此在即人的存在作生存论分析。

这是由作为“此在的基本建构”的“在世”（第二章）决定了的。海德格尔将其视为“首要的存在实情”[④]，而把它作为自己全部的生存论分析的“基础分析”（第一篇）：它领先于全部的本体论、认识论之类形而上学课题，而为它们奠基。蒙先生指出，儒家是“将人视为一种特殊的生命‘存在’，并且在心灵超越中实现一种境界”[⑤]。而海德格尔也正是经由“生命存在”而达到生存论视野的。他在《评卡尔·雅斯贝尔斯〈世界观的心理学〉》（1921）中写道：“说到底，当代哲学的问题主要集中

---

① 蒙培元：《情感与理性》，第 2 页。

② 《论语·先进》。

③ 海德格尔：《存在与时间》，第 492 页。

④ 海德格尔：《存在与时间》，第 62 页。

⑤ 蒙培元：《情感与理性》，第 2 页。

在作为'原始现象'(Urphaenomen)的'生命'上。"正由于此,他所"要讨论的真正对象被确定为生存"。[①] 由于这种在世结构"源始地始终地"就是"向来在先"的"先天结构",我们必须始终把这个结构"整体保持在眼界之中"。[②] 但是,"此在整体性的生存论存在论建构根据于时间性。因此,必定是绽出的时间性本身的一种源始到时方式使对一般存在的绽出的筹划成为可能"[③]。所以,时间性才是生存论分析的根本的源始视域。而说到时间性,儒家的"义"即"时义"或者"时宜"的观念就是一个非常值得注意的课题,此不赘述。

就人的生存的时间性来看,海德格尔认为,此在的存在包含两个基本的方面:一是沉沦的方面,即其被抛的"所是";二是超越的方面,即其本真的"能在"。就超越方面看,海德格尔所提出的最积极的思想之一就是:人"这种存在者的'本质'在于它去存在(Zu-sein)";换句话说,"此在是什么,依赖于它怎样去是[它自己],依赖于它将是什么"。[④] 他说:"这一存在者在其存在中对自己的存在有所作为";"对这种存在者来说,关键全在于[怎样去]存在"。[⑤] 这样的超越或许才是儒家真正的"内在超越"?因为,在这里,人之自我超越仍然是在世的;这种超越的意义,正如蒙先生所一再强调的,乃是"心灵境界"的自我提升,所达到的是一种"超越的境界"。

---

① 海德格尔:《评卡尔·雅斯贝尔斯〈世界观的心理学〉》,《路标》,孙周兴译,商务印书馆 2000 年版,第 18 页。

② 海德格尔:《存在与时间》,第 48 页。

③ 海德格尔:《存在与时间》,第 494 页。

④ 海德格尔:《存在与时间》,第 49 页。

⑤ 海德格尔:《存在与时间》,第 49 页。

在这个意义上，海德格尔的在世观念与儒家的入世观念确实是相通的。海德格尔在对“在之中”的分析中（第一篇第五章）讨论了“现身情态”（Befindlichkeit）：“我们在存在论上用现身情态这个名称所指的东西，在存在者层次上乃是最熟知和最日常的东西：情绪；有情绪。”①但是问题在于，这是一种怎样的情绪？海德格尔特别突出地分析了烦、畏（第一篇第六章）尤其是畏死（第二篇第一章）的情绪，由此导向能在、导向良知。但是正如前文已经指出的，这样的导出存在着很大的问题，存在着某种断裂。而在儒家，儒者的生存领悟不是烦、畏，而是仁、爱。这是儒家与海德格尔之间的一个根本性分歧。根据儒家思想，并不是那来自“无何有之乡”的“畏”②，而是“我欲仁”③，导向了本真的能在、本心的确立。所以，对于儒学来说，问题在于在从被抛的所是向本真能在的超越中，“我欲仁”是如何必然地显现的？

海德格尔“直追究到那些同在世一样源始的此在结构上面。这些结构就是：共同存在（Mitsein）与共同此在（Mit-das-Sein）。日常的自己存在的样式就奠基在这种存在方式之中”④。他解释说：“此在的世界是共同世界。‘在之中’就是与他人共同存在。他人的在世界之内的自在存在就是共同此在。”⑤这种“日常的自己存在的样式”就是“可称为日常生活的‘主体’的东西：常人（Das Man）”。这种常人，儒家称为“小

---

① 海德格尔：《存在与时间》，第 156 页。
② 海德格尔：《存在与时间》，第 215 页。
③ 《论语·述而》。
④ 海德格尔：《存在与时间》，第 132 页。
⑤ 海德格尔：《存在与时间》，第 138 页。

人”，就是沉沦于世的庸人。问题在于，这种“常人”向本真能在超越时的“恻隐之心”是如何被奠基的？或者说，如何“求其放心”？即“本心”是如何显现出来的？这里，“共同在世与共同此在”起着怎样的作用？

前面分析良知问题的时候，我们已然指出，海德格尔的思路并不能保证这一点。但是，本来，即使按照海德格尔的某种说法，仁爱之心也是可能必然地显现出来的。这是因为，“他人的共同此在的展开属于共在”；而“此在作为共在在本质上是为他人之故而‘存在’。这一点必须作为生存论的本质命题来领会”。[①] 因为，在共在中的烦或操心(Sorge)分为两种：一种是对于物的 Besorge；一种是对于人的 Fuersorge。后者可以译为“牵挂”[②]，它又“有两种极端的可能性”：一种是“代庖(einspringen)控制”，在这种情况下，“他人可能变成依附者或被控制者”；另一种是“率先(vorspringen)解放”，这是“为他人生存的能在作出表率；不是要从他人那里揽过‘操心’来，倒恰要把‘操心’真正作为操心给回他。这种操持本质上涉及本真的操心，也就是说，涉及他人的生存，而不是涉及他人所操劳的‘什么’。这种操持有助于他人在他的操心中把自身看透并使他自己为操心而自由”。[③] 这种牵挂作为“本真的操心”，就是儒家所说的“戒慎恐惧”；仁爱之心、良知就奠基于这种戒慎恐惧之中。这是因为，从正面讲，这样的牵挂“是由顾视与顾惜来指引的”；从反面讲，这种“顾视与顾惜各自都有一系列残缺

---

① 海德格尔：《存在与时间》，第 143 页。

② 中译本《存在与时间》译为“操持”。

③ 海德格尔：《存在与时间》，第 142 页。

和淡漠的样式，直至不管不顾与由淡漠所引导的熟视无睹”。①这种正面的顾视和顾惜就是儒家所说的“仁者爱人”，而那反面的不管不顾和熟视无睹则是儒家所说的“麻木不仁”。

行文至此，我们似乎可以得出一个结论：仁爱情感确实是奠基性的，但并非终极奠基性的。说它是奠基性的，因为在“仁—义—礼—知”这样的建构中，仁无疑是基础的东西；而说它是非终极奠基性的，因为仁爱作为情感又是以在世的生存为基础的。

最后应该说，海德格尔的那些分析确实是非常精彩的；但我们同时必须始终保持清醒的是，众所周知，他那些分析完全是没有任何道德内涵的，并不能指向任何伦理学建构。而儒家所关心的却是：生存论分析如何导向伦理学建构？问题的答案或许就隐藏在某种生存论视域中。这可能是蒙先生的新著所给予我们的最大启示。

① 海德格尔：《存在与时间》，第142页。

梁漱溟文化思想的哲学基础的现象学考察*

——重读《东西文化及其哲学》

一、问题的缘起

80年前,梁漱溟先生的代表作《东西文化及其哲学》①于1922年出版。此书的意义当然不在于它问世之时所引起的轰动,而在于它开启了被标志为“现代新儒家”的这样一场影响深远的文化—哲学运动。② 它之具有这种开启意义的根据,在于它规定了现代新儒家的基本问题及其方法:在中西比较的视域中“释本开新”③,重建儒家传统。

---

* 本文作于2003年8月;原载《文化与人生:梁漱溟先生诞辰110周年纪念文集》,重庆出版社2004年版,第9—22页;收入作者文集《面向生活本身的儒学——黄玉顺“生活儒学”自选集》,四川大学出版社2006年版,第337—352页。

① 梁漱溟:《东西文化及其哲学》,商务印书馆1922年版。

② 对此尚存争议。有人认为:梁漱溟属于当时的“东方文化派”;而现代新儒家的奠基人则是熊十力。这种看法是以“熊十力—牟宗三”一系为现代新儒家的“正宗”,未免有门户之见。

③ 通常将现代新儒家的宗旨概括为“返本开新”,而我则以为应当概括为“释本开新”:并不是简单地返回传统,而是通过解释来重建传统。这大致是与史学界的“信古—疑古—释古”相应的。

书名“东西文化及其哲学”已经表明：这是东西之间的文化比较，而这种文化比较又有其哲学基础。就中国方面看，这种哲学基础主要是孔子的思想，所以梁先生的思想被称为“新孔学”；而在与西方对话方面，这种哲学基础主要是法国生命哲学家柏格森（Henri Bergson）的思想，由此，梁先生的新孔学也是一种“东方生命哲学”。这当然有某种历史的机缘，例如当时对中国思想界影响最大的西方生命哲学家正是柏格森，但更深层次的原因是，中国的传统思想，作为某种“东方生命哲学”，似乎与西方生命哲学具有某种天然的亲和力，以至于当时中国思想界的许多台面人物，差不多都有某种生命哲学的色彩。①

但柏格森是法国人，而西方生命哲学的大本营却是在德国。德国生命哲学上承“狂飙突进”的浪漫主义运动，下启生存哲学。当生命哲学还在德国继续发展时，另一场伟大的哲学运动已在德国崛起，那就是现象学，其代表人物有胡塞尔、舍勒，尤其是海德格尔。海德格尔以施莱尔马赫（F. Schleiermacher）解释学为中介，高度关注例如狄尔泰（W. Dilthey）的生命哲学，此外还有与生命哲学关系密切的雅斯贝尔斯（K. Jaspers）的生存哲学。当时德国几乎所有的哲学家所关注的都是“生命”问题，正如海德格尔所说：“说到底，当代哲学的问题主要集中在作为‘原始现象’的‘生命’上。”②所以，广义的生命哲学包括了生存哲学；而据海德格尔的发现，“关

---

①　参见黄玉顺：《生存结构与心灵境界——面向21世纪的中国哲学》，《周易研究》2002年第4期。

②　海德格尔：《评卡尔·雅斯贝尔斯〈世界观的心理学〉》，《路标》，孙周兴译，商务印书馆2000年版，第18页。

键是要看清,在本真精神历史的方向中形成的生命哲学,乃是以生存现象为意向的”①。换句话说,生命哲学应该被奠基于生存哲学。② 这些话出现在海德格尔对雅斯贝尔斯的评论中,而海德格尔自己正是由此走向生存论现象学的。在这种意义上,海德格尔现象学乃是生命哲学的后继者:这种后继首先是一种批判,即批判其传统形而上学性质;但同时是一种深入,即以自己的“基础存在论”(Fundamentalontologie)为之奠基。

有鉴于此,在生命哲学已是明日黄花而现象学运动正在发挥世界性影响的今天,我们以现象学的眼光,回过头来重新检视一番梁先生的《东西文化及其哲学》,这或许是一件很有意义的事情。

二、梁漱溟的文化观

按其宗旨来说,《东西文化及其哲学》不是一本哲学著作。依梁先生的本意,他所关心的不是哲学问题,而是文化问题。近代以来,在中国文化传统式微、遭遇西方外来强势文化的情

---

① 海德格尔:《评卡尔·雅斯贝尔斯〈世界观的心理学〉》,《路标》,第 17 页。

② 奠基(Fundierung)是现象学的一个基本观念。胡塞尔有一个形式定义:“如果一个 α 本身本质规律性地只能在一个与 μ 相联结的广泛统一之中存在,那么我们就要说:一个 α 本身需要由一个 μ 来奠基。”(胡塞尔:《逻辑研究》第二卷,倪梁康译,上海译文出版社 1998 年版,第 285 页)更通俗地说,如果 B 存在,当且仅当 A 存在,那么,A 是为 B 奠基的。μ 和 α,或者 A 和 B,就是一种奠基关系。海德格尔的“基础存在论”就是为传统存在论提供“基础”解释,亦即为形而上学奠基。

景下，“中西文化比较”就成了一代又一代思想者的恒常话题，至今依旧。梁先生亦然，他所关注的问题是“东西文化”的优劣的比较。

在梁先生看来，一种特殊的文化自有其特殊的“根本精神”，东西文化的不同就在于它们的文化精神不同。现象学中也有类似的观点，例如舍勒的“文化社会学”就认为：“关于人的精神的理论是文化社会学必要的先决条件，关于人的天性冲动的理论是实因素社会学必要的先决条件。”①这里“精神”与“冲动”的关联，似乎正是文化哲学与生命哲学的关联。可见，德国现象学与德国生命哲学所理解的“精神”有相通之处。

根据根本的文化精神的不同，梁先生就其目光所及，把世界文化分为三种类型：第一种，西方文化，是以意欲向前要求为其根本精神的。这种文化的特征，“就是奋力取得所要求的东西，设法满足它的要求；换一句话说，就是奋斗的态度。遇到问题都是对于前面去下手，这种下手的结果就是改造局面，使其可以满足我们的要求”②。第二种，中国文化，是以意欲自为调和持中为其根本精神的。这种文化的特征在于，“遇到问题不去要求解决，改造局面，就在这种境地上求我自己的满足”；“他并不想奋斗的改造局面，而是回想的随遇而安。他所持应付问题的方法只是自己的意欲调和罢了”。③这种精神态度的典范，在梁先生看来就是以孔子为代表的儒家文化。第三种：印度文化，是以意欲反身向后要求为其根本精神的。这是世界

---

① 刘小枫选编：《舍勒选集》，上海三联书店 1999 年版，第 1071—1072 页。

② 梁漱溟：《东西文化及其哲学》，商务印书馆 1922 年版，第 202 页。

③ 梁漱溟：《东西文化及其哲学》，第 202 页。

文化的三种形式、三条道路。

这种划分当然不免有简单化之嫌，但也无伤大雅。更重要的是，在梁先生看来，这三条路虽然在实际中是“共时”的存在，故而在当今现实中发生冲突，但在理念上却是一个“历时”的序列，这里存在着梁先生熟悉的佛学式的“三时”架构：西方“向前”的态度是人类过去的文化精神，中国“调和持中”的态度是人类现在的文化精神，而印度“向后”的态度是人类将来的文化精神。于是乎，类型的划分转换成了时代的划分。类似的文化划分，现象学中也是存在的，例如胡塞尔就把文化历时地划分为自然形成的“宗教文化”阶段和在哲学观点下的“科学文化”阶段。但胡塞尔的价值立场则是相反的，他区分了两种“生活形式”（Lebensform）：宗教文化属于被动的自身管理（Selbstreglung）的自然生活形式，而科学文化则属于自由的自身立法（Selbstgesetzgebung）的高级生活形式。[①] 而梁先生认为：西方的意欲向前其实是滞后，印度的意欲向后其实是超前；只有中国的意欲持中，恰到好处地居中。于是，在文化比较问题上，梁先生从“事实陈述”而引出了他的“价值评判”：西方那种已经过时的“意欲向前”的态度是应该加以排斥的，印度那种尚未到时的“意欲向后”的态度是应该暂时悬置的；目前惟有中国这种“调和持中”的态度才是恰到好处、合乎时宜的。所以，中国文化比西方文化、印度文化更优越。

为了支持他这种优劣、好坏的文化比较，梁先生还诉诸文化在生活感受上的主观效果。为此，梁先生对生活进行了一种外延的划分：物质生活、社会生活、精神生活。梁先生说：中国

---

① 参见胡塞尔：《逻辑研究》第二卷。

较之西方,虽然在物质生活上百事不如人,但在社会生活、精神生活上却很幸福快乐。据此,梁先生提出了我们今日所应有的态度:“第一,要排斥印度的态度,丝毫不能容留。第二,对于西方文化是全盘承受,而根本改过,就是对其态度要改一改。第三,批评的把中国原来态度重新拿出来。”①一方面并不拒绝西方文明(征服自然的精神、科学的方法、民主精神),但是在“态度”上加以“根本改过”;另一方面也并非全盘接受中国传统,而是加以“批评”的“重新”拿出。这两个方面的综合,正是梁先生所赞赏的中国文化精神的“调和持中”的态度,其实也正是现代新儒家学者的普遍态度。而且,这种“以中国的态度走西方的路”的观点,或许在相当程度上也正是我们今天的实际情况。

三、梁漱溟文化观的哲学基础

梁先生所关注的虽是文化问题,但对文化的解释却必定有其哲学的基础。梁先生的文化观基于这样一个问题:何谓“文化”?梁先生回答说:“文化并非别的,乃是人类生活的样法。”②正是通过对“文化”的理解和界定,梁先生引出了自己的文化观的哲学基础。显然,这个哲学的基本范畴,首先就是“生活”。文化决定于、奠基于生活。不仅如此,“生活”对于梁先生还具有方法论意义,“我们批评的方法即因此对于生活的

---

① 梁漱溟:《东西文化及其哲学》,第 129 页。
② 梁漱溟:《东西文化及其哲学》,第 24 页。

见解而来"[1],因为这是梁先生的"世界观",即他看待世界的方式,所以才具有方法论意义。

那么,何谓"生活"?梁先生说:"生活即是在某范围的'事的相续',这个'事'是什么?照我们的意思,一问一答即唯识家所谓'见分'、'相分'是为一事,一事一事又一事,……如是涌出不已,是为'相续'。"[2]梁先生借用佛教唯识学的概念说明:作为对象事物的"相分",只不过是作为主体意识(心识)的"见分"的一种设定而已。实际上这也是儒家的观念:事物只是心性的设定。物犹事也,事乃心也:这是儒家心学的基本观念。梁先生受到王阳明的很大影响,王阳明就认为:"心外无物",因为物即事,事即意,而意即心;"心之所发便是意","意之所在便是物"。[3] 但"相续"也带有柏格森关于生命冲动的"绵延"(duration)的色彩,这是因为,照柏格森的讲法,"生命是运动","物质是运动的逆转","是生命冲动之堕落",[4]生命的运动便是绵延。由此可以看出,梁先生的生活观乃是"唯心"主义的:佛教的"万法唯识""三界唯心"论,生命哲学的"生存意志"论,归根到底则是儒家心学的"心性"论。

这个"生活"不仅指人的生活;作为生命哲学范畴,生活被本体化了,亦即宇宙即是生活。"照我们的意思,尽宇宙是一生活,只是生活,初无宇宙。由生活相续,故尔宇宙似乎恒在,其实宇宙是多的相续,不似一的宛在,宇宙实成于生活之上,托

---

① 梁漱溟:《东西文化及其哲学》,第 47 页。

② 梁漱溟:《东西文化及其哲学》,第 49 页。

③ 《王阳明全集·传习录上》。

④ 柏格森:《时间与自由意志》,商务印书馆 1958 年版,第 159 页。

乎生活而存者也。这样大的生活是生活的真象，生活的真解。”[①]宇宙作为“多”，是末、用；生活作为“一”，是本、体。这样的“生活”观念，实质上就是生命哲学的“生命”观念。[②] 在西方生命哲学中，“生活”与“生命”是一个概念：lebe / life。宇宙即是“生活相续”“事的相续”，也就是生命的“绵延”。

这个话题跟胡塞尔现象学是相关的：胡塞尔后期的“发生现象学”提出了一个非常重要、影响广泛的概念“生活世界”（Lebenswelt）：我们将“前科学的”经验的生活世界“悬搁”之后，就得到现象学的先验的“生活世界”观念。这个生活世界作为“一”，具有不变的本质结构；而作为“多”的在自然主义态度下的经验生活世界，只是这个先验的生活世界的“变项”而已。[③] 于是，生活世界就是所有对象性实在的根基，所有客观性存在的起源。这当然跟梁先生、柏格森的看法截然不同；但就其为先验的“一”来看，它们仍然是相通的：西方生命哲学、梁先生的新孔学、胡塞尔现象学，都是这样的先验哲学。

既然文化被奠基于生活，那么，文化的差异也就源于“生活的样法”差异。关于中、西、印之间的生活样法的差异，梁先生举出了许多生动的例子。但是，生活样法为什么会出现差异？梁先生最终归结为“意欲”：“通是个民族，通是个生活，何以它那表现出来的生活的样法成了两异的采色？不过是他那为生的样法最初本因的意欲分出两异的方向，所以发挥出来的

---

① 梁漱溟：《东西文化及其哲学》，第 49 页。

② 梁先生后来明确说过：“于体则曰生命，于用则曰生活，究其实则一。”（梁漱溟：《东西文化及其哲学》，第 3 页）

③ 胡塞尔“生活世界”观念所具有的基础存在论或生存论意义，见本文第五部分。

便两样罢了。然则你要去求一家文化的根本或本源,你只要去看文化的根源的意欲。”①文化的差异被奠基于生活样法的差异,而生活样法的差异又被奠基于意欲的差异,所以,意欲才是“文化的根源”。在这个意义上,“生活又是什么呢?生活就是没尽的意欲(will),和那不断的满足与不满足罢了”②。这里,梁先生明确无误地将“意欲”标明为“will”(意志),是意味深长的:这就使我们联想到更为广义的生命哲学——叔本华的意志论:与柏格森生命哲学一样,如果说生活就是生命(life),那么,意欲也就是作为生命冲动(vital-impetus)的“生存意志”了。

再联系到上文谈到的关于文化的“根本精神”问题,我们也可以说:根本精神的差异导致了生活样法的差异。这就是说,根本精神是意欲与生活样法之间的中介。这是因为,我们从上文谈到文化的三种类型时的“以意欲……为根本精神”这个句法可以看出,文化的根本精神源自意欲。另外,梁先生还经常说到“态度”“中国的态度”,而所谓态度,也就是意欲之所向,亦即意欲的指向性。于是,我们现在可以归纳出这样一种总体性的奠基关系:

意欲 → 态度 → 根本精神 → 生活样法 → 文化差异

显而易见,“意欲”是梁先生的哲学的原初性的、终极奠基性的观念。以意欲为根本,这是梁先生新孔学与西方生命哲学的根本契合点;但就其中国文化的本根而言,它却是源于儒家

① 梁漱溟:《东西文化及其哲学》,第24页。

② 梁漱溟:《东西文化及其哲学》,第23页。

心学的。心学由子思、孟子创立，王阳明集其大成，其基本观点是：原初性的、终极奠基性的东西是人的心性；心在静时为性，而在动时为情、意、欲。但这里恰恰已表明，梁先生的新孔学其实已经是对儒家心学的某种“修正”，而这种“修正”的根据却正是西方生命哲学。这是因为，在儒家心学本身，意欲并不是最后的本体；本体是静的本心本性，而不是动的意欲。[①] 朱熹说：“人生而静，天之性也；感于物而动，性之欲也。”[②]王阳明也说：“无善无恶心之体，有善有恶意之动”[③]；“无善无恶者，理之静；有善有恶者，气之动”[④]。但无论如何，梁先生的思路还是一种典型的先验进路，而与儒学、生命哲学以及胡塞尔先验现象学的运思方向一致：首先设定一种先验的纯粹意识；其次将其本体化，把它视为存在论的本体；最后由此出发，进行一切形而上学的建构。梁先生的“意欲”，也就是这样的先验本体。

四、梁漱溟致思的先验论进路

上述总体奠基关系表明，意欲是为态度奠基的；但严格来讲，意欲并非态度的直接根据，在意欲与态度之间还有一些东西，对梁先生的哲学建构具有重要的意义。梁先生实际所指的儒家的意欲，并非任何一种意欲，而是孔子强调的“仁”。这是

---

① 在儒家，大概只有刘宗周是个例外：“意蕴于心，非心之所发也。”（《刘子全书·语录》）梁先生的观点或许类似于刘宗周的意本论。

② 朱熹集注：《诗集传·序》。

③ 《王阳明全集·传习录下》。

④ 《王阳明全集·传习录上》。

梁先生与西方生命哲学的根本不同之处，而确实是儒家的东西。孔子说："我欲仁，斯仁至矣。"[1]这个"欲"就是意欲；"欲仁"就是说此欲即仁，或者说仁是欲的实际表现。梁先生所说的中国文化的"调和持中"的态度，其实就是由这种"仁"的精神来决定的，因为仁，这才有"中庸"的态度。

这就是说，意欲要呈现出来才成为态度；意欲未呈现就是未被意识到，也就没有形成态度。那么，欲之仁是如何呈现出来的呢？这就涉及梁先生的另一个重要观念：直觉。欲之仁是在直觉中呈现出来的。他举例说："宰我[2]问三年之丧似太久，孔子对他讲：'食夫稻，衣夫锦，于汝安乎？'他说：'安。'孔子就说：'汝安则为之。君子之居丧，食旨不甘，闻乐不乐，居处不安，故不为也。汝安则为之。'宰我出去后孔子就叹息道：'予（宰我）之不仁也！'[3]这个'仁'就完全要在那'安'字上求之。"予（宰我）之不仁，就因为他未感觉到不安。这个"安"或"不安"是一种感觉，或者说是一种直觉。所以梁先生接着指出："儒家完全要听凭直觉，所以唯一重要的就在直觉敏锐明利；而唯一怕的就在直觉迟钝麻痹。"[4]这就是说，直觉乃是态度的直接根据。所以，上述那个总体奠基关系应改写为：

意欲 → 直觉 → 态度 → 根本精神 → 生活样法 → 文化差异

---

① 《论语·述而》。

② 宰我，孔子的弟子。

③ 事见《论语·阳货》。

④ 梁漱溟：《东西文化及其哲学》，第126页。

但是,直觉总是对某种东西的直觉,就是说,直觉以这种东西的存在为前提。这是什么东西呢?是否就是意欲?其实不然。直觉的直接对象不是意欲,而是意欲之仁;而仁乃是一种情感。意欲是“未发”之体(本体),而仁是“已发”之用:这才是真正儒家式的理解。所以,梁先生与柏格森对直觉的理解有所不同。柏格森说,“所谓直觉就是把自己置身于对象之内,是意志生命的交融”;“我们只能在直觉中,直接地把握绵延”。[①] 这就是说,直觉是个体生命对作为宇宙本体的生命绵延的把握,所以是“生命的交融”。而梁先生则认为,在儒家,被直觉到的就是情感,具体说是仁爱的情感。确实,儒学的根本乃是情感。[②] 所以他说:像宰我(予)那样的情况,“所谓安,不是情感薄、直觉钝吗?而所谓不安,不是情感厚、直觉敏锐是什么?”[③]情感薄则直觉钝,情感厚则直觉利,这就表明,直觉是奠基于情感的。

为此,梁先生区分了两种认识:对客观的物的认识(“理智”)和对主观的情的认识(“理性”[④])。对外在的物的认识方法是“静观”,而对内在的情的认识方法则是直觉。情对于物是优先的,因而直觉对于理智是优先的:“在我的直觉上对于亲族是情厚些,就厚些;对于旁人略差些,就差些;对于生物又差些,就又差些;……你若判定情厚、多爱为定理,而以理智往下推导,把它作成客观道理而秉持之,反倒成了形式,没有真情,谬戾可笑,

---

① 柏格森:《形而上学导言》,商务印书馆 1963 年版,第 67、71 页。

② 参见蒙培元:《情感与理性》,中国社会科学出版社 2002 年版。

③ 梁漱溟:《东西文化及其哲学》,第 126 页。

④ 这个“理性”概念是梁先生个人的特殊用法。

何如完全听凭直觉。”①因为物不外乎是心之情的设定，所谓“天理”不外乎是人心的发用流行，所以，“大家要晓得，天理不是认定的一个客观道理，如臣当忠，子当孝之类；是我自己生命自然变化流行之理”，因此，“完全听凭直觉活动自如，他自能不失规矩，就谓之‘合天理’”。②这就是直觉的优先性。

于是，那个总体奠基关系应改写为：

意欲 → 情感 → 直觉 →态度 → 根本精神 → 生活样法 → 文化差异

而“直觉”正是现象学的中心概念，胡塞尔称之为“直观”。③从研究对象看，直观是现象学的首要课题；从研究方法看，直观是现象学的“第一方法原则”“一切原则的原则”。④但是在胡塞尔，直观是对纯粹意识的直观，更具知识论色彩；而在梁先生，直觉则是对仁爱情感的直觉，更具伦理学色彩。不过，两者还是颇能相通的：在胡塞尔，浑然的纯粹意识经由直观而达到意向性分析；在梁先生，初始的情感经由直觉而成为明确的态度。显然，直觉和直观都是从纯粹意识到意向性、从情感到态度的一个必要的转环。这里，直观和直觉都发挥着奠基的作用。

---

① 梁漱溟：《东西文化及其哲学》，第 52 页。

② 梁漱溟：《东西文化及其哲学》，第 132 页。

③ “直观”（Anschauung）和“直觉”（Intuition）本来是有所区别的，但在胡塞尔那里，它们是被同义使用的。

④ 胡塞尔：《纯粹现象学通论》，李幼蒸译，商务印书馆 1992 年版，第 84 页。

五、从先验现象学到此在现象学

应当说,我们从梁先生思想中归纳出来的这个总体奠基关系本身可谓言之成理;但这基于这样一个前提:以主体即“我”的存在为原初的前设(presupposition)。上面说到,直觉以情感的存在为前提;其实,不仅直觉,而且情感乃至作为本体的意欲本身,还需另外一个前提,就是主体即“我”的存在。如上文所引孔子所说的“我欲仁”,显然,如果说“欲”是“仁”的前提,那么“我”就是“欲”的前提。这正如柏格森所说:“唯一实在的东西就是那活生生的、在发展中的自我。”①在梁先生那里,没有“我”就既没有作为直觉对象的情感,也没有直觉活动的主体。

为此,梁先生区分了“前此的我”(“已成的我”)和“现在的我”:“所谓‘前此的我’或‘已成的我’就是物质世界能为我们所得到的,如白色、声响、坚硬等,皆感觉对他现出来的影子呈露我们之前者。而这时有一种看不见、听不到、摸不着的非物质的东西,就是所谓‘现在的我’,这个‘现在的我’,大家或谓之‘心’或‘精神’,就是当下向前的一活动,是与‘已成的我’——物质——相对待的。”②正是这个“我”的设定,使梁先生的思想与佛教哲学根本区别开来,因为佛教主张“人无我”“法(客观事物)无我”,亦即万物皆无自性,一切皆空。但梁先生认为:“这个差不多已成定局的宇宙,是由我们前此的自己

① 柏格森:《时间与自由意志》,第120页。

② 梁漱溟:《东西文化及其哲学》,第48页。

而成功这样的;这个东西可以叫做‘前此的我’或‘已成的我’,而现在的意欲就是‘现在的我’。所以我们所说小范围生活的解释即是‘现在的我’对于‘前此的我’之一种奋斗努力。”①显然,假如没有实在的“我”的设定,就没有了梁先生的新孔学。于是,那个总体奠基关系又应被改写为:

自我 → 意欲 → 情感 → 直觉 → 态度 → ……→ 文化差异

然而这样一来,梁先生的哲学便陷入了传统形而上学的困境,因为一说到“我”,问题就大了:“我”作为主体性设定,正是现象学所力图排除的东西。

现象学对主体性的“我”的排除,经过两个重要阶段:

首先是胡塞尔对笛卡尔的超越。在胡塞尔看来,笛卡尔还不是纯粹的先验哲学,还存在着经验主义的“心理主义残余”,因为“我思故我在”之“我”,作为一个灵肉二元的结合体,仍残存着生理学、心理学的东西。而在现象学看来,这种灵肉结合体仍然是应该被排除的作为存在设定的超越物,如果不加以排除或“悬搁”,我们就会陷入“认识论困境”:你如何可能确定肉体自我的存在?即便这种肉体存在是客观实在,那么进一步说,作为精神自我的内在主体,如何可能知道、“切中”这个外在的客观对象?我的比方是:你如何能走出自己的皮肤?但我们的问题则在于:梁先生的“我”究竟是一种经验的自我,还是一种纯粹先验的主体?若是经

① 梁漱溟:《东西文化及其哲学》,第48页。

验的自我,那也会面临无法解脱的认识论困境;但若是纯粹先验的主体又如何? 这就涉及:

海德格尔对胡塞尔的超越。他批评说:“胡塞尔以其意识现象的现象学的描述又回到了恰恰是他从前所批驳的心理主义的立场上来了。”这是因为,胡塞尔的“‘一切原则的原则’要求绝对主体性作为哲学之事情”。① 按照海德格尔的批评,不论胡塞尔还是梁先生的先验的主体,都同样仍然是大成问题的:它们并不是真正源始性的或原初奠基性的东西。主体与客体作为“主—客”二元对置关系的存在者层次上的(ontisch)而非存在论上的(ontologisch)因素,是后来才被同时建构出来的。这是因为,主体性建构乃是“客观化”(objektivieren)的结果:“客观化就是使某物成为一个客体,把它设定为一个客体并且仅仅这样来表象它”②;而在这种客观化的同时,主体自身也被建构起来。因此,“自己的此在的‘主体性质’与他人的‘主体性质’都是从生存论上(existenzial)得到规定的,也就是说,从某些去存在(Zu-sein)的方式得到规定的”③。这就是说,自我论是被生存论奠基的。这里的要害在于海德格尔所说的“存在的遗忘”:人作为在世(In-der-Welt-sein)的存在者,不再被理解为作为“存在之为存在”本身的“缘构发生”(Ereignis)的结果,不再被理解为源始的、非实体性的东西,而是被理解为先验的主体,被理解为某

---

① 海德格尔:《面向思的事情》,第92、77页。

② 海德格尔:《〈今日神学中一种非客观化的思与言问题〉的神学谈话中主要观点的若干提示》,孙周兴译,刘小枫选编:《海德格尔与有限性思想》,华夏出版社2002年版,第19页。

③ 海德格尔:《存在与时间》,第146页。

种终极的实体。

其实,按照海德格尔的思路①,梁先生的"生活"概念更具源始奠基性。我们可以参考海德格尔的思想,来重建梁先生的新孔学。当然,这里尚须引入舍勒的某些思想。根据这样的思路,那个总体奠基关系应该被建构为:

生活 → 直觉 → 情感 → 自我 → 意欲 → ……→文化差异

对此,我们可以简述如下:

如果生活(life)是指的生存(Existenz),亦即是指的此在(Dasein),亦即人这种特殊存在者的原初的"人生在世"(In-der-Welt-sein),那么,直觉作为直观(Anschauung),就是此在的源始的生存领悟(Existenz-Verstandnis)。这种生存领悟本质上是情感的,但那不是海德格尔式的"烦"(Sorge),而是舍勒式的"爱"(Liebe)②,也就是儒家的"仁"的情感。③ 这种生存领悟之被客观化(objektivieren),同时即是主体性"自我"的建构。主体意识的指向性作为意向性(Intentionalität),就是"意欲"。意欲不仅导向伦理学建构,而且导向知识论建构,最终导向文化建构。

不过这样一来,这已经不再是梁先生的新孔学了。

最后,我们可以这样结束本文:如果说生活即"事的相续"

① 这里指海德格尔以《存在与时间》为代表的前期思想。

② 舍勒:《爱的秩序》,林克译,刘小枫选编:《舍勒选集》,上海三联书店 1999 年版。

③ 但儒家的仁爱不需要舍勒式的上帝来保证。

"连续的涌出不已",那么"为什么这样连续的涌出不已呢?因为我们问之不已——追寻不已"。[①] 问是思的事情,问之不已即思之不已。

---

① 梁漱溟:《东西文化及其哲学》,第49页。

我们的语言与我们的生存*

——驳所谓“现代中国人‘失语’”说

目前有一种很时髦的说法，说是现代中国人已经患上了“失语症”：我们所操的表面上似乎还是现代“汉语”，而实际上讲的却是西方话语；我们不过是以汉语之形，而道西语之实；我们犹如邯郸之行，忘其故步，已经丧失了自己的语言，丧失了说自家话的能力。

这种“失语说”犹如一种流行病，从中国的文学理论界滋生，迅速蔓延到文化界、思想界乃至整个学术界。对于那些持有强烈的文化民族主义立场的人来说，“失语说”似乎已经成为他们手中的一种“有力的理论武器”。这实在是一种危险的倾向，它反映出相当一部分人仍然坚持着一种闭关锁国的心态。有鉴于此，我们必须认真对待这种论调。我们问：事情果真如“失语”论者所说的那样吗？

---

* 本文作于2003年9月；原载《南京师范大学文学院学报》2004年第4期；收入作者文集《面向生活本身的儒学——黄玉顺“生活儒学”自选集》，四川大学出版社2006年版，第323—329页。

一

确实,只要是顺着“失语”论者的思路去思考问题,中国人就真正是“失语”了。我认识的一位中国哲学教授,就是一个典型的例子。他出于强烈的民族主义情结,对自己的研究生的要求,跟当年鲁迅的态度正好相反。鲁迅说:“中国的书一本都不要读。”而他的态度是:西方的书一本都不要读,只许读咱们中国的书。可是当他说完这一类话以后,他就这样开始讲授所谓地地道道的中国哲学了,例如:“咱们现在开始讲老子的辩证法……”呜呼!“辩证法”!试问,这个东西曾经写在中国的哪本书里?没有。这位教授已经“失语”了。而且,情况看起来还更为严重,因为类似的“失语”现象不仅充斥我们的学术文本,而且遍布我们的日常语言:只要我们开口讲现代汉语,我们就不得不讲“西方话语”。怎么办?看来是别无选择了:要么保持沉默,全民皆哑;要么重操文言,之乎者也。据我所知,确有学者在这么做:他们试图从中国古代词汇中发掘出一套货真价实的“中国的”理论语言来,虽然迄无成功——也永远不可能成功。

事情就是这样:只要顺着“失语”论者的思路去思考问题,那么中国人确实就是“失语”了。既然如此,好吧,让我们继续顺着“失语”论者的思路思考下去。

根据“失语”论者的思路,中国人其实早已经“失语”了,何待今日!至迟在东汉时期,即佛学传入以来,中国人就“失语”了:我们满口的“世界”“时间”“实际”“真相”之类,原来竟然也都是“西方”——唐玄奘“西天取经”的那个“西方”——的东西。中国人已“失语”千年!

但是依然根据“失语”论者的思路,西方人其实同样早已经“失语”了,何止中国!例如现代英语,它究竟有多少成分属于所谓地地道道的原始英语?又有多少成分来自法语、拉丁语、其他语?英国英语如此,美国英语更不消说了。这是稍知英语历史的人都明白的。假如英国人也采取那位教授的那种“爱国主义”态度,他们一定会连《圣经》也不要读的。可是事情并非如此。现代英国人、美国人好像并没有惊慌失措:“哇!我们失语啦!”

推而广之,不仅英语等西方语言,世界上究竟有哪种语言还是没有“失语”的?恐怕只有那种从来未曾与外界有过接触的原始部落的语言,但这样的原始部落好像已经在世界上绝迹了。如此说来,所谓“失语”竟是一种全球性的、普遍性的现象,竟是一种没有任何力量足以阻挡的“天命”。于是,我们就会想到这样一种二者必居其一的推论:假如“失语”是一种应该被克服的荒谬现象,那么这个世界整个就是荒谬的;否则我们就只好说,“失语”之说本身才是荒谬的。

其实,即使按照“失语”论者的说法,现代中国人也并未彻底地“失语”。语言包括三个层面:词汇,语音,语法。变化最快的当属词汇,我们所谓“失语”主要是指的这个层面:西学东渐以来,大量的外语词汇传入汉语。其次就是语音,其变化却比较缓慢:现代汉语跟所谓“西化”前的近代汉语相比,在语音上并没有发生多少变异。至于语法,就更是语言中最为稳固的层面;尤其是它的语序结构,其变化往往以千百年计。现代汉语与近代汉语相比,在语序上究竟能有多少差异?几乎没有。

所以,是不是可以说:部分在语音上,几乎整个在语法上,我们还是没有“失语”的。

况且,即便承认现代汉语不仅在词汇层面上,而且在语音、语法层面上已经因为受西方语言的影响而在悄然发生着某些变化,甚至干脆承认我们的整个语言确确实实地变成了一种带有所谓“西方话语”的语言,难道这就是“失语”了吗?事情并非如此。须知,行文至此,我们一直都是在顺着“失语”论者的思路考虑问题,尽管它已导致了某种荒诞的结论;而真正的问题却在于“失语”论者的思路果真是对的吗?他们所描述的情景难道果真是所谓“失语”吗?

二

我们的看法恰恰相反:现代汉语不仅在语言形式上是地地道道的汉语,而且在观念内容上同样是地地道道的汉语。这个问题涉及两个层面的观念:解释学的观念,语言学的观念。

按当代哲学解释学的观念,所谓“失语”根本就是不可能的。因为显而易见,“失语说”的一个基本前提是:我们可以在与外来语言的接触中接受纯粹的原汁原味的外语及其观念,同时可以在与传统文本的接触中接受纯粹的原汁原味的传统语言及其观念。在前一种情况下,我们才可能“失语”;在后一种情况下,我们才可能“避免失语”。但我们知道,“失语”论者所持的这样一种观念本身恰恰是一种陈旧的传统观念。而按照当代哲学解释学的观念,那种纯粹的原汁原味的接受根本是不可能的。

正如伽达默尔所说，一旦翻译就已经是阐释。对于外语文本或者传统文本，即便仅仅是“忠实的”翻译——甚至是鲁迅所谓“直译”——也都已经是在阐释了，更不用说那种转述、介绍之类的东西了。而只要阐释，就已经带有了阐释者的观念；甚至可以说，阐释其实在本质上就是阐释者自己的观念。这是因为，阐释作为此在的一种生存样式意味着：在阐释中，“过去”了的传统其实已经成为我们的“当下”——过去已经被当下化了，传统已经被此在化了。这是由作为此在生存样式的阐释本身的时间性、历史性所决定的：我们向来已经走在了传统的前面。由此看来，近代以来大量涌入的西方词语，经过中国人哪怕仅仅赋之以汉语化的形式这样一种阐释，其实也已经是现代中国人自己的观念了。

但即便这样的理解也还是不够充分透彻的，因为当代哲学解释学是奠基于现象学观念的。按现象学的语言观，“失语说”乃是一种彻头彻尾的头足倒置的说法。阐释（Interpretation）是奠基于此在亦即人自己的源始的存在之领会与解释（Auslegung）的；而这种存在之领会与解释，又是奠基于更其源始的生存——存在本身的。所以，对语言的理解，实质是对人的理解。然而，“失语”论者的全部“理论”都建立在一个虚假的预设上面：中国人——或者说人——不过是一件容器：或者用来盛中国传统的东西，或者用来盛西方的东西。可是，人并不是容器！中国人不是容器，现代中国人也绝不是容器。人是什么？人是一种存在者；但他是一种特殊的存在者，它的存在就是生存。阐释、阐释的语言，就是源于人即此在的生存的。我们的语言奠基于我们的生存，现代中国人的语言奠基于现代中国人的生存。现代汉语源于我们自己的生存境遇，源于我们自己的源始的存在之领会与解释。不论对于传统观念还是西方观念,我们一向都已走在它们的前面了。

三

或许会有学者对此表示怀疑,因为他们可能立即会想起海德格尔的一句名言:“语言是存在之家。”似乎不是存在决定了语言,而是语言决定了存在。这是必须加以认真辨析的一个问题:“语言是存在之家”究竟是什么意思?海德格尔在谈到语言问题时,有一个核心的提法:“把作为语言的语言带向语言。”这里出现了两个“语言”:“作为语言的语言”“语言”。那么,他所谓“语言是存在之家”究竟是指的哪个“语言”?这也正是人们在理解海德格尔的语言观时所常常遇到的困惑。

海德格尔区分了两种语言:

语言Ⅰ:人类的语言——人言(Spreche / Sprechen)
语言Ⅱ:大道的语言——道言(Sage / Sagen)

在“把作为语言的语言带向语言”中,第一个“作为语言的语言”指本质的语言(=语言的本质),亦即道言,它是大道(Ereignis,或译源始居有、缘构发生)的语言、语言的本质;第二个“语言”指人类的语言。“把作为语言的语言带向语言”是说的思的运程:只有把大道的语言作为语言的本质带向人类的语言,我们才有可能本真地把握人类的语言。因此,作为存在之家的语言不是人类的语言,而是大道的语言。大道的语言作为无声的道言，其实就是存在本身的自己开辟道路、“存在的扩充”(Zuwachs an Sein)；联系到他的前期思想，那么，对于作为此在的我们来说，语言的本质就是我们的生存本身、我们自己的源始的存在之领会与解释本身。

现在，事情已经十分明了：一时代有一时代之语言，因为一时代人有一时代人之生存。现代汉语作为现代中国人自己的存在之领会与解释的结果，乃是现代中国人自己的生存境遇的产物。这里没有什么“失语”。

恰恰相反，我想指出：正是那种拒绝所谓“实质上是西方话语”的现代汉语的做法，其实才是真正的失语：丧失了现代中国人的语言能力。这样的“失语”乃源自“丧家”——丧失了现代中国人自己的存在之家。我在开头所举的那位教授，就是这个意义上的一个典型的失语者：他为了避免“辩证法”之类的所谓“西方话语”的尴尬，另有一手绝活儿，那就是只会大段大段地背诵古文，而压根儿没有任何自己的思想。这样的博闻强记的背诵，所说的自然不是西方的话语，然而可惜也不是他自己的话语，而是古人的话语。他是真正地失语了：丧失了用现代汉语来独立思想的能力。

论生活儒学与海德格尔思想*

——答张志伟教授

我所提出的“生活儒学”，引起了一些反响，赞同者有之，怀疑者有之，批评者亦有之。2004 年 12 月 11 日，由中国人民大学哲学系牵头、北京地区一部分活跃的中青年学者所组成的“青年儒学论坛”，专门就拙文《生活儒学导论》①组织了一次研讨。在研讨中，作为一位知名的西方哲学研究专家的张志伟教授，对拙文提出了认真负责的书面批评②，我对此深表感谢。

我要感谢张志伟教授的，不仅是因为他对我的工作所作的肯定——“我以为黄玉顺的论文一开篇便提出了一个具有方法论意义的问题：我们的立足点是我们的‘生活世界’。古、今、中、外在此汇集，并因此而获得其意义”，以及“在对话中回

---

* 原载《四川大学学报》2005 年第 4 期；中国人民大学复印报刊资料《外国哲学》2005 年第 12 期转载；收入作者文集《面向生活本身的儒学——黄玉顺“生活儒学”自选集》，四川大学出版社 2006 年版，第 117—137 页。

① 黄玉顺：《“生活儒学”导论》，《原道》第十辑，北京大学出版社 2005 年版。

② 张志伟：《关于海德格尔与中国哲学之间关系的几点思考——对黄玉顺〈生活儒学导论〉的批评》，《四川大学学报》（哲学社会科学版）2005 年第 3 期。

溯‘生活’这一本源境域,或者说,儒家思想与‘生活’这一本源境域之间可以建立建设性的积极关系(生活儒学),这是论文的独到之处”,更是因为他那极具专业眼光的批评,使我不仅在对海德格尔思想本身的理解上获益良多,而且对自己的生活儒学与海德格尔思想之间的关系有了更明确的意识。鉴于张志伟教授已经声明:“我对黄玉顺的论文的批评不是针对‘生活儒学’的,而是关于该论文对海德格尔的理解问题的。”因此,我的这篇回应将不是着眼于对生活儒学本身的展开,而主要是围绕着“生活儒学与海德格尔思想”这个话题来进行。

为此,本文从以下几个方面来与张志伟教授商榷。

一、关于“生活”“生存”“存在”问题

在张志伟教授对我的批评中,最基本的问题是关于生活儒学的“生活”观念与海德格尔的“生存”和“存在”观念之间的关系问题。

(一)关于“生活”与“生存”

在很大程度上,张志伟教授将生活儒学的“生活”观念与海德格尔的“生存”(Existenz)概念混同起来了。他说:

> 对海德格尔来说,认识、知识尤其是科学知识属于派生性的,本源境域不是“知”而是“行”(生存)的境域①,这

① 把中国哲学的“知行”之“行”径直说成是“生存”,这也是成问题的。

> 就是“生活”。在我们面前的世界成为我们的认识对象之前,我们早已生活于世界之中,与这个世界水乳交融,不分彼此。这个先于一切知识、科学、理性的“生活世界”——由生活而形成的世界,才是真正意义上的活水源头。

显然,这是将“生活”与“生存”等同起来了:“(生存)的境域”=“生活”。而这个生存境域就是“我们早已生活于世界之中”。然而,这里是有问题的:“由生活而形成的世界,才是真正意义上的活水源头。”是这样吗?“世界”既然是“由生活而形成的”,那么这个“世界”就绝不是真正的本源,而仅仅是“派生性的”了。惟其如此,它才仅仅是“我们面前的世界”,即是一个对象性的世界,“我们”则是面对着这个对象世界的主体,那么,我们又怎么可能“生活于世界之中”呢?其实,生活儒学所说的“生活”既非胡塞尔式的“生活世界”(Lebenswelt),也非海德格尔的“生存”(Existenz),甚至也不是任何意义上的“life”。然而正是由于这种误解,张志伟教授才会提出这样的“问题”来。

> (1)“生活儒学”所说的“生活”是什么样的“生活”?它的“活水源头”是什么?“活”在什么地方?当然我们也可以问:谁的“生活”?谁在“生活”?“生活”如何避免主观性和人类学?(2)作为源始境域的“生活”是如何可能的?这是一个康德式的问题。海德格尔的基础存在论就是为了回答这个问题的。对我们来说就是:什么保证了“生活”的“本源性”?

我不知道:张志伟教授既然已经把生活儒学的"生活"等同于海德格尔的"生存",那么,他会不会向海德格尔的"生存"提出同样的问题?比如说会不会问:"生存"的源头活水是什么?所以,我不得不遗憾地说:这些"问题"的问法都是不相应的。生活儒学认为:生活不是"什么",因为生活并不是存在者而是存在本身。所以,生活没有什么"源头活水",因为生活本身就是源头活水。这就正如我们不能问存在本身的源头活水是什么。因此,"生活如何可能"那样的康德式的发问,在这里是不合法的,因为那样的发问方式所针对的乃是形而上学,然而生活不是形而上学,也不是形而上学所思考的事情——传统形而上学已经遗忘了存在、蔽塞了生活本源。张志伟教授以为,海德格尔的基础存在论是为了回答康德式的问题:作为源始境域的生活或生存是如何可能的?这是不对的。生活作为本源,拒绝这种针对形而上学的发问,因为我们向来已经在生活并且总是去生活。这种生活作为真正的本源的事情,绝不是"谁的生活",不是任何主体性的人的生活。主体性的"谁"是生活本身"给出"的,而不是相反。

所以我要特别地声明:生活儒学的"生活"观念绝非海德格尔的"生存"概念。海德格尔既然把生存理解为"此在"(Dasein)的生存,那么,此在就先行于生存;他又把此在理解为一个存在者,虽然是一种特殊的存在者。于是,某种存在者就成了生存的前提。这样一来,所谓"生存"也就不再是生活儒学所说的"生活"了,因为生活儒学之所谓生活,并不是此在的生活,亦即不是任何存在者的生活。这是我尤其要强调的生活儒学的一个基本观念:作为大本大源的生活本身,先行于此在,先行于人,先行于任何存在者。没有生活,就没有任何存在者。

在儒家思想中,生活显示为生活感悟——显示为生活情感、生活领悟。而没有生活情感,就没有主体性的人:没有仁爱,就没有仁者;没有母爱,就没有母亲。生活之为事情本身,正如庄子所说:这里"有人之形,无人之情"①;虽然无"人之情",但是有"事之情"②。或者如王国维所说:

> 有有我之境,有无我之境。……有我之境,以我观物,故物我皆著我之色彩;无我之境,以物观物,故不知何者为我,何者为物。③

此在的生存只是"有我之境",只是以此在去观物;而生活本身才是"无我之境",是以物观物。所以,从本源的层级上来看,生活首先并不是人的生活,人倒首先是生活着的人。这意思就是说,人之所以为人,首先是因为他生活着。有怎样的生活,就会有怎样的人。

(二)关于"生活"与"此在"

所以,"生活"与"生存"概念的一个基本区别就是:这里并没有先行的"此在"那样的主体性的存在者。然而,张志伟教授批评道:

> 论文中多次说海德格尔的 Dasein 是主观性的规定,

---

① 《庄子·德充符》。

② 《庄子·人间世》。

③ 王国维:《人间词话》,滕咸惠校注:《人间词话新注》(修订本),齐鲁书社 1986 年版,第 34 页。

> 窃以为这是一个误解。Dasein 这个概念表明的不是任何先在的本质规定，而是由存在规定的“去存在”的“生存活动”(Existenz)，就此而论，Dasein 是非现成性的、没有先验本质的、始终处在去存在之中的在者。Dasein 没有现成的本质，……因为 Dasein 无论如何都是去存在的生存活动。因此，Dasein 不是人，不是生物学族类意义的人。作为人的人是有规定的，作为 Dasein 的人是没有规定的，换言之，Dasein 是可能性的存在。就此而论，Dasein 不仅不是主观性的规定，而且恰恰是反主观性的。

我确实在论文中多次说：此在——“Dasein 的人”——实质上仍然是“主体性”的“存在者”。那么，此在究竟是不是一种主体性的存在者呢？我的回答仍是肯定的。首先，海德格尔明确指出“此在是一种存在者”①，而绝不是存在本身。那么，此在是怎样一种存在者呢？固然，一方面如海德格尔所说：

> 此在总是从它的生存来领会自己本身：总是从它本身的可能性——是它自身或不是它自身——来领会自己本身。此在或者自己挑选了这些可能性，或者陷入了这些可能性，或者本来就已经在这些可能性中成长起来了。②

---

① 海德格尔：《存在与时间》，陈嘉映、王庆节合译，生活·读书·新知三联书店 1999 年版，第 14 页。

② 海德格尔：《存在与时间》，第 15 页。

另一方面海德格尔却又说：

> 在它的实际存在中，此在一向如它已曾是的那样存在、并作为它已曾是的“东西”存在。无论明言与否，此在总是它的过去，而这不仅是说，它的过去仿佛“在后面”推着它，它还伴有过去的东西作为有时在它身上还起作用的现成属性。大致说来，此在的存在向来是从它的将来方面“演历”的，此在就其存在方式而言原就“是”它的过去。此在通过它当下去存在的方式，因而也就是随着隶属于它的存在之领会，生长到一种承袭下来的此在解释中去、并在这种解释中成长。此在当下就是而且在一定范围之内总是从这种此在解释中来领会自身。这种领会开展着它的各种可能性并即调整着这些可能性。它自己的过去——而这总是说它的“同代人”的过去——并不是跟在此在后面，而是向来已经走在它的前头。①

这就是说，在当下的生存中，此在虽然是将来的“能在”，但它首先是过去的“曾是”：此在首先是“曾是”，然后才“能在”。此在不仅首先是“它的过去”，而且是它的“同代人”的过去，这是因为，此在始终“伴有过去的东西作为有时在它身上还起作用的现成属性”，它当下的生存领会只能是“一种承袭下来的此在解释”，这种“承袭下来”的“现成属性”是“向来已经走在它的前头”了的，它已经被这种“现成属性”规定了。那么，这种从“同代人”那里“承袭下来”的“现成属性”是“什么”

① 海德格尔：《存在与时间》，第24页。

东西的属性呢？只能是这样一种“东西”——人，亦即主体性。其实，当海德格尔把此在规定为一种“特殊的存在者”——先行于生存的存在者——的时候，它就被注定了只能是人的主体性，仍然是一种抽象的“大写的人”。对此，后现代思想家早已有所批评。

海德格尔自己后来对此也是有所觉察的，所以才有后期的“转向”。张志伟教授在这里所存在的困惑，恰恰是海德格尔自己的困惑。在此，我愿引用张志伟教授自己的话：“海德格尔的前期思想不是没有问题的，否则也就不会发生思想的转向了。”那么，海德格尔前期思想中所存在的问题究竟何在？在我看来，那恰恰就在于“此在”。其实，张志伟教授自己已经替我回答了这个问题：

> 海德格尔的确面临重蹈形而上学覆辙的危险：当他试图通过对 Dasein 的生存论分析建立基础存在论的时候，由于过分强调了 Dasein 的作用，大有 Dasein 决定 Sein 的危险。……正是通过它(Dasein)的去存在，存在得以显现。而这就意味着 Dasein 怎么存在，存在就怎么显现。后来法国存在主义(萨特)就是充分发挥了海德格尔前期的思想——个人与自由，走向了存在主义的人道主义，这是海德格尔无论如何不愿意看到的结果。

张志伟教授在这里已经承认：“此在”其实就是“个人”——被“自由”这个本质所规定的“个人”。萨特主义的这种个体主义的主体性，正是一种典型的现代性的“宏大叙事”：纵然“存在先于本质”，然而“个人”这个抽象主体更先行于存在。所以，这里即便不是存在本身已经被此在所吞并，至少“大有 Dasein 决定 Sein 的危险”。然而在生活儒学所说的生活本源的层级上，并不存在这样的“危险”，因为这里根本没有“此在”那样的观念。惟其如此，生活儒学所说的“生活”才绝不是海德格尔所说的“此在的生存”。

（三）关于“生活”与“存在”

生活并不是此在的生存，而就是存在本身。而这也就意味着：海德格尔所谓“此在的生存”绝非存在本身。因为生存是以此在为先行条件的（生存总是此在的生存），而此在却是一个存在者；然而存在本身却不以任何存在者为先行条件——这样的“存在本身”才是生活儒学所说的“生活”。但是，张志伟教授却认为：在海德格尔那里，“存在也不是异于生存的东西”。存在当然不是一个“东西”，生存也不是一个“东西”；但此在却是一个地地道道的“东西”，这个“东西”就是一个存在者，而且这个“东西”居然先行于“不是‘东西’”的生存。这样一来，生存就绝不可能是存在本身了。

固然，存在不异于生活，因为这恰恰是生活儒学的一个基本观念：存在即是生活。然而，存在不异于生存吗？其实在海德格尔看来，存在与生存是不同的事情。在他那里，存在与生存之间是有着某种区分的：虽然存在只有通过生存领会才能显现出来，但是在他那里，我们仍然决不能说“生存等于存在”；虽然可以说“此在的存在便是生存”，但却不能反过来说“此在的生存便是存在”。此在的生存仅仅是“那个存在”，即海德格尔所说：“此在能够这样或那样地与之发生交涉的那个存在，此在无论如何总要以某种方式与之发生交涉的那个存在，我们称之为生存。”[①]但他却没有说“那个存在”就是“存在本身”。这是因为“那个存在”以此在为先行条件，而存在本身却不以此在或任何存在者为先行条件。这就说明，存在与生存确实不是一回事。

海德格尔之所以在转向之后放弃了生存论的进路，而试图直接诉诸存在本身，就因为存在不等于生存，否则，他就绝对不可能放弃生存论。他前期说，“其它一切存在论所源出的基础存在论必须在对此在的生存论分析中来寻找”，“通过对某种存在者即此在特加阐释这样一条途径突入存在概念”，[②]但是后期却放弃了此在生存论的进路，这就意味着：存在论可以不源出于生存论，“突入存在概念”可以不通过对“此在特加阐释”，这就是说，存在的追问是可以与此在的生存无关的。

然而在生活儒学看来，生活恰恰就“等于”存在。生活儒学的一个基本观念就是：生活即是存在，生活之外别无存在。这是因为，一切的一切都源于生活而归于生活、出于生活而入于生活。正是在这个意义上，生活才是一切的一切的大本大源。

二、关于“形而上学”问题

生活儒学的基本宗旨，就是要在这种生活本源上来重建儒家形而上学。对此，张志伟教授提出了一系列质疑：

---

① 海德格尔：《存在与时间》，第15页。

② 海德格尔：《存在与时间》，第16、46页。

> 中国哲学有形而上学吗？如果有，与西方哲学的形而上学是什么关系？不同于西方哲学的形而上学的形而上学还是形而上学吗？重建的形而上学还是形而上学吗？形而上学能够重建吗？

这正是许多人对生活儒学所表示的疑惑。我很高兴能有机会集中地讨论这样的问题。

（一）关于中国有无“形而上学”的问题

我提出“重建儒家形而上学”，意味着我肯定儒家向来有其形而上学。张志伟教授对此表示质疑，他坚持中国并没有所谓“形而上学”，并举出了三条理由。

第一，“形而上学是一个专有名词，是西方哲学的核心概念，但却不是中国哲学的概念。虽然 metaphysics 的译名出自‘形而上者谓之道’，但中国哲学在翻译 metaphysics 之前好像没有使用过‘形而上学’这个概念”。这就是说，因为中国没有用过“形而上学”这个概念，所以形而上学仅仅是西方哲学的东西。这是一种极为常见却极成问题的逻辑：因为中国过去没有用过某个“概念”，所以中国过去没有由这个概念所指称的事实。按照这种逻辑，我们会说：因为中国古代没有用过“消化系统”这个概念，所以中国古代没有消化系统；因为中国古代没有用过“一氧化碳”这个概念，所以中国古代没有一氧化碳；因为中国古代没有用过“性别”这个概念，所以中国古代没有性别；如此等等。这难道不荒谬吗？但人们却往往正是用这种荒诞的逻辑来否定中国古代的哲学、宗教、科学等的。然而，事实正如张志伟教授所言明的：“形而上学”这个译名出自“形而上者谓之道,形而下者谓之器”①。那么,假如我们已然思考了“形而上者”却还没有将这种思考命名为“形而上学”,这难道就可以证明这种思考不是形而上学吗?

第二,“形而上学为西方哲学所有,乃出自西方哲学的‘科学情结’,体现的是科学思维方式。这无论在海德格尔的批评,还是就形而上学自身而言,都是如此。显然,中国哲学没有这样的形而上学”。这就是说:西方形而上学出自科学思维方式,中国古代没有科学思维方式。这大约也出自同样的逻辑:中国古代没有用过“科学”这个概念,所以中国古代没有科学。这就令人想起所谓“李约瑟问题”——一个典型的伪问题:中国古代没有科学,为什么有那样高度发达的应用技术?李约瑟问题之所以是伪问题,是因为它所依据的“科学”标准是西方的,而且仅仅是西方近现代的科学范式。中国古代当然没有“这样的”科学,正如没有“这样的”形而上学。然而,只要摆脱这种狭隘的西方中心主义,我们就会承认:不同的民族文化会形成不同的古代科学范式,而这种科学范式支撑着他们的技术应用。举例来说,中医的治疗技术,就是依据的作为中国古典科学范式的古代人体科学,而且这种人体科学是以理论的形式体现在《黄帝内经》那样的经典中的。进一步说,中国古代科学范式本身又奠基于中国古代的哲学、形而上学,比如中医人体科学的“经络”概念,就奠基于中国古代形而上学的“阴阳”范畴。②

---

① 《周易·系辞传》。

② 黄玉顺:《为科学奠基——中国古代科学的现象学考察》,中国儒学网(www.confuchina.com)。

第三,“形而上学最重要的标志就是关于存在的科学,形而上学是研究存在的,在这个意义上,16 世纪出现的本体论(存在论:ontologia)是作为形而上学的同义语而构造的。我们中国哲学并不把存在当作哲学的研究对象”。这就是说:西方哲学形而上学研究存在问题而形成本体论;但中国古代哲学却不研究存在问题,没有自己的本体论。真是这样的吗?那么好吧,我就以张志伟教授所认同的海德格尔的观点来回答这个质疑。说老实话,在海德格尔思想中,我最同意的就是他对“形而上学”的规定:

> 哲学即形而上学。形而上学着眼于存在,着眼于存在中的存在者之共属一体,来思考存在者整体——世界、人类和上帝。形而上学以论证性表象的思维方式来思考存在者之为存在者。因为从哲学开端以来,并且凭借于这一开端,存在者之存在就把自身显示为根据。①

我注意到,张志伟教授虽然否定中国有“形而上学”,但却基本肯定“中国哲学”的说法,那么,我不知道张志伟教授是如何看待海德格尔这句话的:“哲学即形而上学。”海德格尔的意思就是:哲学就是形而上学,形而上学思考“存在者之为存在者”,亦即思考“存在者整体”、作为所有存在者的终极“根据”的那种存在者——世界、人类和上帝。假如说中国没有形而上学,那就意味着中国人从来不思考世界、人类、上帝,不思考某

① 海德格尔:《面向思的事情》,陈小文、孙周兴译,商务印书馆 1999 年版,第 68—69 页。

种终极存在者、作为所有存在者的最后“根据”的那种存在者。但事实是：中国人从来不思考世界吗？中国人从来不思考人类吗？中国人从来不思考上帝吗？其实张志伟教授也不是这样看的，比如他在谈到海德格尔与道家尤其老子的关系时，实际上承认了老子不仅思考终极存在者，而且思考“存在本身”。确实，在老子那里，“道”与“物”之间具有这样一种对应关系：本源之道 —“无物”；形上之道 —“道之为物”；形下之道（即“德”）—“万物”。“万物”便是所有存在者；“道之为物”便是作为终极根据的存在者；“无物”却不是任何存在者，而是存在本身。

即便在儒家，这种终极思考也是中国哲学史上的常识。张志伟教授认为：“《论语》是孔子与弟子们在不同场合对话的记录，基本上都是‘小零钱’，没有‘大钞票’。”这代表着目前儒家哲学研究的一种偏颇的倾向，就是把孔子完全地存在哲学化了。其实，孔子那里固然有许多“小零钱”，但也有“大钞票”，即形而上学存在论的言说。例如孔子说：“天生德于予。”[①]这也就是《中庸》所表达的：“天命之谓性。”这是典型的形而上学的“大钞票”：形而上的“天”是形而下的“德”或“性”的终极根据。又如：“齐景公问政于孔子，孔子对曰：‘君君、臣臣、父父、子子。’”[②]这是典型的政治哲学的“大钞票”：作为形而下的制度安排的“礼”的伦理规范。类似的言论，在《论语》中在在皆是。当然，孔子确实有许多“小零钱”——生活本源的言说。所以，孔子之伟大，既不在于他是“纯粹”的形而上学家，也不

① 《论语·述而》。
② 《论语·颜渊》。

在于他是"纯粹"的伦理学家,更不在于他是什么"纯粹"的"存在哲学家",而在于他的思想的丰富的层级性:在生活本源上建构形而上学,并将这种形而上学贯彻到作为"形而下学"的伦理原则中。

（二）关于形而上学与存在论的关系问题

上面的讨论还表明,张志伟教授对我的批评是跟"形而上学与存在论的关系"这个问题有关的。他说:

> 对 Dasein 的现象学分析——海德格尔称之为生存论存在论分析,就构成了基础存在论——一切存在论的基础。不过,基础存在论是要为存在论奠基,而不是为形而上学奠基,尤其不是为以往的形而上学奠基。传统形而上学不可能因为基础存在论的奠基而获得新生,形而上学完成—终结了。
>
> 有了基础,通达了本源,建立起来的就不再是形而上学了,而是存在论。

张志伟教授的意思是:存在论跟形而上学无关,所以,哲学的终结就是形而上学的终结,但并不意味着存在论的终结。这里关键的问题在于:形而上学与存在论是什么关系?其实上面所引的海德格尔那段议论已经表明:如果说,传统形而上学所思考的乃是作为所有存在者的"根据"的那种存在者,那么,这种形而上学正是存在论,海德格尔称之为"传统存在论"。简单来说,存在论思考某种存在者。这种存在论(或译"本体论")在中国哲学中的表达就是这样的范畴架构:本 → 末(宇宙论表达)；体 → 用(狭义本体论表达)。“本”“体”的结合即是“本体”，这正是本体论的事情。这一点，在中国和西方都是一样的。用张志伟教授自己的话来说，“本体论(存在论)是作为形而上学的同义语而构造的”。

其实，海德格尔之所谓“存在论”，其用法是不可一概而论的：“对这部探索来说，存在论这个术语是在很广的形式上的涵义下使用的。”①大致说来，海德格尔的“存在论”概念有两种用法：第一，指“基础存在论”，即“生存论”。他说：“使存在从存在者中崭露出来，解说存在本身，这是存在论的任务。”②第二，指从古希腊以来的“古代存在论”或“传统存在论”。他说：“我们把存在论这个名称保留给对存在者的意义作明确的理论追问。”③这里明确表示：存在论所追问的是存在者的意义而非存在本身的意义，亦即“迄今为止的一切存在论当然都把‘存在’‘设为前提’，不过却并没有把存在当作可供利用的概念——并没有把存在当作我们正在寻求的东西”④。这样的存在论，恰恰就是他所说的遗忘了存在本身的“形而上学”。

上引海德格尔那句话也表明：第一种存在论恰恰是为第二种存在论奠基的，即基础存在论是为形而上学奠基的。对此，海德格尔明言：“如果就范畴的论证是否适当是否充分来考虑存在论基本概念所产生的基地，则只有以澄清和解答存在问题为前提，古代存在论才能得到充分的阐释。”⑤这就是说，基础

① 海德格尔：《存在与时间》，第 32 页。
② 海德格尔：《存在与时间》，第 32 页。
③ 海德格尔：《存在与时间》，第 14 页。
④ 海德格尔：《存在与时间》，第 9—10 页。
⑤ 海德格尔：《存在与时间》，第 4 页。

存在论乃是古代存在论的“基地”。具体说来,“只有把哲学研究的追问本身就从生存上理解为生存着的此在的一种存在可能性,才有可能开展出生存的生存论结构,从而也才有可能着手进行有充分根据的一般性的存在论问题的讨论”①。这就是说,生存论奠定一般存在论的基础。

为形而上学奠基,首先是为主体性奠基,因为“什么是哲学研究的事情呢?……这个事情就是意识的主体性”②。在谈到康德时,海德格尔指明:“在他那里没有以此在为专题的存在论,用康德的口气说,就是没有先行对主体之主体性进行存在论分析。”③这就是说,基础存在论作为“以此在为专题的存在论”其实就是“先行对主体之主体性进行存在论分析”;换句话说,基础存在论也就是为主体性奠基。为主体性奠基意味着回答这样一个问题:主体何以可能?这可以理解为对胡塞尔的发问:“现象学态度”本身何以可能?也可以理解为对孟子的发问:“先立乎其大者”④(即首先确立主体性)何以可能?这在海德格尔那里意味着回溯到此在的生存,而在生活儒学这里意味着回溯到生活本源。

(三)关于形而上学的重建问题

但我并不否认而是感到遗憾:海德格尔实际上无意于重建形而上学。这是生活儒学与海德格尔思想之间的又一个基本区别:海德格尔不仅“解构”了形而上学,而且宣称形而

---

① 海德格尔:《存在与时间》,第16页。

② 海德格尔:《面向思的事情》,第76页。

③ 海德格尔:《存在与时间》,第28页。

④ 《孟子·告子上》。

上学“终结”之后是不可能重建了。而我却坚信形而上学重建的可能性、必要性，并坚持致力于儒家形而上学的重建工作。

然而事实上，海德格尔自己已经不自觉地敞开了重建形而上学的可能。他有这样一种基本的层级划分：

> 存在问题的目标不仅在于保障一种使科学成为可能的先天条件，而且也在于保障那使先于任何研究存在者的科学且奠定这种科学的基础的存在论本身成为可能的条件。①

这里，科学是形而下学的事情；而“使科学成为可能的先天条件”则是形而上学的事情，也就是下一句所说的“存在论本身”的事情，它先于科学并奠定科学的基础；而使“存在论本身成为可能的条件”则是海德格尔自己的生存论的事情，即基础存在论的事情。这里，海德格尔事实上做了一项极有意义的工作。他对科学与形而上学的“解构”与“还原”，事实上已经揭示了这样一种“奠基关系”：

科学 ← 形而上学 ← 生存领会②

但这样一来，却恰恰已经不自觉地透露出了这样一种他所始料不及的生成关系：

---

① 海德格尔：《存在与时间》，第13页。

② 这里所采用的是海德格尔的概念。

生活本源 → 形而上学 → 形而下学[①]

这一点在海德格尔那里还是“晦暗不明”的,而在生活儒学这里却是鲜明敞亮的。这个道理应该是很简单的:我们既然已经意识到了生活是形而上学的本源,那么,在生活本源上重建形而上学当然就是可能的了。其实,海德格尔自己也曾经流露出这样的倾向,他在谈到解构传统形而上学存在论时说过:“这种解构工作也没有要摆脱存在论传统的消极意义。这种解构工作倒是要标明存在论传统的各种积极的可能性。”[②]那么在生活儒学看来,存在论传统的“积极的可能性”是什么?那就是把形而上学建构于生活本源上。形而上学从来不可能是无本之木、无源之水,问题仅仅在于它是否意识到了自己的本源。

形而上学的重建不仅是可能的,而且是必要的。按照上面所得出的“奠基关系”或生成关系,科学必定有其形而上学的基础。科学作为一种“形而下学”,须得以某个存在者领域作为自己的对象。海德格尔曾经给出了一个“关于科学的形式定义:科学是为被揭示状态本身之故对某个向来自足的存在者领域或者存在领域的有所论证的揭示”[③]。但科学自己从来不思考这个存在者领域本身是何以可能的,因为这个存在者领域是由形而上学给定的:形而上学以某种范畴表的方式给存在者领域划界,即以范畴的方式给出“物界”。科学以这种物界为

---

① 这里所采用的是生活儒学的说法。

② 海德格尔:《存在与时间》,第 27 页。

③ 海德格尔:《现象学与神学》,《路标》,孙周兴译,商务印书馆 2000 年版,第 54 页。

前提，或者用海德格尔的话来说，科学将形而上学所给出的“存在领域”执定为自己的“事质畿域”；否则，它就没有自己的对象。这就意味着：没有形而上学，就没有科学。但科学总还是要存在下去、发展下去的，这就意味着：形而上学总还是要存在下去、发展下去的。不仅如此，伦理学其实也是一门科学①（海德格尔甚至认为神学也是一门科学而不是形而上学）②，也就是说，伦理学同样是以形而上学为根据的：没有形而上学，就没有伦理学。然而，人类总会伦理地生活下去的，这同样意味着形而上学的重建是必要的。事实上，当今世界所充斥着的在道德问题上的某种绝对的相对主义态度，在相当程度上正是由于形而上学的缺席。

三、几个相关问题

张志伟教授对生活儒学的批评，还牵涉到以下几个问题。

（一）关于人的有限性问题

张志伟教授的批评涉及我的另一篇文章《形而上学的奠基问题——儒学视域中的海德格尔及其所解释的康德哲学》③，我

---

① 这里所指的是传统意义上的伦理学，而不是海德格尔在生存论层面上讨论过的“伦理学”。后者其实并不是伦理学本身的问题，而是伦理学的本源问题。

② 海德格尔：《现象学与神学》，《路标》，第54页。

③ 黄玉顺：《形而上学的奠基问题——儒学视域中的海德格尔及其所解释的康德哲学》，《四川大学学报》2004年第2期。

在那里讨论了海德格尔如何承接了康德关于“人的有限性”的观念。

关于康德,张志伟教授批评说:“我们不能因为海德格尔这么说,我们就这么理解康德。”然而我那篇文章的副题已经标明:我所谈的恰恰就是海德格尔“所解释的康德哲学”。但即使就按张志伟教授所理解的康德本身,“他把‘头上的星空’与‘内心的道德法则’相提并论,以前者说明人的有限性,而以后者来超越有限性”,这样也无法逃避我在那篇文章里所指出的矛盾:假如“内心的道德法则”是理性的事情,但理性是人的理性,而人却是有限的存在者,那么,有限的人的理性的“内心的道德法则”怎么可能“超越有限性”?

再说海德格尔。先声明一点:我在那篇文章里所说的人之“即有限即无限”,并不是在说我的生活儒学的观念,而是说的牟宗三先生的观念。我的观念是:在生活本源的层级上,根本就用不到“有限”“无限”这样的形而上学范畴;而在形而上学的层级上,人必定是有限的存在者,因为对人的形而上学的把握是一种对象性的把握。至于我所认定的海德格尔的人的有限性观念,张志伟教授批评说:

> 人的有限性,或许说 Dasein 的有限性更合适,是一种非常独特的有限性,因为 Dasein 是“能在”即可能之在,其生存乃是在可能性的境域中筹划选择,我愿意借用一个概念,称之为“有界无限”:Dasein 终有一死,但 Dasein 只要活着就面临着可能性,海德格尔则试图将“存在到头”的死亡观代之以“向终结存在”。只要 Dasein 本真地生存,他就始终是可能性的存在,惟其如此,存在才于其生存中

得以显现。

但我仍然要问:此在既然"终有一死",那么说到底,它难道不仍然是一个有限性的存在者吗?当它"存在到头"之后,它还有什么存在的可能性?当已经"不在"了之后,它还有什么"能在"?这样一来,所谓"生存"就绝不是"生活",而仅仅是"存活"了。然而"存活"的观念正好标明了人(此在)的有限性,所以才会"畏死"。但生活儒学的观念是:人虽然是有限性的存在者,但生活永在。所以,"未知生,焉知死?"①

(二)关于海德格尔的后期思想问题

张志伟教授说:"论文批评海德格尔,主要基于前期思想,有一些问题在后期的海德格尔那里获得了某种程度的解决。"暂且不管海德格尔后期是否真的解决了他前期思想中所存在的问题,生活儒学对此都不再感兴趣了。这是因为,既然海德格尔在其后期已经抛弃了前期的生存论进路,而试图直接诉诸存在本身,那么,生活儒学就再也不必加以理会了,因为生活儒学根本就不承认那种在"生存"之外的所谓"存在本身"。我愿再次强调生活儒学的一个基本观念:生活即是存在,生活之外别无所谓"存在"。

(三)关于"正确理解海德格尔"的问题

在这个问题上,张志伟教授恐怕是自相矛盾的。他一方面认为:

---

① 《论语·先进》。

> 如果中国哲学与西方哲学都可以叫做哲学的话，那它们一定是完全不同的两种哲学形态。虽然不同，毕竟可以相互比较，取长补短。在大多数情况下，中西哲学之间处在互相补充的关系，不过现象学是一个例外。……“面向事情本身”就是回溯到本源处，回归家园。欧洲人有欧洲人的家，中国人有中国的家。现象学的好处是不会强使中国人去生活在欧洲人的家中，也不会迫使欧洲人生活在中国人的家中，而是让个人面向自己的家。

这意思就是说，现象学所要回溯的本源，是有着“中国人的”与“西方人的”之分的。然而姑且不论在真正的本源层级上是否有这种“分别相”，但张志伟教授另一方面却又认为：

> 单纯的中国哲学或单纯的西方哲学没有意义，它们的意义源自生活世界，……我之所以强调这一点，是因为有感于学术界过分拘泥于中西哲学的差异，好象一定要先“站队”——立场：你是从中国哲学的立场看待西方哲学，还是从西方哲学的立场看待中国哲学。其实，我们可以站在更本源的立场看待中国哲学和西方哲学。

这样一来，“生活世界”就是超越了中西对立的“更本源的”事情了。我倒是同意后面这种立场的，尽管我所说的“更本源的”事情是“生活”而非什么“生活世界”。这种立场就是：真正的生活本源的领悟，乃是一种“无分别智”，这里没有什么

“现成在手”的所谓“中国哲学”“西方哲学”。[①] 其实，这也就是当代存在论诠释学的观念。但这样的观念恰恰意味着：张志伟教授说我“误解”或“误读”了海德格尔，他的意思是似乎存在着一个“单纯的”、作为客观对象的海德格尔。这恰恰是对他自己所持的上述立场的否定。其实，依照真正彻底的诠释观念，从来就不存在什么“现成在手”的海德格尔。对于我们来说，海德格尔为我们的生活感悟本身所涵摄。

张志伟教授之所以认为我“误读”了海德格尔，大概是出于这样一种隐隐约约的矛盾看法：有时明知生活儒学不是海德格尔哲学，有时却又似乎以为生活儒学是在贯彻海德格尔思想。后者也是许多人对生活儒学的一种误解，但这恰恰是对生活儒学的“误读”。其实，张志伟教授自己一开始就曾指出，我的论文“不是以现象学为研究儒学的方法，而是在（与现象学的）对话中回溯‘生活’这一本源境域”。这句话，我愿引以为知言。生活儒学从来不想贯彻海德格尔；生活儒学是“儒学”，而不是所谓“存在哲学”。

最后，再次对张志伟教授的诚恳批评表示由衷的谢意。

---

① 黄玉顺：《我们的语言与我们的生存——驳所谓“现代中国人‘失语’”说》，《南京师范大学文学院学报》2004 年第 4 期。

唐君毅思想的现象学奠基问题*

——《生命存在与心灵境界》再探讨

唐君毅先生晚年在其总结性的巨著《生命存在与心灵境界》中，融会中西而贯通儒佛道，收摄哲学、宗教，建构起一个博大精深的哲学体系，实可以比照于黑格尔的"哲学全书"。如今，这部著作不仅已经成为现代新儒家的代表作之一，而且也已成为中国哲学，尤其是儒家哲学的一部新经典。它无疑是现代新儒家对儒家哲学形而上学进行"现代转换"的一个典范。那么，在这个传统形而上学已经成为"前现象学的"①观念的时代里，我们应该如何重读唐先生这部书？

我们说唐先生的体系"实可以比照于黑格尔'哲学全书'"，绝非虚言。黑格尔的体系可谓把西方哲学与宗教"一网打尽"了，但基本上还是限于西方而已，而唐先生的体系所"一网打尽"的东西却涵盖了东方与西方，涵盖了东方的中国与印度，并且这里所涵括的内容并不是一种杂凑的拼盘的博大，而

---

* 原载《思想家》第一辑，巴蜀书社 2005 年版，第 32—37 页；收入作者文集《面向生活本身的儒学——黄玉顺"生活儒学"自选集》，四川大学出版社 2006 年版，第 365—373 页。

① 所谓"前现象学的"是指胡塞尔现象学诞生之前的形而上学哲学，其特征是主体与客体、现象与本质的区分。

是出自用心运思的精深，融贯诸家，归宗儒学。这个体系是一种三维立体系统，由三个维度（三观）组建起来。(1)横观种类（事体、性相、功用）[①]；(2)顺观次序（客观境、主观境、超主客观境）；(3)纵观层位。“纵观”其实就是“综观”，即横向三观与顺向三观的综合观照，如此的结果构成“九境”，亦即九级层位、九种境界：(1)万物散殊境；(2)依类成化境；(3)功能序运境；(4)感觉互摄境；(5)观照凌虚境；(6)道德实践境；(7)归向一神境；(8)我法二空境；(9)天德流行境。这样一来，唐先生构筑起了一个无所不包的形而上学体系，古今中外的任何重要的哲学、宗教、思想观念，都可以在其中找到自己相应的位置（参见下表）[②]：

横观种类 顺观次序	1 观事体→	2 观性相→	3 观功用	
3 超主客观境	⑦归向一神境 （上帝）	⑧我法二空境 （空性）	⑨天德流行境 （天人合德）	↑纵观层位
↑ 2 主观境	④感觉互摄境 （感觉）	⑤观照凌虚境 （理解）	⑥道德实践境 （道德理性）	
↑ 1 客观境	①万物散殊境 （个体）	②依类成化境 （种类）	③功能序运境 （因果关系）	
	纵观层位→			

① 但这里所说的“种类”不是说的事物实体的种类，而是每一个事物实体都具有的三个方面，即：体（事体）、相（性相）、用（功用）。这与下文“依类成化境”中所说的“种类”（species）不同，后者是说的实体的分类。

② 此表仅供参考，因为作为一个三维立体系统，这个体系很难用一个平面表格来表达。

这样一个无所不包的宏大体系,确实可谓与黑格尔"哲学全书"异曲同工。不过,唐先生的根基却与黑格尔的迥然不同:黑格尔的全部哲学是"绝对观念"的自我展开,而唐先生的整个体系却是"心灵"的活动。就此而言,唐先生的思想根基正是儒家,尤其是作为儒学正宗的心学。正是在这个意义上,唐先生才恰当地归属于"现代新儒家"。

这要从三观九境之构造的根据说起。唐先生在论述"三观"时说:横观"如人行路时,人所求知之境物之类,初乃如横陈于行路时之左右者。人唯由兼观左右,得中道行;如偏倾左右,必至倾跌";顺观也如"人行路,必前后步次第而进,如两步并作一步,以前步混于后步,此必致趋跌";纵观亦如"人行路遇高低地,足必随之升降,如以高为低,以低为高,必致颠跌"。[①] 这里的两个关键词是:行、观。这两个词本身都是中国传统哲学的重要范畴。唐先生讲三观"如人行路",这并不是简单的比喻,而是儒家乃至整个中国哲学的一个基本观念,如"天道"即"五行"。在这个体系中,九境的最高境界是"天德流行"的儒家境界,这里的"德"是一个关键。我们知道:德者,得也;"得,行有所得也"(许慎)。"天德流行"的境界便是行道所得的最高最后境界。而行有所"得"是来自行有所"观"的,是所观之所得。所以,通达某种境界的关键就在于如何"观";所谓"三观",也就是如何观的三种方式。

然而,"观"这个动词必定有一个主词,亦即预设着一个主体。于是我们便可以问:是谁在观?对于这个问题,只可能有

---

① 唐君毅:《生命存在与心灵境界》上册,台湾学生书局 1977 年版,第 23 页。

两种回答。第一种是“客观的”答案:是神在观。但这是不可能的,因为神是属于第七境“归向一神境”的,此境依然是观的结果,而不是观的原因。唐先生作为儒学家,并不是宗教家。所以,只能是第二种“主观的”答案:是人在观。这不禁使人想起王阳明的一段著名的对话:“先生游南镇,一友指岩中花树问曰:‘天下无心外之物,如此花树,在深山中自开自落,于我心亦何相关?’先生曰:‘你未看此花时,此花与汝心同归于寂;你来看此花时,则此花颜色一时明白起来。便知此花不在你的心外。’”[①]这就是王阳明的“心外无物”之说,也印证着唐先生的“心外无境”之意。所以我们甚至可以更进一步明确地回答:是我在观,是我的心灵在观。这就表明,唐先生体系的核心和根本就是心灵;九境的构造,实质都是心灵的构造。

对此,唐先生自有一个总结性的说明:

> 自其约者而观,则此九境自不必更开之为无穷,亦可约之为主观境、客观境、主客境之三,更可约之为此生命存在之心灵与境感通之一事。此当下生命存在之心灵,与当前之境感通一事,更可收归于一念。[②]

九境可以约为三境,三境可以约为一事(心境感通),而一事又可以归于一念,这简直类似于佛家“一念三千”之说了,即

---

① 王阳明:《传习录下》,《王阳明全集》卷三,上海古籍出版社 1992 年版。

② 唐君毅:《生命存在与心灵境界》下册,台湾学生书局 1977 年版,第 276 页。

一切皆出自"此念之自化而自生"①。但唐先生毕竟不是佛教中人,而是儒家,因为此念乃是"心灵"之念。

那么,何谓心灵? 心灵的观念来自儒家心学的心性观念,它在今天被理解为一种先验的前设。不过,它不是宗教家的心灵(soul 灵魂)设定,②也不是经验论的心灵(psyche 心理)设定,③而是儒家的心灵(mind)设定:心灵既不是一个不朽的灵魂主体,也不是一个速朽的心理主体。但是无论如何,心灵的实质是对人的主体性的设定。这就正如海德格尔在谈到传统的形而上学哲学的观念时所说:"什么是哲学研究的事情呢? ……这个事情就是意识的主体性";"作为形而上学的哲学之事情乃是存在者之存在,乃是以实体性和主体性为形态的存在者之在场状态"。④ 所以,海德格尔曾经这样评论康德哲学:"对形而上学本质的探讨就是对人的'心灵'诸基本能力之统一性的探讨。"⑤显然,这个评论同样适用于唐先生的哲学。

但是,根据当代哲学的观念,心灵、人的主体性这样的东西并非原初的或者源始的东西,而是一种形而上学的设定,它实际上有其来源。因此,我们可以对之发问:心灵本身何以可能?

---

① 唐君毅:《生命存在与心灵境界》下册,第 276 页。

② 儒家并不设定不灭的灵魂,所以不是宗教。任何宗教必定基于两个缺一不可的基本设定:彼岸的作为至上超越者的神,此岸的作为既是有限存在者又具不灭的灵魂的我。

③ 胡塞尔现象学对 psyche(心理心灵)和 consciousness(纯粹意识)做出了严格区分。

④ 海德格尔:《面向思的事情》,陈小文、孙周兴译,商务印书馆 1999 年版,第 76 页。

⑤ 海德格尔:《康德和形而上学问题》,邓晓芒译,孙周兴选编:《海德格尔选集》,上海三联书店 1996 年版,第 97 页。

人的主体性何以可能？换句话说，心灵、人的主体性这样的东西本身还是尚待奠基的。这是一个“形而上学奠基”问题。所谓“奠基”（Fundierung / founding），根据海德格尔的观念，说的是为传统的形而上学存在论哲学奠定某种基础。[①] 海德格尔指出，形而上学奠基具有两层含义：第一，“形而上学的奠基也许可以这样来看：为这种自然的形而上学倾向底下放置一个基础，更确切地说，使一个已经奠立的基础由一个新的基础来置换”；第二，“奠基是对建筑计划本身的筹划，要使这个计划一开始就提供出指示，指明这个大厦要建立在什么之上以及如何建立”。[②] 这就是说，奠基不仅为形而上学提供新的基础，而且这个新基础将决定形而上学本身的重建。唐先生的哲学作为儒家哲学的现代重建，也需要这样的奠基。

这是因为，心灵、人的主体性这样的东西都是某种“现成在手的”（vorhanden）存在者（Seiendes），而不是存在（Sein）本身。然而，真正源始的、作为存在者之前提的乃是存在本身。但传统形而上学哲学所思考的却是一切存在者的最终“根据”（Grund）、“存在者整体”“存在者之为存在者”。[③] 当其这样来思考存在者之际，它却恰恰遗忘了存在本身。当然，我们会注意到，在唐先生的话语里，“心灵”是一种“存在”，“心灵境界”乃是“生命存在”。但这只是汉语表达上的问题：当我们说“物是一个存在”的时候，这里的“存在”却是说的“存在者”，亦即“存在着的东西”。所以，必须指出的是，唐先生之所谓“存在”

---

① 奠基本是胡塞尔现象学的一个基本概念，后来海德格尔在一种有所修订的意义上继续使用这个概念。

② 海德格尔：《康德和形而上学问题》，《海德格尔选集》，第 82 页。

③ 海德格尔：《面向思的事情》，第 68 页。

或“心灵”,恰恰不是说的存在本身,而是存在者,具体来说,就是人这种存在者、作为人的主体性的心灵。这是因为,“如果人被看作这样一个存在者,他在建立某种绝对确定的知识时在次序上是绝对最先给予和最确定的东西,那么这样设计的哲学大厦就必定会把人的主体性带进自己核心的根基之中”①。唐先生的哲学体系就是这样一座哲学大厦,于是我们问:这样的人的主体性何以可能?心灵何以可能?

这是唐先生的形而上学所面临的奠基问题。不过,当唐先生把“心灵境界”与“生命存在”相提并论的时候,这里已经透露出了某种通往形而上学奠基的可能性。为此,我们可以将唐先生的“存在”与“生命”与海德格尔的“存在”与“生存”作一番比较。海德格尔形而上学奠基的根本任务在于追问“一般存在的意义”;但在他看来,我们只能“通过对某种存在者即此在(Dasein)特加阐释这样一条途径突入存在概念。因为我们在此在中将能赢获领会存在和可能解释存在的视野”②。这就是说,追问存在的意义只能通过追问此在,即人自己的生存(Existenz)才是可能的。③ 关键的工作在于对人的存在作生存论分析,这件事乃是由作为“此在的基本建构”的“在世”(In-der-Welt-sein 在世界之中存在)决定了的,海德格尔将其视为“首要的存在实情”④,而把它作为自己全部的生存论分析的“基础分析”:它领先于全部的本体论、认识论之类形而上学课

---

① 海德格尔:《康德和形而上学问题》,《海德格尔选集》,第 102 页。

② 海德格尔:《存在与时间》,陈嘉映、王庆节合译,生活·读书·新知三联书店 1999 年版,第 46 页。

③ 这是海德格尔的前期思想。

④ 海德格尔:《存在与时间》,第 62 页。

题而为它们奠基。而儒家,包括唐先生,首先将人视为一种特殊的"生命存在":因为"天地之大德曰生","生生之谓易",所以注重"观我生""观其生"。[①] 而海德格尔也正是经由"生命存在"而达到生存论视野的,他说:"说到底,当代哲学的问题主要集中在作为'原始现象'(Urphaenomen)的'生命'上。"正由于此,他"要讨论的真正对象被确定为生存"。[②] 由于这种在世结构"源始地始终地"就是"向来在先"的"先天结构",我们必须始终把这个结构"整体保持在眼界之中"。[③] 这也正是儒家的一个基本观念:我们的根基始终就在现世的"人生在世"之中,就在源始的人伦结构这种"共同在世"之中。

唐先生思想的通往形而上学奠基之可能性之处,集中体现在他关于"心境感通"的观念上。心灵与境界究竟是一种什么关系?在这里,唐先生竭力排除传统形而上学哲学的两种思维方式。一是排除传统经验论的思维方式。在他看来,心与境之间并非能知与所知的关系。这是因为,能知与所知的关系本质上是主体与客体的关系,这样的二元对峙关系事先设定了内在的主体、外在的对象。西方近代以来的哲学发展已经表明,这样的思路将导致"认识论困境"[④]。二是排除传统先验论的思维方式。唐先生的"境界"术语虽然借自佛教,但他认为,心灵与境界的关系并非"见分"与"相分"的关系,境界并非心灵的

---

① 《周易·系辞传》。

② 海德格尔:《评卡尔·雅斯贝尔斯〈世界观的心理学〉》,《路标》,商务印书馆2000年版,第18页。

③ 海德格尔:《面向思的事情》,第48页。

④ 认识论困境可以表述为:内在的主体意识如何可能确证并且通达外在的客观实在?

“变现”。那么,这究竟是一种怎样的关系?唐先生说,这是“心境感通”:“境与心之感通相应者,即谓有何境,必有何心与之俱起;而有何心起,亦必有何境与之俱起。此初不关境在心内或心外,亦不关境之真妄。”①

排除了传统的思维方式,这就为其进入当代哲学意义上的形而上学奠基的视域敞开了可能性。但是,唐先生自己并未走到这一步。这是因为,心灵的前设始终是他思想的根基所在。本来,唐先生已充分地逼近了生存论的奠基性视域,因为在心灵与境界究竟是什么关系这个问题上,他的看法是,既非境由心造(唯心论),亦非心因境生(唯物论),而是心境感通、互为缘生,“俱存俱在”“俱开俱阖”“俱进俱退”“俱起俱息”。唐先生有一种似乎“自相矛盾”或者“恶性循环”的说法:

> 此当下生命存在之心灵,与当前之境感通一事,更可收归于一念,而由此念之自化而自生,以成此生命心灵在九境中之神运。其自化为坤道,其自生为乾道。生则心开而有念,化则心阖而无念。②

其实这并不是什么自相矛盾或者恶性循环,而恰恰是在说心境感通,原非心在先,或者境在先。这样的心境感通,正类似于海德格尔所谓的存在者的共同“在世”(In-der-Welt-sein)这样的源始性的“共同存在”(Mitsein)。

但是,唐先生显然并没有海德格尔那样的形而上学奠基意

① 唐君毅:《生命存在与心灵境界》上册,第13页。
② 唐君毅:《生命存在与心灵境界》下册,第276页。

识。相反,他说:“如人之开门见山,此山虽或先有,然如此之山之境,以我开门而见者,亦正可为前此所未有也。”①这里的“我开门见山”,与前文所引的王阳明的“我来看花树”如出一辙:这里,“我”仍然是根本的前提。唐先生的另一种说法,可以证明我们这里的判断。在他看来,九境之间或者是互为内在的关系,或者是互为外在的关系;互为内在是因为心、境感通,而互为外在是因为心、境不感通。例如第四境“感觉互摄境”就是如此,此时心与境是互相隔离的,“于此,不只有种种世界或境界、与他人或其他有情之生命存在,非属于我;即我之有其前生后世,亦可视之如另一其他之我,其世界为一其他之世界;以至我之幼年、青年、中年之我,对老年之我而言,亦可视为如一其他之我”②。这与他关于心、境俱起俱灭的观点显然是矛盾的,因为这里居然设定了一个处于境界之外的已然存在的我,这个“我”即是心灵。而心灵是什么东西?就是人的主体性。果然,唐先生宣布了这种主体性:

> 简言之,即在吾人之见此主体之活动与活动之相,乃动而愈出,相续不穷者。由此相续不穷,即见其泉源之不息,根本之常在。此泉源根本,即以喻此主体。何以由此活动相续不穷,即知此活动之有一主体之在?此非由此活动之相续不穷,即可直接推论此主体之在,而是人于直感其活动相续不穷之时,即同时直感一超越于其先所感之一切已有活动之外,尚有一由无而出之活动。人即于此活动

① 唐君毅:《生命存在与心灵境界》下册,第97页。

② 唐君毅:《生命存在与心灵境界》下册,第254页。

> 由无而出之际,或由无至有之几上,感此活动出于吾人心灵或生命存在之主体,而为一不同于一切已有之活动,以只为此主体之所知者。[①]

但以今天的哲学之思来看,这种主体性是尚待奠基的,它将面临这样的追问:人的主体性何以可能?心灵何以可能?其实,儒学本来固有关于心灵之被奠基的思想,不过,这已超出本文的论题了。

---

① 唐君毅:《生命存在与心灵境界》下册,第322页。

观念的层级*

——海德格尔、道家与儒家之比较

有了这样的“定名”与“虚位”、等同性与对应性的观念，我们就能够从海德格尔谈到老子、从老子再谈到儒家了。他们之间在思想观念的实质上确实不同，在“定名”上是没有等同性的；但是，他们的思想观念之间，在“虚位”上却具有对应性——观念层级上的对应性。

一、海德格尔

我们可以从海德格尔的观念当中，引出我们当代思想的一个基本的观念架构，那就是“存在论区别”（der ontologische Unterschied）问题。这个区别是说，海德格尔首先做了一个区分，就是“存在”（Sein）与“存在者”（Seiendes）的区分。通常来讲，这个区分是今天做哲学的一个基本的观念平台。包括今天

---

* 此文为《爱与思——生活儒学的观念》，四川大学出版社 2006 年版，第 8—23 页；增补本，四川人民出版社 2017 年版，第 9—26 页；英文版，*Love and Thought*: *Life Confucianism as A New Philosophy*, Encino: Bridge 21 Publications, 2019, pp. 31-44。

的一些后现代思想家，同样是在这个平台上，完全逃不掉。如果今天有一个做哲学的人，他在那里谈了半天，我这里一听，觉得他完全没有涉及这种存在论区别，我就会觉得：你这个观念是不是太陈旧了？就像海德格尔所说的，自从轴心期以来，哲学、形而上学完全遗忘了存在本身。对于存在本身的这么一种关注，熟悉西方哲学的人都知道的，这是人们共同承认的一个观念平台，否则你今天就没法来谈哲学。

但我要说：这是不够的。远远不够！我们知道，海德格尔把这两者的关系理解为一种"奠基关系"——这是对胡塞尔那里"奠基"观念的改造，——来回答康德提出的"形而上学何以可能"的问题。这是不够的。还有一个对存在者本身的区分问题。自从轴心时期以来，哲学就在对存在者进行区分，区分为形而上的存在者和形而下的存在者。就西方看，虽然说从希腊雅典哲学以来，哲学或形而上学遗忘了存在本身，始终在思考存在者，但是，雅典哲学以来对存在者进行的那种传统的区分方式，即使在今天也并不是没有意义的。海德格尔在他的一些文章当中也谈到了这样的话题，也是跟着康德的问题展开的。康德的问题，总体上是形而上学何以可能的问题，就是"形而上学奠基"的问题；但是，还有"科学奠基"的问题。[①] 科学奠基意味着什么呢？意味着对存在者的划分。对存在者的这种划分，古今中外都是一样的。用今天的话语来说，存在者可以被划分为两种：唯一绝对的形而上的存在者，众多相对的

① 康德：《纯粹理性批判》，蓝公武译，商务印书馆 1960 年版，第 41—42 页。康德的三个问题——纯粹数学何以可能、纯粹自然科学何以可能、视为学问之玄学（即视为科学的形而上学）何以可能——前两个就是科学奠基问题，后一个则是形而上学奠基问题。

形而下的存在者。

海德格尔认为,形而上学思考的是“存在者整体”,或者叫做“存在者之为存在者”,或者叫做“存在者本身”。[①] 那么,这样的存在者,我把它叫做“形而上的存在者”。形而上的存在者有个特点:它是唯一的、绝对的。这个唯一绝对的存在者是什么? 这么一个存在者,或者是“人的类存在”(马克思语),或者是神、上帝、绝对的“他者”,或者是一个“理念世界”,或者是马克思主义所讲的“物质”(matter)。哲学,真正的纯哲学所思考的,就是这样的唯一绝对的存在者。比如黑格尔,通常被看作西方传统形而上学的集大成者,那么,我会说,在他那里,就是在思考这样一个存在者。从这个存在者的展开来讲,从他的思考整体来讲,他给出的是存在者本身,是一个存在者整体。这个存在者整体,它其实不是“多”,而是“一”。黑格尔是从“纯有”开始的,是“绝对观念”本身的展开。在它尚未展开的时候,纯有就是唯一绝对的存在者;而且无论展开与否,它都是唯一绝对的存在者。它是“一”,世界是“一”,不是“多”。在这个意义上,在形而上学的意义上,这个存在者不是“多”,是“一”。

但是,当其展开之后,我们看到,很多存在者被给出了。这就叫做“形而下的存在者”。这样一来,就形成了众多相对的存在者。海德格尔在他的一些文章当中——比如《现象学与神学》[②]——提出同时也是回答了康德这样一个问题:科学奠

① 海德格尔:《面向思的事情》,陈小文、孙周兴译,商务印书馆 1999 年版,第 68 页。

② 海德格尔:《现象学与神学》,《路标》,孙周兴译,商务印书馆 2000 年版。

基的问题。科学奠基并不是一个纯粹的哲学问题、纯粹的形而上学的话题。他研究这个问题，海德格尔明确地提出：科学所思考的，只是一个“存在者领域”，只是众多相对的形而下存在者当中的某一部分或者某一个存在者。历史上，近代最先发达起来的现代科学是分类学，这是为什么？道理就在于：一切科学要得以展开，首先是存在者的“划界”。但是，唯一绝对的存在者是不能划界的，它是不可分割的；可以分类、划界的，只能是众多相对的存在者。

这样的划界方式很多，我们今天在思考任何问题的时候，基本上都不能逃脱这个基本的框框，我把它叫做“物界”。比如说，今天的环境问题、生态问题，是基于“人”和“自然界”的划界，这里有两种存在者：人和自然界。又比如，神学讨论什么问题？此岸和彼岸这么一个划界：人与神。这样的划界是非常非常多的。最典型的、最早的划界，科学观念得以展开的一个基本前提，是亚里士多德《工具论·范畴篇》给出的范畴表。[①] 范畴表是什么呢？就是基本的划界，其实就是关于众多相对存在者的一般分类学。中国人最早的范畴表——《尚书·洪范》，也是这样的划界。[②] 这样的划界，意味着“世界观”——“观”这个世界的基本方式：世界就是这个样子的。所以，科学得以成立的前提，就是“物界”问题。海德格尔用他的专门术语来说，就是纯粹哲学形而上学以范畴的方式给出“存在畿域”，然后，这种存在畿域被科学执定为自己的

① 参见亚里士多德：《工具论·范畴篇》，李匡武译，广东人民出版社 1984 年版。

② 参见黄玉顺：《儒家是如何从心性论推出伦理学的？——中国传统思维模式的一种探索》，《中州学刊》2004 年第 2 期。

“事质领域”①,即执定为自己的对象。一门科学的成立,首先就是确定自己的“研究对象”,它表现为这样的一种定义:“××学是一门研究××的科学。”这个××就是这门科学的对象,这个对象实质上就是一个存在者领域。但是这个对象域、这个存在者领域不是科学自身给出的,而是哲学形而上学以范畴表的方式给出的。科学与哲学就是这么一种关系。这两者的关系是回答康德的问题的:科学何以可能?但在海德格尔这里,他是在更本源的意义上来回答这个问题的。这就是说,这是一种奠基关系,叫做形而上学为科学奠基。

我刚才所讲的已经表明,海德格尔实际上提出了人类观念的这样一种层级:

> 存在观念(生存领会)→ 形而上存在者观念(哲学)→ 形而下存在者观念(科学)

海德格尔是明确地表达过这样的观念层级的思想的,比如,他说:“存在问题的目标不仅在于保障一种使科学成为可能的先天条件,而且也在于保障那使先于任何研究存在者的科学且奠定这种科学的基础的存在论本身成为可能的条件。”②这里,“保障一种使科学成为可能的先天条件”,就是“先于任何研究存在者的科学且奠定这种科学的基础的存在论”的任务,也就是一般哲学存在论的任务;而“保障那使……存在论

---

① 海德格尔:《存在与时间》,陈嘉映、王庆节合译,生活·读书·新知三联书店1999年版,第11页。

② 海德格尔:《存在与时间》,第13页。

本身成为可能的条件”，则是“基础存在论”，也就是（关于存在本身的生存领会的）生存论的任务。所以，这样的观念层级也可以表述为：生存论→存在论→科学。

这样的观念层级，体现为对两个基本问题的回答：哲学形而上学何以可能？科学何以可能？后一个问题使我们从形而下存在者倒溯到形而上存在者，而前一个问题使我们从形而上存在者倒溯到存在本身。这样一个观念层级的基本架构，我是承认的，我认为这是人类全部观念、观念史的基本事实。当然，我跟海德格尔之间还有许多不同的想法，尤其是涉及“存在”与“生存”的观念的时候，这是我后面还要谈的一个问题。大家知道，我提出的生活儒学的“生活”观念，就是基于对海德格尔的批判。①

我们回到儒家本身来讲，回答康德“科学何以可能”的问题，也是这么一种奠基。简单来说就是：形而下的存在者何以可能？也就是说，这些众多相对的存在者是如何被给出的？作为存在者的“物”究竟是怎么被给出的？“万物皆备于我”②“不诚无物”③这样的命题究竟意味着什么？这是我今天在思考儒学问题的时候集中思考的问题之一。我的想法是：我可以在“思”这个话题当中解决这个问题。

以上是对海德格尔的观念的一个简单的介绍，因为大家都很熟悉，我就不用多说了。我现在回到东方哲学来，回到老子。

---

① 黄玉顺：《“生活儒学”导论》，《原道》第十辑，北京大学出版社2005年版；《论生活儒学与海德格尔思想——答张志伟教授》，《四川大学学报》2005年第4期。

② 《孟子·尽心上》。

③ 《礼记·中庸》。

二、老子

我刚才讲了,并且一再强调:东西方之间在“定名”上没有等同性,然而在“虚位”上却有一种对应性。我现在要讲的就是这种对应。也就是说,虽然海德格尔以为老子所讲的“道”就是他自己所讲的那个 way 或 weg,这在我们看来,未必没有偏差或者误读,但是,海德格尔对老子之“道”的这么一种把握,也是不无道理的,它们之间确有对应性。稍后,我还要讲儒家的观念,也是讲这样的对应性。我们这里只从对应性来讲,完全不讲它们的实质内容。我今天是要讲我刚才所提到的那个标题:儒学的观念层级。我今天要讲的就是儒学和海德格尔、老子的思想在观念层级上的对应性。

我们从老子的这句话开始:“天下万物生于有,有生于无。”①要理解老子,这句话是个纲领。从观念的对应性来讲,从“虚位”上来讲,我们可以说:“天下万物”就是说的众多相对的形而下存在者;这些众多相对的存在者是由纯粹的“有”给出的,这个纯粹的“有”就是唯一绝对的形而上存在者。所以,“天下万物生于有”就是老子那里的一层奠基关系。然后,“有生于无”。我们知道,这个“无”跟海德格尔一再谈论的“无”之间也是有对应性的,尽管其实质内容有很大的不同。显然,如果说“有”是存在者,那么“无”就是存在本身。这就是另一层奠基关系。所以,老子讲的“天下万物生于有,有生于无”,正

---

① 《老子》第四十章。

是在说观念层级的生成关系、奠基关系,就是:

无 → 有(唯物、唯有)→ 万物(万有)[1]

这个“无”,从对应性来讲,就是说的“存在本身”。而“有”,很像黑格尔所说的“纯有”,是一个尚未展开的、唯一绝对的存在者,形而上的存在者。[2] 不仅“万物”是物、存在者,而且“有”也是物、存在者;不过“万物”是众多相对物,而“有”是唯一绝对物、“唯物”(唯一之物),老子称做“道之为物”[3]。“有”是有,“万物”也是有;不过“有”是“唯有”“纯有”,而“万物”是“万有”。可以说,老子的全部思想框架,就是我刚才提到的“无中生有”——从“唯有”生“万有”。这是整部《老子》的一个基本的观念架构。

所以,我觉得,老子的哲学、老子的思想,我们可以从两个方向来看。一方面是从观念的奠基上来看,第一,无中生有;第二,从唯有生万有。那么,另外一个方面呢?我们已然成为“万有”当中的“一有”,你是一个“东西”,我也是一个“东西”,天下万物个个都是形而下的存在者,都是众多存在者当中的某些东西、某些物。这样一来,对于老子来讲,对于道家来讲,就

---

① 这里的“唯物”“唯有”是说的唯一绝对的物、唯一绝对的有。

② 黑格尔:《逻辑学》上卷,杨一之译,商务印书馆 1966 年版,第一部第一编第一部分第一章《甲、有》。但要注意,黑格尔所谓“纯有即无”之“无”,跟老子所说的“无”是不同的:老子所说的“无”对应存在本身,而黑格尔那个“无”作为“纯有”,实质上就是形而上的存在者,那是海德格尔所批判的那种“最普遍的”“不可定义”的存在者概念。(参见海德格尔:《存在与时间》,第 4—5 页)

③ 《老子》第二十一章。

有一个境界的追求，对此，老子有他另外的表达，就是一个反向的过程："万物并作，吾以观复。"①"复"就是回去。我要回去，回到哪里去？首先肯定是回到所有存在者的终极根据、那个唯一绝对的存在者，即"有"。但这还不够。我们可以说，当你回到这么一个纯有的时候，你仍然还是在传统形而上学的框架内想问题。不管是道家回到一种形而上学的"道"，还是儒家回到心性、良心、本体，仍然是在这个框架内思考存在者的问题，还没有回到存在本身，也就是没有回到"无"。所以，老子还有一句话："复归于无物。"②这就是说，回到存在本身，回到"无"。这就是道家对最高境界的追求。

现在我们看《老子》文本，整篇充满的就是这个基本的架构。比如，从第一章开始，他开宗明义就说："无，名天地之始；有，名万物之母。"③这跟刚才所讲的完全对应。他对"始"和"母"作了一个严格的区分：有，就是母，就是万物之母，就是"道之为物"，就是那个唯一绝对的存在者；但这还是不够的，在这之前，一个女人要成为"母"，首先要"始"，这就是"无"——"无物"——不仅没有"万物"，而且没有"道之为物"。这个"始"字，从"女"旁，说的就是女人的事情。你首先得成为一个女人，然后才能成为一个母亲。女人成母亲，母亲生孩子，这就是我刚才所说的"无有"生"唯有"，"唯有"生"万有"。然而，"始"作为"无"，这个女人还没有生儿育女，她还不曾拥有子女那样的"东西"，因而她自己也还没有成为一个母

① 《老子》第十六章。

② 《老子》第十四章。

③ 《老子》第一章。

亲,她自己还不是一个母亲那样的“东西”。

我们从老子的言说当中,初步可以得出一个结论:在老子这里,或者说在东方的思想当中,在中国的思想当中,“无”就是说的“无物”,就是没有任何“东西”。我们用海德格尔的话语来说,老子所说的“无物”,其实就是说的没有存在者:不管是形而下的存在者也好,还是形而上的存在者也好,都没有。也就是说,在老子和海德格尔之间,存在着这样一种观念层级的对应:

老子:无物→道之为物→万物
海德格尔:存在→形而上存在者→形而下存在者

那么,我们可以说,“无”或者“无物”就是先行于存在者的所谓“事情本身”(Sache selbt)。这样的“事情本身”先行于存在者,然后在某种情境中给出了存在者。究竟怎样给出了存在者,这是我后面要讲的内容,也就是“思”的问题。我现在只是说:我们今天的、当前的哲学思考,最核心、最重大的一个问题,是要说明究竟怎样“无中生有”。应该说,我这个“爱与思”的整体内容,其实就是在说这个问题。

三、儒家

我刚才从海德格尔谈到了老子,从西方谈到了东方。可是,你们可能仍然觉得还不是很好懂,不好把握,尤其是对这个“无”,很难去领会。我们今天有很多人,在读海德格尔、老子的时候，在读到“无”的时候，都觉得非常玄乎。好吧，我现在就从道家回到儒家。我觉得，在儒家这里，这个“无”就非常好懂。

我刚才讲了，在轴心时期之后，在儒家的形而上学的观念架构当中，亦即在思孟学派以来所形成的心性论，即以心学为正宗的这么一种思想当中，存在着一个基本的观念架构，就是“性—情”。它们有这样一个奠基关系，《中庸》里面表达得非常清楚：

> 喜怒哀乐之未发，谓之中；发而皆中节，谓之和。中也者，天下之大本也；和也者，天下之达道也。致中和，天地位焉，万物育焉。①

“喜怒哀乐”本来是说的“情”，原来是“无”，并非那种作为绝对主体性的形而上存在者，但这里却是说的那个固有的然而“未发”的“中”，这个“中”其实是说的形而上的“性”，所以，它才是“大本”，即本体，以至天地位于它，万物育于它。“发而皆中节”，这才是说的发而为形而下的“情”，即成为形而下的存在者的事情，这就是“上学而下达”“极高明而道中庸”②；所发之情合乎礼，这就是“中节”，即是所谓“达道”。显然，这是一个标准的形而上学的架构：“中”或者“性”是形而上存在者的事情，“发”而为“情”则是落实到形而下存在者的事情。

这就是说，在儒家形而上学的话语当中，“性”这样的东

① 《礼记·中庸》。
② 《礼记·中庸》。

西,就观念层级的对应性来讲,相当于老子所讲的纯粹的"有",是在讲万物的终极根据。这样的终极根据,用我们今天的哲学话语来说,它特别准确地传达了一个什么样的观念呢?那就是:绝对主体,同时也是绝对本体。儒家哲学是特别强调这一点的。我们"先立乎其大者"①,首先确立心性本体,就是首先确立这个绝对主体。

首先,这个"性"是人性,也就是主体性。这里并不是在说什么"物性""物理"。当我们在说"物性""物理"的时候,它是跟"人性"相对而言的,这是一种对待关系,这时候,实际上我们已经进入了一种形而下的架构之中了。然而在"先立乎其大者"这里,这样的人性是"绝对"的,也就是说,是没有任何东西,比如物性什么的足以与它相对、相提并论的。这就是绝对的主体性,同时也是绝对的实体性,其实就是本体的观念。所以,这实际上也是跟黑格尔所讲的那个绝对主体、"实体就是主体"②对应的。"绝对观念"作为绝对实体,不管它展开了还是没有展开,实际上就是绝对的主体、实体、本体。儒家心学也特别强调这一点:人的这个心性,在形而上的层级上,它是绝对的,它就是天地万物的本体,是至高的实体。我们正是由它这个终极根据,来说明万事万物是何以成立的。孟子所说的"万物皆备于我矣"③,也是这个意思。这个"我"不是说的孟子本人,而正是说的一般的绝对主体性。所以,这样的儒家心学,就是一种标准的形而上学。

---

① 《孟子·告子上》。

② 黑格尔:《精神现象学》,贺麟、王玖兴译,商务印书馆1979年版,第15页。

③ 《孟子·尽心上》。

那么,在今天的观念下,我们说要回到"无"。那就是我刚才所讲的,有别于这样一种形而下的,作为道德情感的"情",还有另外一种更其本源的"情"。这样的本源性的"情",就是"无",就是所谓"存在本身"。这就谈到"爱"字上来了。这是我今天想事先着重谈一下的话题,而下一次的讲座更要着重阐明这个问题。

这样一种本源性的"情",这样一种本源性的"爱",用我的话来说——用儒家的话来说——这样的"情"才是真正的"大本大源""源头活水"。可是,我们在什么意义上可以说,这样的"情"就是"无"?在给本科新生讲的时候,我一般采取这种办法,就是不跟他们讲道理,只跟他们举例子。但你们呢,我就可以讲道理了。不过,还是可以先举一些例子,这样才好领会。我们今天先讲"爱",至于爱和其他情感样式的关系,我们以后再讲。

爱,按照现象学的观念,是一种"显现"。但是,在我的文章中,我用的是另外一个词:"显示"。为什么用"显示"呢?因为这个"示"字跟中国的一个很核心的观念有关,这个观念就是《易传》所说的"天垂象,见吉凶"①。这个"见",读作"现",不是"看见"的意思,而是"显现""现象""显示"的意思。许慎解释"示"字,就引用了《易传》这句话:"示,'天垂象,见吉凶',所以示人也。"②姑且可以这么说:这是中国人的一种"现象学"观念。但他却又接着解释说:"从二[大徐本注:二,古文'上'字];三垂,日月星也。'观乎天文,以察时变。'示,神事

---

① 《周易・系辞上传》。

② 许慎:《说文解字・示部》。

也。”这样一来,“示”就被解释成了一种形而上学的观念:“天象”“天文”乃是“神事”,是神向人显示着“吉凶”“时变”。这倒是符合《周易》的神学形而上学观念,却已经不是本源性的观念了。在本源性的观念中,“示”并不是有一个“本质”呈现为“现象”,并不是有一个形而上的神,他在向人显示什么。“示”之为显示,犹如现象学所谓“显现”或者“现象”:既不是“什么”在显现,也不是向“谁”在显现。

在我们这个“现象学时代”或者“后现象学时代”里,我们来谈“现象”的时候,会有两种不同的“现象”观念可供我们考虑,一种是前现象学的,另一种则是现象学的观念。按照现象学的观念,“现象背后一无所有”①,既没有本质也没有实体;现象就是显现,显现就是现象,就是那个“事情本身”。这里并没有一个“本质—现象”的架构,现象就是本质,因而也就无所谓本质不本质。那么,现在我所说的“爱”,作为一种对应于“存在本身”的生活情感,一种本源性的生活情感,就是现象学意义上的一种显示。

作为一种显示、一种显现,生活情感是有各种各样的显现样式的。大家注意,当我说到“显现样式”的时候,你们千万不要从分类学的角度去理解它。为什么呢?因为显现样式不是关于存在者的那种分类。这里还没有存在者的问题,而是存在本身的问题。通常所说的爱,我们可以作出很多种不同的、后来人们进行分类处理言说的各种各样的爱。但是,如果我们去掉其中的前现象学的现象观念,那就是爱的显现样式。按照分类的说法,我们今天所说的爱,比如说,有亲爱、亲情之爱,有父

---

① 海德格尔:《面向思的事情》,第80页。

母和子女之间的爱，还有其他的样式。通常，这些爱的样式，在儒家的思想当中，我们可以从这么一个角度去把握——这么一种角度，当然已经是一种形而下的把握——就是：五伦。所谓"五伦"是说：君臣、父子、夫妇、兄弟、朋友。如孟子说："使契为司徒，教以人伦：父子有亲，君臣有义，夫妇有别，长幼有叙，朋友有信。"①但是按儒家的观念，归根结底，他们之间是以爱作为纽结的。当然，君臣、父子、夫妇、兄弟、朋友，都是存在者。爱被理解为这些存在者之间的事情，这当然是一种形而下学的观念了，但如果我们把这里的先行的存在者的观念去除掉，我们就能够获得几种基本的爱的显现样式的观念。

我现在就举例说，在什么意义上，这样的本源性的爱就是无。我刚才提到老子的观念："无"就是"无物"。用今天的话语来说，"无"就是没有存在者，先行于存在者，而给出存在者。我们来举一种爱的显现样式，比如爱情。我经常讲一个观念，我说儒学的当代阐释、转换，假如不能解释现代的爱情现象，那肯定就是不成功的。按照那么一种两千多年以来形成的传统形而上学的思维模式，我们通常会这样来理解爱情：有一个男人，有一个女人，先就在这儿了；然后，由于某种机缘，他们遭遇了，然后由于某种原因，他们之间发生了一种感情，我们把它叫做"爱情"。在这样一种陈述中，我们会说，这个男人和这个女人是首先存在的，然后他们之间才可能发生这么一种感情、一种关系。这就是从亚里士多德的《范畴篇》开始所谈的那种"关系"概念，形而上学的"关系"概念：关系是实体之间的关系。在刚才的那个叙述当中，我们说，这个男人和这个女人就

① 《孟子·滕文公上》。

是两个存在者。那么,当我们谈爱情的时候,这两个存在者已经是先行的了。

但是,我会说,这完全是一种本末倒置的理解,因为在爱情中,男人、女人这样的主体性、存在者,不是抽象的,而是这样的男女、这样的主体性、这样的存在者,我们把他们叫做“爱人”或者“恋人”。那么,事情本身是显而易见的:爱人之所以成其为爱人,是因为爱,而不是相反。换句话说,是爱给出了或者说是爱生成了爱人或者恋人,而不是相反。也就是说——谈过恋爱的人都知道——你有一天忽然意识到自己爱了,你这时候就成为一个爱人、一个恋人,但在这里,爱早已经先行了。然而,爱本身不是存在者,爱不是一个物、一个东西。在儒家的思想观念中,这样一种本源性的爱,是先行于任何存在者的。爱既然不是存在者,那就是存在本身嘛。

我们再举另外一种爱的显现样式,最常见的,就是母爱。按照传统的形而上学思维模式,也可以这么解释:母爱是母亲对儿女的一种情感。当我们这样定义的时候,就是说母亲和儿女这样的存在者是先行的。但这还是本末倒置的说法。应该说,如果没有母爱,母亲就不存在,儿女也不存在。这是因为,假如没有母爱的显现,母亲不成其为一个母亲,她还没有成为一个真正的母亲,她作为母亲还没有被生活情感给出,母亲还没有诞生。这意味着:母爱这种爱本身是先行的。

正是在这个意义上,我说,这样的情感、这样的爱,乃是“无”。生活本身是无,生活情感是无。其所以是“无”,是因为这里“无物”。所谓“无物”是说:在这时候,在这种本源情境中,存在者尚未被给出,尚未生成。本源性的爱本身是先行于任何存在者的,先行于人和物。惟其如此,《中庸》才说:“不诚无物。”假如没有真诚的情感、真诚的爱，就没有物、没有任何存在者。

人和物这样的存在者，在儒家思想当中是怎么被爱给出的？包括后来我们将要面对的一些特别重要的问题，诸如主体、客体以及“主—客”架构，这样的存在者、这样的存在者之间的关系，是如何在爱中被给出的？这应该是我们今天进行儒学思考的最核心、最重要的问题。在我看来，我们今天真正要回到大本大源上去，就是要回到这么一种不是作为道德感情、道德原则的生活情感、本源性的爱。

又比如说，还有一种爱的样式：孝。孝也是一个特别重要的问题。我们今天谈到儒家的“孝”的观念的时候，通常会把它理解为一种道德原则、道德要求。其前提是：是人，就应该孝。这就有一个先行的观念，就是“人”这样的存在者、这样的主体性。我会说，这不是一种本源性的孝。本源性的孝与道德无关，完全无关。孝首先不是一个道德问题。倒是阳明子有一段话谈这个问题，谈得挺好：“见父自然知孝，见兄自然知弟，见孺子入井自然知恻隐。”[①]这样一种孝，是先行于“儿女”这样的主体性存在者的。我们说，如果孝这样的本源性情感还没有显现，那么，儿女就还不曾被给出，儿女就不成其为儿女，儿女还未诞生。只有如此，我们对儒家的理解才能够达到当前的、当下的观念。

情感、爱在什么意义上就是“无”？我刚才讲了，就是“无物”——还没有存在者，还没有物。这对于儒家来讲，从属于一个更大的视域、另外一个话题，就是我现在经常讲的关于

① 《王阳明全集·传习录上》。

“生活”的问题。我现在讲“爱与思”,就是从另外一个角度来讲生活,讲“生活是无”,讲生活是怎样展开的。我会谈到在生活本身的那么一种本源情境当中,爱与思是怎么显现的。

“生活”这个观念,当然是一个现代汉语的词语。但实际上,我们现代汉语中很多词汇的用法是具有深厚的中国文化背景的。现代汉语的词汇,有着双重的来源和性质:一个固然是“西学东渐”的“欧化”问题,但也不能忽视了继承中古以来的古代白话的问题。这个问题,我在这里不展开来讲,暂时不对“生”啊、“活”啊这些词语进行训诂,进行考据。这里,我把“生活”这个观念跟海德格尔的观念进行比较,这个比较涉及我刚才所讲的中西之间的对应性问题,也涉及我今天的一个很重要的话题,就是对海德格尔思想的理解,对他的前、后期思想的理解——包括对他前、后期思想的判断、取舍——这么一个问题。

我们知道,有所谓海德格尔思想的“转向”这么一个话题。我说,海德格尔终身追寻“存在”问题,追寻“存在的意义”,在这个意义上,海德格尔一辈子根本无所谓“转向”。但是,他前期、后期对存在的意义进行追问,也确实有很多观念上的实质性的不同。这就是我要谈的一个问题。比如,他对存在本身的把握,是有一定的变化的。这是西方哲学研究的一个专门性话题,我这里不谈它。跟我现在的话题直接相关的是这么一个问题:我们从海德格尔终身追问存在的意义这么一个角度来看的话,他无所谓“转向”,但我们知道,所谓海德格尔前、后期的“转向”主要指的是这么一个问题:我们如何,或者通过怎样的路径来把握存在本身?

在这个问题上,海德格尔那里确实存在着“转向”。我们知道,海德格尔前期的一个核心概念,就是“生存”(Existenz)。

他通过“生存”去走近“存在”。而后期，他抛弃了生存的进路，用他自己的话来说，就是要“更其源始地去构成《存在与时间》的课题”①。我可以这么说，他是试图更加直截了当地把握存在本身。这应该是海德格尔后期转向的一个最大的体现。这就是说，在如何走近存在、如何把握存在本身这个问题上，他前、后期的路径是不同的。这完全是一个路径的问题。

其实，我对海德格尔特别感兴趣的地方，就是他前期思想当中的“生存”，因为中国儒学，或者说东方文化，包括道家，都特别讲究这个“生”。这是很多学者承认的一个观念事实。比如《周易》讲“天地之大德曰生”②“生生之谓易”③，这就是讲“生”的。现代新儒家也讲“生”，说宇宙是一个大生命，诸如此类的吧。我们中国人对关于“生”的问题特别感兴趣。当然，我们所谓“生”跟海德格尔所谓“生存”并不是一回事，两者不能等同，这是我以后要讲的一个问题；但虽然如此，“生”与“生存”之间毕竟是具有某种对应性的。

如果说我们要走近存在本身，需要通过一条路，那么在海德格尔那里，这条路就是生存；但是，更具体地讲，更确切地讲，那是“此在的生存”。这就是说，走近存在本身，那是“此在”(Dasein)的事情。那么，“此在”是什么东西呢？是一种特殊的存在者，其实就是说的“人”这样的存在者。因此，假如说生存乃是此在的事情，那就意味着，我们走向存在，必须有一个先行的观念，有一个先行的东西：此在。可是，按照海德格尔自己

---

① 海德格尔：《面向思的事情》，第 68 页。

② 《周易·系辞下传》。

③ 《周易·系辞上传》。

的说法,“此在是一种存在者”;他在有的地方说,此在是一种特殊的、“与众不同”的存在者,然后就谈此在如何特殊,具有如何如何的优先性等。① 但是,不管它是如何如何的特殊,这个此在总是存在者,而不是存在本身。那么,我就会想:我们要把握存在本身,却必须通过某种存在者,就必须把某种存在者事先设定了,作为一个先行的观念。这就意味着:这种存在者的先行性反倒成为我们所要达到的存在本身的先决条件。但即使按海德格尔自己的初衷,我们所要达到的这个目标——存在本身——恰恰应该是最先行的。否则,他就不能跳脱希腊雅典哲学以来的“思存在者”“遗忘存在”的形而上学老路。其实,海德格尔本来是想说相反的事情:存在本身先行于存在者。但是,“此在的生存”的观念使他背离了自己的初衷。这就是海德格尔前期思想中的自相矛盾、不彻底性。我觉得这一点应该是很清楚的。惟其如此,海德格尔后来才会“悔其少作”,才会有他后期的“转向”,抛弃了“此在的生存”的进路。

但是,按照海德格尔前期、后期一贯的思想,他的意图恰恰是想说“形而上学的奠基”问题:存在者怎么被存在本身给出。这就说明,他想说的是存在本身如何先行于任何存在者。然而在他的前期思想里,结果是:我们要去说明这个存在、去领会它的时候,或者要去走近它、把握它的时候,我们恰恰必须以那么一个与之相反的观念为前提,必须以存在者先行。这是一个很大很大的问题,非常大的问题!这是第一点,这也是海德格尔后期之所以发生转向,即在后期舍弃“此在的生存”这条进路的基本原因。这是很多学者已经达成的共识,这就是说,海德

① 海德格尔:《存在与时间》,第 14 页。

格尔意识到,他的"此在"其实也就是一个变相的主体性,也就是一个变相的"大写的人",而且是一种现代性的、单子性的人。在这个意义上,我会说,萨特对海德格尔前期思想的把握完全没错。

但我感兴趣的是与此相关的另外一个问题:在海德格尔那里,当我们谈"生存"的时候,我们所谈的乃是"此在的生存"。大家注意,是"此在"的生存。这个"生存"乃是以"此在"为先行观念的。这就意味着:这个"生存"绝不是说的"存在"本身。所谓"生存"肯定不是"存在本身"! 这就意味着:存在本身是在生存之外的,是在此在的生存之外。这就是我一向认为的海德格尔前期思想中所蕴含着的另外一个很大的危险性。就其前期思想来讲,我刚才分析过,既然生存是以此在这样的存在者为先行观念的,那就仍然意味着仍然遗忘了存在本身。假如我们要通过此在的生存去走近存在本身,那就意味着存在本身是在生存之外的事情。

如此看来,我们似乎应该更加关注他的后期思想才是对的了?其实不然。就他的后期思想来讲,他继续追问"存在"却抛弃了"生存"这条进路,那就更加意味着:谈"存在"本身是可以完全不谈"生存"问题的;或者说,我们谈存在本身的时候,竟然可以是跟生存全然无关的!

像海德格尔等西方人这样去谈生存、存在,这对于中国人来说是完全没法理解的。为什么呢?因为中国人从来不是这样去想存在、生存的。我在很多文章中提到,对于中国人来讲,生活即是存在。所以,我才不用"生存"这个词,而用"生活"这个词。生活就是存在;生活之外,我们不能设想还有什么"存在本身"。生活之外的存在本身,完全不可思议!

所以,我的基本想法是:我现在谈的这么一种“生存”,不以任何存在者为先行观念的“生存”,也就是说,不是在说“此在的生存”。如果我这样谈生存,又如何?很简单,这就是我所说的“生活”。这也就是中国人观念中的“存在本身”。这也就是“生活儒学”所谈的全部话题:生活。如果我们不以任何存在者为先行观念,包括不以“此在”这样的存在者为先行观念,如果我们把海德格尔所谓“生存”前面的那个“此在”剔除掉,我们也就获得了“生活”的观念。这样一来,我们就从存在者的观念而达到了真正彻底的存在的观念。这就是我的“生活儒学”的基本观念。

总起来讲,我的意思是:在海德格尔、老子、儒家的观念之间是存在着“定名”的实质性区别的,是不能把它们简单地等同起来的,但是,他们的思想在“虚位”上也确实存在着观念层级的对应性:

儒家:生活情感(本源)——→性(形上)——→情(形下)
老子:无物(无/道)——→道之为物——→万物
海氏:存在——→形而上存在者——→形而下存在者

于是,我们要做的事情就是:让作为存在本身的生活情感,尤其是爱的情感给出存在者。我们首先获得了这么一种“生活”的观念、“生活情感”的观念、“存在”本身的观念——这就是我关于“爱”的话题;然后我们再由此来说明“无中生有”的问题——这就是我关于“思”的话题。这时我们才来说明:“此在”这样的主体性存在者——我刚才说的“大写的人”——究竟是怎样被生活情感给出的?万物是怎样被生活本身给出的?

实体、本体是怎样被生活给出的？这一切归属于这样的“事情本身”：生活。而生活是什么？生活什么也不是，只是无：什么东西都没有，没有任何存在者，甚至连“此在”也没有。

为科学奠基*

——中国古代科学的现象学考察

本文意欲讨论“中国古代科学”，包含着这样三个必须加以澄清的具有内在关联的问题：(1)所谓“中国古代科学”这个概念能否成立？其前提问题是：何谓科学？(2)一般科学是如何被奠基的？(3)中国古代科学是如何被奠基的？

一、“中国古代科学”概念能否成立？

中国古代究竟有没有所谓“科学”？这也是英国著名科学史家、《中国科学技术史》①作者李约瑟(Joseph Needham)所面临的质疑之一。这种质疑其实基于这样一个预设：科学的典范从而成为一切学术是否科学的衡量标准的，就是西方的科学范式，而且只是西方近代文艺复兴以来的科学范式。但这种预设本身是可以质疑的，它忘记了西方古代形态的科学范式，更不

---

* 本文作于2003年夏；收入作者文集《面向生活本身的儒学——黄玉顺“生活儒学”自选集》，四川大学出版社2006年版，第275—291页。

① 李约瑟：《中国科学技术史》(*Science and Civilisation in China*)，《中国科学史》翻译小组译，科学出版社1975年版。

用说它忽视了西方传统以外的科学形态。所以我们不妨发问：究竟何谓科学？

现代著名思想家、现象学大师海德格尔对科学概念有一个著名的界定。他在其论文《现象学与神学》中给出了一个“关于科学的形式定义：科学是为被揭示状态本身之故对某个向来自足的存在者领域或者存在领域的有所论证的揭示。”①为了理解他这个定义，这里有必要对海德格尔的有关思想加以简要介绍。

任何一种实在的现成物，海德格尔都称之为“存在者”（Seiendes）。人是一种存在者，神也是一种存在者，自然物同样是一种存在者；自然界就是一个“存在者领域”。科学的对象总是某种存在者或者“某个存在者领域”，自然科学的对象就是自然界这个存在者领域。

科学就是“对……存在者领域的有所论证的揭示（begründende Enthüllung）”。注意，虽然任何认识总是揭示，但揭示不一定就是科学；只有那种“有所论证的揭示”才是科学，亦即科学是通过论证来揭示的。这种论证的揭示分为两类，从而科学本身也就分成两类：经验科学通过归纳论证来揭示，理论科学通过演绎论证来揭示。但这两者又是不可分割的，所以科学总是“实证的”：或是经验“证实”，或是逻辑“证明”。在这个意义上，即便是基督教神学也是一门实证科学（positive Wissenschaften），因为它的对象就是上帝这个存在者，而它是通过论证来对这个存在者加以揭示的：或者是通过神启的经验

---

① 海德格尔：《现象学与神学》，《路标》，孙周兴译，商务印书馆 2000 年版，第 54 页。

证实,或者是通过理性的逻辑证明。

最难理解的是定义中的“被揭示状态本身”(Enthülltheit)。其意为:在科学活动发生之前,作为对象的这个存在者其实已经“被揭示”了,它已经处在某种“被揭示状态”之中了。这是什么意思呢?这就需要对海德格尔的思想有更为全面的了解。

存在者之所以为存在者,就因为它“存在”着(sein),它“是”着(ist)什么。那么,这个“是”本身、这个“存在”本身是什么?存在(Sein)本身不是“什么”,即不是任何存在者。“存在不能存在。倘若存在存在,则它就不再是存在,而是一个存在者了。”[①]这就是著名的“存在论区分”(der ontologische Unterschied),即对存在与存在者的区分。当然,“存在总是某种存在者的存在”[②]。但这并不是说先有一个存在者,然后它存在;恰恰相反,正因为它存在,它才是存在者。可是一当我们用“什么”发问时,它所指的就总已经是一个存在者,而非存在本身了。哲学史、科学史均已表明,存在本身是不能被定义的,它只能通过某种方式被揭示出来。

那么,如何揭示?上文说到,科学是一种“有所论证的揭示”;这就是说,还存在着某种“无所论证的揭示”。科学的论证,无论归纳的论证(经验证实),还是演绎的论证(逻辑证明),都是分析的。分析揭示的特征在于它是对象化、客观化的,即首先将被揭示者设为一个对象、一个客体;这就是说,分析的前提乃是“主体—客体”这样的二元对置。因此,所谓科

---

① 海德格尔:《康德的存在论题》,《路标》,第 560 页。

② 海德格尔:《存在与时间》,陈嘉映、王庆节合译,生活 · 读书 · 新知三联书店 1999 年版,第 11 页。

学也就是主体(一个存在者)对客体(另外一个存在者)的揭示。而这意味着:科学的分析揭示着存在者,但它恰恰遗忘了作为其前提的存在者之存在本身。然而假如存在者不首先"存在着",那么它什么也不"是"。对此,我们在进行科学的认识之前就已经有所领悟:"存在者状态上的科学向来把某个现成的存在者当作课题,这个现成存在者总是已经以某种方式在科学的揭示之前被揭示出来了。"①此即"无所论证的揭示"。所以,这种前分析的揭示才是源始性的(urspruelich)、奠基性的(fundierend)揭示,科学的分析乃是被这种前分析的揭示所指引的。

这里还涉及另一个问题:谁来揭示?上文谈到,科学家就是在揭示。但是,科学家这种存在者首先是人。自然物这种存在者不能成为科学家,上帝这种存在者也不能成为科学家;科学家作为揭示者,总是人这个存在者。人是一种最特殊的存在者,海德格尔称为"此在"(Dasein)。此在、人这种存在者的存在,海德格尔叫做"生存"(Eksistenz)。人存在着,亦即人生存着;不是因为他是人,他才"生存着",而是因为他生存着,他才"是"人。因此,此在的生存乃是一切揭示——包括科学的揭示、前科学前分析的揭示——的根基,科学不过是"此在的一种可能性"②,而非全部。

那么,此在如何揭示?这种揭示不是科学分析的那种有所论证的揭示,而是前分析的揭示;这种源始性的揭示,海德格尔称为"领悟"(Verstehen)。人在科学地,甚至日常经验地认识

---

① 海德格尔:《现象学与神学》,《路标》,第55页。

② 海德格尔:《现象学与神学》,《路标》,第54页。

一个对象之前，就已经对这个存在者的存在心领神会了：他还不能说出它是“什么”，但他已经知道它“是”什么：“我们总已经活动在对存在的某种领会中了。明确提问存在的意义、意求获得存在的概念，这些都是从对存在的某种领会中生发出来的。我们不知道‘存在’说的是什么，然而当我们问道‘“存在”是什么’时，我们已经栖身在对‘是’[‘在’]的某种领会之中了，尽管我们还不能从概念上确定这个‘是’意味着什么。”[①]这种源始的领悟，基于他对于其他存在者的一种源始关系：此时其他存在者还不是“在手的”(vorhanden)、现成摆在那里的，而是“上手的”(zuhanden)、得心应手的。人只要生存着，他也就源始地领悟着：“人类此在本身，只要它终究生存着，就从自身而来具有这种存在领悟。”[②]科学不过是这种“前科学态度的继续推进”[③]：只有领悟了存在者之存在，才可能认识存在者，随之才可能有科学。

总之，人这种存在者在自己的生存中领悟地揭示着包括自然界在内的存在者，在此基础上，他还对存在者进行着有所论证的揭示，即进行科学活动。古代中国人也是人，即作为此在的特殊存在者；他们同样在自己的生存中领悟地揭示着，既揭示着他自身的存在，也揭示着其他一切存在者的存在；既进行着前分析的揭示，也进行着分析的，即有所论证的揭示。当他们进行那种有所论证的揭示时，他们也就是在从事着科学。于是我们才能理解，中国古代何以具有如此高度发达的技术。如

---

① 海德格尔：《存在与时间》，第7页。

② 海德格尔：《现象学与神学》，《路标》，第70页。

③ 海德格尔：《现象学与神学》，《路标》，第55页。

果说技术被奠基于科学，那么科学就被奠基于前科学、前分析的源始地领悟着的揭示。

二、一般科学是如何被奠基的？

那么，科学究竟是如何被这种领悟着的揭示奠基的？科学作为源始的生存领悟的“继续推进”，究竟是如何被建构起来的？按照海德格尔的思路，这里涉及科学与哲学的区分。在“有所论证的揭示”这个意义上，哲学也是一门科学，但哲学不是实证科学，亦即不是分门别类的关于诸多“存在者领域”的科学，而是一门关于“存在者整体”的科学，海德格尔称之为“存在学”(Ontosophie)。“倘若把科学理解为此在的一种可能性，那么，根据这种一般科学的观念就可以表明：科学必然具有两种基本可能性，即，关于存在者的各门科学（存在者状态上的各门科学）和关于存在的这一门科学（存在学上的科学，亦即哲学）。”[①]“关于某个现成存在者的科学，即关于某个实在的科学，我们称之为实证科学”；“实证科学是对某个现成摆着的和已经以某种方式被揭示出来的存在者的有所论证的揭示”。[②]“哲学即形而上学。形而上学着眼于存在，着眼于存在中的存在者之共属一体，来思考存在者整体——世界、人类和上帝。形而上学以论证性表象的思维方式来思考存在者之为存在者。”[③]在这种区

① 海德格尔：《现象学与神学》，《路标》，第54—55页。

② 海德格尔：《现象学与神学》，《路标》，第55、57—58页。

③ 海德格尔：《面向思的事情》，陈小文、孙周兴译，商务印书馆1999年版，第68页。

分的基础上,海德格尔给出了关于实证科学之实证性的构成的三个层次,①我们就以此为层层逆推、深入分析的线索。

（一）存在者状态上的科学

> 一般地,一个已经以某种方式被揭示出来的存在者在某个范围内是现成摆着的,是理论的对象化和探究活动的可能课题。

这就是区别于哲学的实证科学,其对象是已经以某种方式被揭示出来的存在者,不论它是自然物、人,还是上帝;实证科学就是对这种已经有所揭示的对象更进一步的“有所论证的揭示”:有所论证地揭示上帝的就是神学,有所论证地揭示人的就是作为“人学”“人文科学”“社会科学”的科学,有所论证地揭示自然物的就是自然科学。

（二）存在学上的科学

> 在某种特定的前科学的与存在者的通达和交道方式中,这个现成的实在是可发现的;在此交道方式中,这一领域的特殊的实际特性和有关存在者的存在方式已经显示出来。

这里所说的“某种特定的前科学的与存在者的通达和打

① 海德格尔:《现象学与神学》,《路标》,第56—57页。以下三段引文均出于此。

交道方式”，就是形而上学的方式，即传统的本体论（Ontologie，或译为存在论）哲学、海德格尔所谓“存在学”的方式。实证科学的任务是揭示某个“领域的特殊的实际特性和有关存在者的存在方式”，但这在实证科学之前就“已经揭示出来”：这是由哲学来揭示的。这就是说，科学是被哲学奠基的。

哲学也跟实证科学一样，“特征在于：它把被它当作课题的东西对象化，这种对象化的方向是直指存在者的，从而是一种已经实存着的对这一存在者的前科学态度的继续推进”①。所以，不论科学还是哲学，作为“有所论证的揭示”，其前提都是“主—客”二元对置的设定，即“客观化”（objektivieren）。“客观化就是使某物成为一个客体，把它设定为一个客体并且仅仅这样来表象它”；“在自然科学和技术的表象领域里，思与言是客观化的，亦即是要把给定事物设定为客体的”。② 换句话说，科学、哲学的前提是“主体性”观念的确立。人把自己的此在从“在世界中存在”（In-der-Welt-sein）这个源始结构中剥离出来，他把自己这个存在者设置为主体，而把作为对象的存在者设置为客体，于是认知经验得以发生，进而哲学、科学得以发生。

（三）源始的生存领悟

科学的实证性还包括这样一点：就连这种前科学的对

---

① 海德格尔：《现象学与神学》，《路标》，第 55 页。

② 海德格尔：《〈今日神学中一种非客观化的思与言问题〉的神学谈话中主要观点的若干提示》，孙周兴译，刘小枫选编：《海德格尔与有限性思想》，华夏出版社 2002 年版，第 19、20—21 页。

> 现成存在者(自然、历史、经济、空间、数量)的行为,也已经受一种尽管还是非概念性的存在领悟的照亮和引导了。

这就是说,即便哲学也还是被奠基的,“已经受一种尽管还是非概念性的存在领悟的照亮和引导”;而只有这种存在领悟,才是终极奠基性的。那么,何谓“存在领悟”? 人的存在就是生存,因此人的存在领悟就是“生存—领悟”(Existenz-Verständnis)。“每个存在者都仅仅根据某种先行的——虽然未被认识的——前概念性的对这个有关存在者的存在和存在方式的领悟而揭示自身。”①

这里的关键在于“非概念性”“前概念性”。不论科学还是哲学都依赖于概念,而存在领悟或生存领悟却是前概念的、前分析的。海德格尔对这种前科学的,甚至前哲学的生存领悟有一段生动的描述:

> 对于更宽泛意义上的物的日常经验既不是客观化的,也不是一种对象化。譬如,当我们坐在花园中,欢欣于盛开的玫瑰花,这时,我们并没有使玫瑰花成为一个客体,甚至也没有使之成为一个对象,亦即成为某个专门被表象出来的东西。甚至当我在默然无声的道说中沉醉于玫瑰花的灼灼生辉的红色,沉思玫瑰花的红艳,这时,这种红艳就像绽开的玫瑰花一样,既不是一个客体,也不是一个物,也不是一个对象。玫瑰花在花园中,也许在风中左右摇曳。相反,玫瑰花的红艳既不在花园中,也不可能在风中左右

① 海德格尔:《现象学与神学》,《路标》,第69页。

> 摇曳。但我们却通过对它的命名而思考之、道说之。据此看来，就有一种既不是客观化的也不是对象化的思想与道说。[①]

这里的玫瑰花之红艳既非一个美学范畴，亦非一个审美对象，也非一个价值评判对象，更谈不上科学的、哲学的对象；它仅仅是一种作为日常经验的生存领悟。[②] 它并不是与“我”这个主体相对的客体，不是一个“现成在手的”（vorhanden）物件，而是“上手的”（zuhanden）、“得心应手”的、“心领神会”的存在；我与它是一种水乳交融的共在（Mitsein）。但在这里，玫瑰花及其红艳已经被源始地揭示出来了。试想，假如没有这样的对玫瑰花的生存领悟，何来对玫瑰花的审美？何来对玫瑰花的价值评价？何来对玫瑰花的科学研究、哲学思考？

所以，从根本上来看，“自己的此在的‘主体性质’与他人的‘主体性质’都是从生存论上得到规定的，也就是说，从某些去存在的方式得到规定的”[③]；“一切基本概念的阐明恰恰都致力于在其源始整体性中去洞察那原初的、自足的存在联系——所有基本概念都以此存在联系为指归——，并且不断地把这种存在联系保持在眼帘中”[④]。这就是海德格尔的基础存在论（Fundamentalontologie）的态度。

---

① 海德格尔：《〈今日神学中一种非客观化的思与言问题〉的神学谈话中主要观点的若干提示》，《海德格尔与有限性思想》，第19页。

② 这里的“日常经验”也不是经验主义意义上的，因为经验主义是一种为科学奠基的哲学。

③ 海德格尔：《存在与时间》，第146页。

④ 海德格尔：《现象学与神学》，《路标》，第69页。

三、中国古代科学是如何被奠基的?

根据以上思路,中国古代科学是如何被奠基的?中国古代科学奠基于中国古典哲学,而中国古典哲学又奠基于中国古人的某种源始的生存领悟。

(一)中国文化中的源始的生存领悟

我们首先容易想到的就是老子的存在之思:有无之思。老子将纯粹的"作为存在的存在"称为"道"或"无"。"道"之为物,其实并不是一个"物",即并不是一个作为现成存在者的物,这就是"无"的意思;"无"并不是佛教所说的一无所有的"恶空",而是说它不是任何实体性的存在者,而是存在之为存在本身。所以,老子这样形容:"道之为物,惟恍惟惚。惚兮恍兮,其中有象;恍兮惚兮,其中有物。"[①]道本身不是物,故称"恍惚"。但是其中有象、有物。用海德格尔的话来说,道不是任何现成的存在者,而是所有存在者的"原始居有"或"缘构发生"(Ereignis)。"无,名天地之始;有,名万物之母。"[②]作为"始",亦即终极源始性的这种缘构发生,海德格尔称做"大道"[③],而老子称做"道"。为此,海德格尔对老子的"道"进行了一番悉心的领会:

---

① 《老子》第二十一章。
② 《老子》第一章。
③ "居有""缘构发生""大道"都是 Ereignis 的不同汉译。

> 老子的诗意运思的引导词语就是“道”,“根本上”意味着道路。……“道”或许就是产生一切道路的道路,我们由之而来才能去思理性、精神、意义、逻各斯等根本上也即凭它们的本质所要道说的东西。也许在“道路”(Weg)即“道”(Tao)这个词中隐藏着运思之道说的一切神秘的神秘,如果我们让这一名称回复到它的未被说出状态之中而且能够这样做的话。①

老子的“道”(Tao)是这样一条“道路”(Weg),它在“道说”(Sagen)着,但是这种道说却是无声的“寂静之音”(das Geläut der Stille)②,犹如庄子所说的“大道不称,大辩不言”,乃是“不言之辩,不道之道”③,所以老子指出:“道可道,非常道。”④道或无,作为“产生一切道路的道路”,是为一切物奠基的,一切物都生于道或无:“万物恃之以生”⑤;“天下万物生于有,有生于无”⑥。但这种“生”不是母亲生出孩子那样的从一个存在者生出另一个存在者,而是作为存在的存在对存在者的居有、缘构发生。这里,“始”即“无”即“道”,“吾不知谁之子”⑦;而“有”作为“万物之母”,老子称之为“德”,也称为

---

① 海德格尔:《在通向语言的途中》,孙周兴译,商务印书馆 1997 年版,第 165 页。

② 海德格尔:《在通向语言的途中》,第 183 页。

③ 《庄子 · 齐物论》。

④ 《老子》第一章。

⑤ 《老子》第三十四章。

⑥ 《老子》第四十章。

⑦ 《老子》第四章。

“一”，“万物得一以生”①。所以，“始”之“生”是“生而不有”②。总之，德出自道，母出自始，有出自无。

这种道或无乃是一种结构，但也不是由任何现成的存在者组成的结构，而是一种领先于存在者的源始结构。这种结构，中国哲学叫做“阴阳”。阴阳本身并不是任何物、存在者；在阴阳结构中的阴和阳各自也不是任何物、存在者。《周易》说：“一阴一阳之谓道”③；老子也说：“万物负阴而抱阳，冲气以为和”④。所以，阴阳即道。

这种阴阳之道是“百姓日用而不知”⑤的：“不知”是说还没有把它作为客体，更不用说形而上学存在论的本体加以把握，它还没有被视为物，即还没有被对象化、客体化、概念化；然而“日用”则是说它是“上手的”“得心应手的”，因为我们对它已经“心领神会”。如果没有这种源始的领悟，任何物都不可能被我们“得心应手”地“日用”，我们也就无以生存。

所以，阴阳结构作为“百姓日用”的东西，其实就是我们自己的生存结构；⑥我们的“人生在世”，就是我们源始地生存于这种阴阳结构中。在这个意义上，老子之道就是“长生久视之道”⑦，

---

① 《老子》第三十九章。

② 《老子》第二章。

③ 《周易·系辞上传》。

④ 《老子》第四十二章。

⑤ 《周易·系辞上传》。

⑥ 对此可以参见拙文《生命结构与和合精神——周易哲学论》，《社会科学研究》1998 年第 1 期。

⑦ 《老子》第五十九章。

亦即“生存之道”。[①] 而我们对这个源始结构的“不知”的领悟，即对道或无的领悟，乃是前分析的、前概念的、前哲学的、前科学的源始领悟，这就是我们的生存领悟。

（二）中国文化中的存在学上的哲学建构

在生存领悟的基础上，我们才建构起了形而上学哲学。这种建构的关键，正如海德格尔所说，就是将目光从存在本身转向存在者的存在，进而转向存在者——存在者整体，即存在者之为存在者。

即以老子哲学来看，他揭示了德出自道、母出自始、有出自无，也就是揭示了形而上学哲学是如何被奠基的，因为“有”“德”“母”这些观念，正是中国哲学之得以成立的初始观念：它们不是存在本身，而是存在者，并且是存在者整体，是存在者之为存在者，即是所有可能的存在者之最后“根据”。“从哲学开端以来，并且凭借于这一开端，存在者之存在就把自身显示为根据，原因，原理。……根据遂具有建基特性——它是实在的存在者状态上的原因，是使对象之对象性得以成立的先验可能性……”[②]这种“根据”，就是中国哲学本末范畴的“本”，本就是根的意思：万物都是从这根上生长出来的枝叶果实。在这个意义上，“本”就是“母”，就是作为“一”的纯粹的“有”。

这里关键在于海德格尔所说的“存在的遗忘”：道、始、阴

---

① 对此可以参见拙文《老子哲学：生存之道》，《四川大学学报》1998年第2期。

② 海德格尔：《面向思的事情》，第68—69页。

阳等,不再被理解为非实体性的源始结构、缘构发生,而是被理解为实体,被理解为某种最高实体——阴阳被理解为天地,天地被理解为父母。这是中国哲学得以成立的秘密所在。《周易》大传就是这样把阴阳理解为乾坤(天地),进而又理解为父母的:“乾,天也,故称乎父;坤,地也,故称乎母。震一索而得男,故谓之长男;巽一索而得女,故谓之长女。坎再索而得男,故谓之中男;离再索而得女,故谓之中女。艮三索而得男,故谓之少男;兑三索而得女,故谓之少女。”①这就正如李贽所说:“极而言之,天地一父母也。”②这里的一个关键环节,是把作为“道”的阴阳理解为“气”,即理解为“阴阳二气”。这个观念在中国轴心期的战国时代即已形成,至汉代而完成。董仲舒说:“天地之气,合而为一,分为阴阳,判为四时,列为五行。”③这二气也就是天地、万物的父母:“天地合气,万物自生。”④于是,这就形成了中国本体论的古代形态——宇宙论(Cosmology)模式。

这样,源始的生存领悟就为中国古代哲学奠定了基础。可是根据另一位现象学大师舍勒的思想,形而上学哲学并不是直接奠基于这种生存领悟的,其间还有一个中介环节,那就是“爱”。“爱是倾向或随倾向而来的行为,此行为试图将每个事物引入自己特有的价值完美之方向,并在没有阻碍时完成这一行为。换言之,正是这种世界之中和世界之上的营造行为和构

---

① 《周易·说卦传》。

② 李贽:《夫妇论》,《焚书》卷三,中华书局 1961 年版。

③ 董仲舒:《春秋繁露·五行相生》,凌曙:《春秋繁露注》,中华书局 1975 年版。

④ 王充:《论衡·自然》,上海人民出版社 1974 年版。

建行为被我们规定为爱的本质。”①由此，我们想到儒家思想。儒家思想的根基即“仁”，也就是爱：“樊迟问仁。子曰：‘爱人。’”②爱又被舍勒称为“情性”（Gemüt）：“我们称之为‘情性’或形象地称之为人的‘心灵’的东西，……它本身就是一切可能的可爱性之宇宙的一个井然有序的翻版——因此是一个价值世界之微型宇宙。Le coeur a ses raisons（心有其理）。”③而在儒家，情与性是分开来说的：“性也者，与生俱生者也；情也者，接于物而生者也。”④而性作为本心，也是“心有其理”的，谓之“性理”，即王阳明所说的“心即理也”“心即性，性即理”⑤。性之发而为情，这就是爱。在儒家，人的一切都由仁爱出发。

舍勒“以上帝的博爱为观察的出发点”⑥，认为爱是源出于上帝的：“上帝，只有上帝才可能是可爱性之王国这座阶梯形和金字塔形建筑的尖顶——大全的本源和终极”；“上帝理念这一对象已经鉴于一切爱的这种本质特征为爱的秩序的思想奠定了基础”；而人的“每种爱都是一种尚未完成的、常常休眠或思恋着的、仿佛在其路途上稍事小憩的对上帝的爱”。⑦在

---

① 舍勒：《爱的秩序》《爱与认识》，林克译，刘小枫选编：《舍勒选集》，上海三联书店1999年版，第750页。

② 《论语·颜渊》。

③ 舍勒：《爱的秩序》《爱与认识》，《舍勒选集》，第757页。

④ 韩愈：《昌黎先生集·原性》，《四部备要》本，中华书局1936年版。

⑤ 王阳明：《传习录上》，《王阳明全集》卷一，上海古籍出版社1992年版。

⑥ 舍勒：《爱的秩序》《爱与认识》，《舍勒选集》，第752页。

⑦ 舍勒：《爱的秩序》《爱与认识》，《舍勒选集》，第755、750页。

儒家,这个上帝就是"天",即所谓"天命之谓性"①。不过,不同于舍勒的是,儒家这个"天"后来被内在化、心性化了:"尽其心者,知其性也;知其性,则知天矣。"②于是,性即是天,爱即是天。这个"性"就是上文所说的"德",儒家称做"德性"。这样一来,作为仁爱的心性就成为儒家的先验论的本体。于是,"万物皆备于我"③,即"一切透过我观察及思维所能认识的事物,以及所有我意志抉择、以行动作成的事情,都取决于我心灵的活动"④。

由于"我们的心灵以爱为第一规定"⑤,这就引导出先验的形而上学建构。这种先验本体,儒家称为"良知良能":"人之所不学而能者,其良能也;所不虑而知者,其良知也。孩提之童,无不知爱其亲者;及其长也,无不知敬其兄也。亲亲,仁也;敬长,义也。无他,达之天下也。"⑥于是,由仁爱出发,组建起"仁—义—礼—智"的建构,其中"义"是价值论、伦理学建构,而可以为道德奠基;"知"则包含着知识论、认识论建构,而可以为科学奠基。

(三)中国文化中的存在者状态上的科学建构

上面所说的是,知道了道的奠基性,也就知道了德、存在者整体,从而也就知道了形而上学哲学是如何被建构起来的;现

---

① 《礼记·中庸》。
② 《孟子·尽心上》。
③ 《孟子·尽心上》。
④ 舍勒:《爱的秩序》《爱与认识》,《舍勒选集》,第739页。
⑤ 舍勒:《爱的秩序》《爱与认识》,《舍勒选集》,第766页。
⑥ 《孟子·尽心上》。

在要说的是：知道了德的奠基性，从而也就知道了伦理学、知识论以及科学是如何被建构起来的。这也就是老子所说："天下有始，以为天下母。既得其母，以知其子。"[①]就哲学之开出科学来看，海德格尔指出："早在希腊时代，哲学的一个决定性特征就已经显露出来了：这就是科学在由哲学开启出来的视界内的发展。科学之发展同时即科学从哲学那里分离出来和科学的独立性的建立。这一进程属于哲学之完成。这一进程的展开如今在一切存在者领域中正处于鼎盛。它看似哲学的纯粹解体，其实恰恰是哲学之完成。"[②]关于诸存在者领域的科学，是关于存在者之整体的哲学之具体展开。

如果按照舍勒的思路，仁爱性情既为价值论、伦理学奠基，也为知识论、认识论奠基。这是因为，"在人是思之在者或意愿之在者之前，他就已是爱之在者"；"与认知和意愿相比较，性情更堪称做为精神生物的人的核心"。[③]在这个意义上，"爱始终是激发认识和意愿的催醒女，是精神和理性之母"[④]。大道运行之际，原来没有伦理学上的善恶区分、知识论上的真伪区分。然而，"大道废，有仁义；智慧出，有大伪"[⑤]。这是因为我们从"日用而不知"而至于"有知"："天下皆知美之为美，斯恶已[⑥]；皆知善之为善，斯不善已。"[⑦]于是，道德、知识就建构

---

① 《老子》第五十二章。

② 海德格尔：《面向思的事情》，第70页。

③ 舍勒：《爱的秩序》《爱与认识》，《舍勒选集》，第751、741页。

④ 舍勒：《爱的秩序》《爱与认识》，《舍勒选集》，第750—751页。

⑤ 《老子》第十八章。

⑥ 这里的"美"与"恶"相对，乃是涵盖了美学范畴的伦理学范畴。

⑦ 《老子》第二章。

了起来。这是一个“道生之,德畜之;物形之,势成之”[1]的过程:“道生之”谓由道而德、由无而有;“德畜之”谓由有而物,由母而子;“物形之”“势成之”则谓由一物(本体)而万物。

中国古代科学就是这样由哲学中的知识论奠基的。“爱民治国,能无知乎?”[2]知识论探讨认识之所以可能的条件,舍勒认为:“爱和恨是任何认识行为产生的基本条件,无论在形象领域,或是在思维领域,而且只要感兴趣本身本来是爱多于恨,我们就可以说爱优先于认识。”[3]他引述帕斯卡尔的话“爱即理性”,并解释说:“帕斯卡尔所指的更为深刻的含义是:对象首先出现在爱的过程之中,然而感知才描摹它们,理性随后对它们作出判断。”[4]这就是说,认识,从而科学的先决条件是爱。

在中国古代科学中,最发达的是天文、地理、数学、医学。天文、地理受到特别的关注,“古者包牺氏之王天下也,仰则观象于天,俯则察法于地”[5],“仰以观于天文,俯以察于地理”[6],这是因为,天地作为阴阳、乾坤,作为我们的“父母”,就是我们的“世界”(Welt),即我们向来生存于其中的境域;我们总是天地间的存在者,“乾称父,坤称母;予兹藐焉,乃混然中处”[7]。有了天地父母之“命”,才能有人、物之“性”;有了对天地之命

---

① 《老子》第五十一章。
② 《老子》第十章。
③ 舍勒:《爱的秩序》《爱与认识》,《舍勒选集》,第768页。
④ 舍勒:《爱的秩序》《爱与认识》,《舍勒选集》,第776—777页。
⑤ 《周易·系辞下传》。
⑥ 《周易·系辞上传》。
⑦ 张载:《西铭》,《张载集》,中华书局1978年版。

的认识,才能有对人、物之性的认识。儒家把“天命”内在化以后,“物理”也成了“心理”。王阳明说:“在物为理,‘在’字上当添一‘心’字:此心在物则为理。”[①]人、物之性被把握为本质、规律,概称为“数”:“性者,万物之本也,不可长、不可短,因其固然而然之,此天地之数也”[②];“物生而后有象,象而后有滋,滋而后有数”[③];“参伍以变,错综其数,通其变,遂成天下之文;极其数,遂定天下之象”[④]。这就是数学之发达的原因。数在天文,则有天文学;数在地理,则有地理学;数在人体,则有医学。

医学是最典型的中国古代科学,其哲学根据是“人副天数”“天人感应”。董仲舒是这个哲学思想的集大成者:“人之为人本于天,天亦人之曾祖父也”[⑤];“人之形体,化天数而成”[⑥];所以,“身,犹天也:数与之相参,故命与之相连也”[⑦]。因此,“天地之阴气起,而人之阴气应之而起;人之阴气起,而天地之阴气亦宜应之而起:其道一也”[⑧]。这种观念在汉代成熟,而中国医学宝典《黄帝内经》也在此时最后成书。《黄帝内经》的观念包括两个基本的方面:人这种现成存在者的整体;人与自然界(天地)这种现成存在者的关系。这两个方面贯穿着一个奠基性的核心观念:阴阳。《内经》指出:“阴阳者,天地

---

① 王守仁:《传习录下》,《王阳明全集》卷一。
② 《吕氏春秋·贵当》。
③ 《左传·僖公十五年》。
④ 《周易·系辞上传》。
⑤ 董仲舒:《春秋繁露·为人者天》。
⑥ 董仲舒:《春秋繁露·为人者天》。
⑦ 董仲舒:《春秋繁露·人副天数》。
⑧ 董仲舒:《春秋繁露·同类相动》。

之道也,万物之纲纪、变化之父母也,生杀之本始、神明之府也。"[①]因此,"治病必求于本。故积阳为天,积阴为地;阴静、阳躁;阳生阴长,阳杀阴藏;阳化气,阴成形"[②]。在这种观念基础上,中国古代医学得以建构起来。

中国古代科学奠基问题透显了普遍的一般科学奠基问题,这个一般问题蕴含着我们的现实关切:我们今天应如何为科学奠基?这确实是我们今天面临的一个重大问题。我们今天同时面对着科学主义和反科学主义这样两种截然对立的思潮:科学主义思潮乃是一种头足倒置的立场,因为这种立场视科学为终极奠基性的东西,而非被奠基的东西。不是生存为科学奠基,而是科学为生存奠基,这就意味着此在的生存,即人的生活本身反倒成了一种派生性的东西。于是科学俨然成为一种意识形态,一种"霸权话语",乃至成为一种宗教,一种"拜科学教"。但反科学主义思潮则是一种因噎废食的立场,因为这种思潮不是积极地寻求为科学奠基,而是消极地对科学及其文明成果加以拒绝。这种立场完全取消了科学奠基问题,因而也就不能真正现实地解决这个问题。尤其对于我们亟待实现现代化的中国人来说,反科学主义思潮显然是错误的。因此,我们既不能做"现代科学的拜物教徒"[③],也不能做科学的敌人;我们今天的一项重要任务,乃是"科学复位"问题,即把科学安放到一个恰当位置上,这就是:为科学奠基。

---

① 《黄帝内经·阴阳应象大论》。

② 《黄帝内经·阴阳应象大论》。

③ 舍勒:《爱的秩序》《爱与认识》,《舍勒选集》,第759页。

生活儒学与海德格尔现象学的关系*

……

问:后来您的研究领域转到儒家哲学上来,特别是您的“生活儒学”理念,自从提出以来,在学术界引起了很大的反响,其中误解也很多。在学理上,您是在批判吸收了胡塞尔、海德格尔思想的基础之上构建自己的“生活儒学”理念的,但是一些人误解您是用现象学的方法来研究儒学,对此您是怎样看的?

黄:嗯,学术界对“生活儒学”的误解是很大的。很多人对我提出的“生活儒学”的理念有很多误解,误解在哪里呢?他们像误解牟宗三一样误解我。他们简单地认为牟宗三只是借助康德哲学来解释儒学,其实事情远没有那么简单,除非你没有读过牟宗三的书。当然,牟宗三在很大程度上是借用了康德的很多资源,但是他对康德也有一种超越,特别是在“智的直觉”这一问题上,这一概念是牟宗三以儒家心性论会通康德哲学而提出的命题。我的生活儒学更是如此,那是儒学与现象学

---

* 节选自《走近生活——黄玉顺先生访谈录》,原载《孔子文化》2011年第2期;收入作者文集《从“生活儒学”到“中国正义论”》,中国社会科学出版社2017年版,第358—362页。

之间平等对话的结果。如果儒学要成为当今时代的一种思想，就意味着必须要与当今最前沿的思想对话。比如说，在宋代，儒学的复兴是在和当时的“西学”（佛学）的对话中产生的。如果儒学不能与佛学进行对话，就不会有宋明理学。同样的道理，儒学如果要在今天复兴，它必须有这种能力和今天的“西学”、今天的一种最前沿的异质文化进行平等的对话。我特别想强调这一点。如果有人认为生活儒学不是儒学的话，我们也可以说宋明理学也不是儒学了，这是同一个道理。这是儒学与现象学进行的一种平等对话，而不是儒学与现象学的结合，就像苏格拉底所说的那样，真理在对话中呈现。很多对我的“生活儒学”理解很肤浅的人，对此误解很深，他们完全没有看到我是一直在批判海德格尔的，这就是对话，一种批判性的审视。所以，我想强调的是：生活儒学不是借鉴了现象学来研究儒学，而是通过儒学与现象学的平等对话来显现出真理。而且我想再一次强调：儒学之所以能在宋代复兴，是因为其达到能和佛学对话的水平；我们今天也面临这种情况，如果儒学不能和西学进行平等的对话，也就没有什么复兴了，没有达到这种思想水平，复兴只是表面的热闹、假象。

问：海德格尔作为20世纪影响最大的哲学家之一，实现了西方哲学的转向，其《存在与时间》在80年代被翻译成中文以来，其存在主义哲学思想在大陆风靡一时。您刚才谈到对海德格尔的批判，您能具体谈谈对海德格尔是怎样批判的吗？

黄：不知道大家对海德格尔有没有了解，我谈一点吧。我对海德格尔有一个根本性批判，这是一种釜底抽薪式的批判：我揭示了他全部思想的基本矛盾。以海德格尔的观点来看，存在者之所以可能，是因为存在先行于并且给出了存在者，这是海德格尔的一个很伟大的基本观念，他因此成为20世纪最深邃的思想家；但同时他又说，存在本身是不可通达的，除非有一种特殊的存在者——此在，也就是人这样一种特殊的存在者，唯有通过此在的生存才可以通达存在本身。于是，存在本身就有了一个存在者的前提，这样一来，海德格尔就陷入了自我悖谬。人虽然是一种特殊的存在者，但人依旧是一种存在者。这就意味着海德格尔把自己刚才所想要达到的视域给推翻了。这是他思想中最根本的一个矛盾。后期的海德格尔也意识到了这个问题，所以才发生了转向。我就是基于此而对他进行批判的。

问：您刚才谈到牟宗三先生。您如何看待生活儒学与牟宗三先生新儒学之间的关系？进一步说，生活儒学作为一种思想建构，与其他中西哲学（尤其是海德格尔哲学）的关系如何理解？

黄：生活儒学和牟宗三儒学有根本区别；不仅仅是和牟宗三有区别，而且和所有哲学都有这种根本区别。轴心期以后，所有林林总总的哲学有一个共同点，就是我们面对的万物、存在者都是形而下者，中西的哲学家两千多年来就是思考这个问题：这些众多的形而下存在者是怎么可能的？他们全部都在思考这个问题，于是找到一种唯一者，叫做形而上存在者，用它来奠定这些形而下存在者的存在基础。所以，全部的哲学就形成一种这样的架构，即是形而上与形而下的架构，用形而上者来说明形而下者。生活儒学与其他哲学的区别就是海德格尔所试图达到的“存在”视域，然而海氏却不透彻，这也是我批判他的地方。但是海德格尔毕竟第一次走出了这一步。在他那里，无论是形而上者还是形而下者都是存在者，那么，当我们问

"存在者何以可能",我们该怎么回答?这意思是说,如果仅仅用形而上者去解释形而下者是怎么可能的,其实还停留在存在者领域;借用老子的话说,形而上者和形而下者作为存在者都是"有",而不是"无"。"无"不是佛家讲的"空",而是最实在的。生活儒学和海德格尔相通的地方就在于这种"存在"和"存在者"的区别。但海德格尔的思想自身是有矛盾的,刚才谈了我对他的批判,再强调一下。按照海德格尔提出的"存在论区分",任何存在者,包括上帝、本体以及形下的种种一切,都是由"存在"或"无"给出的,因此,"存在""无"是最优先的。但是,他自己推翻了这一点。在《存在与时间》里,他有一个命题,即"存在总是存在者的存在"。因此,在他看来,要追寻存在本身,必须通过一个特殊的存在者——"此在",也就是人。但是,人虽然是一种特殊的存在者,但毕竟还是一个存在者。这意味着海德格尔把自己刚才所想要达到的视域给推翻了,他并没有真正通达存在。这是海德格尔最根本的一个矛盾。我可以自负地讲,研究海德格尔的专家都没意识到这个问题。

问:我觉得您那个"生活儒学"有没有这种嫌疑呢,就是有没有一种还原论的嫌疑,即是悬搁了一切形而上学、存在者的言说,留下了只是海德格尔留下的不可言说而还要言说的"存在",存在者都被遮蔽了?

黄:这不是"悬搁",我还没有谈到这个问题。"悬搁"是胡塞尔的概念。我是从海德格尔谈起的。我把这个思路清晰地展示出来,但尽量简单地说出来吧。我首先揭示了海德格尔的自相矛盾之处,他其实对自己所想要达到的"存在"思想视域进行了自我否定。但是这个思想视域是很宝贵的。海德格尔说,必须通过一种特殊的存在者"此在"才能追问"存在"。"此在"的存在是什么？是"生存"。所以，海德格尔前期有两个关键词："存在"和"生存"。在海氏那里，他对两者做了区分，"生存"只是此在的存在方式，而不是"存在"本身。然后他用"此在"来沟通这两者，我们只有通过"此在"通达存在本身。这就陷入了我上面讲的那种自相矛盾。而在我看来，实际上只有"生存"，而且是不以"此在"为前提的"生存"，才和我们的"生活"直接相关，这也就是"存在"。生活即是纯粹存在、纯粹生存，而"此在"倒是由这种纯粹生存或者纯粹存在给出的，也就是由生活给出的。这种"给出"恰恰不是"悬搁"此在、存在者，而是阐明存在者是何以可能的。其实，这种思想视域儒家早就有，而且比海德格尔说得更透彻，没有海氏那种矛盾。我举个例子吧：《中庸》有一个命题，它是从肯定性的表达和否定性的表达两个方面来谈的。否定性的表达是："不诚无物。"首先，什么是"诚"呢？"诚"显然不是"物"，即不是存在者，因为如果没有诚就没有任何存在者，没有任何物，所以诚就不是一个物、存在者。诚就是爱，而爱不是一个东西。其次，所有的物都是诚生成的。刚才是一种否定性表达，而肯定性的表达是："诚者非自成己而已也，所以成物也。""成己"意味着人的主体性是由诚给出的；"成物"是说主体所面对的对象也是由诚所给出的。这就给出了一个"主—客"架构，一切存在者都由此得到说明。而这种"主—客"架构是出自生活情感本源的。

问：您是用道家的观点来阐释"无"的吗？

黄：其实，道家和儒家的观念在某些方面是非常相通的。道家有"无"的观念，儒家同样有"无"的观念。从刚才《中庸》的例子来看，两家就是非常相通的，只是语言表达方式不太一样。进一步说，其实，所谓"道家""儒家"之类的划分，都是汉儒搞出来的“十家九流”的观念框架而已。

问:我从西方哲学史上讲,海德格尔讲存在,归结到一种特殊的存在者——此在,这其实是一种个人主义的形而上学,此在仍然是一个存在者。

黄:嗯,你说得没错!海德格尔也意识到这个问题了,所以后期才发生了转向,后期就不再谈此在的生存了。

……

哲学并未终结*

在这个问题上，海德格尔的几个观点值得我们注意。

1. 哲学就是形而上学：

> 哲学即形而上学。形而上学着眼于存在，着眼于存在中的存在者之共属一体，来思考存在者整体——世界、人类和上帝。形而上学以论证性表象的思维方式来思考存在者之为存在者。因为从哲学开端以来，并且凭借于这一开端，存在者之存在就把自身显示为根据。……它是实在的存在者状态上的原因（亚里士多德），是使对象之对象性得以成立的先验可能性（笛卡尔），是绝对精神运动和历史产生过程的辩证中介（黑格尔），是那种价值设定的强力意志（尼采）。①

---

* 此文为《主体性的重建与心灵问题——论当代中国哲学的形而上学重建》的第一节《哲学并未终结》，原载《山东大学学报》2013 年第 1 期；中国人民大学复印报刊资料《中国哲学》2013 年第 4 期转载；收入作者文集《时代与思想——儒学与哲学诸问题》，山东人民出版社 2017 年版，第 233—244 页。

① 海德格尔：《面向思的事情》，陈小文、孙周兴译，商务印书馆 1999 年版，第 68—69 页。括弧内所注明的哲学家是引者所加。

简言之,哲学作为形而上学,就是寻求作为存在者整体或所有相对存在者(all the relative beings)之统一性的终极根据的那个绝对存在者(the absolute Being)。我们可以接受海德格尔关于哲学形而上学的这个界定。

2. 上述这个绝对存在者就是某种绝对主体性,因而哲学的问题即主体性问题:

> 作为形而上学的哲学之事情乃是存在者之存在,乃是以实体性和主体性为形态的存在者之在场状态。……什么是哲学研究的事情呢?……这个事情就是意识的主体性。①

主体性意味着能动性,绝对存在者乃是绝对能动者,所以它并不是相对主体性,而是绝对主体性。确实,"如果人被看作这样一个存在者,他在建立某种绝对确定的知识时在次序上是绝对最先给予和最确定的东西,那么这样设计的哲学大厦就必定会把人的主体性带进自己核心的根基之中"②。海德格尔在上段引文中提到了这种绝对主体性在亚里士多德、笛卡尔、黑格尔、尼采那里的表现形式。但是海德格尔自己的"此在"(Dasein)——"人"这样的"特殊存在者",其实也是"在次序上绝对最先给予的东西",即也是这样的绝对主体性。因为在他看来,只能"通过对某种存在者即此在特加阐释这样一条途径

---

① 海德格尔:《面向思的事情》,第76页。

② 海德格尔:《康德和形而上学问题》,邓晓芒译,孙周兴选编:《海德格尔选集》,上海三联书店1996年版,第102页。

突入存在概念”,“只有把哲学研究的追问本身就从生存上理解为生存着的此在的一种存在可能性,才有可能开展出生存的生存论结构,从而也才有可能着手进行有充分根据的一般性的存在论问题的讨论”;“其它一切存在论所源出的基础存在论必须在对此在的生存论分析中来寻找”。[①]“此在”的特性固然是“去存在”,但他毕竟首先已经是一个具有被抛的所是的存在者,这样一来,人的主体性之绝对优先性就被保留了下来。

另外,海德格尔未能揭示主体性本身是何以可能的。本来他已经发现,康德所做的为形而上学奠基的工作已错失了正确的方向:不是主体的存在方式如何,而是主体本身的能力如何。康德这种奠基意味着,“对形而上学本质的探讨就是对人的‘心灵’诸基本能力之统一性的探讨”[②],即对理性能力的探讨。然而,形而上学奠基应该是这样的问题:主体性本身何以可能?或曰,主体性的渊源是什么?但康德的问题却是主体性如何?或曰,主体性是什么?换句话说,形而上学“何以可能”已被康德置换成了主体性“如何”这样的问题。这样的发问,其前提正是主体性的设定;然而这样的主体性却是一个现成在手的(vorhanden)东西,即这个主体性本身还是一个尚待奠基的东西。海德格尔认为:“说到底,当代哲学的问题主要集中在作为‘原始现象’(Urphaenomen)的‘生命’上。”因此,“要讨论的真正对象被确定为生存”。[③]但我们不可忘记:在海德格尔那

① 海德格尔:《存在与时间》:陈嘉映、王庆节合译,生活·读书·新知三联书店1999年版,第46、16页。

② 海德格尔:《康德和形而上学问题》,《海德格尔选集》,第97页。

③ 海德格尔:《评卡尔·雅斯贝尔斯〈世界观的心理学〉》,《路标》,孙周兴译,商务印书馆2000年版,第18页。

里，生存是此在的生存，此在这样的存在者仍然是优先的。当然，海德格尔认为，此在的存在包含两个方面：一是沉沦的方面，即其被抛的“所是”；二是超越的方面，即其本真的“能在”。就超越方面看，海德格尔所提出的最积极的思想之一就是：人“这种存在者的‘本质’在于它去存在（Zu-sein）”；换句话说，“此在是什么，依赖于它怎样去是‘它自己’，依赖于它将是什么”。① 但毕竟首先存在的是被抛的此在，即“常人”，这种“常人把自己暴露为日常生活中的最实在的‘主体’”②。换言之，“常人”这样的“主体”仍然是预先给定的。

3. 哲学的主体性被解构了，因而哲学形而上学终结了。这是海德格尔《哲学的终结和思的任务》一文的主题之一。在这个意义上，海德格尔的解构（destruktion）与德里达的解构（deconstruction）确实是相通的，故而被一些人归入后现代主义。但是，海德格尔自己并没有意识到，他在这个问题上是自相矛盾的。他说：

> 存在问题的目标不仅在于保障一种使科学成为可能的先天条件，而且也在于保障那使先于任何研究存在者的科学且奠定这种科学的基础的存在论本身成为可能的条件。③

前一句其实表明了关于存在者的传统形而上学存在论的

---

① 海德格尔：《存在与时间》，第 49 页。
② 海德格尔：《存在与时间》，第 149、158 页。
③ 海德格尔：《存在与时间》，第 13 页。

必要性,而后一句表明了关于存在的存在论的必要性。当然,海德格尔所说的后者是说的他自己的基础存在论,即此在的生存论。这在一定程度上是继承了他的老师胡塞尔的思想:“形而上学的任务在于,对那些未经考察、甚至往往未被注意、然而却至关重要的形而上学前提进行确定和验证,这些前提通常是所有探讨实在现实的科学的基础。”①这就是说,基础存在论是为形而上学存在论奠基的,而形而上学存在论“哲学”又为“科学”奠基。这就表明,海德格尔实际上认为存在着这样一种奠基关系:生存论(基础存在论)→ 哲学存在论(形而上学)→ 科学(与伦理学)。

这种双重奠基的思想尽管未被海德格尔加以发挥,甚至被“哲学的终结”所否定,但实际上确实就是人类观念的必然要求:如果人类还需要科学与伦理,那也就还需要哲学形而上学为之奠基,哲学形而上学没有终结,而且不能终结。假如我们自行放弃了形而上学,那么科学仍会不予理会地自行发展,却会是一匹脱缰的野马,伦理生活仍会进行,但却会是一种动物的丛林“伦理”。从现实情况来看,传统形而上学的坍塌确实不仅导致了科学主义的更加肆无忌惮地为所欲为,而且导致了伦理生活的相对主义的泛滥成灾。

以上讨论的逻辑结论就是:我们需要重建形而上学,而这就意味着重建主体性。

---

① 胡塞尔:《逻辑研究》第一卷,倪梁康译,上海译文出版社 1994 年版,第 7 页。

生活儒学的观念架构与海德格尔现象学*

在此，我趁撰写“增补本序”的机会，澄清一下“生活儒学”的基本观念。

我过去将人类的所有观念概括为“三个层级”的架构，以此突破人类哲学两千年来的“形上—形下”二级架构，而图示为：

生活感悟→形而上者→形而下者①

或图示为：

无物（生活感悟）→形上之物（绝对存在者）→ 形下之物（相对存在者）②

---

* 本文节选自《爱与思——生活儒学的观念·增补本序》，四川人民出版社 2017 年版，第 2—5 页。

① 黄玉顺：《面向生活本身的儒学——“生活儒学”问答》，《面向生活本身的儒学——黄玉顺“生活儒学”自选集》，四川大学出版社 2006 年版，第 77 页。

② 黄玉顺：《爱与思——生活儒学的观念·叙说》，四川大学出版社 2006 年版，第 2 页。

这其实是得自海德格尔的：

科学←形而上学←生存领会①

海德格尔的这种三级奠基观念，出自其《存在与时间》，尤其是我多次引用的以下这段著名论述：

存在问题的目标不仅在于保障一种使科学成为可能的先天条件，而且也在于保障那使先于任何研究存在者的科学且奠定这种科学的基础的存在论本身成为可能的条件。②

然而，这种三级架构的描绘遇到了一些疑难问题。后来，我加以修正，提出了“观念的生成”与“观念的奠基”及“境界”的区分。大致情况如下：

观念的生成：生活感悟→形而下存在者→形而上存在者

① 黄玉顺：《面向生活本身的儒学——“生活儒学”问答》，《面向生活本身的儒学——黄玉顺“生活儒学”自选集》，第77页。

② 海德格尔：《存在与时间》，陈嘉映、王庆节合译，生活·读书·新知三联书店1999年版，第13页。海德格尔自己并未明确地意识到这种三级架构的奠基关系，但他的论述实际上蕴含着这样的架构。参见黄玉顺：《论生活儒学与海德格尔思想——答张志伟教授》，《面向生活本身的儒学——黄玉顺“生活儒学”自选集》，第129—133页。

观念的奠基：生活本源→形而上学→形而下学[①]

从观念“生成”的角度看，在生活感悟中，首先形成的是形而下的相对存在者的观念，即“万物”的观念；然后，一些人，尤其是哲学家去寻求所有这些形而下存在者背后的终极根据，寻找万物背后的一种终极支撑，于是找到一个形而上的存在者，如“本体”“天理”“道之为物”或“上帝”之类，这种“支撑”关系就是观念层级之间的“奠基”关系，即形而上学为形而下学奠基。

总起来说，我过去的观念大致是这样的：

①形而上者→形而下者（轴心时代以来的“奠基”观念）

②生存领会→形而上学→形而下学（海德格尔的“奠基”观念）

③生活感悟→形而上学→形而下学（笔者过去的“奠基”观念）

④生活感悟→形而下者→形而上者（笔者过去的“生成”“境界”观念）

⑤生活感悟→形而下学（当代政治哲学的观念）[②]

---

① 参见黄玉顺：《爱与思——生活儒学的观念》，第150—152页。

② 我的“中国正义论”就没有明确给出形而上学的层级，而是直接由生活感悟（仁爱情感及正义感）给出正义论的伦理学及政治哲学。当然，“中国正义论”实质上蕴含着某种“存在论承诺”，只不过没有加以明确的揭示。

这种线性的、单向的观念架构，实际上并不完全符合生活及观念的复杂情形。

生活的复杂实情，或许用下面这个图示才能够大致加以描绘：

	形而上存在者	
生	生成—↑↓—奠基	存
	形而下存在者	
活	生成—↑↓—奠基	在
	……生活感悟……	

生活=存在

上图的方框表示生活或存在；之所以用虚线，是为了表示：生活尽管在主体视域下可被视为一种对象化的有限存在者，然而其实却是"无限"的存在。图中"生活感悟"两边的"……"，也是表示生活感悟乃是"无限"的存在。箭头表示观念层级之间的生成关系或奠基关系。

这个图示似乎仍然还是一种"三级架构"，但不再是原来那种线性的、单向的关系了。此图示的大致意思是：

存在即生活，生活即存在；生活之外，别无存在；一切存在者皆由存在给出，即皆由生活生成，亦即一切皆源于生活而归于生活；

生活显现为生活感悟——生活情感与生活领悟；然而却很难说生活感悟与生活是两回事，两者其实是在观念的同一层级

上的事情;此事难以言诠,这是语言的对象化特征所决定的;

生活感悟并非主体性存在者的感悟,而是前主体性、前存在者的感悟,因为作为主体性存在者的人,也是由生活、生活感悟生成的;

生活情感尽管“复杂”,但说到底就是爱的情感,或者叫做本源性的仁爱情感,在这个意义上,爱即存在,存在即爱;也是在这个意义上,生活儒学乃是儒学;

生活感悟的存在者化——主体化、对象化,这是“无中生有”,形成主客架构、时空观念,这是一切形而下存在者的基本架构,存在者、物的观念由此成为可能,科学与伦理亦由此成为可能;

主体性的绝对化,形成了形而上存在者的观念,诸如本体、上帝之类的观念;

在主体的视域下,生活的衍流显现为生活方式的变迁,所谓历史、文化的观念即由此成为可能;

从形而下者到形而上者,是观念层级上的生成关系,被说成“境界论”或“功夫论”问题;从形而上者到形而下者,是哲学上的奠基关系,被说成“本体论”问题;

生活生成主体性存在者,谓之“在生活”(being in life),即所谓“被抛”;主体改变自己的生活,谓之“去生活”(going to live),即所谓“自由”:此即生活的本源结构;

在本真情境中,形而上者和形而下者、主体和对象都消融为生活感悟,复归于存在或生活,即“有归于无”,亦即“复归于无物”;

如此等等。

再论生活儒学与海德格尔现象学的关系*

由此，生活儒学突破了两千年来哲学的“形上→形下”二级架构，展示了三级观念架构：

存在论意义上：生活存在→形而上存在者→形而下存在者

观念论意义上：生活感悟→形而上学→形而下学

老实说，这种突破是受到海德格尔现象学，特别是其“存在论区分”（der ontologische Unterschied）的启发。按照海德格尔对“存在”（Sein）与“存在者”（Seiendes）的区分，那么，不论是形而下者，还是形而上者，都是存在者，而不是存在。然而，所有一切存在者都是由存在给出的。用儒家的话语讲，形而上者是形而下者之“本”，而存在却是形而下者和形而上者之“源”，这就是我所说的“本源”——“大本大源”的

---

* 本文为《回望“生活儒学”》第二节《生活儒学与现象学的关系》，原载《孔学堂》2018 年第 1 期；收入作者文集《生活儒学与当代思想》，四川人民出版社 2020 年版，第 4—19 页。

意思。[1] 那么,在孔孟的原典儒学里,这种被长久遮蔽而遗忘的存在何在?本源何在?下文将会讨论这个问题。

但是,许多朋友误以为我是用现象学来解释儒学。其实,我在自己的著作和文章里多次对海德格尔进行了根本的批判。例如:

> 海德格尔在这个基本问题上其实是自相矛盾的:一方面,存在是先行于任何存在者的,"存在与存在的结构超出一切存在者之外,超出存在者的一切存在者状态上的可能规定性之外"[2],那么,存在当然也是先行于此在(Dasien)的,因为"此在是一种存在者"[3];但另一方面,探索存在却必须通过此在这种特殊存在者,即唯有"通过对某种存在者即此在特加阐释这样一条途径突入存在概念","我们在此在中将能赢获领会存在和可能解释存在的视野"[4]。如果这仅仅是在区分"存在概念的普遍性"和我们"探索""领会""解释"存在概念的"特殊性"[5],那还谈不上自相矛盾;但当他说"存在总是某种存在者的存在"[6],那就是十足的自相矛盾了,因为此时存在已不再是

---

① 参见黄玉顺:《"生活儒学"导论》,《面向生活本身的儒学——黄玉顺"生活儒学"自选集》,第32—34页。

② 海德格尔:《存在与时间》,陈嘉映、王庆节合译,生活·读书·新知三联书店1999年版,第44页。

③ 海德格尔:《存在与时间》,第14页。

④ 海德格尔:《存在与时间》,第46页。

⑤ 海德格尔:《存在与时间》,第46页。

⑥ 海德格尔:《存在与时间》,第11页。

先行于任何存在者的了。①

海德格尔的上述矛盾,根本原因是“存在”(Sein)与“生存”(Existenz)的二分。生存是“此在”(Dasein)的生存,即是一种特殊存在者的存在,即人的存在。而生活儒学的做法是:去掉作为生存的前提的此在。那么,生存即是存在,存在即是生存,两者是一回事。这样的作为生存的存在,或者作为存在的生存,谓之“生活”。这是比海德格尔的“存在”概念更彻底的存在观念:一切存在者皆源于生活,归于生活。

不少朋友以为“存在”是一个西化的外来词。其实不然,汉语“存在”这个词语及其观念,至迟在隋唐时期便已经出现。② 人们之所以用汉语“存在”去翻译西语“Sein”,是因为两者之间尽管存在着非等同性,但确实存在着可对应性。③ 关于这个问题,最近我与美国知名哲学家安靖如(Stephen C. Angle)进行了一场对话。④ 在他看来,儒家哲学的当代发展可以分为两种路数:一种是“有根的全球哲学”(rooted global philosophy),即他所说的广义的“进步儒学”(progressive Confucianism);另一种则是“无根”的、“双重承诺”(dual commitment)的哲学,既认同儒学传统,又认同西方的某个哲学

---

① 黄玉顺:《生活儒学关键词语之诠释与翻译》,《现代哲学》2012年第1期。

② 参见黄玉顺:《生活儒学关键词语之诠释与翻译》,《现代哲学》2012年第1期。

③ 参见黄玉顺:《爱与思——生活儒学的观念》,第4—8页。

④ 参见黄玉顺、安靖如:《生活儒学与进步儒学的对话》,《齐鲁学刊》2017年第4期。

传统。例如安乐哲（Roger Ames）“角色伦理学”（Role Ethics）①，既认同中国的儒学传统，又认同美国的实用主义哲学传统。安靖如过去认为生活儒学属于后者；②现在他认为生活儒学也是一种“有根的全球哲学”，其“根”就是儒学传统，而不是现象学。

① Roger T. Ames, *Confucian Role Ethics: A Vocabulary*, The Chinese University Press, Chinese University of Hong Kong, 2011.

② Stephen C. Angle, *Contemporary Confucian Political Philosophy Toward Progressive Confucianism*, Cambridge: Polity Press, 2012, p. 16.

何谓“哲学”？*

——论生活儒学与哲学的关系

笔者所创“生活儒学”①（包括其内在的次级理论“中国正义论”②）自2004年问世伊始，即为学界所关注：迄今已有介

* 原载《河北大学学报》2021年第2期。

① “生活儒学”著述有：《面向生活本身的儒学——黄玉顺“生活儒学”自选集》（文集）；《爱与思——生活儒学的观念》（专著），四川大学出版社2006年版、四川人民出版社2017年增补本；《儒家思想与当代生活——“生活儒学”论集》（文集），光明日报出版社2009年版；《儒学与生活——“生活儒学”论稿》（文集），四川大学出版社2009年版；《生活儒学讲录》（文集），安徽人民出版社2012年版；《儒教问题研究》（文集），人民出版社2012年版；《从“生活儒学”到“中国正义论”》（文集），中国社会科学出版社2017年版；《生活儒学与现代性问题》（文集），四川人民出版社2019年版；《生活儒学与当代思想》（文集），四川人民出版社2020年版。

② “中国正义论”著述有：《中国正义论的重建——儒家制度伦理学的当代阐释》（文集），安徽人民出版社2013年版（英文版：*Voice From The East: The Chinese Theory of Justice*，2014年度国家社科基金“中华学术外译”项目，Paths International Ltd. 2016）；《中国正义论的形成——周孔孟荀的制度伦理学传统》（专著），东方出版社2015年版。

绍、评论和研究文章约200篇(包括不少名家之作)[1]、研究专著两部；[2]已有多家单位联合举办了共3届“生活儒学”全国学术研讨会。[3]众多学者发表了许多意见，包括向生活儒学提出的一系列问难。现趁《畿辅哲学》辑刊邀约之机，谈谈上述诸多问难之中的一个问题，即“生活儒学”与“哲学”的关系问题，同时借此谈谈我对“何为哲学”或“哲学何为”问题的看法。之所以选择这个话题，是因为近来“什么是哲学”或“哲学是什

---

① 这些文章已经结集出版的包括：崔发展、杜霞主编：《生活·仁爱·境界——评生活儒学》，安徽人民出版社2012年版；杨永明、郭萍主编：《当代儒学》第11辑(黄玉顺生活儒学全国学术研讨会特辑)，广西师范大学出版社2017年版(另有涂可国主编：《黄玉顺生活儒学研究》，齐鲁书社2017年版)；杨生照主编：《生活·情感·思想——评黄玉顺“生活儒学”》，四川人民出版社2018年版；杨永明、郭萍主编：《当代儒学》第16辑(第二届“生活儒学”全国学术研讨会特辑)，四川人民出版社2019年版；胡骄键、张小星主编：《生活儒学：研究·评论·拓展——第三届“生活儒学”全国学术研讨会论文集》，四川人民出版社2020年版。

② 孙铁骑：《生活儒学与宋明理学比较研究》，安徽人民出版社2015年版；《正义及其文化进路——从“生活儒学”到“修身儒学”》，山东人民出版社2018年版。

③ 这三届会议是：(1)“黄玉顺生活儒学全国学术研讨会”，由山东社会科学院文化研究所、中国孔子基金会《孔子研究》编辑部、山东大学儒学高等研究院、山东大学哲学与社会发展学院、西南石油大学马克思主义学院、四川思想家研究中心联合主办，于2016年8月20日至21日在济南举行，来自全国的50多位专家学者与会；(2)第二届“生活儒学”全国学术研讨会，由苏州大学政治与公共管理学院主办，于2019年4月20日在苏州举行，约40位学者与会；(3)第三届“生活儒学”全国学术研讨会暨首届“生活儒学”青年学者论坛，由山东大学儒学高等研究院、南京大学中国传统文化研究中心、西南交通大学人文学院哲学研究所、华侨大学国际儒学院、山东尼山书院、四川人民出版社联合主办，于2019年12月21日在济南举行，来自全国的30余位青年学者与会发表论文。

么"及"怎样做哲学"之类话题比较热火，让我想起学界朋友对生活儒学的两种截然相反的印象，一种印象是"生活儒学太哲学了"，另一种印象却是"生活儒学不太像哲学"，所关涉的就是生活儒学与哲学的关系问题。

一、"不太像哲学"的存在哲学

有些朋友觉得：生活儒学不太像哲学，至少有些地方不太像。我曾经回应过这类问题，例如："有些朋友觉得生活儒学的代表作《爱与思》许多地方'不像哲学'，其实是因为他们不理解：生活感悟的言说方式，不是哲理的语言，而是诗性的语言。孔子讲'兴于诗，立于礼，成于乐'，最重视诗，就是因为诗是生活情感的言说、生活感悟的表达，而非什么形上学、形下学的哲学建构"。这就是说，"生活儒学在本源层级上的言说并非什么'哲学'，而是前哲学、前理性、前主体性、前存在者的事情，只能说是'生活感悟'——生活情感、生活领悟"。①

这需要对生活儒学的全部内容有所了解，笔者曾这样概括过："一、生活儒学的问题意识"；"二、生活儒学与现象学的关系"；"三、生活儒学的思想系统"；"四、生活儒学的本源层级：生活感悟"；"五、生活儒学的形上学建构：变易本体论"；"六、生活儒学的形下学建构：中国正义论"；"七、生活儒学的现代政治哲学"（"国民政治儒学"）；"八、生活儒学的其他维度"。其中，"生活儒学的思想系统"主要谈了生活儒学所包含的三

---

① 黄玉顺：《回望"生活儒学"》，《孔学堂》2018 年第 1 期。

大观念层级:“存在或者生活层级的生活感悟”,“形而上存在者层级的本体论建构:变易本体论”和“形而下存在者层级的伦理学建构:中国正义论”。①

显然,上述“生活儒学的本源层级:生活感悟”或“存在或者生活层级的生活感悟”确实不是哲学,因为通常来说,哲学总是某种“存在者化”的思考,而“生活感悟”却不属于“存在者”,而属于“前存在者”的“存在”——“生活”。生活儒学意在突破两千多年来的“形上—形下”二级观念框架,通过追溯前存在者的存在——生活,揭示“生活本源→形而上者→形而下者”的三级观念架构。

这里涉及的根本问题就是“奠基”问题,箭头“→”即表示奠基关系。所谓“奠基”(Die Grundsteinlegung / the laying of foundation),如果撇开康德、胡塞尔和海德格尔之间的概念差异,那就是说:如果没有 A 的存在就没有 B 的存在,那么,在先的 A 就是为 B 奠基的(这种“在先”既非时空上的在先,亦非逻辑上的在先,而是存在论意义上的在先)。②

因此,如果说传统的本体论形上学是为形下学(如科学与伦理学等)奠基的,那么,这种本体论形上学本身也是需要奠基的,这就是某种存在论。这里需要指出:海德格尔没有区分两种存在论,他都是用的“ontologie”,而称前者为“traditional ontology”、后者为“fundamental ontology”。其实,应当区分“本体论”和“存在论”:关于形而上存在者的理论是 ontology,应译

---

① 参见黄玉顺:《回望“生活儒学”》,《孔学堂》2018 年第 1 期。

② 参见黄玉顺:《形而上学的奠基问题——儒学视域中的海德格尔及其所解释的康德哲学》,《四川大学学报》2004 年第 2 期。

为“本体论”；而关于前存在者的存在的理论应当是 theory of Being，这才是真正的“存在论”。

这是海德格尔的“双重奠基”思想，尽管他本人并没有重建形上学、形下学的兴趣，而只关心如何解构而还原到“源始生存经验”（这导致他在道德上出现问题）。他说：

> 存在问题的目标不仅在于保障一种使科学成为可能的先天条件，而且也在于保障那使先于任何研究存在者的科学且奠定这种科学的基础的存在论本身成为可能的条件。[①]

这里的“使科学成为可能的先天条件”，亦即“先于任何研究存在者的科学且奠定这种科学的基础的存在论本身”，是指的海氏所谓“传统存在论”（traditionelle ontologie）；而“使”这种传统本体论本身“成为可能的条件”，则是指的海氏自己的所谓“基础存在论”（fundamentale ontologie），即他对此在（Dasein）的生存（Existenz）所进行的分析。海氏的双重奠基关系就是（箭头表示奠基关系）：关于此在之生存或存在的基础存在论→关于形而上存在者的传统本体论→科学。[②]

与之相应，生活儒学所说的“生活”“存在”“生活本源”“生活感悟”“生活情感”等，乃对应于海氏的“基础存在论”，

---

① 海德格尔：《存在与时间》，陈嘉映、王庆节合译，生活·读书·新知三联书店 1999 年版，第 13 页。

② 参见黄玉顺：《形而上学的奠基问题——儒学视域中的海德格尔及其所解释的康德哲学》，《四川大学学报》2004 年第 2 期。海氏所谓“科学”，泛指关于“存在者整体”以下的任何存在者领域的思考；而关于存在者整体的思考，则是“哲学”或“形而上学”。

其所思考的不是任何存在者(既不是形而上的存在者,也不是形而下的存在者),而是前存在者的存在,这就是存在论(theory of Being)。

但应注意的是,生活儒学与海氏思想的这种“对应”并非“等同”,因为生活儒学所说的“生活”或“存在”(Being)并不等于海氏所说的“存在”(Sein)。海氏思想潜藏着深刻的矛盾:他一方面认为“存在”先于任何“存在者”,并且给出所有“存在者”,即“存在与存在的结构超出一切存在者之外,超出存在者的一切存在者状态上的可能规定性之外”①,另一方面却说“存在总是某种存在者的存在”②,这就是其思想的矛盾;他区分“存在”与(此在的)“生存”(existence),认为只能“通过对某种存在者即此在特加阐释这样一条途径突入存在概念”,“我们在此在中将能赢获领会存在和可能解释存在的视野”③,然而“此在是一种存在者”④,这里却先行于存在,这也是其思想的矛盾。⑤而在生活儒学,既没有“存在”与“生活”的区分,也没有“此在”的先在;一切存在者皆出于存在而归于存在,或者说出于生活而归于生活。

因此,显而易见,生活儒学的内容远不止是哲学;它更重大的贡献是“前哲学”的、“为哲学奠基”的部分,也就是“生活论”或“生活存在论”。

---

① 海德格尔:《存在与时间》,第44页。

② 海德格尔:《存在与时间》,第11页。

③ 海德格尔:《存在与时间》,第46页。

④ 海德格尔:《存在与时间》,第14页。

⑤ 参见黄玉顺:《生活儒学关键词语之诠释与翻译》,《现代哲学》2012年第1期。

不过，特别有意思的是，尽管海德格尔宣布了“哲学的终结”，以求开启“思的任务”①，他这种“存在之思”却也被人们称为“海德格尔哲学”。这种最宽泛意义上的“哲学”概念，可称之为“存在哲学”（philosophy of Being or Being Philosophy）。这里所谓“存在哲学”并非通常所指的存在主义（existentialism）的“存在哲学”（existential philosophy or Philosophy of Existence，亦译“生存哲学”），而是“存在之思”（thinking of Being）。在这个意义上，生活儒学亦可称为“生活哲学”（life philosophy）。

二、“太哲学”的形上哲学

学界与上述“生活儒学不太像哲学”截然相反的印象是“生活儒学太哲学”。例如，生活儒学问世之初，就有人称之为“哲学帝国主义”②，意指生活儒学用“哲学”来吞没了“儒学”。又如，拙著《爱与思——生活儒学的观念》在美国出版的过程中，美方编辑坚持要在书名中出现的一个关键词就是“philosophy”③，这

---

① 海德格尔：《哲学的终结和思的任务》，《面向思的事情》，陈小文、孙周兴译，商务印书馆1999年版。

② 陈明教授语，见《关于“生活儒学”的一场讨论》，《面向生活本身的儒学——黄玉顺“生活儒学”自选集》，四川大学出版社2006年版，第14—15页。

③ Huang Yushun. *Love and Thought: Life Confucianism as A New Philosophy*, Encino: Bridge 21 Publications, 2019. 对于这种把生活儒学视为“一种新哲学”的看法，我之所以妥协，是考虑到上文所说的“存在哲学”的意谓。

反映了他们对生活儒学的单纯哲学化理解。

生活儒学经常遭遇这样的误解。有朋友说：“当今儒学的几个流派，您的生活儒学是最有哲学特色的。但也正因为如此，据我所知，有人批评‘生活儒学’不是儒学，而是一种哲学。这就涉及这样的问题：儒家的基本学问形态是不是一种哲学？或者说，哲学在儒学中具有怎样的地位和意义？甚至‘生活儒学’还是儒学吗？”①

我的回答是：“如果把‘哲学’理解为广义的，即胡适讲的‘研究人生切要的问题从根本上着想，要寻一个根本的解决’，那么，整个生活儒学都可以被视为一套哲学思想。但如果狭义地理解‘哲学’，即指那种以本体论为核心的形而上学，那么，生活儒学尽管包含了哲学的层级，但并不等于哲学。生活儒学的一个基本意图，恰恰是要突破传统哲学的形而上学思维方式”；“重建儒学意味着：不仅重建儒学的形而下学——伦理学、知识论，而且重建儒学的形而上学、哲学。而重建哲学形而上学则意味着：必须找到比哲学形而上学更本源的观念，找到哲学形而上学的‘大本大源’‘源头活水’”。②

确实，生活儒学的内容包括严格的“哲学”部分，即其“形上哲学”。所谓“形上哲学”（metaphysic philosophy）指“纯哲学”，即形而上学，主要是本体论。这是海德格尔的界定：

> 哲学即形而上学。形而上学着眼于存在，着眼于存在

---

① 黄玉顺、宋大琦：《从“生活儒学”到“中国正义论”——黄玉顺先生访谈录》，《当代儒学》2014 年第 2 期。

② 黄玉顺、宋大琦：《从“生活儒学”到“中国正义论”——黄玉顺先生访谈录》，《当代儒学》2014 年第 2 期。

> 中的存在者之共属一体，来思考存在者整体——世界、人类和上帝。形而上学以论证性表象的思维方式来思考存在者之为存在者。①

这就是说，纯粹哲学思考的只是“存在者整体”或“存在者之为存在者”，亦即形而上的存在者。按此定义，所谓《易传》的“周易哲学”其实也不全是哲学，因为“形而上者谓之道，形而下者谓之器”②，即只有对形上之“道”的思考才是哲学，然而《易传》的思考还包含了形下之“器”的问题，特别是伦理与政治问题。

生活儒学建构了自己的严格意义的形上哲学，因为“这是我所持有的一个基本的信念：‘儒学’的复兴，虽然并不等于但无疑首先是儒家‘哲学’的重建”③。

（一）变易本体论

按照上述严格的“哲学”概念，生活儒学的内容之中，只有“形而上存在者层级的本体论建构——变易本体论”部分才是哲学。所谓“变易本体论”（Change Ontology），是将《周易》所讲的“易”即“变易”作为形上本体。

---

① 海德格尔：《哲学的终结和思的任务》，《面向思的事情》，第 68—69 页。

② 《周易正义》，阮元：《十三经注疏》上，中华书局 1980 年版，第 77 页。

③ 黄玉顺：《面向生活本身的儒学——黄玉顺“生活儒学”自选集·前言》，第 2 页。

> 中西本体论之间是相通的，但也存在着根本差异。其相通之处是双方都在追寻形而上者。差异在于双方所追寻到的形而上者颇为不同：就其主流而论，西方哲学中的形而上者往往是某种静止的实体；而中国哲学中的形而上者，有一种是流动的变易，这在《易传》哲学中是最为典型的，其形而上者不是凝滞的东西，而是“易”（变易）。……据此，道即是变，变即是道。如《系辞上传》说“形而上者谓之道”，此“道”就是“变”，即是“变化之道”：“道有变动”、“乾道变化”、“形而上者谓之道……化而裁之谓之变”、“四时变化而能久成，圣人久于其道”、“圣人之道四焉……以动者尚其变”，等等。①

当然，中国哲学史上的本体也不都是变易的流动，正如西方哲学史上的本体也不都是静止的实体。例如程朱理学的“理”或“天理”，就是静止的实体，亦即未发之“性”。如朱熹说：“指体而言者，‘寂然不动’是也，此言性也”；“方其未发，此心之体寂然不动”；“方寂然不动，此理完然，是为性之本体”。②

然而有意思的是，哲学家们不断地建构不同的本体，于是整个一部哲学史恰恰呈现为本体的流动变易；此时如果再建构任何一个新的静止实体作为本体，都不足以概括这种流动变易，唯有“变易”本身能涵盖之：一切皆变，唯变不变。这就是“变易本体论”的初衷。

---

① 黄玉顺：《形而上学的黎明——生活儒学视域下的“变易本体论”建构》，《湖北大学学报》（哲学社会科学版）2015 年第 4 期。

② 黎靖德编：《朱子语类》，中华书局 1986 年版，第 94、119、469 页。

（二）超越本体论

有朋友可能注意到，笔者最近发表的论文《生活儒学的内在转向》①，是继“变易本体论”之后，意在建构“超越本体论”（transcendence ontology）。那么，这两种本体论之间是什么关系呢？简而言之，如果说“变易本体论”意在涵盖中国本体论的历史，那么，“超越本体论”则旨在为关于中国社会现代化的形下探索奠定某种形而上学的基础；前者是普遍的，后者则是特殊的、现代性的。因此，严格来讲，这算不上“转向”。

超越本体论的核心内容，是出自现代社会对于重建儒学与权力和超越之关系格局的特定时代需要，检讨帝国儒学，特别是宋明理学的“内在超越”（immanent transcendence）进路，而返回孔孟儒学的“外在超越”（external transcendence）进路，重建“天”这样的外在神圣的超越者（the transcendent）。②

（三）关于“反思”的讨论

按照前引海德格尔的界定——“形而上学着眼于存在，着眼于存在中的存在者之共属一体，来思考存在者整体”，那么，哲学（形而上学）与其他学科（形而下学、科学）的区别在于：前者思考的是“存在者整体”的存在，而后者思考的则只是某个

---

① 黄玉顺：《生活儒学的内在转向——神圣外在超越的重建》，《东岳论丛》2020 年第 3 期。

② 参见黄玉顺：《中国哲学“内在超越”的两个教条——关于人本主义的反思》，《学术界》2020 年第 2 期；黄玉顺、任剑涛：《儒学反思：儒家·权力·超越》，《当代儒学》第 18 辑，四川人民出版社 2020 年版，第 3—10 页。

“存在者领域”的存在。这看起来确实可以保证哲学永远都有存在的理由（尽管海德格尔自己宣称“哲学的终结”），因为哲学以外的任何科学、学科都不会思考存在者整体的存在。

不过，关于“何为哲学”或“哲学何为”，还有其他说法。例如，有一种较为流行的观念，认为哲学乃是“反思”；科学是对象性的，哲学是反思性的。

先看经验主义的“反思”概念。如洛克说：“一切观念都是由感觉（sensation）或反思（reflection）而来的”；“外界的物质东西是感觉的对象，自己的心理活动是反思的对象”；首先是感觉，“之后，人心又开始反思它自己的感觉观念上所发生的各种作用，因此，它就又得到一套新观念，这套观念便是所谓反思观念”。[①] 然而，如果按照经验主义的这种“反思”概念，那么，除直接的感知外，科学理论也是反思，一切观念都是反思，即反思不再是哲学的特征。

再说理性主义的“反思”概念。黑格尔的“反思”（Reflexion）概念是最典型的：反思就是以“思想的本身为内容，力求思想自觉其为思想”；反思是从知性过渡到理性的中间形式，以便最终“在对立的规定中认识到它们的统一性”，这里，“联系的形式只是我们的反思”。[②] 这显然并不是在规定整个哲学的特征，而只是绝对观念自我展开的辩证运动当中的一个环节。

其实，笛卡尔最早使用“反思”这个词语，我们不妨回到他那种朴素的“反思”概念。他说：“心灵可以同时思考许多事

---

① 洛克：《人类理解论》，关文运译，商务印书馆 1959 年版，第 68、70、82 页。原译文里，“reflection”均译作“反省”。

② 黑格尔：《小逻辑》，贺麟译，商务印书馆 1980 年版，第 39、181、240 页。

情,并且恰恰在此时还可以随其所愿地反思它的所思并意识到它的思维。"①这就是说,心灵不仅思考对象世界,而且思考这种思考本身,后者就是反思。例如,科学思考对象世界,而哲学则反思科学的这种思考。然而,这样的反思其实也未必能保证哲学之存在的必要性。设想,这种反思活动的心理机制、生理机制甚至物理机制有一天被科学加以揭示,哲学也就真正应当"终结"了。

不仅如此,显然,反思也是一种存在者化的思维方式,即主体性的思维方式。因此,"反思"的概念或许可以揭示哲学的特征,但它不足以为哲学奠基,因为:这里有一个主体在反思其所思,然而这个主体本身何以可能?正如海德格尔所说,"什么是哲学研究的事情呢?……这个事情就是意识的主体性";"作为形而上学的哲学之事情乃是存在者之存在,乃是以实体性和主体性为形态的存在者之在场状态"。② 然而,问题在于:这种主体性本身何以可能?存在者何以可能?因此,这种形上哲学需要奠基。

三、生活儒学的形下哲学

除上述严格意义的形上概念外,"哲学"也经常被用来指称某些形下的学科,如"政治哲学""道德哲学"等,是指的这样

---

① 倪梁康:《自识与反思》,商务印书馆 2002 年版,第 57 页。

② 海德格尔:《哲学的终结和思的任务》,《面向思的事情》,第 76 页。

一些学科的原理部分，可称之为“形下哲学”。所谓“形下哲学”（sub-metaphysic philosophy or physical philosophy）[①]，其所思考的只是形而下的某个存在者领域的基本原理，如政治哲学是政治领域的基本原理、道德哲学是道德领域的基本原理等。

据此，甚至今天在英美哲学界最流行的“分析哲学”或“语言哲学”，其实也只是一种形下哲学；如果按照上文所讲的严格的“哲学”即形而上学的标准来看，它根本不是哲学，因为其所思考的只是语言系统这样一个形而下的存在者领域。且以塔尔斯基（Alfred Tarski）的语言层次论（the hierarchy theory of languges）为例，如果说科学的语言是对象语言（objective language），而哲学的语言则是赖以给出对象语言的元语言（meta-language），即元语言（哲学）→ 对象语言（科学）→ 对象界。[②] 这样的哲学确实只是“语言哲学”，即只是以“语言”这个存在者领域为对象。

海德格尔说形而上学哲学是“以论证性表象的思维方式来思考”，其实，作为“形而下学”伦理学、政治哲学乃至科学也都是“以论证性表象的思维方式来思考”；而所谓“表象”也就是关于“存在者”的表象，无论它是形而上的存在者，还是形而下的存在者。[③]

---

① 这里的“physical”不是现代科学中“物理学的”之意，而是亚里士多德“形而上学”（metaphysica）之“形”（physica）方面的，即本体论以下的“自然学的”，用以泛指关于本体以下的“万物的”。参见黄玉顺：《形而上学的黎明——生活儒学视域下的“变易本体论”建构》，《湖北大学学报》（哲学社会科学版）2015 年第 4 期。

② 参见黄玉顺：《哲学断想：“生活儒学”信札》，四川人民出版社 2019 年版，第 508—509 页。

③ 参见黄玉顺：《爱与思——生活儒学的观念》，第 127—133 页。

按照这种较为宽泛一些的“哲学”概念，那么，生活儒学内容当中的“形而下存在者层级的伦理学建构：中国正义论”“生活儒学的现代政治哲学”（“国民政治儒学”）当然也是哲学。

（一）作为基础伦理学的中国正义论

这里的“中国正义论”（Chinese Theory of Justice）如果也是一种哲学，那只是一种“形下哲学”。中国正义论旨在揭示一切社会规范建构及其制度安排的一般原理，即仁（仁爱情感）→ 利（利益冲突）→ 知（良知或正义感）→ 义（正义原则）→ 智（理智或理性）→ 礼（规范与制度）→ 乐（社会和谐）。其核心理论结构就是“仁→义→礼”，即以社会规范及其制度的建构作为基本关切。①

这就是说，中国正义论其实就是儒家的制度伦理学（the ethics of institution or institutional ethics）。但是，这种制度伦理学其实乃是“基础伦理学”（fundamental ethics）的建构，它不仅为政治哲学奠基，而且为其他伦理学或道德哲学奠基，旨在提出一个崭新的观念：如果道德或伦理仅仅属于“礼”即社会规范及其制度的范畴（即不包括先行的、为之奠基的“仁”“义”），那么，事情本身就不是传统观念认为的道德决定制度，而是制度决定道德。②

---

① 参见黄玉顺：《中国正义论纲要》，《四川大学学报》（哲学社会科学版）2009 年第 5 期；《中国正义论的重建——生活儒学的制度伦理学思考》，《文史哲》2011 年第 6 期。

② 参见黄玉顺：《孔子怎样解构道德——儒家道德哲学纲要》，《学术界》2015 年第 11 期；《作为基础伦理学的正义论——罗尔斯正义论批判》，《社会科学战线》2013 年第 8 期。

（二）作为儒家政治哲学的国民政治儒学

上述中国正义论是一套普遍原理，它适用于古今中外所有社会规范建构及其制度安排，而不是单单针对现代政治生活的理论；由前者向后者的演绎，才是作为现代政治哲学的“国民政治儒学”（Civic Political Confucianism）①。如果说中国正义论是儒家政治哲学的原理，那么，国民政治儒学就是儒家的现代政治哲学形态。

总而言之，生活儒学的思想系统包含三大观念层级：前存在者的存在或生活、形而上存在者的存在和形而下存在者的存在。按照最严格的“哲学”概念，即形上哲学，特别是本体论，那么，生活儒学的前存在者层级和形而下存在者层级的内容都不是哲学，只有形而上存在者层级的内容才是哲学；而按照较宽泛的“哲学”概念，生活儒学的形而下存在者层级的内容则是形下哲学；但按照最宽泛的“哲学”概念，生活儒学的前存在者层级的内容就是存在哲学。

---

① 参见黄玉顺：《国民政治儒学——儒家政治哲学的现代转型》，《东岳论丛》2015 年第 11 期。

生活儒学的话语理论与海德格尔的语言观念*

生活儒学的“言说方式”概念，其实就是“话语层级”的划分，这种层级划分是与生活儒学的“观念层级”的划分一致的。

（一）话语层级与塔尔斯基的语言层次理论

……

（二）言说方式与海德格尔的语言观念

比较而言，生活儒学的话语理论与海德格尔的语言观念最切近，因为生活儒学的话语层级划分与海德格尔的“存在论区分”——“存在”与“存在者”的区分之间具有对应关系，话语即区分为存在层级的言说与存在者层级的言说。

1. 话语层级与海德格尔前期的“两种普遍性”

海德格尔前期代表作《存在与时间》开宗明义，“导论”第一章第一节首先讨论的就是这个问题：如何言说存在？他从两

---

* 本文节选自《生活儒学的话语理论——兼论中国哲学话语体系建构问题》的第二节《作为话语层级划分的言说方式》，原载《周易研究》2021年第5期。

个方面来谈这个问题:

(1)存在与存在者的言说方式。海德格尔说:

> “存在”是“最普遍的”概念……但“存在”的“普遍性”不是族类上的普遍性。如果存在者在概念上是依照类和种属来区分和联系的话,那么“存在”却并不是对存在者的最高领域的界定;ουτε το ον γενοζ[存在不是类]。存在的“普遍性”超乎一切族类上的普遍性。……黑格尔最终把“存在”规定为“无规定性的直接性”并且以这一规定来奠定他的《逻辑学》中所有更进一步的范畴阐述,在这一点上,他与古代存在论保持着相同的眼界,只是亚里士多德提出的与关乎实事的“范畴”的多样性相对的存在的统一性问题,倒被他丢掉了。①

这就是说,如果说“存在”是“最普遍的”概念,那么,这种“普遍性”并不是“族类上的普遍性”,即不是“存在者的最高领域”。这其实是区分了两种言说:一种是对存在者的言说,包括对最高的存在者即形而上者的言说;另一种是对存在本身的言说。后者才是海德格尔自己的言说,即“重提存在的意义问题”,亦即把“追问存在的意义”问题“作为实际探索的专门课题”②。这就是说,对存在与存在者的言说需要不同的话语或不同的言说方式。

---

① 海德格尔:《存在与时间》(修订译本),陈嘉映、王庆节合译,生活·读书·新知三联书店2006年,第4—5页。

② 海德格尔:《存在与时间》(修订译本),第4、3页。

但海德格尔前期的说法其实是有问题的,所以才有后期的转向。就以上所引这段话来看,他对黑格尔与亚里士多德的区分就有问题:把亚里士多德那里的“多样性”与“统一性”的区分看成“范畴”(十大范畴)[①]与“存在”的区分,而事实上正如海德格尔后期加以纠正的那样,亚里士多德的“存在”不过是传统形而上学本体论的“存在者整体”,其“统一性”其实是“存在者之共属一体”[②]。因此,他将亚里士多德那种“统一性”与黑格尔那种“无规定性的直接性”对立起来,也是不对的,因为两者都属于存在者化的传统本体论,在生活儒学的话语理论中都属于“主体话语”即“有所指”的言说。黑格尔那种“无规定性的直接性”就是下面的话题,即本体由于没有种(上位概念)和属差而不可定义。

(2)两种意义的“不可定义”。海德格尔说:

> “存在”这个概念是不可定义的。这是从它的最高普遍性推论出来的。这话有道理——既然 definitio fit per genus proximum et differentiam specificam[定义来自最近的种加属差]。确实不能把“存在”理解为存在者,enti non additur aliqua natura:令存在者归属于存在并不能使“存在”得到规定。存在既不能用定义方法从更高的概念导出,又不能由较低的概念来表现。……“存在”不是某种

① 参见黄玉顺:《中西思维方式的比较——对〈尚书·洪范〉和〈工具论·范畴篇〉的分析》,《西南师范大学学报》(社会科学版)2003 年第 5 期。

② 海德格尔:《面向思的事情》,陈小文、孙周兴译,商务印书馆 1999 年版,第 68 页。

> 类似于存在者的东西。所以，虽然传统逻辑的“定义方法”可以在一定限度内规定存在者，但这种方法不适用于存在。……存在的不可定义性并不取消存在的意义问题，它倒是要我们正视这个问题。①

这里是说“存在”与最高的“存在者”都是不可定义的，但其缘由却是不同的。

关于最高“存在者”的不可定义，笔者曾经讲过：(1)形而下的存在者可以定义：“在科学的思维方式中，例如在现代符号逻辑中，‘to be’即‘是’表示三种关系：一是‘$\in$’，表示一个个体变元属于一个集合；二是‘$\subset$’，表示一个子集合属于另一个更大的集合；三是‘$\equiv$’或者‘$=$’，表示定义关系——两个集合等值，或者表示两个个体的同一关系——相等。这三种关系的一致性在于：它们都表示存在者之间的连接。……亦即都是对存在者的理解，而不是对存在本身的理解。”②(2)形而上的存在者不可定义：“我们必须为这个被定义概念找到一个上位概念——比被定义概念外延更大的概念；如此递进下去，我们最终会找到一个不可定义的最高概念，这就是形而上者的观念。”③“定义的格式就是：被定义概念 = 种差 + 属（上位概

---

① 海德格尔：《存在与时间》（修订译本），第5页。

② 黄玉顺：《从“西方哲学”到“生活儒学”》，《北京青年政治学院学报》2005年第1期。

③ 黄玉顺：《形而上学的黎明——生活儒学视域下的“变易本体论”建构》，《湖北大学学报》（哲学社会科学版）2015年第4期。

念）。”[①]但是，“如果我们所谈的是涵盖一切的一个形而上者，在它之外，再也没有什么东西了，这就是‘绝对’。那么，显然，第一，它没有‘种差’，因为既然没有在它以外的东西存在，那么它跟谁相比较呢？没法比较。第二，它也没有‘上位概念’——没有比它更大的概念。……如果它是涵盖万有、包含一切的本体，你哪里去找比它更大的概念呢？没有了。所以我们说，这个作为本体的存在者，它是没有内涵的”[②]。

而关于“存在”不可定义，笔者也曾讲过：“存在本身是不能被定义的，它只能通过某种方式被揭示出来。……这种揭示不是科学分析的那种有所论证的揭示，而是前分析的揭示；这种源始性的揭示，海德格尔称为‘领悟’（Verstehen / understand）。”[③]按照海德格尔自己的说法：“我们总已经活动在对存在的某种领会中了。明确提问存在的意义、意求获得存在的概念，这些都是从对存在的某种领会中生发出来的。我们不知道‘存在’说的是什么，然而当我们问道‘“存在”是什么’时，我们已经栖身在对‘是’［‘在’］的某种领会之中了，尽管我们还不能从概念上确定这个‘是’意味着什么。”[④]这类似于生活儒学所说的前存在者的“生活感

① 这里的“种差”（species difference）和“属”（genus）（上位概念），亦译为“属差”和“种”。

② 黄玉顺：《生活儒学的基本观念》，《儒林》，山东大学出版社2011年版，第31—49页。

③ 黄玉顺：《为科学奠基——中国古代科学的现象学考察》，《面向生活本身的儒学——黄玉顺“生活儒学”自选集》，四川大学出版社2006年版，第275—291页。

④ 海德格尔：《存在与时间》（修订译本），第7页。

悟”或“生活领悟”。

显然，在海德格尔心目中，他对“存在”的揭示，在其前期就是《存在与时间》的“基础存在论”，即对“此在”的“生存论分析”，而在笔者看来依然充斥着主体性的“有所指”的话语。因此，他在后期转向对诗的诠释，这就意味着默然放弃了前期的言说方式。不过，对诗的诠释显然并不是诗的言说本身（详下），因而也是值得商榷的。

2. 话语层级与海德格尔后期的“人言”和“道言”

在话语问题上，后期海德格尔最重要的思想显然是对“人言”（Spreche / Speeches）与“道言”（Sage / Language，或译“道说”）的区分。笔者曾经谈道：

> 海德格尔在谈到语言问题时，有一句核心的提法：“把作为语言的语言带向语言。”……海德格尔区分了两种语言：
>
> 语言 I：人类的语言——人言
>
> 语言 II：大道的语言——道言
>
> 在“把作为语言的语言带向语言”中，第一个“作为语言的语言”指本质的语言（＝语言的本质），亦即道言，它是大道的语言、语言的本质；第二个“语言”指人类的语言。“把作为语言的语言带向语言”是说的思的运程：只有把大道的语言作为语言的本质带向人类的语言，我们才有可能本真地把握人类的语言。[①]

---

① 黄玉顺：《我们的语言与我们的生存——驳所谓“现代中国人‘失语’”说》，《南京师范大学文学院学报》2004 年第 4 期。

海德格尔对“道言”与“人言”的这种区分,看起来类似索绪尔对“语言”(language)和“言语”(parole / words)的区分,而本质上却是不同的:索绪尔的“语言—言语”概念是理性主义形而上学的“本质—现象”观念在语言学上的表现,属于“存在者”的观念(详下);而海德格尔的“道言”是其前期“存在”观念的另外一种表达,庶乎近于“前存在者”的观念。所谓“道言”,看起来是人在说话,其实是“大道”(Ereignis / Event,或译“源始居有”“缘构发生”)在说话,即所谓“大道之道言”(die Sage des Ereignis / the Language of Event)或“存在之中的生长”(Zuwachs an Sein / Growth in Being)。

生活儒学对话语层级的划分,与海德格尔后期对“人言”与“道言”的区分之间具有同构关系或对应关系,同时存在着实质区别(详下)。笔者曾说:“‘人言’无论怎么说都只是一种形而下存在者的存在。而‘道言’有两种可能的理解:可以理解为形而上者的言说;但我们今天重新发现一个更古老的观念,如果说形而上者这样的存在者尚未存在,那么‘道言’就是‘道’‘命’‘诚’‘活’,这一切都应该理解为动词,先行于任何名词性的实体性的东西。”①

(三)生活儒学的话语层级

生活儒学的话语层级,是与生活儒学的观念层级划对应的。人类所有可能的观念分为这样几个基本的层级:存在(生

---

① 黄玉顺:《生活儒学的“生活”观念》,《儒家思想与当代生活——“生活儒学”论集》,光明日报出版社 2009 年版,第 74 页。

活）→（形而上存在者→形而下存在者）。更准确的描述是[1]：

“形而下存在者”，谓之“万物”；人在其中，谓之“主体性存在者”。因此，生活儒学将话语划分为主体话语——“有所指”的言说（“所指”包括形而上者、形而下者）和前主体性话语——“无所指”的言说。笔者曾说：“孟子与孔子是‘一以贯之’的，他们都有着三个观念层级的言说：本源的言说、形上的言说、形下的言说。”“思首先是生活本源中的情感之思、生活情感中的领悟之思，而表现为生活感悟的言说方式、诗意的言说；进而是生活感悟中生成的形上之思，而表现为哲学的言说；最终是在这种形而上学的基础之上展开的形下之思，而表现为伦理学、知识论的言说”[2]。

① 黄玉顺：《爱与思——生活儒学的观念·增补本序》（增补本），成都人民出版社 2017 年版，第 4 页。

② 黄玉顺：《爱与思——生活儒学的观念》（增补本），第 267、3 页。

《〈周易〉之“诗”与“思”》自序*

本书是我二十多年的易学——《周易》研究的文章的结集。在我的学术生涯中，易学始终是一个重要的兴趣点，但可以分为三个时期，不仅侧重点不同，而且思想与方法也不同。因此，本书分为以下三编（另加一编节录）。

第一编：《易经》古歌的训诂研究。这个时期的研究内容主要是我所发现的“易经古歌”，即《周易》古经中所隐含的上古“逸诗”，属于今天所谓“文学”；而研究方法主要是文献学和语文学（文字、音韵、训诂）的方法。除这里收录的文章外，这个时期最重要的成果是专著《易经古歌考释》①。

第二编：《周易》哲学的早期研究。这个时期，我的学术兴趣转向了哲学，因此，我的易学研究也是哲学性的诠释，但此时我尚未形成自己独立的哲学思想。

第三编：《周易》哲学的近期研究。这个时期（即 2004 年以来），我已形成了自己独立的哲学思想，即“生活儒学”的思想系统。因此，这个时期的易学研究，其实可以题为“生活儒

---

* 原载《当代儒学》第 20 辑，四川人民出版社 2021 年版，第 193—194 页。

① 黄玉顺：《易经古歌考释》，巴蜀书社 1995 年版，上海古籍出版社 2014 年版。

学的易学思想”。

第四编:《周易》研究节录。

三个时期的易学研究,颇似黑格尔式的“正—反—合”三段式:

<table>
<tr><th>内容
时期</th><th>文本</th><th>内涵</th><th>观念层级</th></tr>
<tr><td>第一时期:正题</td><td>《周易》古经的古歌</td><td>情感之思:诗情</td><td>前存在者的存在</td></tr>
<tr><td rowspan="3">第二时期:反题</td><td>《周易》古经的筮辞</td><td>形上之思:神性的形上学</td><td rowspan="2">形而上的存在者</td></tr>
<tr><td rowspan="2">《周易》大传的文本</td><td>形上之思:理性的形上学</td></tr>
<tr><td>形下之思:理性的形下学</td><td>形而下的存在者</td></tr>
<tr><td>第三时期:合题</td><td>《周易》的整部文本</td><td>《周易》之诗与思</td><td>观念的奠基关系</td></tr>
</table>

第三期是前两个时期的“合题”,即书名“《周易》之‘诗’与‘思’”的意涵。汉语之“思”,存在着三个不同的观念层级:(1)情感之思:表现为诗,在《周易》即古经的古歌;(2)形上之思:表现为某种形上学,在《周易》即古经的神性形上学、大传的理性形上学;(3)形下之思:表现为“主客”架构下的知识论、伦理学,在《周易》即大传的一套伦理政治哲学。[1] 三者之间存

① 参见黄玉顺:《爱与思——生活儒学的观念》(增补本),四川人民出版社 2017 年版,第 106—133 页。

在着“奠基关系”①。

关于这个问题，我在《易经古歌考释》修订本的“修订再版后记”中加以了基本的阐述，那可以说是关于“生活儒学的易学思想”的最成熟的思考，惜乎无暇充分展开，今唯俟诸来者。

---

① 参见黄玉顺：《面向生活本身的儒学——“生活儒学”问答》，《面向生活本身的儒学——黄玉顺“生活儒学”自选集》，四川大学出版社 2006 年版，第 76—78 页；《爱与思——生活儒学的观念》（增补本），第 168—171 页。

儒家“感通”观念与现象学问题*

蔡文的问题意识和基本路数还是康德和牟宗三的，然而蔡文却尝试以某种现象学的方法来继承和发展这种思路。这一点可以说是蔡文的独到之处，因为现象学恰恰是超越康德哲学的。蔡文用以消弭这种紧张关系的途径，就是引入中国哲学的“感通”观念。确实，“感通”是蔡文作者这些年的哲学思考的一个基本特色，且颇具创造性。不过，说实话，蔡文的这种“现象学”究竟是什么意义上的现象学，乃至究竟是不是现象学，笔者心存疑虑。

一、“情感”观念的澄清

蔡文的“感通”之思，基于几年之前的一种批判意识：

> 当代儒家学者已经开始尝试以一种更加理性化的方

---

* 本文是论文《论儒家哲学的“超越”与“感通”问题——与蔡祥元教授商榷》的第四节《关于“感通”观念的讨论》，原载《社会科学研究》2022年第1期。

> 式来重构儒家道统，实体论与情感论是其中两种典型思路。实体论的主要代表是陈来的仁学本体思想，情感论则包括李泽厚的原始情感论、蒙培元的普遍情感论与黄玉顺的纯粹情感论等不同主张。下面的考察将表明，这两种思路都难以真正跨越康德给形而上学思辨划下的界限。实体论失于概念思辨，而沦为抽象的形而上实体，情感论虽然反对实体建构，意欲返回情感本源，但却无法走出经验论的困境。[①]

这里且不讨论李泽厚的“情本论”，因为他的情感论其实并不属于儒家哲学。[②] 这里只讨论蔡文所说的“蒙培元的普遍情感论与黄玉顺的纯粹情感论”的所谓“经验论的困境”。

蒙培元的“情感儒学”[③]，被归结为“经验论”，这是不对的。这里仅以蔡文作者所引的蒙培元的一段话为例，就能说明这个问题：

> 仁作为心灵境界，是人的生命价值和意义的最高标志。它虽以心理情感为基础，但又必须超越情感，成为普遍的存在方式，这样，就同个别的心理现象、个人的情感欲望有了区别。只有从超越的层面看，仁才是境界，否则，便

---

① 蔡祥元：《感通本体引论——兼论当代儒学的实体论与情感论》，《当代儒学》第 11 辑，广西师范大学出版社 2017 年版，第 96 页。

② 参见黄玉顺：《关于“情感儒学”与“情本论”的一段公案》，《当代儒学》第 12 辑，广西师范大学出版社 2017 年版，第 173—177 页。

③ 参见黄玉顺：《情感儒学：当代哲学家蒙培元的情感哲学》，《孔子研究》2020 年第 4 期。

只是一些个别具体的情感活动，没有普遍意义。[①]

显然，这里的“情感”不仅仅是感性经验层面的，而恰恰是超越这种经验情感的。蒙培元的“情感”概念是在境界论的意义上讲的，包含三个层级的境界：感性情感、理性情感、超越感性与理性之对立的形上情感。[②] 其中，只有“感性情感”或“心理情感”才是经验论层级的。

黄玉顺的“生活儒学”的情感观念，也被归结为经验论，这更是不对的。蔡文作者是这样讲的：“纯粹情感虽然克服了观念化的困境，它由此却可能走向观念的对立面，亦即走向经验，因为这种‘真切的仁爱情感’很容易被看作一种仁爱的‘纯粹经验’。”[③]蔡文这里的“纯粹经验”是詹姆斯（William James）的心理学概念。[④] 但事实上，詹姆斯“彻底经验主义”的所谓“纯粹经验”并不那么“纯粹”，因为众所周知，近代以来，英美经验主义（empiricism）是与理性主义（rationalism）或先验主义（transcendentalism）相对立而存在的，但两派的共同点在于他们都基于海德格尔所要解构的“主体性”[⑤]。然而生活儒学的“生活情感”观念，恰恰是要追溯“前主体性”“前存在者”的存

---

① 蒙培元：《心灵超越与境界》，人民出版社 1998 年版，第 139 页。

② 参见黄玉顺：《“情感超越”对“内在超越”的超越——论情感儒学的超越观念》，《哲学动态》2020 年第 10 期。

③ 蔡祥元：《感通本体引论——兼论当代儒学的实体论与情感论》，《当代儒学》第 11 辑，第 95—118 页。

④ 詹姆斯：《彻底的经验主义》，庞景仁译，上海人民出版社 1987 年版，第 49—50 页。

⑤ 海德格尔：《面向思的事情》，陈小文、孙周兴译，商务印书馆 1999 年版，第 76 页。

在——生活情感，从而超越经验论与先验论的紧张、情感与理性的紧张。且看蔡文作者所引的黄玉顺的话：

> 儒家所说的“仁爱”也在观念的三个层级中显现为截然不同的三种样态：(1)本源之仁，乃是原初的真切的生活情感的存在，这是存在的直接显现，是前存在者化、前对象化、前概念化的事情；仁爱之为所有一切的“大本大源”，乃是在这个层级上而言的；(2)形下之仁，则是被理解为道德情感、甚至道德原则的那种形而下者的存在，是某种相对主体性的事情；(3)形上之仁，又是更进一步被理解为本体之“性”、甚或类似“上帝之爱”的那种形而上者的存在，是某种绝对主体性的事情。①

生活儒学的“生活情感”观念正是“本源之仁，乃是原初的真切的生活情感的存在，这是存在的直接显现，是前存在者化、前对象化、前概念化的事情”。这也正是蔡文作者所希冀的“既立足仁爱情感，又能超出情感经验的主体性限制”。

顺便说说：蔡文将笔者的观点归为“反对实体建构”以防止“沦为抽象的形而上实体”，这也失之片面。事实上，笔者已经致力于建构普遍性的“变易本体论”(Change Ontology)②(此文详尽地讨论了中西“实体”概念)，近来又致力于建构一种指

① 黄玉顺：《儒教问题研究》，人民出版社2012年版，第87页。

② 黄玉顺：《形而上学的黎明——生活儒学视域下的“变易本体论”建构》，《湖北大学学报》2015年第4期。

向现代性的“超越本体论”(Transcendent Ontology)[①]。只是笔者的这种形而上学建构与传统形而上学的根本区别在于:生活儒学的形而上学本体论乃是渊源于前存在者、前主体性的存在、生活、生活情感的,宗旨是在这种大本大源上重建形而上学、形而下学。

在上述批评的基础上,蔡文作者试图建构一种本体论,谓之“感通本体论”。而一说到“本体”,思想视域的问题便立即凸显出来。所以,蔡文作者首先澄清这个概念,认为中国哲学的“本体”不应当是西方“ontology”的译名,而应当是“道”或“仁道”的另一种表达,因此,应当“把中国形而上学传统称为‘道本论’(Dao-ology)”。[②]然而我们注意到这里的表述:作者所说的“道”,用他自己的话讲,仍然是一个“形而上学”的范畴。这样一来,“感通”岂不就是一个形而上学的、存在者化的概念?进而,“感通本体论”的“本体论”概念与西方的“ontology”概念,尽管具体内涵有所不同,岂不是同一观念层级上的概念?这样一来,这岂不是前现象学的观念?

蔡文作者提出:“仁学本体或仁道的关键就在于,这种看起来源自人心的情感发用,何以能够超出自身的主体性限制,而成为贯通物我的天人之道。这是感通本体论要回答的问题。”他的回答是:“本体意义上的感通,不只是显示出那潜在

① 黄玉顺:《生活儒学的内在转向——神圣外在超越的重建》,《东岳论丛》2020 年第 3 期。

② 蔡祥元:《感通本体引论——兼论当代儒学的实体论与情感论》,《当代儒学》第 11 辑,第 95—118 页。

的存在，而是生成存在，如此才是本体。”[①]说实话，这样的“本体生成存在”的表述是令人困惑的：既然本体是形而上学的范畴，即标识的形而上者，也就是一种存在者，那么，“本体生成存在”岂不等于是说“存在者生成存在”？然而当代思想前沿的观念正好相反，是要追问“存在者何以可能”，其回答恰恰是“存在生成存在者”。

蔡文作者在这样的观念上理解“感通”，是因为他的思想视域其实还是程朱理学的思想观念，所以他大量引证周敦颐、程颢、程颐和朱熹的言论来谈论“感通”，即“本体意义上的感通”。

二、“感通”本义的前现象学性质

我们知道，“感通”的观念最初直接来自《易传》：

> 《易》有圣人之道四焉：以言者尚其辞，以动者尚其变，以制器者尚其象，以卜筮尚其占。是以君子将有为也，将有行也，问焉而以言，其受命也如响，无有远近幽深，遂知来物。非天下之至精，其孰能与于此？参伍以变，错综其数；通其变，遂成天地之文；极其数，遂定天下之象。非天下之至变，其孰能与于此？易，无思也，无为也，寂然不动，感而遂通天下之故。非天下之至神，其孰能与于此？

---

① 蔡祥元：《感通本体引论——兼论当代儒学的实体论与情感论》，《当代儒学》第11辑，第95—118页。

夫《易》,圣人之所以极深而研几也。①

这段话里的"易"有两重含义(整篇《系辞传》里的"易"皆然):

加书名号,指《周易》这部书,涉及"其辞""其变""其象""其占"。其中涉及两层意思:一是"君子将有为也,将有行也,问焉而以言,其受命也如响",是说的筮者通过询问《周易》来决定其行为;二是"参伍以变,错综其数;通其变,遂成天地之文;极其数,遂定天下之象",是说的《周易》这部书本身是如何构成的。

而不加书名号,指《易》这部书所蕴含的"易"之道,即"易道"。正是这里的"易无思也,无为也,寂然不动,感而遂通天下之故"这句话,直接导出了"感通"概念。那么,何谓"易道"?一方面,"一阴一阳之谓道","形而上者谓之道"②,即这里的"无思也,无为也,寂然不动",乃是说的形而上学的本体;而另一方面,"生生之谓易"③,即这里所说的"感而遂通天下之故",则是说的这个"一阴一阳"的形上本体的运行,可以由"感通"而"生成"天下万事万物,诸如自然界方面的"日往则月来,月往则日来,日月相推而明生焉;寒往则暑来,暑往则寒来,寒暑相推而岁成焉。往者屈也,来者信(伸)也,屈信(伸)相感而利生焉"④,人类社会界方面的"爱恶相攻而吉凶生,远近相取

① 《周易·系辞上传》。
② 《周易·系辞上传》。
③ 《周易·系辞上传》。
④ 《周易·系辞下传》。

而悔吝生，情伪相感而利害生"①，等等。总之，"感通"是讲的形而上的本体论，属于轴心时代以来的存在者化的思维。

那么，这个感通的本体由何得来？来自圣人的经验归纳："古者包牺氏之王天下也，仰则观象于天，俯则观法于地，观鸟兽之文与地之宜，近取诸身，远取诸物，于是始作八卦，以通神明之德，以类万物之情。"②这种经验观察，最突出的是男女交媾的现象，这是许多学者一致的看法。可以说，"感通"观念其实最初是来自《咸卦》③，故《咸象传》说：

> 彖曰：咸，感也。柔上而刚下，二气感应以相与，是以亨也。止而说（悦），故"利贞"也。男下女，"取女吉"也。是以"亨，利贞"，"取女吉"也。圣人感人心而天下和平。观其所感，而天地万物之情可见矣。④

这是从男与女之"感"而"通"引申到圣人与人心之"感"而"通"，再引申到天与地之"感"而"通"，再抽象为阴与阳之"感"而"通"，最终落实到《周易》乾与坤之"感"而"通"。于是，"阴阳"或"乾坤"即"天地"就是《周易》哲学的形上本体。⑤所以，"乾坤，其《易》之门邪？乾，阳物也；坤，阴物也；阴阳合德

---

① 《周易·系辞下传》。

② 《周易·系辞下传》。

③ 参见黄玉顺：《易经古歌考释》（修订本），上海古籍出版社2014年版，第196—200页。

④ 《周易·咸象传》。

⑤ 参见黄玉顺：《形而上学的黎明——生活儒学视域中的"变易本体论"建构》，《湖北大学学报》2015年第4期。

而刚柔有体，以体天地之撰，以通神明之德。”①“阖户谓之坤，辟户谓之乾；一阖一辟谓之变，往来不穷谓之通；见（现）乃谓之象，形乃谓之器；制而用之谓之法，利用出入、民咸用之谓之神。”②

这里有两个属于前现象学的观念架构值得注意。

（1）“形上—形下”的观念架构。此即所谓“易道”：“形而上者谓之道，形而下者谓之器；化而裁之谓之变，推而行之谓之通，举而错（措）之天下之民谓之事业。”③所谓“易道”就是这样的“形上—形下”之道，而有种种表现，诸如“天地交而万物通也，上下交而其志同也”④；“天地不交而万物不通也，上下不交而天下无邦也”⑤；“天地睽而其事同也，男女睽而其志通也，万物睽而其事类也”⑥；等等。

最典型的是《象传》中的“大象传”，其“形上—形下”的关系表现为“天道—人事”的关系，那是一套君主主义的政治哲学：“天道”即对每卦的卦象（上下卦）的解释；“人事”即讲地上的帝王君主应当如何仿效天道，诸如“天行，健（乾）；君子以自强不息”（乾卦）；“地上有水，比；先王以建万国，亲诸侯”（比卦）；“天地交，泰；后以财成天地之道，辅相天地之宜，以左右民”（泰卦）；“雷出地奋，豫；先王以作乐崇德，殷荐之上帝，以配祖考”（豫卦）；“山附于地，剥；上以厚下安宅”（剥卦）；

---

① 《周易·系辞下传》。
② 《周易·系辞上传》。
③ 《周易·系辞上传》。
④ 《周易·泰彖传》。
⑤ 《周易·否彖传》。
⑥ 《周易·睽彖传》。

“明两作，离；大人以继明照于四方”（离卦）；“天下有风，姤；后以施命诰四方”（姤卦）；等等。这些“君子”“后”“先王”“上”“大人”之类，皆指帝王君主。

（2）“本体—现象”或者“本质—现象”的观念架构。笔者已专文讨论过这个问题，指出：“汉语‘现象’出自《周易》‘见象’（‘见’读为‘xiàn’），对应于西语的‘phenomenon’或‘appearance’，代表着中国哲学的‘现象’观念：（1）形下实体的本质的显现；（2）形上本体的显现。但这些都是前现象学的‘现象’观念。”①

具体来说，汉语的“现象”出自《易传》：“天垂象，见吉凶”；“见（现）乃谓之象”。② 两个“见”字都读为“现”（xiàn）。汉字的“现”字产生很晚，乃至东汉许慎的《说文解字》也还没有“现”字；直到唐宋的《广韵》，才在“见”（xiàn）字之后列出“现”字，而注为“俗”③，即“现”字乃是“见”的俗体字。这就是说，汉语的“现象”原作“见象”。

在“天垂象”这个表述中，“天”是宇宙的本体，也是万物的终极本质；“象”即现象，即“天”这个本体的显现。要注意的是：《易传》有时以“天”指称本体，如“乾元用九，乃见（现）天则”④；有时以“天地”指称本体，如“复，其见（现）天地之心乎？”⑤“天地”在《周易》里就是“乾坤”：“天尊地卑，乾坤定

① 黄玉顺：《中国哲学的“现象”观念——〈周易〉“见象”与“观”之考察》，《河北学刊》2017年第5期。

② 《周易·系辞上传》。

③ 《钜宋广韵》，上海古籍出版社1982年影印本，第314页。

④ 《周易·乾文言传》。

⑤ 《周易·复象传》。

矣;……在天成象,在地成形,变化见(现)矣”①;“乾坤毁,则无以见易;易不可见,则乾坤或几乎息矣”②。而“乾坤”即“阴阳”:“昔者圣人之作《易》也……观变于阴阳而立卦”;“昔者圣人之作《易》也……立天之道,曰‘阴’与‘阳’”③;“阴阳合德而刚柔有体,以体天地之撰”④。这就是说,“阴阳”乃是“有体”的,即是本体。

在这种观念下,所谓“感通”只可能有三层意义:要么是作为形而上者的本体的自我感通,即阴与阳的感通,或天与地的感通,或乾与坤的感通;要么是形而上者与形而下者之间的感通,即天与人的感通;要么是形而下的存在者之间的感通,即人与人的感通、人与物的感通。然而,无论哪种意义的“感通”,显而易见,它们都是存在者化的观念,即典型的前现象学的观念,而不是现象学的观念。

---

① 《周易·系辞上传》。
② 《周易·系辞上传》。
③ 《周易·说卦传》。
④ 《周易·系辞下传》。

生活儒学与伽达默尔诠释学

赖以理解“父子相隐”现象的思想方法*

这里有一个问题必须预先说明：我和他的思想视域或思想方法是不同的。王文①的思想方法无疑是海德格尔、伽达默尔的“哲学诠释学”；而我的思想方法则是我所理解的儒学原理，即“生活儒学”。学界许多朋友都知道，生活儒学与海德格尔思想之间有颇深的关系；但同时，生活儒学毋宁是对海德格尔的基础存在论及其诠释学思想的一种批判。这就注定了我和王文对“父子相隐”现象的理解是不同的。但这并不意味着本文试图判定我的理解比王文的理解更正确，而是意在展示关于“父子相隐”现象存在着不同的诠释可能。

---

* 本文是论文《“直”与“法”：情感与正义——与王庆节教授商榷“父子相隐”问题》的第一节，原载《社会科学研究》2017 年第 6 期；收入作者文集《生活儒学与现代性问题》，四川人民出版社 2019 年版，第 78—93 页。

① “王文”指王庆节教授的论文《亲亲相隐、正义与儒家伦理中的道德两难》，未刊。以下凡引用王文而未注明出处者，皆引自此文。

一、王文的思想方法

王文将诠释活动理解为一种存在论现象，将“此在的有限性”视为诠释活动的存在论基础，也就是将此在的某种“先结构”“先判断”或“先见”视为诠释的基础。他说：

> 哲学解释学坚持认为，在我们人类的认知、解释乃至全部生存实践活动中，先见以及先见赖以发生的“先结构”有着某种积极的存在论或本体论上的哲学意义。这也就是说，任何认知和解释，作为人的生命和生活活动，必然不可避免地带有这样或那样的偏见，以及“被抛地”带有上述偏见或先见所从之而出的“先结构”。所以，任何所谓偏见实质上都是一种“先见”或“前判断”，无论我们喜欢还是不喜欢，这都是我们一切认知和解释活动的存在论基础。

这里，“我们人类的全部生存实践活动”或“人的生命和生活活动”，其实也就是海德格尔所说的“此在的生存”，即人的存在，这是一种存在论现象；此在的这种生存活动带有一种“先结构”，它使“此在”即人的诠释活动带有一种“前判断”或者“先见”“偏见”，这就意味着“此在的有限性”乃是诠释活动的存在论基础。看来，这里展示了这样一个线性的奠基序列：此在的生存→前结构→前判断→诠释及其结果。

至此，哲学诠释学似乎是消极的，但实际上哲学诠释学是积极的。王文指出：

> 如何才能让我们意识不到而又必然存在的偏见、先见显现出来呢？解释学哲学提出“折断”或“不合手”的说法，即一个观念或一个行为在施行过程中的“挫折”导致和迫使我们对此观念或行为赖以为基的基础先结构以及系统理论整体进行某种反思性的批判与考察。所以，伦理学以及儒家伦理思想的讨论中出现的“道德两难”的辩争恰恰就是这种“折断”和“挫折”的生动体现。正是通过这种“两难性的”“辩争”，我们得以觉察各自理解和解释之先见的界限范围，从而进入某种“解释学的”对话情境，“返回”到作为先见的在先概念系统以及此种在先结构得以生成的、以“先有”“先见”“先把握”为基本特征的生存论解释视野或视域，最终达成某种程度上的解释学的“视域融合”。

更通俗地说，“前结构”或“先见”“偏见”会在诠释活动中被暴露出来而被反思，使我们意识到其局限性，进而使之与实际生活境况相调适，最终达至“视域融合”而生成一种作为诠释结果的新的意义。因此，诠释活动并非一个单向的线性序列，而是一个双向的调适过程。这样的诠释观念不仅在认识论的层面上解释了作为诠释结果的意义生成何以可能，而且在存在论的层面上解释了作为“能在”的此在“去存在”的可能性何以可能。

确实，海德格尔那里蕴含着一种深刻的思想：此在既是一种“被抛”的既定的“所是”，即是一种有限的存在者；又是一种“能在”，即是一种敞开着其可能性的存在者（但不能说是“无限的”存在者，因为“向死而在”意味着死亡就是此在之可能性的“大限”，在这个意义上，人始终只是有限的存在者）。这就意味着:人的主体性是被此在的生存结构,即生存的“前结构”决定的;然而同时,此在既有的生存结构或“前结构”又可以被超越,从而生成一种新的主体性。

但是,在我看来,海德格尔无法回答一个问题:此在的可能性之展开,意味着已经“溢出”了、“超越”了原来既定的那种“被抛”的“所是”,也就意味着不仅已经超出了此在原来的那个“前判断”,而且已经超出了此在原来的生存及其“前结构”,即已经超出了诠释活动的生存论基础。那么,这一切是何以可能的?换言之,这个“溢出”的部分是从哪里来的?哲学诠释学将此解释为“视域融合”,即理解为此在的生存(existence)与生存之外的存在(Sein)之间的一种融合。正因为如此,海德格尔才严格区分“生存”与“存在”。然而这样一来,存在是在生存之外的事情,犹如天堂是在生活世界的彼岸,那么,此在又如何能超出自己的生存而去追寻存在?

其实,我对海德格尔的更彻底的批评,是指出这样一个矛盾:

> 海德格尔在这个基本问题上其实是自相矛盾的:一方面,存在是先行于任何存在者的,“存在与存在的结构超出一切存在者之外,超出存在者的一切存在者状态上的可能规定性之外”①,那么,存在当然也是先行于此在的,因为“此在是一种存在者”②;但另一方面,探索存在却必须通

---

① 海德格尔:《存在与时间》(修订译本),陈嘉映、王庆节合译,生活·读书·新知三联书店1999年版,第44页。

② 海德格尔:《存在与时间》(修订译本),第14页。

> 过此在这种特殊存在者,即惟有"通过对某种存在者即此在特加阐释这样一条途径突入存在概念","我们在此在中将能赢获领会存在和可能解释存在的视野"①。如果这仅仅是在区分"存在概念的普遍性"和我们"探索""领会""解释"存在概念的"特殊性"②,那还谈不上自相矛盾;但当他说"存在总是某种存在者的存在"③,那就是十足的自相矛盾了,因为此时存在已不再是先行于任何存在者的了。④

对于诠释活动来说,海德格尔是把诠释的结果,即新的意义的产生归结为两个方面——此在的生存与一般的存在——之间的交融,这实际上是把这两个方面都存在者化了,于是存在便再次被遮蔽了。

二、本文的思想方法

我的做法很简单,就是将"此在的生存"前面的"此在"去掉,我谑称为"斩首行动"⑤。于是,"生存"与"存在"就不再是

---

① 海德格尔:《存在与时间》(修订译本),第 46 页。

② 海德格尔:《存在与时间》(修订译本),第 46 页。

③ 海德格尔:《存在与时间》(修订译本),第 11 页。

④ 黄玉顺:《生活儒学关键词语之诠释与翻译》,《现代哲学》2012 年第 1 期。

⑤ 黄玉顺:《"儒学"与"仁学"及"生活儒学"问题——与李幼蒸先生商榷》,《四川大学学报》2008 年第 1 期。

两个东西,而是一回事,即生存即存在,存在即生存。这样一来,任何存在者,包括此在那样的特殊存在者,都是由存在给出的。这样的存在观念,为了区别于海德格尔的“存在”和“生存”概念,我称之为“生活”。这就是“生活儒学”最根本的观念:生活即是存在,生活之外别无存在;一切存在者源于生活而归于生活。在我看来,这是孔孟的原始儒学那里固有的而被孔孟之后的传统儒学遮蔽了的本源观念。①

至于文本的诠释,在我看来,意义的产生并非什么“视域融合”,即并非诠释主体与生活存在之间的融合(否则生活存在就已经被对象化即存在者化),而是诠释主体和文本客体之间的融合;然而主体与客体皆源于生活而归于生活,诠释活动本来就是生活存在的一种显现样式。因此,我所理解的文本诠释,既非经验论的“我注六经”,也非先验论的“六经注我”②,而是“注生我经”,即“注”这种诠释活动作为一种生活样式,生成了新的“我”(主体)和新的“经”(文本对象及其意义)。③

不仅如此,如果超出文本诠释,而将生活或者存在视为诠释活动,即所谓“存在论”层级的诠释(这里的“存在论”不是传统的关于形而上存在者的理论,而是关于存在的理论,在层级上大略对应于海德格尔所谓“基础存在论”),那么,上述关于

---

① 参见黄玉顺:《面向生活本身的儒学——“生活儒学”问答》,《面向生活本身的儒学——黄玉顺“生活儒学”自选集》,四川大学出版社 2006 年版,第 53—91 页。

② 陆九渊:《陆九渊集·语录上》,钟哲点校,中华书局 1980 年版。

③ 关于生活儒学的诠释观念,参见黄玉顺:《注生我经:论文本的理解与解释的生活渊源——孟子“论世知人”思想阐释》,《中国社会科学院研究生院学报》2008 年第 3 期。

文本诠释的观念依然成立,只不过此时诠释主体和文本客体已合而为一:生活中的人便是诠释主体,他的一套既有的观念便是文本客体,然后后者其实就是他的既有的主体性,因此,这两者其实是一个东西;生活情境与该主体的主体性之间的关系,便是存在与存在者的关系。生活的流变即新的生活情境生成新的主体性,这并不是两个存在者之间的“视域融合”,而是存在给出存在者的过程。这里的存在之所以可以视为诠释,是因为新的主体性的生成过程就是该主体在生活情境中自我理解和自我解释的过程,新的主体性就诞生在这种理解和解释之中。人就是这样“去存在”或“去生活”的。

具体到“父子相隐”这个案例,儿子发现“其父攘羊”,这就是一种生活情境,犹如“今人乍见孺子将入于井”①,也是一种生活情境。生活情境往往解构旧的主体性(旧的思想观念),催生新的主体性(新的思想观念)。对于新的主体性的生成来说,生活情境乃是前主体性的事情,即是存在。我们不妨将这两个案例比较一番:

观念层级	子为父隐案例	孺子入井案例
旧主体性 (存在者)	其子具有旧的礼法观念	某人(无论善恶)
前主体性 (存在) (生活情境)	其子发现了其父攘羊	某人忽见小孩将堕于井
	子为父隐的情感显现 (即“直”的情感表现)	怵惕恻隐不忍之情显现
新主体性 (存在者)	其子获得新的礼法观念	一个仁者诞生

① 《孟子·公孙丑上》。

这里需要讨论的是“其子获得新的礼法观念”这个问题。

然而事实上,孔子和叶公的对话压根没有涉及这个问题;他们讨论的话题是“何谓‘直’”的问题。所谓“直”,是指的当下性的不假思索的本真情感显现,譬如孟子所说的“非所以内交于孺子之父母也,非所以要誉于乡党朋友也,非恶其声而然也”①,即没有任何主体性层级的考量。叶公所说的“其子证之”显然不是这种本真情感,除非其子不爱其父;孔子所说的“子为父隐”才是当下本真的直接情绪反应,即所谓“直”。一个深爱自己父亲的儿子,一旦发现父亲犯错或者犯罪,其当下直接的情感反应必定是为之隐瞒。孔子坦承这种“人之常情”。

但这并不意味着孔子反对“其子证之”,当然也不意味着孔子赞同“其子证之”,因为孔子在这里并非在谈论礼法问题;孔子对于礼法的态度,应当在另外的场合去讨论。事实上,从古到今,即便在儒家内部,关于亲属间的“容隐制”的立法问题也并不是没有争议的,有的主张“亲亲相隐”,有的主张“大义灭亲”,特别是在所谓“忠孝不能两全”的情境之中,更是常见王文所说的“道德两难”。但事实上,在这个问题上,儒家是有明确的主张的,本文将在最后一节讨论。

---

① 《孟子·公孙丑上》。

论经典诠释与生活存在的关系*

——乾嘉学术“实事求是”命题的意义

这些年来，在儒学界、中国哲学研究界，“经典诠释”成为一种学术时尚，不少学人甚至表达了建构“中国式诠释学”的雄心。这固然有中国本土的古典诠释传统的影响，也有外来的海德格尔、伽达默尔的哲学诠释学的作用，但真正的缘由则是中国社会转型的一种时代需求，即寻求“现代性诉求的民族性表达”。[①] 不过，到目前为止，“中国式诠释学”的面相还很模糊；不仅如此，还有一种普遍的误解，以为只要是对中国古代文本的解释，那就是“经典诠释”了。总之，“究竟何谓‘经典诠释’”依然还是一个问题。

在这样的背景下，读到崔发展教授的《乾嘉汉学的解释学模式研究》这样的著作是一件十分令人高兴的事情。此书是关于乾嘉学术的一种诠释学角度的研究，其宗旨不仅在于从中

---

* 本文是崔发展教授的专著《乾嘉汉学的解释学模式研究》的序言，人民出版社 2017 年版，第 1—11 页；收入作者文集《生活儒学与现代性问题》，四川人民出版社 2019 年版，第 67—77 页。

① 参见黄玉顺：《现代新儒学研究中的思想视域问题》，《现代新儒学的现代性哲学》，中央文献出版社 2008 年版，收入《儒学与生活——“生活儒学”论稿》，四川大学出版社 2009 年版。

国传统的经学诠释中辨识出一种别样的“解释学模式”，进而指认出“实事求是”的一般方法论①，更在于由此生长培育出一种中国式的诠释学。

为此，作者首先对乾嘉学术进行了一种坐标式的定位：其纵轴是古今之维，即“汉宋之争”；其横轴是中西之维，即中国传统的“汉学”与西方的哲学诠释学（Die philosophische hermeneutik）之间的关系。

在中西之维上，作者提出了一个问题：借鉴西方的哲学诠释学来分析中国的乾嘉学术，这是否具有“合法性”？这个问题所牵涉的是一个更大的问题，即近年来哲学界所批评的“以西释中”乃至“汉话胡说”的现象。作者分析论证了以哲学诠释学的方法来解读乾嘉学术这种做法的合法性或合理性，其分析论证是言之成理的。

我自己也曾撰文讨论过这个问题。② 简言之，“以西释中”或“汉话胡说”之类的批评，预设了一个前提，即存在着某种现成在手的、客观实在“不以人的意识为转移”的“中国经典”和“西方经典”之类的东西。但这个预设前提本身就是不能成立

① 这不是作者在书中所使用的“方法论”概念（近于“科学方法”的概念或伽达默尔的“方法”概念），而是接近于所谓“哲学方法论”的概念，其实是超越了“哲学”（指海德格尔所说的“哲学的终结”意义上的“哲学”）的方法论概念，例如按照海德格尔的说法，现象学和诠释学都可以称为“方法论”或“方法”。

② 黄玉顺：《我们的语言与我们的生存——驳所谓“现代中国人‘失语’”说》，《南京师范大学文学院学报》2004 年第 4 期；《注生我经：论文本的理解与解释的生活渊源——孟子“论世知人”思想阐释》，《中国社会科学院研究生院学报》2008 年第 3 期；《比较：作为存在——关于“中西比较”的反思》，《社会科学战线》2015 年第 12 期。

的，事实上，诠释者（主体）和被诠释文本（客体）都是由当下的诠释活动给出的，即在诠释活动中获得其新的主体性和新的对象性，亦即是在当下的存在或生活中生成了主体性存在者和对象性存在者。经典是被诠释出来的经典，经典的意义是被诠释出来的意义，而诠释者是被生活给出的，诠释活动乃是当下的一种生活情境。在这个意义上，诸如"借鉴哲学解释学来分析乾嘉汉学"或"以解释学解读乾嘉汉学"这样的提法也是词不达意、存在者化的表达，因为恰恰是"解读"或"分析"这样的诠释活动给出了所谓"哲学解释学"和所谓"乾嘉汉学"这样的存在者，而这种诠释活动归属于作为存在的生活，即是生活的一种当下显现样式。

在古今之维上，称乾嘉学术为"乾嘉汉学"，即归之于"汉学"而与"宋学"相对，这本来是一种传统的看法。但作者并不满足于此，而是进一步强调：乾嘉汉学不仅是汉学的典范，而且是汉学中的一个独特的"解释学模式"。不仅如此，通览全书，我发现，作者对乾嘉学术及其"实事求是"的阐发，其实已经超越了"汉宋之争"这样的传统学术视域。

确实，在当今世界的思想学术背景下，"汉宋之争"这样的分析框架已不足以阐明中国经典的性质及其意义。"汉宋之争"属于前现代的学术范式，然而中国学术，包括儒学早在宋代即已开始了走向现代性的历史进程：伴随着中国社会"内生现代性"的发轫，中国学术思想的"内生现代性"也已发生。①因此，"汉宋之争"这样的学术范式根本无法解释中华帝国后期

---

① 参见黄玉顺：《论儒学的现代性》，《社会科学研究》2016 年第 6 期。

以来的一系列具有现代性的启蒙意义的思想学术现象，例如“乾嘉汉学”这样的标签就不足以揭示戴震思想学术的意义。所以，我提出“重写儒学史”。[①] 这一点，其实也可以作为作者“借鉴”哲学诠释学的理据之一：在现代性、全球化的背景下，人类的“共在”“共同生活”使得诠释学已经不仅仅是“西方的”，正如儒学也已经不仅仅是“中国的”[②]。

在上述分析的基础上，在作者看来，作为汉学当中的一种独特的解释学模式的乾嘉汉学，其标识就是“实事求是”。于是，作为全书最精要的部分，作者详尽地分析了“实事求是”的命题。

作者对“实事求是”命题的分析，最重大的理论贡献是提出了“实事求是”命题意义的三个层级，即作为经学考证性命题、作为认识论命题和作为存在论命题，这是前所未有的理论创见。不仅如此，在每一个层级上，作者都做出了具有原创性的分析。“实事求是”这种层级结构的展示，令人耳目一新，全面深入地揭示了“实事求是”命题的丰富深刻内涵，充分地展现了作者的思想深度。

1. 作为经学考证性命题的“实事求是”

作者首先析出了“实事求是”命题的四个要素：

求是者→阐释者→谁去求

实事→阐释文本→经书

---

① 黄玉顺：《论“重写儒学史”与“儒学现代化版本”问题》，《现代哲学》2015 年第 2 期。

② 参见黄玉顺：《世界儒学——世界文化新秩序建构中的儒学自我变革》，《孔学堂》2015 年第 4 期；《亚洲和平繁荣之道：生活儒学价值共享》，《社会科学家》2017 年第 1 期。

求→阐释方法→如何求

是→阐发义理→六经之道

就“实事求是”命题来说，这些要素的存在是不言而喻的，也是进行更进一步分析的基础。当然，也可以说是“三要素”，因为“求是者”是主体，“实事”及其“是”是对象，他们都是存在者化的东西；而“求”则是一种行为、活动，即是一种存在，而不是存在者。这种区分非常重要，因为这涉及下文要深入讨论的一个观念：存在者是存在给出的。因此，对作为经学考证性命题的“实事求是”的结构，我们可以图示如下：

（求是者）

↙　↘

实事→是。

作者进而具体地给出的“经学考证性命题的结构图”，就有上述这种区分的意味：

实事→先秦古籍→求实事　　形下之器

↑　　↘

古文经书（原文）

↓　　↗

是——→古文经书→求　是

综合以上二图，我们这里可以给出一个典型的，也是流俗的“经典诠释”结构，图示如下：

　　　　　　　　　　　是（经典之原义）
求是者（诠释者）——→　　　↑
　　　　　　　　　　　实事（经典文本）

所谓“实事求是”，就是诠释者根据经典文本（实事）去发现（求）经典的原义（是）。就此而论，汉学与宋学之间在“实事”上其实是没有本质区别的，因为它们都是经学，而经学就是根据经典（实事）去阐发（求）“圣人之意”①（是）的学问，其所依据的都是“实事”——经典。所以，难怪汉宋之争的双方都认为自己是“实事求是”的。

双方的区别不在“实事”上，而在“求是”之“是”上。这就犹如现象学运动中的诸哲学，相互之间大相径庭，却都秉持“面向事情本身”（Zur Sache selbst）的口号，是因为他们对“事情本身”的理解是不同的，例如胡塞尔认为是纯粹先验意识，而海德格尔认为是此在的生存。宋学之“是”是所谓“天理良心”，而汉学之“是”则是某种“微言大义”。甚至宋学内部也是不同的：理学家朱熹主张“即物穷理”②，认为经典之“物”（实事）背后隐藏着的是“性即理”（是）；而心学家陆九渊声称“六经皆我注脚”③，认为六经（实事）背后隐藏着的是“心即理”（是）——某种“人同此心，心同此理”的先验意识。

由此可见，汉宋之争的真正意义不在这里。汉学之所以在

---

① 《周易·系辞上传》：“子曰：‘书不尽言，言不尽意。’然则圣人之意，其不可见乎？子曰：‘圣人立象以尽意，设卦以尽情伪，系辞焉以尽其言……’”

② 朱熹：《四书章句集注·大学》。

③ 陆九渊：《陆九渊集·语录上》。

汉代兴起,宋学之所以在宋代兴起,汉学之所以又在明清之际复兴,这种学术嬗变的缘由乃在其“代”——时代。汉代乃是“周秦之变”——从王权列国时代向皇权帝国时代的社会转型的完成,汉学乃是作为皇权帝国学术形态——经学出现的;①宋代则是帝国前期、后期之间的分野,帝国后期已经出现中国的“内生现代性”,时代需要新的学术形态,故而帝国前期的经学形态——汉学遭到解构;明清之际则可谓“数千年未有之变局”②(李鸿章语)的开端,中国社会第二次大转型——从皇权时代向民权时代的社会转型已经开始,时代再次需要学术变革,故有汉学的复兴,但此“汉学”已非彼“汉学”矣,不可混为一谈。

这也表明,“实事求是”其实是一个形式命题(formal proposition),而不是实质命题(material proposition)。然而惟其如此,它具有更普遍的意义,乃至可以用来表达辩证唯物论的认识论。作者的工作,其实也可视为揭示“实事求是”具有的这种形式意义的一种努力。

这里还有一个重要问题:是谁在“求”?作者补出了一个被省略的主词或主体:求是者——诠释者。这是非常关键的,因为这样一来,“实事求是”就被确定为了一种主体性的行为,即“主—客”架构下的一种活动。于是,作为经典诠释活动的“实事求是”显然不过是认识论范畴的一个特例而已,因此才有:

---

① 关于经学作为皇权帝国时代的学术形态,参见黄玉顺:《中国学术从“经学”到“国学”的时代转型》,《中国哲学史》2012年第1期。

② 李鸿章:光绪元年《因台湾事变筹画海防折》,转引自梁启超:《李鸿章传》第六章,中华书局2012年版。

2. 作为认识论命题的“实事求是”

作为认识论命题，作者给出的“实事求是”结构图如下：

求是者→汉学家——→缘经求是
↓　　　　　　　　　　↓
求———→考据方法→溯源、还原
↓　　　　　　　　　　↓
实事——→经书———→原典、原文
↑　　　　　　　　　　↓
是———→六经之道→原道、原义

当然，这还不是具有普遍性的认识论结构，即仍然停留于经典考据的层面。“实事求是”的更具一般性的认识论结构，作者列出了以下基本要素：

实事→对象（始点）的客观性
求——→方法（过程）的客观性
是——→结论（终点）的客观性

这确实就是某种一般性的认识论结构要素了。我注意到，作者特别强调了“客观性”：根据客观的对象（实事），采用客观的方法（求），得出客观的结论（是）。“客观”（objective）是与“主观”（subjective）相对而言的，即是一种“主—客”（subject - object）架构，也就是认识论的基本架构。

作者认为，乾嘉“汉学家不仅将‘实事求是’视为考证性命题，还将之明确提升为一个普遍的认识论命题”。乾嘉学者是否已有这样的明确意识，当然是可以讨论的，但毫无疑问，乾嘉学术的“实事求是”命题确实“蕴含”着这样的一般认识论结构，否则它不可能在后来被普遍化地理解和运用。其实，儒学当中向来就有“主—客”这样的普遍认识论结构，最典型的例子是荀子所讲的“凡以知，人之性也；可以知，物之理也”①，其中“人之性”是讲的主体方面的认知能力，“物之理”是讲的客体方面的客观真理。②

实事求是：求是者——实事——是

荀子命题：人之性——物——理

不仅如此，儒家甚至揭示了这种“主—客”架构的由来：“诚者非自成己而已也，所以成物也。”③这里的“成己”是说的主体方面，“成物”是说的客体方面；而“诚”则是说的前存在者的存在——真诚的、本真的仁爱情感。④这已经涉及作者所揭示的“实事求是”命题的存在论意义问题。

3. 作为存在论命题的“实事求是”

作者最深刻的洞见，是揭示“实事求是”命题的存在论意义。关于“实事求是”，我多年前也曾写过一篇文章《“实事求

---

① 《荀子·解蔽》。

② 参见黄玉顺：《荀子的社会正义理论》，《社会科学研究》2012 年第 3 期；《儒学与作为科学理论基础的知识论的重建》，《当代儒学》第 8 辑，广西师范大学出版社 2015 年版。

③ 《礼记·中庸》。

④ 参见黄玉顺：《爱与思——生活儒学的观念》（增补本），四川人民出版社 2017 年版，第 142 页。

是"命题的存在论意义》①,作者在书中也提及。那篇文章今天看来问题很大,但基本的提法还是有一定参考价值的:将"实事"诠释为"生活实践",将"是"诠释为"存在论真理",将"求"诠释为"一种存在论事实"。这里的"存在论"显然不是传统的、汉语可以译为"本体论"的"ontology",而是相当于海德格尔"基础存在论"(Fundamentalontologie)的理论[关于此在(Dasein)的生存(existence)的理论],即关于存在(而不是存在者)的理论(the theory of Being)。按照海德格尔的观念,此在,即开放的"人"的存在,就是他的生存领会,即理解与解释。正是在这个意义上,此在的现象学就是诠释学;反过来讲,诠释学乃是生存论、存在论的事情。

之所以必须从认识论视域转向存在论视域,作者认为,是因为"实事求是"命题仅仅在认识论层级上无法获得"自明性"(self-evidence)。确实,无论如何,"实事求是"这个表达中的"求"已经预设了一个主体,尽管这个主词是被省略了的;换言之,"实事求是"这个表达已经是在"主—客"架构之下的言说。于是我们可以追问:主体本身和客体本身何以可能?这是20世纪以来的思想前沿的发问:存在者何以可能?这个问题将我们指引向"存在"(Sein / Being)。

这里,作者其实已经超越了乾嘉学术的思想视域,因为就乾嘉学术本身而言,其实是谈不上这种存在论意识的。乾嘉学者提出"实事求是",其主观意图毫无疑问是要通过经典文本的考据,去通达"圣人之意"或圣人所传达之"道",这实际上已

① 黄玉顺:《"实事求是"命题的存在论意义——依据马克思"实践主义"哲学的思考》,《广西民族学院学报》2001年第6期。

经把经典及其义理预设为了客观对象。然而经过作者的视域转换之后,“本源性的问题就不再是怎样才是‘实事求是’,或怎样才能做到‘实事求是’,而是‘实事求是’如何可能”。这是超越认识论的、存在论意义的发问。

作者的进路,是将认识论层级的“认识”转换为存在论层级的“理解”。这是伽达默尔的进路。确实,认识论可以提供关于存在者的“知识”,却不能提供关于存在的“真理”,因为认识论尽管可以“认识”,却不能“理解”,因而不能给出真正透彻的“解释”。

按照伽达默尔的观点,作者将“理解”分析为一种“事件”或“叙事”,有一种“事件结构”或“理解的结构”:

人物:诠释者与诠释对象

地点:诠释处境

时间:同时性、现在性、历史性

这样的“要素”分析,似乎也有“存在者化”之嫌。尽管我们可以强调这不是诠释者主体的单向行为,而是诠释者与诠释对象之间“主体间性”的某种“视域融合”(the fusion of horizons),但无论如何,“主体间性”(inter-subjectivity)的前提毕竟还是主体的已然存在,而非真正的前主体性的存在。[①] 所以,作者提出了“实事求是”的限度、边界的问题(本质上其实就是康德以来的德国哲学所谓“此在的有限性”观念)。

其实,伽达默尔的哲学诠释学是不彻底的。我多次谈到,

---

① 参见黄玉顺:《前主体性对话:对话与人的解放问题——评哈贝马斯“对话伦理学”》,《江苏行政学院学报》2014 年第 5 期。

甚至海德格尔的现象学也是不彻底的。例如:

> 海德格尔在这个基本问题上其实是自相矛盾的:一方面,存在是先行于任何存在者的,“存在与存在的结构超出一切存在者之外,超出存在者的一切存在者状态上的可能规定性之外”①,那么,存在当然也是先行于此在的,因为“此在是一种存在者”②;但另一方面,探索存在却必须通过此在这种特殊存在者,即惟有“通过对某种存在者即此在特加阐释这样一条途径突入存在概念”,“我们在此在中将能赢获领会存在和可能解释存在的视野”③。如果这仅仅是在区分“存在概念的普遍性”和我们“探索”“领会”“解释”存在概念的“特殊性”④,那还谈不上自相矛盾;但当他说“存在总是某种存在者的存在”⑤,那就是十足的自相矛盾了,因为此时存在已不再是先行于任何存在者的了。⑥

有鉴于此,可以设想:如果去掉作为生存的前提的“此在”,那么,“生存”即是存在,“存在”即是生存。这种作为存在的“生存”,或者作为生存的“存在”,就是“生活”。这是更彻底的存在观念:一切存在者皆源于生活、归于生活。当然,我这

---

① 海德格尔:《存在与时间》,陈嘉映、王庆节合译,生活·读书·新知三联书店1999年版,第44页。

② 海德格尔:《存在与时间》,第14页。

③ 海德格尔:《存在与时间》,第46页。

④ 海德格尔:《存在与时间》,第46页。

⑤ 海德格尔:《存在与时间》,第11页。

⑥ 黄玉顺:《生活儒学关键词语之诠释与翻译》,《现代哲学》2012年第1期。

里表达的是我的“生活儒学”的观念。

具体到文本诠释的问题上，真正的存在论意义上的诠释，既非主观主义的“六经注我”，也非客观主义的“我注六经”，而是“注生我经”：作为主体的“我”在“注”的活动中获得新的主体性，作为客体的“经”在“注”的活动中获得新的对象性；而“注”则是生活的一种当下显现样式。①“实事求是”命题亦然，真正本源性的事情乃是“求”的活动；“实事”（经典）及其“是”（义理）都是在这种“求”的活动中生成的。

只有在这样的生活视域下，我们才能理解和解释经典的意义和我们自身的存在。生活总是显现为某种生活样式，即不同的生活方式，所以，最基本的问题是生活方式及其转换的问题。即以中国而论，举其大者，我们经历过王权时代（商周）的宗族生活方式和皇权时代（自秦至清）的家族生活方式，如今正在转向民权时代的市民生活方式。在这种转换中，中国人的主体性也在发生转换；同时，经典的意义也在发生转换。例如《大学》这个经典文本的“修→齐→治→平”的逻辑，它所指称的行为主体，在不同时代的生活方式下是截然不同的，即从王室宗族及封建宗族转为皇室家族及士大夫家族，再转为个体性的市民或公民，于是“修、齐、治、平”的内涵也就发生相应的转换。②当今时代，“修身”应当是培育公民人格，“齐家”应当是搞好现代核心家庭（nuclear family），“治国”应当是在国家公共事务上

---

① 参见黄玉顺：《注生我经：论文本的理解与解释的生活渊源——孟子“论世知人”思想阐释》，《中国社会科学院研究生院学报》2008 年第 3 期。

② 参见黄玉顺：《论“大学精神”与“大学之道”》，王中江、李存山主编：《中国儒学》第 6 辑，中国社会科学出版社 2011 年版。

履行公民的义务、权利和责任,“平天下”则应当是在国际公共事务上履行公民的义务、权利和责任。

这些都是海德格尔的现象学、伽达默尔的哲学诠释学无法解答的问题。我高兴地看到,作者最后指出了伽达默尔的哲学诠释学的不足:“一是坚持不同理解,否认更好理解,缺乏辩证发展的观念”;“二是一方面坚持理解的不同,另一方面阐发理解的可分有性、参与性,此二者之间有明显的扞格之处”;“三是把理解视为最基本的实践行为(生存论事实、事实本身),历史就是理解或思想的历史,体现出明显的唯心论、理想化色彩”;“四是偏重于对理解进行文本式的宏观分析,而对于文本自身却缺乏认识论、方法论的考察”。这些评论当然也是可以讨论的,但体现出了作者的可贵的批判意识。

为此,作者提出:“基于哲学解释学的短板,从认识论上应对相对主义,或者说,认识论意义上的解释学探讨,仍然必要。”作者的意图,是要保证诠释结果的客观性,以避免相对主义。这是一个值得讨论的问题。我的看法是:诠释结果的相对主义根本无须担忧,诠释的客观性、“可分有性”并非任何认识论的方法论所提供的,而仍然是作者所强调的存在论的视域所提供的。简而言之,一个共同体的基本的共同生活方式,决定了该共同体中的人们(主体)的共通主体性、事物(客体)的共通客观性,决定了人们具有共通的生活感悟,从而决定了他们具有一些基本的共通的事实判断、价值判断。

总之,崔发展教授的专著《乾嘉汉学的解释学模式研究》围绕乾嘉学术“实事求是”命题展开的研究,取得了一系列具有突破性的进展,得出了一系列具有原创性的论断,同时留下了一系列具有启发性的问题,堪称这个研究领域的一项重要学术成果。

前主体性诠释：主体性诠释的解构*

——评“东亚儒学”的经典诠释模式

本文是对“东亚儒学”经典诠释模式的评论，意在通过对黄俊杰教授的论文《东亚儒家经典诠释史中的三个理论问题》①（以下简称“黄文”）的商榷，提出一种新的诠释模式。

一、“东亚儒学”的经典诠释模式：主体性诠释

黄文提出了“三个理论问题”。这些问题之间具有一种结构，呈现了一种诠释模式。

（一）原创者及其经典、诠释者及其诠释：“主客”架构

黄文提出的第一个问题是“思想原创者的所有权问题”：“相对于后代的诠释者而言，思想的原创者对他自己的思想是否拥有所有权以及对他人诠释之正确与否的‘终审权’？”

---

* 原载《哲学研究》2019 年第 1 期；收入作者文集《生活儒学与当代思想》，四川人民出版社 2020 年版，第 104—119 页。

① 黄俊杰：《东亚儒家经典诠释史中的三个理论问题》，《山东大学学报》2018 年第 2 期。以下凡引此文，不再注明出处。

黄文明确回答："这个问题的答案是否定的。"其根据是："任何思想概念或命题，一经原创者……提出之后，就取得自主性，恍似具有独立的生命"；"在经典与读者的对话之中，读者从经典中开发新的问题，也提出新的解释"。这是从两个方面——经典及其思想方面和读者即诠释者方面——的独立性来进行分析的，黄文称之为"自主性"。

1. 关于经典之思想的独立自主性问题

黄文认为："思想命题一旦提出之后，就取得自主性"；例如，"当孔子提出'克己复礼为仁'这项命题时，这项命题就脱离原创者而成为天壤之间独立自主的存在，成为后人可以认可、推衍、争论或质疑的命题"。这看起来是有道理的：孔子的言说成为一个客观的命题，即主体的创作成果成为一个客观的对象。

黄文这种陈述的哲学背景其实就是笛卡尔以来的"认识论转向"或曰"主体性转向"所导致的一个基本的思维架构："主—客"架构。这里不仅存在着黄文所说的"作为主体的解释者与作为客体的经典文本"之间的主客关系，而且首先存在着作为主体的经典原创者与作为客体的经典及其思想命题之间的主客关系。但这种"主—客"架构正是20世纪以来的思想前沿所要解构的东西，这种"解构"(deconstruction)意在追问诸如主体、客体这样的存在者是何以可能的，从而"还原"到前存在者的存在(Sein / Being)，进而"重建"存在者。

对于经典诠释来说，要追问的是：作为主体的原创者、诠释者，其主体性本身是何以可能的？作为客体的经典、诠释结果，其客观性本身又是何以可能的？例如，对于经典《论语》所载孔子命题"克己复礼为仁"、朱熹《论语集注》对此的诠释来说，孔子的主体性是何以可能的?朱熹的主体性又是何以可能的?《论语》及其命题"克己复礼为仁"的客观性是何以可能的?朱熹的诠释的客观性又是何以可能的?这些都是黄文未能触及的深层问题。

2. 关于诠释者的独立自主性问题

黄文提出两点:一是"解释即是创造",二是"解释者比文本更重要"。这当然是不无道理的,因为诠释者乃是另外一个原创者,他的诠释是另外一个独立自主的文本。但在这里,原创者及其经典的地位何在?黄文引证了伽达默尔的说法:"所有的再现首先都是解释,而且要作为这样的解释,再现才是正确的。在这个意义上,再现也就是'理解'。"①但这恰恰不能支持黄文的论点,因为伽达默尔在这里所强调的是:理解毕竟是对原创者之经典的理解,解释毕竟是对原创者之经典的解释,再现毕竟是对原创者之经典的再现,原创者及其经典是无法抛开的。

更重要的问题是,这仍然是"主—客"架构的思维方式,即主体性诠释模式,只不过原来的"原创者—经典"架构现在变成了"解释者—解释"架构。那么,解释者这样的主体性本身又是何以可能的?其解释的客观性、正当性、真理性又是何以可能的?这些都是黄文未能触及的深层问题。

(二)诠释者的自由度:主体的语境约束条件

黄文提出的第二个问题是"思想交流中的'脉络性转换'

---

① 伽达默尔:《真理与方法:补充和索引》,洪汉鼎等译,(台北)时报文化出版企业股份有限公司1999年版,第二版序言,第487—488页。

与解释者的自由度问题”。所谓“脉络性转换”，黄文注明英文为“contextual turn”①，笔者以为，译为“文脉转换”或“语境转换”或许更便于汉语读者理解。

关于“语境转换”，下文将作专门讨论。关于解释者的自由度问题，黄文提出：“在何种程度之内，在什么意义之下，解释者是自由的？”黄文的回答是：“解释的自由度恐怕仍是很有限的，因为他们的解释至少受到以下两个因素的制约：(1)时代氛围的浸润……(2)原典文本之印可……”

这样的回答，包括两个制约因素的揭示，尤其是主体的语境约束条件的提出，在一定程度上回应了笔者刚才提出的问题：主体性何以可能？但黄文将这个问题归结为“解释者的自由度”问题，这是值得讨论的。黄文“自由度”所说的“自由”，当然不是政治哲学的“自由”概念，亦非形而上的绝对主体性概念。但无论如何，它总是一个形而下的相对主体性概念。②这就仍然面临着“主体性何以可能”的问题，即这个解释者本身何以可能的问题。

黄文谈到“‘解释的权威’下的抉择”问题：诠释者将遇到历史上对经典的权威解释，当这些解释的权威互相抵牾时，诠释者通常采取两种抉择：以解释者自己所认同的权威为最终判准，诠释者以自己的思想立场批驳诠释的权威。这两种抉择其实是一回事：解释者之所以认同某个权威，他所根据的正是他自己的思想立场，即“是通过自己思想体系的网络的筛选而完

① Chun-chieh Huang, *East Asian Confucianisms: Texts in Contexts*, V&R unipress and National Taiwan University, 2015, chap. 2, pp. 41-56.

② 参见黄玉顺：《评“自由儒学”的创构——读郭萍〈自由儒学的先声〉》，《当代儒学》第12辑，广西师范大学出版社2017年版。

成的”。这固然体现了诠释者的自由,但解释者为什么会认同这个权威?这体现了他的怎样的主体性?这样的主体性本身是何以可能的?这些也是黄文未能触及的深层问题。

（三）诠释的“无政府主义”：多元的主体性

黄文提出的第三个问题是“诠释的无政府主义问题”,作者分析了两种含义的“无政府主义”,并给出了否定性的回答。

第一,“多”对“一”的无政府主义:“如果经典文本中的命题是‘一’,那么,异代异域的解释者所提出的众说纷纭的解释就可被当作‘多’”;但“这个意义下的‘诠释的无政府主义’……是不能成立的”,因为“这种意义下的‘多’不但不减损‘一’,反而使‘一’的内涵更加丰富,而‘多’的流注使‘一’的生命更加绵延壮大”。

第二,“异”对“同”的无政府主义:“与‘正统’不同的就是‘异端’,诸多‘异端’遂构成‘诠释的无政府主义’之乱象”;但这也是不能成立的,因为“实际上,在形式上诠释的多样性之下,他们都分享儒家的共同价值”,“因此,在表面的‘歧异’之下,潜藏着深厚的‘同一’”。

简言之,在黄文看来,所谓“诠释的无政府主义”是一个伪问题。黄文的根据,本质上是主体的多元性或多元的主体性:每一个诠释者都是一个独立自主的主体。但是,诠释者的主体性本身何以可能?为什么竟会出现这样的主体的多元性或多元的主体性?这仍然是黄文未能触及的深层问题。

综合本节的分析,我们可归纳出黄文的诠释模式,如下:

　　　　　　　　　　　　　　↙诠释者$_1$←诠释脉络$_1$
创作脉络→原创者→经典　←诠释者$_2$←诠释脉络$_2$
　　　　　　　　　　　　　　↖诠释者$_3$←诠释脉络$_3$

这显然是“主—客”架构之下的一种主体性诠释模式,因为不论经典的原创者,还是经典的诠释者,都是一种主体性的存在者;相应地,经典、对经典之诠释,作为文本、客体,即是对象性的存在者。于是,黄文始终面临着这样的追问:作为主体的原创者、诠释者的主体性是何以可能的?作为客体的经典、诠释结果的客观性又是何以可能的?

二、主体性诠释模式存在的问题:本源的遮蔽

实际上,黄文的全部论说都基于这样的“主—客”架构:

原创者(主体)→ 经典(客体)← 诠释者(主体)

但问题是:正如上文已经指出的,这种“主—客”架构、主体性、客观性的观念,在 20 世纪的思想前沿中已经遭遇了解构。

(一)主体性诠释的认识论困境

就学理讲,上述主体性诠释模式必然遭遇“认识论困境”。自近代“认识论转向”以来,哲学的基本问题被认为是主体与客体之间的关系问题,一切哲学思维都以主体为出发点,于是,

一个真正的问题就是“认识论困境”。这个问题蕴含在“主—客”架构之中:主体怎么可能确证并通达客体? 内在的主体意识怎么可能确证并通达外在的客观实在?

这个问题催生了两条哲学路线,即经验论的解决方案和先验论的解决方案,但仍然没有真正彻底地解决问题,于是才产生了现象学。胡塞尔最明确地意识到了认识论困境,他通过“还原”到内在的纯粹先验意识而“悬搁”了客观实在;但海德格尔指出,这不过是还原到了更加纯粹的主体性,即仍然未能真正彻底解决这个问题,因为这并不能回答“主体何以可能”,即“存在者何以可能”的问题。下文将会讨论:海德格尔其实同样未能真正彻底解决问题,因此由海德格尔现象学导出的伽达默尔诠释学,仍然未能真正彻底地解决问题。

黄文采纳了伽达默尔的诠释学,而正如上文所分析的,这仍然是一种主体性诠释模式。黄文最终提出了“两点结论性的看法”,所蕴含的却是预设性的“主—客”观念:

> 第一,东亚儒家经典诠释学中最根本的问题是:读者的身心如何受经典精神之感召而自我转化? 所以,中日韩各国儒者都以个人生命之体验与经典相印证……在经典诠释中读入个人生命之体验、体会与体知,所以,他们对同一个命题常常能提出多元的诠释,也从中赋予经典以崭新的生命力。

这里涉及的仍然是主客之间的问题:一方是作为主体的读者、解释者,另一方是作为客体的经典。按现象学关于认识论困境的意识,这里首先面临的问题乃是:读者或诠释者的主观意识如何可能确证经典的客观存在？又如何可能通达其客观意义？

> 第二，东亚儒家在诉诸个人生命体验的“自由”，必须与“诠释的权威”相印证的“秩序”之中，进行创造性的诠释。他们也在经典中的普遍命题与地域特性的互动之中，完成经典意义的再创新。

这里涉及的是主体之间的问题：一方是过去的“诠释的权威”（主体 1）及其“权威的诠释”（客体），另一方是后来的诠释者（主体 2）。这里就出现了两种主体之间如何沟通的问题。这其实是胡塞尔提出的“主体间性”（inter-subjectivity）（或译“交互主体性”）的问题。但胡塞尔“主体间性”的根基其实仍然是传统的先验主体性，即并不意味着放弃了他的先验意识现象学，这正是海德格尔所批评的主体性哲学。显然，如果对话总是“主体间性”的对话，那么，某种主体性总是先行存在的。所以，海德格尔不采取“主体间性”的进路，而是采取“以此在（Da-sein）为专题的存在论”进路，即“先行对主体之主体性进行存在论分析”①，以此“基础存在论”为主体性奠基。这意味着这样一种发问：主体性是何以可能的？这就把我们带向了一种新的视域：“生存”（existence）或“存在”（Sein）。遗憾的是，海德格尔的“生存”是“此在”的生存，意味着“此在”作为一种“特殊的存在者”是先行于“存在”的，这就表明他的“生存”概

① 海德格尔：《存在与时间》，陈嘉映、王庆节合译，生活·读书·新知三联书店 1999 年版，第 28 页。

念未能真正通达“存在”,他的“此在”概念也并未真正超越胡塞尔的“主体间性”概念。①

（二）主体性诠释对本源的遮蔽

黄文有一个判断:“解释者比文本更重要。”按此观点,是不是可以说作为《论语》的解释者的“朱熹比《论语》更重要”?进一步说,朱熹还是“解释的权威”,朱熹之外的解释者就太多了,是不是可以说他们都比《论语》更重要？其实问题不在这里。解释者是一个主体,文本则是一个客体,因此,黄文的判断等于是说“主体比客体更重要”。这其实是西方哲学的一个传统观念,惟其如此,海德格尔才把传统的哲学、形而上学、存在论归结为需要进行解构的主体性的事情。②

黄文以及西方哲学传统的这种主体先行的观念,实在值得商榷。其实,主体与客体是相对而言的,没有客体,就无所谓主体。事实上,主体与客体双方是同时生成的:唯有当我们把某种事物对象化的时候,我们自己才成为主体,才作为主体而存在。

其实,真正透彻的问题乃是:不论是主体,还是客体,都是存在者。那么,我们应当追问:存在者何以可能？或者说:存在者是怎样生成的？这才是真正彻底解决“认识论困境”问题的出路。既然我们问的是“存在者何以可能”,那么,答案就不能是任何一种存在者,甚至也不能是“此在”那样的“特殊存在

---

① 参见黄玉顺:《前主体性对话:对话与人的解放问题——评哈贝马斯“对话伦理学”》,《江苏行政学院学报》2014 年第 5 期。

② 参见海德格尔:《面向思的事情》,陈小文、孙周兴译,商务印书馆 1999 年版,第 76 页。

者”。答案何在？存在。

这样的先于任何存在者、给出一切存在者的存在，乃是一切存在者之源，当然也是主体性存在者之源。主体性诠释模式所存在的根本问题，就是对“源”的遮蔽：原创者及其经典、诠释者及其诠释结果，这些主体性存在者、对象性存在者，其源何在？他们、它们何以如此这般？

（三）关于诠释语境“脉络”的分析

在我看来，黄文最值得注意的一个措辞，其实是“脉络”（context）。上文谈到过，这个词语的更恰当的译法应当是“语境”或“背景”。但黄文用汉语来表达的“脉络”，其实并不是同一个概念，而是至少在两种不同含义下使用了“脉络”这个词语：

> 所谓“脉络性转换”指将思想或命题从其原生的脉络逸脱而出（“去脉络化”），再流入新的脉络（“再脉络化”）之后，必然产生的转变。这种所谓“脉络性转换”，又可区分为两种类型：(1) 思想脉络的转换；(2) 空间脉络的转换。

这里涉及黄文所说的“异代异域”两个方面：“异代”方面的“思想脉络”（思想语境）是指的原创者或诠释者在其所秉承的学术传统方面的背景，而“异域”方面的“空间脉络”（地域语境）则是指的他们在生活区域（region）方面的背景。在我看来，对于原创者或诠释者的主体性的生成来说，两者具有截然不同的意义。

1. 思想脉络:思想背景

黄文所谓“思想脉络”(ideological context)其实就是原创者和诠释者各自的“思想语境”或“思想背景”的意思,其实是指的某种思想学术传统。实际上,自唐代以来,儒学的诠释,包括宋明理学,无不具有佛学的背景;而近代以来的儒学,例如现代新儒学,则无不具有西方学术的背景。20世纪以来的所谓“东亚儒学”亦然,例如黄文的思路,基本上就是伽达默尔“哲学诠释学”的路数。

要注意的是,这里所谈的不同学术传统之间的转换,就其实质而论,并非空间上的横向差异,而是时间上的纵向差异。与下文的横向的“空间脉络”不同,这里的“思想脉络”主要是纵向的时间维度上的转换。这就是黄文所讲的对“先前的”权威的批判或挑战:

> 东亚儒家经典解释者,对于先前的“诠释的权威”的批判或挑战,常常是通过自己思想体系的网络的筛选而完成的。在这种筛选过程中,自己的意见常自成段落,朱子就常以“愚按”起首表述己见。

这里所谓“自己思想体系的网络”,其实即属所谓“思想脉络”——思想背景。这里显然存在着这样一种决定关系:

> 思想背景→诠释者→新诠释

这里最值得注意的是“脉络的转换”,即语境的转换,或曰思想背景的转换。然而,问题在于:思想背景为什么会发生转换?

这是黄文未能涉及的思考层次。其实，上述关于纵向的时间维度的分析已经表明：所谓“思想脉络”——思想背景的转换，学术传统的转换，本质上是时代的转换（the change of the times）。

黄文自己也曾提及“时代背景”，说“当孔子提出‘克己复礼为仁’说之后……中国古代儒家学者各自怀抱着自己的思想立场与时代背景，面对‘克己复礼为仁’这项命题进行解释”；黄文自己也注意到“解释至少受到两个因素的制约”，其中首先就是“时代氛围的浸润”。确实，一部儒学诠释史的背景，乃是一部社会发展史。这是目前的“东亚儒学”研究中所存在的一个薄弱环节，乃至一个盲点。我们来看下面这个表。

<table>
<tr><td colspan="2">社会时代</td><td>历史时代</td><td>儒学典型形态</td><td>生活方式</td></tr>
<tr><td colspan="2">王权社会</td><td>商周</td><td>原典儒学（六经）</td><td>宗族生活方式</td></tr>
<tr><td colspan="2">第一次社会大转型</td><td>春秋战国</td><td>孔孟儒学</td><td>生活方式转换</td></tr>
<tr><td rowspan="2">皇权社会</td><td>帝国前期</td><td>自秦朝至唐朝</td><td>汉唐儒学</td><td rowspan="2">家族生活方式</td></tr>
<tr><td>帝国后期</td><td>自宋朝至清朝</td><td>宋明儒学</td></tr>
<tr><td colspan="2">第二次社会大转型</td><td>近代以来</td><td>近代以来的儒学</td><td>生活方式转换</td></tr>
<tr><td colspan="2">民权社会</td><td></td><td></td><td>个体生活方式</td></tr>
</table>

这个表说明了思想背景转换与社会形态转换，特别是生活方式转换之间的关系。有怎样的生活方式，就会有怎样的社会形态，也就会有怎样的学术形态，从而也就会有怎样的一种作为主体性存在者的原创者、诠释者，也就会有怎样的一种作为对象性存在者的经典、诠释。

2. 空间脉络：地域背景

上述纵向的时间维度的背景转换，却会体现在横向的空间维度的背景转换上，因为社会的发展、时代的转换在不同地域间的呈现是有先后差异的。上文谈到现代儒学的西方学术背景，表面上看来是“中—西”的关系，而实质上却是“古—今”的关系。所谓“西学东渐”的缘由，不外乎是因为在“走向现代性”这个问题上，西方走在了东方的前面。今日中国大陆儒学界的许多思想混乱，都是由于将“古—今”问题误识为“中—西”问题，甚至是“以‘中西之异’来掩盖‘古今之变’，以抗拒‘西方’的名义来抗拒现代文明价值”①。

黄文所谓“空间脉络”（local context），更确当的译法应当是“地域语境”甚或“地域背景”。黄文举例说：

> 朱子《仁说》东传日韩之后，深深浸润在实学精神的日韩异域儒者，解构朱子学的形上学与宇宙论之基础，而在日用常行或政经措施中赋朱子仁学以新义。日韩儒者也在“功效伦理学”脉络中重新解释中国儒家“仁政”之意涵。这是在不同的空间脉络中的转换。

其实，这里谈到的空间地域意义上的韩国和日本对中国儒学的诠释，本质上仍然是时间维度的体现：大致来说，在中国的帝国时代，中国的文明程度比韩国和日本的文明程度更高，日、韩是在学习中国。当然，近代以来，这种状况逐渐发生了转变。例如，日本明治维新的成功使日本在文明程度上走在了中国的前面，于是中国出现了大量的留日学生，现代汉语中大量的词

① 黄玉顺：《大陆新儒家政治哲学的现状与前景》，《衡水学院学报》2017 年第 2 期。

汇都是经由日本而输入中国的。所以,东亚儒学可以分为两段:帝国时代的东亚儒学,现代的东亚儒学。

黄文谈道:“儒家经典及其价值理念原生于中国文化的土壤之中,深具中国文化之特质,一旦传播到异域,异时异地的解读者,必须‘读入’具有‘时间特色’(time-specific)与‘空间特色’(site-specific)的社会文化因素,才能使经典中的价值理念融入并‘风土化’于传入地。”但据笔者的上述分析,这里的“空间特色”本质上仍然主要是“时间特色”。“异地”“异域”的韩国、日本,其所在的社会历史的时代与时期与中国是不同的;这种“异时”的生活方式所产生的韩国儒者、日本儒者,也是与中国的儒者不同的。儒家经典的中国原创者,与韩国、日本的诠释者,他们之间之所以不同,主要是由于他们所处的社会时代或历史时期的不同,而表现为生活方式的不同。

三、生活儒学的诠释观念:前主体性诠释

上文分析了“东亚儒学”主体性诠释模式所存在的问题。现在我们尝试提出一种“前主体性诠释”(pre-subjective interpretation)模式。

(一)海德格尔与伽达默尔的诠释学思想

在此,我们应当讨论一下“语境”这个词语的用法。“语境”本义是指的由若干陈述所组成的文本(text)环境,这是狭义的“诠释”(interpretation)或“诠释学”(hermeneutics)的对象;但自海德格尔、伽达默尔以来,“语境”获得了“存在”

(Sein)的意义,具有了存在论上的(ontological)、存在者层次上的(ontic)优先地位。[①] 伽达默尔发挥海德格尔的思想,建立了他的哲学诠释学。黄文完全接受了伽达默尔的诠释观念,认为"伽达默尔所说的完全可以在儒家'仁'学诠释史上获得证实"。

这里涉及的最重要的思想背景乃是海德格尔所提出的"存在论区分",即对"存在"(Sein / Being)与"存在者"(Seiendes / beings)的区分,同时还涉及"存在"与"生存"(Existenz / existence)的关系、"生存"与"此在"(Da-sein)的关系。这是海德格尔前期代表作《存在与时间》的基本思想,我曾做出大致的评析:海德格尔其实是自相矛盾的:一方面,存在先行于任何存在者,"存在与存在的结构超出一切存在者之外,超出存在者的一切存在者状态上的可能规定性之外"[②],那么,存在当然也先行于此在,因为"此在是一种存在者"[③];另一方面,追寻存在又必须通过此在这种特殊存在者,唯有"通过对某种存在者即此在特加阐释这样一条途径突入存在概念","我们在此在中将能赢获领会存在和可能解释存在的视野"[④]。假如这只是在区分"存在概念的普遍性"与我们"探索""领会""解释"存在概念的"特殊性"[⑤],还谈不上自相矛盾;但当

---

① Martin Heidegger, *Being And Time*, translated by Joan Stambaugh, State University of New York Press, 1996. pp. 7-12.

② 海德格尔:《存在与时间》,第 44 页。

③ 海德格尔:《存在与时间》,第 14 页。

④ 海德格尔:《存在与时间》,第 46 页。

⑤ 海德格尔:《存在与时间》,第 46 页。

他又说“存在总是某种存在者的存在”①,那就确实是自相矛盾了,因为这时存在已不再是先行于任何存在者的了。②

具体诠释学思想,我做出过这样的评析:海德格尔的“此在的生存”即人的存在是一种存在论现象。此在的生存活动具有一种“前结构”,使得“此在”即人的诠释活动具有一种“前判断”或“先见”“偏见”,这意味着“此在的有限性”是诠释活动的存在论基础。“前结构”或“先见”“偏见”会在诠释活动中暴露出来而被反思,我们会意识到其局限性,从而使之与生活的实际境况相调适,最终达到“视域融合”,这样的诠释结果是生成一种新的意义。所以,诠释活动不是单向的线性序列,而是双向的调适过程。这种诠释观念不仅在认识论层面上阐明了作为诠释结果的意义的生成是何以可能的,而且在存在论层面上阐明了作为“能在”的此在之“去存在”的可能性是何以可能的。但海德格尔却无法回答一个问题:此在的可能性之展开,便意味着已经“超越”了、“溢出”了此在原来既定的那个“被抛”的“所是”,即意味着不仅已超出了此在原来的那个“前判断”,而且已超出了此在原来的生存及其“前结构”,即已超出了诠释活动的生存论基础,这一切是何以可能的?这个“溢出”部分是哪里来的?伽达默尔解释为“视域融合”,即此在的生存与生存之外的存在之间的融合。因此,海德格尔才严格区分“生存”与“存在”。但这样一来,存在便成了生存之外的事情,如天堂在生活世界的彼岸,那么,此在又怎么能超出自己的

---

① 海德格尔:《存在与时间》,第11页。

② 参见黄玉顺:《生活儒学关键词语之诠释与翻译》,《现代哲学》2012年第1期。

生存而去追寻存在呢?[①]可见从海德格尔到伽达默尔的诠释学尽管突破了轴心时期以来的若干基本观念,但其突破毕竟还是有限的,不够彻底的。

(二)生活儒学的诠释观念

今天的哲学思想前沿,首先是要追问:主体性本身何以可能?进而因为主体不过是一种存在者,所以就要追问:存在者何以可能?所谓“解构”并非简单的否定、抛弃,而是将主体性存在者“还原”到存在,从而理解、解释、“重建”主体性存在者。

生活儒学正是这种前沿观念的儒家表达,旨在突破两千多年来传统哲学的“形上—形下”观念架构,揭示作为一切存在者之本源的存在——生活。生活儒学所讲的“生活”即是“存在”,但不是区别于“生存”而只能通过“此在”才能通达的“存在”。唯有如此,才能给出新的存在者,包括形上的存在者、形下的存在者,也包括“此在”那样的存在者;唯有如此,才能重建儒家的形上学、形下学,使儒学能真正有效地切入现代社会生活。

就诠释学问题而论,经典的原创者、诠释者是主体性存在者,经典、经典的诠释是对象性存在者,即都是存在者,而不是作为本源的存在。存在即生活;而一切存在者,包括经典的原创者、经典、诠释者、经典的诠释,都是由生活给出的。这里的生活包括诠释活动;或者说,诠释活动是生活的一种显现样式。按照生活儒学的观念,不是作为主体的诠释者通过对作为客观

---

① 黄玉顺:《“直”与“法”:情感与正义——与王庆节教授商榷“父子相隐”问题》,《社会科学研究》2017 年第 6 期。

对象的经典的诠释而生成了诠释结果，恰恰相反，乃是作为存在或生活的诠释活动生成了诠释者（新的主体）、经典及其诠释结果（新的客体）。

黄文引过王阳明的一段话：

> 平生于朱子之说，如神明蓍龟，一旦与之背驰，心诚有所未忍，故不得已而为此。……盖不忍抵牾朱子者，其本心也；不得已而与之抵牾者，道固如是，不直则道不见也。执事所谓决与朱子异者，仆敢自欺其心哉？夫道，天下之公道也；学，天下之公学也：非朱子可得而私也，非孔子可得而私也。天下之公也，公言之而已矣。故言之而是，虽异于己，乃益于己也；言之而非，虽同于己，适损于己也。益于己者，己必喜之；损于己者，己必恶之。然则某今日之论，虽或于朱子异，未必非其所喜也。……某虽不肖，固不敢以小人之心事朱子也。①

其实，王阳明所秉持的“道”或“天下之公道”，不过就是那个时代的人们在共同生活中形成的某种共通的生活感悟而被形而上学化了。王阳明所谓“龙场悟道”，所悟即在于此。唯因生活方式的转换，乃有生活感悟的转换，于是才有对“道”的历代不同的言说，才有所谓儒学史、儒家经典诠释史。黄文也讲：“解释者在不同的程度上都是时代思想氛围的产物，他们对经典中的核心价值提出新解时，他们都不能随心所欲地创

① 王守仁：《传习录中》，《王阳明全集》，吴光等编校，上海古籍出版社 1992 年版。

造,都不免时时受到他们身处的时代思想氛围的影响。”所谓“时代氛围的影响”,其实就是生活对主体——诠释者的决定作用;诠释者的主体性乃是这种“时代氛围”的产物。

黄文引用过程颐的一句话:“如读《论语》,未读时是此等人,读了后又只是此等人,便是不曾读。”①黄文的理解是:“经典研读最重要的目的,并不是在于经典文义的解明,而是在于经典阅读者受到经典的感召,而将经典中的价值理念含纳入自己的身心之中,并使自己的精神与生命境界获得提升。”其实,程颐是在说读者、诠释者应当在阅读活动、诠释活动中获得新的主体性,从而成为一个新人。那么,对于这个新的主体性存在者的生成来说,这种阅读活动、诠释活动就是前主体性的存在。

黄文举过一个例子:“朱子《仁说》东传日韩之后,深深浸润在实学精神的日韩异域儒者,解构朱子学的形上学与宇宙论之基础,而在日用常行或政经措施中赋朱子仁学以新义。”黄文是以此论证诠释者的自由,但在笔者看来,如果说自由意味着主体性,那么,这种“自由”首先源于其“不自由”,因为诠释的“新义”固然来自诠释者的主体性,但最终却来自他们的“日用常行、或政经措施”,即他们的生活实践及其生活感悟。

笔者注意到黄文的“解释者个人的生命体验”的说法:“儒家经典解释者每一次所提出的新解释,都是一次的再创造,而且这种再创造是通过解释者个人的思想系统或生命体验而完成的”;他们“通过他们各自的思想体系或生命体验而对‘克己

① 转引自朱熹:《论语序说》,《四书章句集注》,中华书局 1983 年版,第 43 页。

复礼为仁'说提出解释，也可以说，他们都是通过自我理解而理解孔子"。"儒家读经不仅读之以口耳，更读之以身心，他们将个人的生命体验读入经典之中，并取经典中的价值理念与命题而与自己的生命历程相印证。因为每一位解读者的学思历程与生命体验各不相同，所以，他们所开发的经典新诠亦多元多样。"这其实还是一种主体性陈述：似乎先有一个既成的作为主体性存在者的解释者的存在，然后他获得自己的生命体验，再根据这种体验来诠释经典。这仍然是主体先行的思维模式。生活儒学的观念有别于此，而是认为：所谓"生命体验"，其实就是"在生活"之中的"生活感悟"；这种生活感悟使旧的主体性变为一种新的主体性、新的自我。对于诠释活动来说，诠释者通过诠释活动而获得新的感悟、新的主体性、新的自我；同时，经典也通过诠释活动而获得新的意义、新的对象性。

（三）前主体性诠释的观念

以上讨论，实际上已提出了生活儒学的诠释模式：前主体性诠释。

黄文将诠释过程理解为一种对话过程："经典诠释活动……更是一种作为主体的解释者与作为客体的经典文本的对话过程。"笔者也曾撰文讨论过对话模式问题。黄文的主体性诠释模式，类似哈贝马斯的主体性对话模式（subjective paradigm of discussion），两者本质上是一致的。笔者在评论哈贝马斯"对话伦理学"①（ethics of discussion）（亦译"商谈伦理

① 哈贝马斯：《对话伦理学与真理的问题》，沈清楷译，中国人民大学出版社 2005 年版。

学”）的时候，曾经提出必须超越主体性范式，甚至超越主体间性范式，达到前主体性范式（pre-subjective paradigm）。[①]

黄文提到孟子所讲的“以意逆志”[②]：“孟子说解读《诗经》应‘以意逆志，是为得之’，朱子解释‘以意逆志’的‘逆’字说：‘逆者，等待之谓也’[③]，或不免稍嫌消极。19世纪日本儒者西岛兰溪（1780—1852）说：‘心无古今，志在作者，而意在后人，由百世下，迎溯百世曰逆，非谓听彼自至也’[④]，其所较贴近孟子‘以意逆志’之原意。”这样理解是不准确的。赵岐《孟子注》已明确指出：“志，诗人志所欲之事；意，学者之心意也。……人情不远，以己之意逆诗人之志，是为得其实矣。”[⑤]“志”指诗人的情志，这是诗学的常识，如毛亨《诗大序》所说：“诗者，志之所之也：在心为志，发言为诗；情动于中，而形于言。”[⑥]所谓“逆”，孙奭解释为“求”或“逆求”（迎求）：“以己之心意而逆求知诗人之志”；“以己之意而求诗人志之所在”[⑦]。由此可见，所谓“以意逆志”是说：读者或诠释者通过读诗，以自己的心意去求取诗人的情志。显然，这并不是“六经注我”的态度，而是一种“我注六经”的客观主义表达。由此可见，“以意逆志”并非

---

① 黄玉顺：《前主体性对话：对话与人的解放问题——评哈贝马斯“对话伦理学”》，《江苏行政学院学报》2014年第5期。

② 《孟子·万章上》。

③ 《朱子语类》，黎靖德编：《朱子全书》第14册，卷11，上海古籍出版社2002年版，第336页。

④ 西岛兰溪：《读孟丛钞》，关仪一郎编：《日本名家四书注释全书》卷9，凤出版1973年版，第354页。

⑤ 《孟子注疏·万章上》。

⑥ 《毛诗正义·关雎·序》。

⑦ 《孟子注疏·万章上》。

孟子关于诠释的最深刻的论说。

孟子关于诠释的代表性论说如下：

> 一乡之善士，斯友一乡之善士；一国之善士，斯友一国之善士；天下之善士，斯友天下之善士。以友天下之善士为未足，又尚论古之人。颂其诗，读其书，不知其人，可乎？是以论其世也。是尚友也。①

这里的“尚友”，其实就是主体间性的问题：孟子先讲的是共时性的(synchronic)主体间性，即尚友同时代人，然后再讲的是历时性的(diachronic)主体间性，即尚友古人。后者直接涉及诠释——对经典的理解与解释的问题，给出了这样一个过程：

论其世→知其人→颂其诗、读其书

所谓“颂其诗、读其书”，就是阅读、诠释；而要理解和解释作为客体的诗书，前提是要理解作为创作主体的作者，即“知其人”；而要理解作者这个主体，前提则是要理解他的生世、生活，即“论其世”，因为“其人”是由“其世”生成的。

世(生活)→ 人(作者)→ 诗书(经典)

这里还只涉及经典的原创者的主体性何以可能的问题；此

---

① 《孟子·万章下》。

外,还有经典的诠释者的主体性何以可能的问题。笔者曾专文讨论过这个问题,将孟子的诠释思想归纳为:既非"我注六经",亦非"六经注我"①,而是"注生我经"——正是作为存在或生活的诠释活动"注",同时生成了作为主体的诠释者"我"、作为客体的经典"六经"。②

"我注六经"是一种经验论的诠释观念,"我"是主体,"六经"是客观对象,"注"是一种经验活动;而"六经注我"则是一种先验论的诠释观念,"六经"的客观性被解构了,被纳入先验主体性的"我"之中,恰如胡塞尔悬搁了外在的客观实在,将其纳入内在的纯粹先验意识之中。这两种传统观念的共同之点,就是主体性的优先地位。而"注生我经"则解构这种主体性,还原到作为存在或生活的一种显现样式的注释活动,由此重建主体性——建构新的主体性。在"注"的活动中,诠释者作为一个新的"我"、新的主体生成了;同时,经典的新义作为一个新的"经"、新的客体生成了。对于新的主体性来说,"注"是在先的存在活动,这就是"前主体性"的意谓。

总而言之,"东亚儒学"的经典诠释,尽管接受了海德格尔和伽达默尔的诠释学,但仍然没有超越传统的主体性诠释模式。在这种模式下,不论是原创者与其经典,还是诠释者与其诠释,都是"主—客"关系。这种主体性诠释模式必然面临"认识论困境",导致存在本源的被遮蔽,因为它不能回答"存在者何以可能""主体性何以可能"的问题,即不能真正理解和解释

---

① 《陆九渊集·语录上》。

② 黄玉顺:《注生我经:论文本的理解与解释的生活渊源——孟子"论世知人"思想阐释》,《中国社会科学院研究生院学报》2008 年第 3 期。

原创者本身及其经典、诠释者本身及其诠释的生成。值得注意的是“诠释脉络”的概念，它已经接近于本源的观念。一切存在者的本源，就是存在或生活。因此，可以提出一种“前主体性诠释”模式，即把诠释活动视为前主体性、前存在者的存在，正是这种活动给出了新的主体与对象，即诠释者及其诠释。这种模式基于生活儒学关于存在即生活的本源观念，由此真正彻底地回答原创者及其经典、诠释者及其诠释何以可能的问题。

前主体性诠释*

——中国诠释学的奠基性观念

近20年来，在中国哲学界，“诠释”(interpretation)与“诠释学”(hermeneutics)成为热词。这显然是一种新的“西学东渐”①，因为“诠释”与“诠释学”都是外来词，影响最大的是从海德格尔到伽达默尔的“哲学诠释学”(Philosophische Hermeneutik)。于是就有了一种问题意识：“诠释学的中国化”②。有学者提出要建立“中国解释学”③，更有学者创办了

---

* 原载《浙江社会科学》2020年第12期。

① 黄玉顺：《反应·对应·回应——现代儒家对“西学东渐”之态度》，原载《上海师范大学学报》2009年第5期；《从“西学东渐”到“中学西进”——当代中国哲学学者的历史使命》，《学术月刊》2012年11月号。

② 参见潘德荣：《诠释学的中国化研究述评》，《哲学动态》1993年第10期；洪汉鼎：《诠释学的中国化——一种普遍性的经典诠释学构想》，《中国社会科学》2020年第1期。

③ 汤一介：《能否创建中国的“解释学”》，陈平原、王守常、汪晖主编：《学人》第13辑，江苏文艺出版社1998年版；《再论创建中国解释学问题》，《中国社会科学》2000年第1期；《三论创建中国解释学问题》，《中国文化研究》2000年第2期。另可参见李清良、张洪志：《中国诠释学研究40年》，《中国文化研究》2019年第4期。

辑刊《中国诠释学》①。几乎所有研究中国古代经典的活动,都贴上了“经典诠释”的标签。

一、当前“经典诠释”的审视

但到目前为止,“中国诠释学”的实质体系仍没有真正建立起来,因为这里面所牵涉的问题实在太多。最根本的问题是:究竟何谓“中国诠释学”?

笔者曾谈道:应该重新审视国内近年“经典诠释热”中的所谓“诠释学”。目前凡以某种方式解释经典乃至传统的注释方法都被冠之以“经典诠释”,其实是对“诠释”的误解;不仅如此,即便严格遵循伽达默尔哲学诠释学方法也是值得商榷的。真正的经典诠释并非某种既有的诠释者和被诠释经典之间的事情,即既非“我注六经”,也非“六经注我”②,而应当是“注生我经”——“注释”活动“生成”了“我”和“经典”,即诠释者和被诠释的经典都是在诠释活动之中生成。这种注释活动乃是生活的一种显现方式;而作为诠释者的“我”和作为被诠释文本的“经”都是在“注”这种活动之中被给出的,因而“注”之后的“我”已不再是之前的“我”,而“注”之后的“经”也不再是之前的“经”了。简言之,经典是被诠释出来的经典,而诠释是当下生活的事情。唯有如此,经典和主体才能不断地获得新开展

---

① 《中国诠释学》创刊于2002年,山东大学中国诠释学研究中心主办,洪汉鼎、傅永军主编。

② 《陆九渊集·语录上》,中华书局1980年版。

的可能性。①

这里提到的"注生我经"出自拙文《注生我经:论文本的理解与解释的生活渊源》②,那是笔者首次系统地论述儒家的诠释学,其特点是干脆绕开海德格尔与伽达默尔,直接谈中国的诠释学。

二、对"哲学诠释学"的批判

笔者也曾直面海德格尔与伽达默尔,那是在另外的一些文章里对诠释学的批判。例如拙文《"直"与"法":情感与正义》谈道:海德格尔的诠释学无法回答一个问题:"此在"(Dasein)可能性的展开,意味着已经"溢出""超越"了原来既定的那种"被抛"的"所是",即意味着不仅超出了此在原来的那个"前判断",而且超出了此在原来的生存及其"前结构",亦即超出了诠释活动的生存论基础,那么,这是何以可能的?这个"溢出"部分来自何处?对此,哲学诠释学解释为"视域融合",即此在的生存(existence)与生存之外的存在(Sein)之间的融合。因此,海德格尔才会严格区分"生存"与"存在"。但是这样一来,存在乃是在生存之外的事情,那么,此在又如何能超出自己的

① 参见黄玉顺:《中国学术从"经学"到"国学"的时代转型》,《中国哲学史》2012 年第 1 期。

② 黄玉顺:《注生我经:论文本的理解与解释的生活渊源——孟子"论世知人"思想阐释》,《中国社会科学院研究生院学报》2008 年第 3 期。

生存而去追寻存在？[①]

此文紧接着引证了我在另一篇文章里对海德格尔的根本质疑：海德格尔其实是自相矛盾的：一方面，他认为存在是先行于任何存在者的，“存在与存在的结构超出一切存在者之外，超出存在者的一切存在者状态上的可能规定性之外”[②]，这意味着存在也是先行于此在的，因为“此在是一种存在者”[③]；另一方面，他又认为，探索存在必须通过此在这种“特殊存在者”，即只有“通过对某种存在者即此在特加阐释这样一条途径突入存在概念”，“我们在此在中将能赢获领会存在和可能解释存在的视野”[④]。假如这只是在区分“存在概念的普遍性”和“探索”“领会”“解释”存在概念的“特殊性”[⑤]，这还不算是自相矛盾。然而，当他宣称“存在总是某种存在者的存在”[⑥]，那就是彻底的自相矛盾了，因为这里的存在已不再是先行于任何存在者的了。[⑦]

---

① 黄玉顺：《“直”与“法”：情感与正义——与王庆节教授商榷“父子相隐”问题》，《社会科学研究》2017 年第 6 期。

② 海德格尔：《存在与时间》，陈嘉映、王庆节合译，生活·读书·新知三联书店 1999 年版，第 44 页。

③ 海德格尔：《存在与时间》，第 14 页。

④ 海德格尔：《存在与时间》，第 46 页。

⑤ 海德格尔：《存在与时间》，第 46 页。

⑥ 海德格尔：《存在与时间》，第 11 页。

⑦ 黄玉顺：《生活儒学关键词语之诠释与翻译》，《现代哲学》2012 年第 1 期。

三、"前主体性诠释"的提出

基于上述思考,笔者最终提出了"前主体性诠释"(pre-subjective interpretation)概念,见于笔者最近的一篇文章《前主体性诠释:主体性诠释的解构》,其中谈道:"东亚儒学"的经典诠释接受了海德格尔和伽达默尔的诠释学,即并没有超越传统的主体性诠释模式,因为在这种模式下,不论原创者和经典之间,还是诠释者和诠释之间,都是"主—客"关系。这种主体性诠释模式必然导致"认识论困境",即导致本源存在的遮蔽,因为它无法回答"存在者何以可能""主体性何以可能"这样的根本问题,即无法真正透彻地理解和解释原创者及其经典、诠释者及其诠释的生成。因此,应当提出一种"前主体性诠释"模式,将诠释活动视为前主体性、前存在者的存在,正是这种诠释活动给出了新的主体与对象——诠释者及其诠释由此彻底地回答原创者与经典、诠释者与诠释何以可能的问题。①

四、"前主体性诠释"的观念背景拓展

这个"前主体性诠释"概念其实隶属于一个更广阔的概

① 黄玉顺:《前主体性诠释:主体性诠释的解构——评"东亚儒学"的经典诠释模式》,《哲学研究》2019 年第 1 期。

念——“前主体性”(pre-subjectivity);而“前主体性”概念又隶属于一个最广阔的概念——“前存在者”(pre-being)[①],因为主体是一种存在者,即主体性存在者(subjective being)。这里的“前存在者”是笔者“生活儒学”的一个基础性概念。[②]生活儒学旨在揭示所有一切存在者(包括形而上的存在者、形而下的存在者)的本源即存在,亦即生活;而存在或生活就是“前主体性的”(pre-subjective)事情。

因此,这种“前主体性诠释”即“生活儒学的诠释学”(the Hermeneutics of Life Confucianism)广泛涉及诸如文本、经典、阅读、理解、解释、翻译、比较、对话、语言、文字、符号、话语、言说方式等诸多话题,这些话题都可以收摄于“诠释”(interpretation)概念之下。

例如关于“比较”,拙文《比较:作为存在》提出的“真切的比较观念”概念,实际上就是“前主体性比较”(pre-subjective comparison)的概念。所谓“真切的比较观念”是说:这样一种比较活动生成了新的主体、新的对象。这是因为真切意义的“比较”活动本质上是一种生活方式,或者说是某种生活方式的一种特定显现形式。这里,尽管确实是有一个既存的主体在对若干既存的对象进行对比,但这种活动的结果却使得这个主

① 在英文里,“前存在者”和“存在者”这样的概念很难表达,因为:三个不同层级的概念——存在(Being、being)、形而上的存在者(the Being)和形而下的存在者(the being、beings),都用“being”表达,极易混淆。

② 关于“生活儒学”,参见黄玉顺:《面向生活本身的儒学——黄玉顺“生活儒学”自选集》,四川大学出版社 2006 年版;《爱与思——生活儒学的观念》,四川大学出版社 2006 年版、四川人民出版社 2017 年增补本;《生活儒学讲录》,安徽人民出版社 2012 年版。

体获得新的主体性,同时也使得这些对象获得新的对象性。因此,比较活动也就获得了先行于存在者(包括主体性存在者)的存在的意义。①

又如关于“对话”,拙文《前主体性对话:对话与人的解放问题》提出了“前主体性对话”(pre-subjective dialogue)的概念。如果一种新的主体性乃是在某种对话中生成的,那么,这种对话显然并非“主体间的”活动,而是“前主体性的”活动。这就是“前主体性对话范式”。这种“前主体性对话”的观念奠基于一种崭新的思想视域:存在——生活。这里的“存在”并不是说的某种既有的存在者的存在,“生活”也不是说的某种既有的人的生活;这里的“存在”“生活”是说的前存在者、前主体性的事情。只有在这样的生活或存在的思想视域之中,对话才可能生成一种新的主体性,对话活动本身也才可能获得真正的存在论意义。②

这里再举一个关于“阅读”的例子,见于朱熹引程颐的一番话:“今人不会读书。如读《论语》,未读时是此等人,读了后又只是此等人,便是不曾读。”③所谓“此等人”当然是指的某种既定的主体性;这样的阅读可称之为“主体性阅读”,即没有改变“此等人”的既有主体性。而程颐所期待的阅读则可称之为“前主体性阅读”(pre-subjective reading),即改变了“此等人”

---

① 参见黄玉顺:《比较:作为存在——关于“中西比较”的反思》,《社会科学战线》2015 年第 12 期。

② 参见黄玉顺:《前主体性对话:对话与人的解放问题——评哈贝马斯“对话伦理学”》,《江苏行政学院学报》2014 年第 5 期。

③ 朱熹:《四书章句集注 · 论语集注 · 论语序说》,上海古籍出版社 2006 年版。

的主体性,或者说使他获得了某种新的主体性,从而成为一个新的主体。那么,对于这个新的主体性来说,阅读就是一种前主体性的活动。

总之,“前主体性诠释”就是将阅读、理解、解释、翻译、比较、对话等活动视为前存在者、前主体性、前对象性的事情,由此阐明“存在者何以可能”“主体性何以可能”“物何以可能”这样的当今思想前沿的根本问题:正是在诠释活动中,新的主体和新的对象——新的存在者得以生成。这里不是“人在诠释文本”,而是“人与文本在诠释中生成”;不是“诠释在世界中进行”,而是“世界在诠释中生成”。因此,诠释不是主体、存在者的事情,而是存在的事情,即生活的事情。

那么,这样的前主体性诠释为什么可称为“中国的”诠释学呢?首先,它基于对“哲学诠释学”那样的“西方的”诠释学的批判;其次,它是通过对“中国的”儒学的诠释而阐发出来的;最后,更具体地说,它隶属于作为一种中国当代儒学形态的“生活儒学”。

山东大学儒学高等研究院教授自选集

◎王绍曾 《文献学与学术史》
◎吉常宏 《古汉语研究丛稿》
◎龚克昌 《中国辞赋学论集》
◎董治安 《先秦两汉文献与文学论集》
◎孟祥才 《学史集》
◎张忠纲 《耘斋古典文学论丛》
◎徐传武 《古代文学、文化与文献》
◎马来平 《追问科学究竟是什么》
◎郑杰文 《墨家与纵横家论丛》
◎冯春田 《〈文心雕龙〉研究》
◎孙剑艺 《里仁居语言论丛》
◎王学典 《史料、史观与史学》
◎黄玉顺 《生活儒学与现象学》
◎张其成 《国学之心与国医之魂》
◎杨朝明 《洙泗文献征信》
◎戚良德 《〈文心雕龙〉与中国文论话语》
◎李平生 《中国近现代史研习录》
◎赵睿才 《唐诗纵横》
◎杜泽逊 《文献探微》
◎叶　涛 《民俗文化与民间信仰》
◎张士闪 《民俗之学:有温度的田野》
◎宋开玉 《语文丛考》

◎徐庆文　《儒学的现代化路径》
◎王承略　《古典文献与学术史论丛》
◎刘　培　《历史、思想与文学》
◎聂济冬　《汉唐文史论集》
◎周纪文　《和谐美散论》
◎赵卫东　《道教历史与文献研究》
◎何朝晖　《书与史》
◎孙　微　《杜诗的阐释与接受》
◎陈　峰　《重访中国现代史学》
◎王加华　《农耕文明与中国乡村社会》
◎龙　圣　《山河之间：明清社会史论集》